中央财政支持地方高校发展专项资金
贵州省特色重点学科建设支持项目

公共管理导引与案例系列教材

公共项目评估导引与案例

GONGGONGXIANGMUPINGGU
DAOYINYUANLI

林金炎 主编

中国财经出版传媒集团
经济科学出版社
Economic Science Press

图书在版编目（CIP）数据

公共项目评估导引与案例/林金炎主编. —北京：经济科学出版社，2017.6

公共管理导引与案例系列教材

ISBN 978-7-5141-8172-2

Ⅰ.①公… Ⅱ.①林… Ⅲ.①公共管理-项目评价-高等学校-教材 Ⅳ.①F062.4

中国版本图书馆 CIP 数据核字（2017）第 151061 号

责任编辑：周秀霞
责任校对：王苗苗
责任印制：潘泽新

公共项目评估导引与案例

林金炎 主 编

经济科学出版社出版、发行 新华书店经销
社址：北京市海淀区阜成路甲 28 号 邮编：100142
总编部电话：010-88191217 发行部电话：010-88191522
网址：www.esp.com.cn
电子邮件：esp@esp.com.cn
天猫网店：经济科学出版社旗舰店
网址：http://jjkxcbs.tmall.com
北京汉德鼎印刷有限公司印刷
三河市华玉装订厂装订
787×1092 16 开 23.5 印张 500000 字
2017 年 9 月第 1 版 2017 年 9 月第 1 次印刷
ISBN 978-7-5141-8172-2 定价：66.00 元
（图书出现印装问题，本社负责调换。电话：010-88191510）
（版权所有 侵权必究 举报电话：010-88191586
电子邮箱：dbts@esp.com.cn）

前 言

本书针对公共项目评估面临的新课题，综合近年来国内外公共项目评估研究的最新成果，系统分析、介绍了公共项目评估的理论与应用，注重理论联系实际，注重原理与方法的可操作性，并辅以大量实证性案例，旨在通过对国内外公共项目评估研究领域核心主题的分析，使学生系统掌握公共项目评估理论与方法的基本知识，为提升学生专业素养和开发学生评估公共项目的实战能力打下良好基础。

根据公共项目的特点，本书将公共项目评估划分为项目实施前评估和项目完工后评估两大部分。第一至第十一章，详细地阐述了公共项目实施前有关项目评估的基础知识、原理与方法，比较全面地介绍了公共项目评估概论、资金的时间价值、多方案的择优决策、公共产品的市场需求预测、生产建设条件评估、生产规模评估、投资估算以及公共项目的财务评价、国民经济评价、社会评价和公共项目的风险评估。第十二章比较详细地介绍了公共项目后评估的基本内容、程序与方法。

本书为公共管理类专业教材，可供公共管理类本科生、硕士研究生，以及 MPA 研究生和公务员培训使用。

公共项目评估也是一个不断发展的概念，以"导引与案例"的形式来介绍它必然存在诸多不足。同时，由于编者水平有限，书中难免有疏漏之处，存在许多缺点，真诚希望读者批评、指正。

林金炎
2017 年 6 月 28 日

目录
Contents

第一章 公共项目评估概论 ... 1
第一节 项目 ... 1
第二节 公共项目 ... 8
第三节 公共项目的特点 ... 13
第四节 公共项目评价 ... 20
第五节 公共项目的评估程序 ... 25

第二章 资金的时间价值 ... 28
第一节 资金的时间价值 ... 28
第二节 现金流量图和复利计算公式 ... 35
第三节 经济效果评价指标 ... 42

第三章 多方案结构的择优评价 ... 55
第一节 概述 ... 55
第二节 独立方案的择优评价 ... 56
第三节 互斥方案的择优评价 ... 64
第四节 相关方案的择优评价 ... 79
第五节 多目标项目的择优评价 ... 86

第四章 公共项目的市场调查与需求预测 ... 90
第一节 公共项目的市场调查 ... 90
第二节 公共项目的需求预测 ... 94
第三节 直接预测法 ... 97
第四节 趋势外推预测法 ... 111
第五节 回归预测法 ... 116

第六节　投入产出预测法 ··· 130
　　第七节　消费水平法 ··· 137

第五章　公共项目生产建设条件评估 ··· 141
　　第一节　公共项目的建设地址评估 ··· 141
　　第二节　公共项目的生产建设条件评估 ····································· 151
　　第三节　公共项目的技术方案评估 ··· 159
　　第四节　公共项目的设备方案评估 ··· 165

第六章　公共项目生产规模评估 ··· 177
　　第一节　规模经济 ··· 177
　　第二节　公共项目合理生产规模的确定 ····································· 182
　　第三节　提升规模经济的途径与方法 ······································· 194

第七章　公共项目投资估算 ··· 200
　　第一节　投资估算概述 ··· 200
　　第二节　公共项目投资的构成 ··· 203
　　第三节　公共项目建设投资的估算 ··· 207
　　第四节　公共项目流动资金的估算 ··· 213
　　第五节　公共项目融资的选择 ··· 220
　　第六节　公共项目融资方案分析 ··· 223

第八章　公共项目的财务评价 ··· 229
　　第一节　公共项目经济评价的概述 ··· 229
　　第二节　公共项目的财务评价中收益与成本识别 ····························· 232
　　第三节　项目的现金流量 ··· 241
　　第四节　财务评价中的基本报表和评价指标 ································· 245
　　第五节　项目财务评价案例 ··· 258

第九章　公共项目的国民经济评价 ··· 266
　　第一节　公共项目的国民经济评价概论 ····································· 266
　　第二节　公共项目成本与收益的识别 ······································· 270
　　第三节　公共项目的国民经济评价 ··· 275
　　第四节　公共项目的费用—效益分析 ······································· 285

第五节 公共项目的费用—效果分析 ································· 289

第十章 公共项目的社会评价 ································· 296
第一节 公共项目社会评价的目的与意义 ························ 296
第二节 公共项目社会评价的主要内容 ·························· 300
第三节 公共项目社会评价指标设置 ···························· 307
第四节 公共项目社会评价的基本方法 ·························· 315

第十一章 公共项目的风险评估 ····························· 319
第一节 公共项目风险概述 ··································· 319
第二节 公共项目的风险识别与评价 ···························· 323
第三节 公共项目的风险管理 ································· 331

第十二章 公共项目的后评价 ······························· 340
第一节 公共项目后评价概述 ································· 340
第二节 公共项目后评价的程序和内容 ·························· 345
第三节 公共项目后评价的方法 ······························· 350
第四节 项目后评价报告 ····································· 360
第五节 我国的项目后评价工作 ······························· 364

参考文献 ··· 366

第一章

公共项目评估概论

本章应了解和掌握：
1. 项目的概念。
2. 公共项目的概念和特点。
3. 公共项目中政府投资项目的特点。
4. 公共项目评价的概念与方法。
5. 公共项目的评估程序。

第一节 项 目

自古以来，作为一种实践活动，项目由来已久，人类几千年进行的各种组织工作和团体活动，都可视为项目行为。现代社会人类许多活动内容都是以项目的形式存在，并组织和实施的。古代项目如中国的都江堰、长城，埃及金字塔，古罗马的供水渠等；现代项目如20世纪40年代美国"曼哈顿计划"、1961~1972年的阿波罗登月计划等。

一、什么是项目

项目一词最早于20世纪50年代在汉语中出现，由华罗庚教授根据美利坚合众国最早的"曼哈顿计划"开始的名称Project Management简写PM引进中国的。

项目是一件事情、一项独一无二的任务，也可以理解为是在一定的时间和一定的预算内所要达到的预期目的。项目侧重于过程，它是一个动态的概念，例如我们可以把一条高速公路的建设过程视为项目，但不可以把高速公路本身称为项目。那么到底什么活动可以称为项目呢？安排一个演出活动；开发和介绍一种新产品；策划一场婚礼；设计和实施一个计算机系统；进行工厂的现代化改造；主持一次大型国际会议；策划一次自驾游活动；ERP 的咨询、开发、实施与培训等等这些在我们日常生活中经常可以遇到的一些事情都可以称为项目。

1. 美国项目管理协会（Project Management Institute，PMI）在其出版的《项目管理知识体系指南》（Project Management Body of Knowledge，PMBOK）中对项目的定义：项目是为完成创造某一独特的产品或服务或成果所做的一项有时限的临时性工作。时限指每一个项目都有明确的起点和终点。独特指一个项目所形成的产品或服务在关键特性上不同于其他类似的产品和服务。

2. 美国项目管理资格认证委员会主席保罗·格雷斯（Paul Grace）说：在当今社会，一切都是项目，一切也将成为项目。其意是说：任何活动都可以以项目的形式进行运作和管理。

3. 德国工业标准（DIN）69901 认为，项目是指在总体上符合下列条件的唯一性任务：

（1）具有预定的目标；

（2）具有时间、财务、人力和其他限制条件；

（3）具有专门的组织。

4. 联合国工业发展组织《工业项目评估手册》对项目的定义是："一个项目是对一项投资的一个提案，用来创建、扩建或发展某些工厂企业，以便在一定周期内增加货物的生产或社会的服务。"

5. 世界银行根据其经营贷款业务的需要把项目解释为："所谓项目，一般系指同一性质的投资（如设有发电厂和输电线路的水坝），或同一部门内一系列有关或相同的投资，或不同部门内的一系列投资（如城市项目中市区内的住房、交通和供水等）。项目还可以包括向中间金融机构贷款，为它的一般业务活动提供资金，或向某些部门的发展计划发放贷款。项目通常既包括有形的，如土木工程的建设和设备的提供；也包括无形的，如社会制度的改进、政策的调整和管理人员的培训等。"

6. 《中国项目管理知识体系纲要》（2002 版）中对项目的定义为：项目是创造独特产品、服务或其他成果的一次性工作任务。

7. 一般意义上的项目含义：项目（Project）是在一定的时间里，在预算规定的范围内需达到预定质量水平，具有明确目标的一项一次性任务。

可见，站在不同角度，对项目概念的理解虽然有所差异，但现代项目的共性是指那些作为管理对象，按限定时间、预算和质量标准完成的一次性任务。

二、运作（Operation）和项目（Project）

从延续性的角度看，人类的活动分两类：运作和项目。

运作（即日常运作）是指连续不断、周而复始的重复活动。如，企业自动流水线生产产品的活动，以及食品厂每天制作蛋糕、邮递员每天送报纸、商店、饭店的正常营业活动，等等。

项目是指独特的、一次性、临时性的活动。如企业执行一项研发活动、技术改造活动、引进一条生产线等。

两者的不同：运作是进行中的重复性工作，而项目是临时性和一次性的独特工作。

为了更好地理解项目的内涵，可以进一步从表1-1了解项目与运作的区别所在。

表1-1　　　　　　　　　　项目与运作的不同点

比较名称	项目	运作
目的	特殊的	常规的
责任人	项目经理	部门经理
时间	有限的	相对无形的
管理方法	风险型	确定型
持续性	一次性	重复性
特性	独特性	普遍性
组织机构	项目组织	职能部门
考核指标	以目标为导向	效率和有效性
资源需求	多变性	稳定性

三、项目的典型特征

项目一般具有以下几个典型特征：

（一）任务的一次性

这是项目与运作的最大区别，也是项目的最主要特征。项目有明确的开始时间和结束时间，项目在此之前从来没有发生过，而且将来也不会在同样的条件下再发生，而运作是无休止或重复的活动。项目没有完全相同的两项任务，其不同点表现在任务本身与最终成果上。只有认识项目的一次性特点，才能有针对性地开展项目管理。

（二）过程的独特性

每个项目都有自己的特点，每个项目都不同于其他的项目，没有两个完全相同的项目。项目所产生的产品、服务或完成的任务与已有的相似产品、服务或任务在某些方面有明显的差别。项目自身有具体的时间期限、费用和性能质量等方面的要求。因此，项目的实施过程具有自身的独特性。

（三）目标的明确性

每个项目都有自己明确的一个或一组特定目标，为了在一定的约束条件下达到预定目标，项目经理在项目实施以前必须进行周密的计划，事实上，项目实施过程中的各项工作都是围绕项目的预定目标而进行的。

项目的目标有成果性目标和约束性目标。成果性目标是指项目的功能要求，即设计规定的生产产品的规格、品种、生产能力目标等。约束性目标是指限制条件，如工程质量标准、竣工验收投产使用、工期、投资目标、效应指标等。

（四）组织的临时性和开放性

项目开始时需要建立项目组织，项目组织中的成员及其职能在项目的执行过程中将不断地变化，项目结束时项目组织将会解散，因此项目组织具有临时性。一个项目往往需要多个甚至几百上千个单位共同协作，它们通过合同、协议以及其他的社会联系组合在一起，可见项目组织没有严格的边界。

（五）后果的不可挽回性

项目具有较大的不确定性，它的过程是渐进的，潜伏着各种风险。它不像有些事情可以试做，或失败了可以重来，即项目具有不可逆转性，这与项目的一次性特点相对应。

（六）管理的整体性

在项目管理时必须把项目作为一个整体的管理对象，即一个项目是一个整体对待，因此，在配置生产要素时，应从整体的角度追求高的费用效应，做到数量、质量、结构的总体最优化。

（七）环境的相互制约性

任何项目总是在一定的环境下立项、实施、交付使用，受环境的制约；但项目在整个寿命运行全过程中又对环境产生正负两方面的影响，从而它对周围环境又造成制约。

四、项目的相关术语

（一）大型项目

它通常是由若干个相互联系的或相似的项目组成，是以协调的方式管理以获得单个项目不可能得到的利益的一组项目,也称为项目群。例如三峡水利工程就是一个项目群,由若干个项目构成。通常大型项目的规模特别大,持续时间也相当长。大型项目具有与项目相同的特性,也可能包括运作的成分。

(二)项目
它是大型项目的组成部分。

(三)子项目
它是一个项目中的更小的和更易于管理的部分。子项目与项目的特性相同,一般被视为项目,通常是指外包给一个外部企业的一个单元,并按项目进行管理。

子项目又常常分包给外部的承包商或内部的其他职能单位。下面是子项目的一些例子:

根据项目过程规定的子项目,如一个项目阶段。

根据人力资源技能要求规定的子项目,如施工项目中的管道或电气设备安装。

需要使用技术的子项目,如软件开发项目中的计算机程序自动测试。

大型项目、项目和子项目的关系:一个大型项目可以包括很多的项目和一些运作管理,一个项目可以包括若干个子项目,子项目是项目的最小实施部分。大型项目、项目和子项目的关系如图1-1所示。

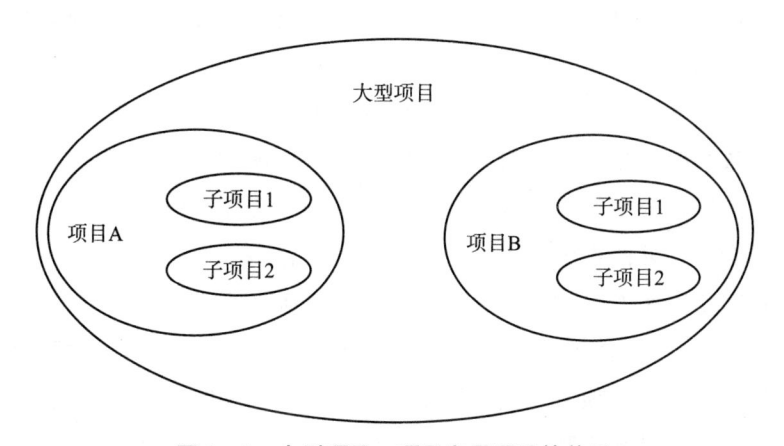

图1-1 大型项目、项目和子项目的关系

五、项目的分类

(一)竞争性投资项目、基础性投资项目与公益性投资项目
投资主体的投资目的一般是通过投资项目所提供的产品或劳务来实现的。根据项

目自身在市场环境下的运行机制的特点，投资项目可分为竞争性投资项目、基础性投资项目和公益性投资项目。

竞争性投资项目是指那些产品投资效益比较高、产品供求与价格由市场自发调节、竞争性比较强、垄断程度低、个别厂商的投资行为不对该产品的总供求产生明显影响的项目。竞争性投资项目的投资目的在于追求项目的投资利润率，因此，此类投资项目一般只需根据其投资效益高低即可进行决策，并以企业和私人为基本投资主体进入市场，由企业通过市场筹资、建设和经营。

基础性投资项目是指对基础产业的投资，主要是指那些具有自然垄断性、建设周期长、投资额大而收益低回收慢的基础工业和基础设施建设项目。基础工业主要指能源（包括电力）工业和基本原材料（包括建筑材料、钢材、石油化工材料等）工业；基础设施主要包括交通运输、机场、港口、桥梁、通信、水利和城市供排水、供气、供电等设施。

基础性投资项目是为全社会或其中一些部门运行提供共同需要的产品或劳务的项目（一般为准公共产品投资项目），这类项目大多具有较强的垄断性，因此，许多国家也将垄断性强、项目经营过程中不能完全按市场经济规律运行的一些行业的项目归为基础性投资项目。基础性投资项目具有投资规模大、建设周期长、垄断性强，以及产品或劳务价格变化对国民经济其他部门影响大等特点。这些特点决定了其投资运行过程具有特殊性，不少国家的政府都对这些产业及其投资进行适当的管理或直接经营。这类项目通常属于政策性投融资范围，由政府集中必要的财力、物力，通过经济实体担当投资主体。政府作为投资者直接参与经营，效果往往不尽如人意。主要表现在：国家财政资金紧张，政府为了保证其他部门的活力，又有意识地维持基础性产品的低价格，导致基础产品供给不足，成为国民经济发展的瓶颈。国家直接经营，财产主体虚置，导致经营效率低下。近年来，随着我国投资体制改革的不断深化，越来越多的大型骨干企业、外商资金进入这一领域，国家在基础性项目的投资中所占的比例逐步减少，减轻了国家的财政负担，同时增加了基础性产品的供给，提高了基础设施的运营效率。不过由于基础性投资具有投资规模大、建设周期长、自然垄断性强、社会影响大等特点，政府必须对其实施管制。否则，自然垄断性将会导致该行业的高利润，这会给其他部门带来不利影响。因此，政府对基础性投资及其运营价格都应进行管制。

公益性投资项目是指那些非盈利性和具有社会效益性的项目，具体是指那些不以赢利为目的，为实现一定的社会职能或满足社会的公共需要及人民福利而进行的投资项目，包括科技、文教、卫生、体育和环保等事业的投资，公、检、法等政权机关的建设投资，以及政府机关、社会团体办公设施、国防建设等投资，也包括民间组织发起实施的扶贫、妇女儿童发展等投资。这类项目由于不以赢利为目的，所以其产品或劳务是以低价或免费方式向社会各阶层提供的。这类产品或劳务经常处于短缺或相对短缺状态。这类投资项目主要由政府财政资金安排，并由政府担任项目的直接经营主体。政府进行的公益性投资的大小，来自于其短缺程度所引起的社会政治压力的大小。

（二）政府投资项目和非政府投资项目

在任何社会中，社会总投资都是由政府投资和非政府投资两大部分构成的。因此，按投资主体和资金来源划分，项目可分为政府投资项目和非政府投资项目。

政府投资项目指政府为了实现其职能，适应和推动国民经济或区域经济的发展，从满足社会的政治、文化、国防和日常生活需要出发，由政府通过财政投资，发行国债或地方财政债券，利用行政事业性收入或外国政府赠款，或利用政府的信誉和财政担保，向在证券市场、资本市场融资的国内外金融组织贷款来建设的固定资产投资项目。

按资金来源分，政府投资项目又分为财政性资金项目（包括国债在内的所有纳入预算管理的资金项目）、财政担保银行贷款项目和国际援助项目。在政府投资项目中，资金来源往往包含政策性贷款和债券，如国家开发银行的贷款、国债或地方财政性债券等，甚至涉及来自商业性银行或金融机构的贷款，同时，也不排除来自事业收入、捐款、赠款和国内外贷款等。

非政府投资项目是指项目的投资来源与国家财政投入无直接联系或在项目资金筹集中无直接、间接利用政府信誉的项目。非政府投资项目的投资主体可以是国有企业、集体单位、外商和私人投资人等。

（三）投资项目和非投资项目

按投资是否形成实物资产划分，可分为投资项目和非投资项目。

投资项目是将一定数量的资金或有形、无形的资产投放于某种对象形成实物资产，以取得一定的经济收益或社会效益的活动。投资项目种类繁多，根据国家标准对不同类型的投资项目分类如下：

1. 按管理需要分类，投资项目可分为：基本建设项目和技术改造项目；
2. 按行业投资用途分类，投资项目可分为：生产性项目和非生产性项目；
3. 按投资性质分类，投资项目可分为：新建项目、扩建项目、改建项目、恢复项目和迁建项目；
4. 按建设规模分类，投资项目可分为：大型、中型、小型基本建设项目和限额以上（以下）更新改造项目；
5. 按工作阶段分类，投资项目可分为：预备项目、筹建项目、建成投产项目和收尾项目；

6. 按投资资金来源分类，投资项目可分为：国家预算拨款项目、银行贷款项目、自筹资金项目和利用外资项目等。

非投资项目是指非实物资产形成的项目，但并不是指没有资金的投入，而是指投资完成后一般不直接形成经营性实体。这类活动更偏重于较强的智力因素的作用，具有特定的经济效果和社会效益的活动。如：资产评估项目、软件开发项目、管理咨询项目、审计项目、科技研究项目、政府采购项目等都属于非投资项目的范畴。随着经济的全球化和我国改革的不断深化，第三产业的蓬勃发展以及信息技术的广泛应用，非投资项目的运用将越来越多地受到人们的重视。

第二节 公 共 项 目

一、公共项目的概念

社会主义经济活动的目的是最大限度地满足整个社会日益增长的物质文化需要。从消费的角度看，消费分最终消费和中间消费，人们的生活消费属于社会的最终消费，而基本建设和生产领域消耗的是投资品，属于中间消费。人民的生活消费对象有两类：一类是直接的个人消费品，包括吃、穿、用、住、行等消费品；另一类是公共消费品，如交通、通讯、供水、供电、供热、文教卫体、基础设施、公园环境等。

为了不断地提高人民的生活水平，不但需要满足人们对个人消费品的需求，而且更要最大限度地满足人们对公共消费品的需要。一个社会，不但要有发达、完善、便捷、廉价的公共设施，而且要有优质、充足阳光、大气、水资源等生存环境，这是提高人民生活水平和生活质量必不可少的组成部分。

公共项目（Public Projects）是指一般由政府投资，直接或间接向社会提供公共消费品的一次性和独特性的建设项目。它以促进国民经济和社会发展、为公共生活服务、为提高社会科学文化水平和人民素质为目的，着眼于创造社会效益而不是以商业利润为主，进行组织和配置社会资源的一次性活动。

公共项目是提供公共物品和公共服务的途径和载体，其成果就是公共服务或公共物品。公共项目除了有形的基础设施建设项目如市民广场、水电暖气管道、公共给排水工程等以外，还包括无形的，如社会制度的改革、政策的调整以及管理人员的培训等。在国外，对于公共投资项目，美国称为"政府工程"（Government Project），日本和中国香港称为"公共工程"（Public Project）。国务院《关于投资体制改革的决定》

中对政府投资项目的界定主要用于关系国家安全和市场不能有效配置资源的经济和社会领域，包括加强公益性和公共基础设施建设、保护和改善生态环境、促进欠发达地区的经济和社会发展、推进科技进步和高新技术产业化等。

公共项目在实施过程中也会消耗一部分社会资源，为了提高稀缺资源的利用效率，因此，要对公共项目进行评估。公共投资项目与民间投资项目之间的主要差别如表1-2所示。

表1-2　　　　　　　　　公共投资项目与民间投资项目的差别

	公共投资项目	民间投资项目
目标	提供公共产品，解决就业和贫富悬殊，合理配置资源等	利润最大化
资金来源	税收、民间债权人	投资人、债权人
投资者	政府	非公有实体
效益的度量	除货币外还有难以用货币表示的效益	货币
目标间的关系	多目标矛盾	基本没有矛盾
利益主体间的关系	部门和地区矛盾	基本没有矛盾

二、公共项目与基础设施项目的区别和联系

在现实生活中人们经常把公共项目等同于基础设施项目，实际上公共项目与基础设施项目既有联系又有区别。

基础设施项目是指既为物质生产又为人民生活提供一般条件的公共设施，是城市赖以生存和发展的基础。基础设施项目主要包括交通、能源、水资源、邮电、环境、防灾等系统。

公共项目主要是从使用者以及投资渠道两个方面来界定的。公共项目的使用者是大众，所以公共项目不是以盈利为目的的，投资渠道主要依靠政府，用纳税人的钱为纳税人建设。

两者的联系：公共项目在范围上包含有基础设施项目，多数的基础设施项目是公共项目。两者的区别：除了概念不同外，基础设施项目不一定是公共项目，比如有些交通项目是由企业承建，并且收费的，虽然属于基础设施项目，但它不属于公共项目。而公共项目也不一定是基础设施项目，如免费公园属于公共项目，但它不是城市的基础设施项目。

三、公共项目的分类

在研究公共项目时，我们可以根据需要选择不同的标志对公共项目进行不同的分类。

（一）按公共项目提供公共物品或公共服务所具有的竞争性大小不同分类

分为纯公共项目、准公共项目和政策性或战略性公共项目。

1. 纯公共项目。纯公共项目指的是提供公用物品（Public Goods）的项目，项目产出具有非排他性和非竞争性，这类项目一般来说需要资源的投入，但是没有直接的现金流入，却具有为公众提供服务的效益。民营企业一般会避开这类项目，它是国家的立法、执法和行政必需的各类建设项目，如公检法、工商、税务、海关、国防和城镇化建设项目等。

2. 准公共项目。准公共项目指的是提供准公用物品的项目，项目产出具有一定的竞争性和排他性，但这些产出或提供的服务涉及人们的基本需要，或者是因为存在外部效益，收费往往不足以反映项目的效益。因此，需要政府对投入予以补充，如农业、水利、教育、基本医疗服务和交通运输项目等。

准公共项目中，有一类称为公共事业（Public Utilities）项目，如供电、给排水、供气、邮电和城市公共交通等，虽然具有收费和通过市场运作的可能，但由于所提供产品和服务具有较强的公益性，且具有自然垄断（Natural Monololy）属性，因此有必要由政府或公共部门专营或授权经营。

3. 战略性或政策性公共项目。战略性或政策性公共项目是指对国家有战略意义的特大型的，或有较大风险但有重大前景的，或是资源性的项目；或者出于领土完整和安全以及减少地区间经济发展差异的考虑的项目。如政策性项目，包括电、石油、煤炭、天然气、矿石等资源性产品的开发项目。

显然，政府必须承担这类项目的建设，而不论这些项目所提供商品和服务是私用物品还是公共物品，是公益性项目还是盈利性项目。

（二）按公共项目提供公共物品或公共服务的内容不同分类

分为城市基础设施项目、公共卫生项目、教育项目、文化项目和体育项目等。

1. 城市基础设施项目。城市基础设施项目所涉及的范围，总体涵盖六大系统：

（1）能源（Energy Source）系统：包括电的生产及输变电设施，人工煤气的生产及煤气、天然气、石油液化气的供应设施、集中供热的热源生产及供应设施。

（2）水资源（Water Resources）及供、排水系统，包括城市水资源的开发、利用和管理设施，自来水生产和供应设施，雨水排放设施，污水排放、处理等设施。

（3）交通（Traffic）系统：包括城市内部交通和城市对外交通设施。城市内部交通设施有道路交通设施，电汽车、轨道交通、公共货运汽车、物流区等设施。城市对外交通设施有航空、铁路、公路、水运、管理运输等设施。

（4）邮电（Posts and Telecommunications）系统：含邮政设施、电信设施等。

（5）环境（Environment）系统：含环境卫生、园林绿化、环境保护等。

（6）防灾（Preventive Disaster）系统：包括防火、防洪、防地面沉降、防风、防雪、防冰雹、防地震以及人防备战设施。

2. 公共卫生项目。公共卫生项目是指以提高人民群众的健康水平，改善人们的医疗条件和生活条件，提高人们生活质量为目的的项目。包括卫生项目、环卫项目、劳动卫生项目、营养卫生项目、少年儿童卫生项目、妇女保健项目、劳动保健项目等。如医院、卫生院、疗养院、防疫站、妇幼保健站等项目。

3. 教育项目。教育项目指以培养和提高受教育者认知技能、劳动技能、文化修养、道德水平等为目的的项目活动。包括高等教育、基础教育、职业教育、岗位培训等各类普通教育和成人教育项目。

4. 文化项目。文化项目包括：图书馆、博物馆、美术馆、文化馆、展览馆、档案馆、科技馆、广播电台、电视台及发射中心、电影院、戏院等建设项目。它通过文化交流扩大人们的视野，改善和调整人们的知识结构，陶冶人们的情操，提高文化修养，达到提高全社会的文化水平和加速社会精神文明建设的目的。

5. 体育项目。体育项目包括群众体育设施（含公共体育设施与单位体育设施）、运动训练设施、运动竞技设施等。如体育场（馆）、游泳池、射击场和训练房等建设项目。它以增强劳动者体质，促进劳动者智力发展，减少因伤病而损失的劳动时间，提高劳动生产率，满足劳动者精神和文化生活的需要，为人们身心健康的全面发展为目的。

6. 其他项目。其他项目包括政府机关、社会团体办公设施、国防建设等投资项目。

（三）按投资的资金来源不同分类

分为政府投资公共项目和非政府投资公共项目。

公共项目是面向社会公众提供公共产品，政府在其中起着重要作用。在我国公共项目曾经主要是由政府投资兴建和经营的。在国外也有相当多的国家在公共项目建设管理中政府发挥着举足轻重的作用。

政府投资公共项目是指为了适应和推动国民经济或区域经济的发展，为了满足社会的文化、生活需要，以及出于政治、国防等因素的考虑，由政府通过财政投资，发行国债或地方财政债券，利用外国政府赠款以及国家财政担保的国内外金融组织贷款等方式独资或合资兴建的固定资产投资项目。

非政府投资公共项目是指企业、集体单位、外商和私人投资兴建的工程项目。这类项目一般均实行项目法人责任制，项目的建设与建成后的运营实现一条龙管理。对于企业不使用政府资金的投资建设项目，一律不再实行审批制，即仅需向政府提交项目申请报告或登记备案，不需再经审批"项目建议书、可行性研究报告和开工报告"

的程序。

项目的资金来源不是划分项目是否属于公共项目的基本条件。从公共项目的资金来源看，既可能是来自政府财政预算，也可能是来自非政府机构、民间企业、个人投资。随着我国改革开放步伐的逐步加大和经济全球化趋势的加强，国外资本进入公共项目领域投资和参与经营的情况将越来越多。

（四）按是否付费使用分类

分为经营性公共项目和非经营性公共项目。

经营性公共项目的投资主体最为广泛，可以包括国营企业、私营企业、外资企业，其最明显的特点就是产品或服务的最终用户，在使用产品或服务时要向设施的经营者缴纳设施使用费，或由政府向设施经营者一次性交纳产品或服务使用费，经营者可以从中取得规定的商业利润。

非经营性公共项目是指旨在实现社会目标和环境目标，为社会公众提供公共产品或服务的非营利性投资项目，其产品和服务可免费为社会公众获得，或社会公众在使用该项目提供的公共产品或服务时只需支付必要的成本。包括社会公益事业项目（如教育项目、医疗卫生保健项目）、环境保护与环境污染治理项目、某些公用基础设施项目（如市政项目）等。

经营性公共项目，具有商业化项目的特征，因此，经营性公共项目应引入市场竞争机制，按市场化运作，积极吸引私人企业参与，既可有效减轻政府在公共项目建设中的财政压力，又可提高公共项目设施的服务效率。这类项目还要做到在保证外部性效益的前提下，在发挥项目自身经济效益的同时，始终注意环境保护和促进社会福利的增长。而非经营性公共项目运作中依然存在竞争机制，招投标机制和政府的监管机制，只有这样才能保证政府投资的社会效益。

（五）政府采购项目

政府采购项目可视为一类特殊的公共项目。世界贸易组织在《政府采购协议》（Government Procurement Agreement，GPA）中对政府采购项目的定义是：成员国的中央政府、次中央政府，租赁、购买货物、工程、服务及公共设施的购买营造。

世界各国都结合本国的实际情况，对政府采购进行定义，主要从两方面进行：一是资金来源，二是采购实体。其基本含义是指一国政府部门及政府机构或其他直接或间接受政府控制的企事业单位，为实现其政府职能和公共利益，使用公共资金获得货物、工程和服务的行为。

我国于2002年6月29日颁布了《中华人民共和国政府采购法》，其中对政府采购的定义是：各级国家机关和实行预算管理的政党、组织、社会团体、事业单位，为了开展日常政务活动或为了满足公共服务的需要，在财政的监督下，以法定的方式、方法和程序，使用财政性资金以购买、租赁、委托或雇佣等方式获得货物、工程和服务的行为。

政府采购不仅是指具体的采购过程，而且是采购政策、采购程序、采购过程及采购管理的总称，是一种对公共采购管理的制度。完善、合理的政府采购对社会资源的有效利用，提高财政资金的利用效果起到很大的作用，因而是财政支出管理的一个重要环节。具体的政府采购制度是在长期的政府采购实践中形成的对政府采购行为进行管理的一系列法律和惯例的总称。具体来说，政府采购制度包括以下内容：（1）政府采购政策，包括采购的目标和原则；（2）政府采购的方式和程序；（3）政府采购的组织管理。

政府采购的主体是政府，是一个国家内最大的单一消费者，购买力非常大。据统计，欧共体各国政府采购的金额占其国内生产总值的14%左右（不包括公用事业部门的采购）；美国政府在20世纪90年代初每年用于货物和服务的采购就占其国内生产总值的26%～27%，每年有2000多亿美元的政府预算用于政府采购。正因为如此，政府采购对社会经济有着非常大的影响，采购规模的扩大或缩小，采购结构的变化对社会经济发展状况、产业结构以及公众生活环境都有着十分明显的影响，它已成为各国政府经常使用的一种宏观经济调控手段。

政府采购的定义决定了政府采购既包含一般采购的共性，又具备区别于一般采购的特殊属性。由于政府采购的主体是政府部门本身或其他直接或间接受政府控制的企事业单位，政府采购的资金也来源于公共资金，政府采购职能的范围和目标是为了向公众提供公共服务。因此，要对政府采购实行严格的监督和管理，使其成为一个受管制的却透明的过程，受到法律、规则、条例、政策和程序的限制和控制。同时政府采购多采用公开招标方式，必须遵循公开透明、公平竞争、公正、诚实信用原则，不得对供货商或承包商带有任何歧视。政府采购人员的行为不能超出他们的职权范围，不能超出政策和法律法规的规定。不仅如此，政府采购还要对国家、政府和社会公众负责，受社会公众的监督。

第三节 公共项目的特点

一、公共项目的一般特点

（一）项目的公共性

一个项目所能提供的产品或服务按其使用或受益性质可以区分为三类：私有品、

准公共品和公共品。区分的基本标志是竞争性和排他性。竞争性是指某一产品只能向一个消费者提供，而不能同时供多个消费者消费的性质。排他性是指只有那些按价付费的人才能得到某物品的性质。

私有品是指完全具备竞争性和排他性的产品或服务。竞争性和排他性使私人物品得以生产，并在市场中交易，市场机制发挥着作用。如一个人想吃一碗羊肉面，就必须先拿钱拥有它，同时他吃完这碗羊肉面后，别人再也吃不到它。

公共品是指完全具备非竞争性和非排他性的产品或服务。可见，公共品的特征就是非竞争性和非排他性，即可以集体消费，且是免费消费。如教育、广播、公共电视、免费的二等级以下公路等。

准公共品是指具备一定程度的竞争性和排他性的产品或服务，即介于私有品和公共品之间的一些物品或服务。如高速公路、铁路、供电、供水、通讯等，其共同点是可以集体使用，而且是必须付费才能使用，不付费者排除在外不能使用。

公共项目的产品或服务通常都是准公共品或公共品，但公共品的生产存在一个市场失效问题。以城市路灯为例，虽然行人可以从路灯的照明而受益，但如果路政部门要向他们收取费用是根本行不通的。因此，路灯就会因无利可图导致无人愿意去建造和运营，自发的市场调节机制在这里已经失灵，无法实现公共产品或服务的最佳资源配置。因此，只有靠强制性税收加公共选择的财政预算供应方式来实现资源配置，从这个角度说明了公共项目的公共性特征，即资金来源的公众性和产品的集体使用性质。

公共项目是经济和社会系统的重要组成部分，它为整个社会运转提供基础条件，是社会生产和生活共同使用的独立领域。它不单纯是为个别人、个别家庭、个别单位服务，而是为整个社会或一个局部区域提供社会化服务的。因此，公共项目和设施提供的产品或服务具有公共性特点。此外，公共项目如城市供水、供电、交通、通讯等设施，所提供的服务和功能作用又具有两重性。从服务对象上看，城市供水、供电、交通、通讯等设施既为人民生活服务，又为物质生产服务，两者不可分割。这种两重性在时空上是同时存在的，即各类公共项目一般都同时具有这两种功能。

（二）效益的外延性

大部分公共项目特别是公共的基础设施项目，其自身的投资效益和经济效益虽然也可以用投资回报率的高低以及项目能实现的利润多少等直接经济指标来衡量，但公共项目的主要效益通常间接地表现为服务对象的效益提高，即主要体现为间接效益和社会效益，其中包括减少因为没有公共基础设施项目而给服务对象造成的经济损失，这就是公共项目主要效益的外延性。

外延效益是指公共项目投资对外部的其他生产者或消费者产生的有利或不利影

响。因政府投资的公共项目社会影响大，因此，其外延效应也大。如国家投资兴建的长江三峡水利枢纽工程，该项目通过发电可以获取直接收益，而下游的居民也能从大坝的蓄水分洪中获取减少洪水灾害的收益。即使这种收益可能很大，但下游居民却是免费获得的。许多公共项目效益的外延性是间接体现的，项目不但产生经济效益而且产生社会效益和环境效益。如城市园林绿化设施，提高了环境质量，给人们创造了良好的休闲娱乐场所，使人民群众的身心得到健康发展，减少疾病的发生和传播。公共基础设施社会效益的形成，往往是基础设施各个子系统共同作用的结果。项目效益的外延性不仅是通过各类项目的社会效益体现出来的，而且每一个项目社会效益本身也是多方面的，呈现出复杂性。

公共项目效益的综合性经常需要在较长的时间周期中才能充分体现。从社会发展整体看，不仅要着眼于物质资料的生产，还要充分体现精神文明建设的需求，如良好的公共关系、整洁文明的市容、投资环境的建设等。这一切都与城市基础设施社会效益的长期性密切相关。

（三）项目的系统性和协调性

系统思想源远流长，但作为一门科学的系统论，是1932美籍奥地利人、理论生物学家贝塔朗菲（L. Von. Bertalanffy）创立的。1937年提出了一般系统论原理，奠定了这门科学的理论基础。但是确立这门科学学术地位的是1968年贝塔朗菲发表的专著：《一般系统理论基础、发展和应用》（General System Theory Foundations, Development, Applications），该书被公认为是这门学科的代表作。

系统分析是20世纪40年代，为解决人类生活和社会系统中不断涌现的众多复杂难题而发展起来的为管理决策服务的科学和艺术。它最早是由美国兰德公司在第二次世界大战前后提出并加以运用，此后被广泛应用于人类社会生活诸领域。我国在20世纪50年代由著名科学家钱学森开始引进，60年代由数学家、教育家华罗庚加以推广，70年代末开始广泛应用于通讯、生物、系统工程、哲学、经济及公共领域。

按照贝塔朗菲的观点，系统是处于一定相互联系并与环境发生关系的各组成部分的整体。系统由不同层次的子系统、子子系统构成，而且这个系统本身又是它所从属的一个更大系统的组成部分，并始终与环境保持着密切联系。见图1-2。

系统的存在是一种普遍的现象，世界上的万事万物都作为系统而存在。从图1-2可见，系统最显著的特点有四个：

1. 整体性，系统的整体性质和功能，不是组成它的要素的性质和功能的简单相加，而是有新的性质和功能。一般系统的整体功能应该大于组成它的要素功能之和。

2. 结构性，任何系统都有其内在的结构。结构是组成系统的各个部分或要素之间相互联系和相互作用的形式，它表明事物的系统是由什么组成和怎样组成的。

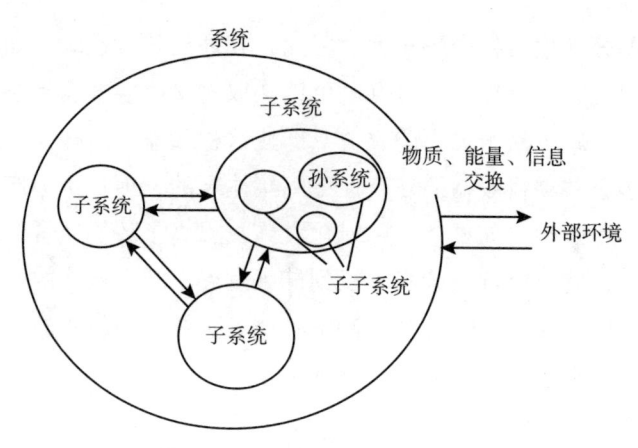

图 1-2 系统的结构和运行图

3. 层次性，任何系统客观上也都有一定的层次性。因为系统的区分是相对的，在小的范围内是系统，在大的范围内就要称为要素；反之，在大的范围内就要称为要素，在小的范围内则称为系统。

4. 环境适应性，因为每个系统都是在一定的环境中存在和发展的，它必然要与环境之间发生物质、能量、信息的交换，以维持自身动态的平衡。否则，遗世而孤立，闭关以自守，只能导致自取灭亡。

根据系统论原理，公共基础设施的运转可看作一个系统，是一个有机的综合体，是社会大系统中的一个子系统。这就要求系统内部诸因素以及系统同外界环境之间必须协调一致，公共设施项目才能保持良好的运转状态。如城市基础设施，在时间、空间以及在总量平衡、结构平衡方面相互联系的紧密程度是非常高的，以致可以把一个城市全部基础设施建设工程看作一个持续多年的特大项目。这就是说，城市基础设施项目建设具有整体性。以城市交通项目为例，每一座立交桥和每一条主干道、地下铁道，都可以构成一个独立的施工项目。但它们都不是孤立的，而是彼此紧密联系着的，组成一个网络，是一个整体。不仅城市交通项目内部是这样，城市交通建设与供排水设施建设、供电供气设施建设、园林绿地建设之间也有很密切的联系，需要配套建设，是一个更大的整体。具体表现为：城市基础设施在质和量、空间和时间上，必须与城市发展保持一致；其次，城市基础设施内的每一项设施都自成一个整体，不能割裂。如水资源的开发利用、防洪、水资源保护、城市供水、排水、污水处理、污水利用构成一个复杂的水分支系统。水分支系统内部的各项设施也是互相依存、互相制约的。如图 1-3 所示。

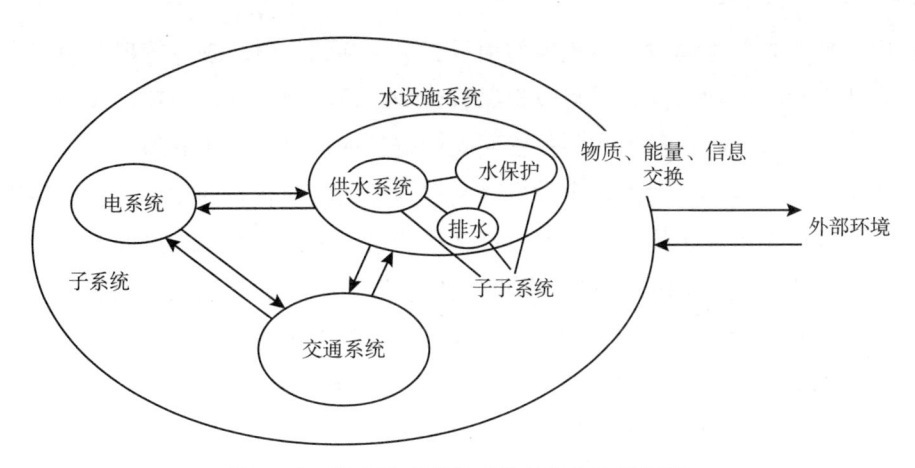

图 1-3 城市基础设施系统的结构和运行图

一定的建设资金用于公共基础设施的建设，会对服务对象产生多种多样的社会效益和影响。在一定的财力、物力、人力条件下，公共基础设施的系统不可能在短期内全部建成，必须区分轻重缓急逐步建设。公共基础设施项目建设所具有的这种渐进性，要求对项目的建设进行统一的规划与布局。对于近期内将要开工建设的项目，需要编制可行性研究报告，论证是否急需，是否必须在近期内动工。同时还需要比选各种设计方案，以便取得最佳效益。对于近期内不准备建设的项目，则暂时没有必要急于设计、急于论证。与前述整体性相结合，这种渐进性使得公共基础设施项目的社会评价工作具有阶段性和层次性。

二、政府投资的公共项目特点

按政府项目投资的目的，主要是为社会大众提供所需的特殊产品。因此，政府投资的公共项目应该主要是为社会提供公共产品的基础性投资项目和公益性投资项目。政府投资的公共项目可以分为赢利性的政府投资项目和一些虽赢利，却难以收回投资或投资回收期较长的基础设施项目。但也可能会包括在特定情况下的特殊项目，如政府可能因落实国家发展高新技术产业，迎接知识经济挑战的产业政策而涉及部分高风险、高收益的高新技术产业等。因为在市场经济体制下，一般经济组织的投资活动都追求自身利益的最大化，而对非赢利、难以赢利或投资回收期较长的项目则不会涉足。但这些非赢利、难以赢利或投资回收期较长的项目又往往是国家或地区发展经济中必不可少的基础设施，是关系到改善投资环境、改善人民生活、加强国防安全的设施，决定着国家财政基本建设资金必须集中投资在这些公益性的基础设施上。总之，政府投资项目的产出或服务应是准公共品或公共品。

按资金来源的不同来分，政府投资的公共项目有三类：一是财政性投资，包括财政预算内、预算外基本建设资金投资的项目，也包括纳入财政预算管理专项基金中的用于基本建设投资的项目。二是财政担保银行贷款建设项目，这类项目大多是非赢利的公共项目，也包括少量虽赢利但投资回收期较长的项目。对于非赢利的项目，一般由财政负责筹措资金还本付息；少数有赢利但投资回收期较长的项目，也由各级财政承担风险，故此类项目也应纳入政府投资项目严格管理。三是国际援助支持的建设项目，一般侧重于对受援国的基础设施和公共建设项目提供无偿援助或低息（无息）贷款，受援国政府是项目资金的接受者，并负责项目资金的运用。对于大型政府投资项目提供援助的国际组织主要有世界银行及其他区域性经济组织（亚洲开发银行），友好国家的援助也是国际援助项目资金的重要来源。

政府投资的公共项目不同于一般投资项目，其主体是政府部门，资金来源具有公共性。社会需要利用政府的强制力，集中资源的优势来为公众服务，因此，政府投资的公共项目通常具有以下特点：

（一）政府投资的公共项目中政府承担着主导角色

这是由政府在国家公共利益中肩负重任所决定的。政府投资的公共项目不是单纯为个人或个别单位服务，多数是为社会公众服务、非赢利的公益性项目。政府投资的公共项目是以政府财政性资金投入或是以政府信用担保的商业贷款投入的并由政府拥有决策权的项目，政府从项目的规划、立项、投资、建设以及后期的运营一般都会给予引导与支持，相对其他性质投资的项目而言，这是政府投资的公共项目的最大特点。

（二）政府投资的公共项目一般是投资大、风险大、影响大

有些关系国计民生项目如道路、桥梁、港口、机场等，项目规模很大，投入的资金量少则数千万元，多则上百亿元，一般需要几年或十多年的时间才能建成。如果没有政府资金的投入，任何其他组织都不可能承受如此巨大的投资。一旦项目决策实施马上就会形成巨大的生产力，其投资的"乘数效应"将会影响着诸多的相关产业和部门，影响着区域经济的发展与产业结构的变化，甚至影响着整个社会经济的发展与人民生活质量的提高。因此，这些关系国计民生的公共项目是否上马、何时实施有时也是国家进行宏观调控的一个重要手段，其所需要的资金必须通过政府直接投资。

政府投资的公共项目还有一个特点是风险巨大，包括项目的投资风险、财务风险、建设风险以及政府信誉等问题都需要充分考虑、认真研究。如果项目在工程建设中应用先进的科学技术和管理方法，特别是一些高新技术的应用将给项目带来额外的附加值；如果项目决策正确合理，方案先进可行，不仅仅将取得巨大的社会经济效益，还将为公众创造方便、舒适和安逸的生活环境。但如果项目决策不科学，事先没

有经过充分的前期论证，没有充分考虑各种风险因素，从而导致项目失败，那么带给国家或地区的将不是巨大的生产力和社会经济效益，而是沉重的财政负担、资源环境的破坏和污染，甚至是整个生态系统的严重失衡、人类生存环境的毁灭。所以，政府投资的公共项目必须进行全过程的决策风险管理。

（三）政府投资的公共项目实施更规范的管理制度

世界各国为了在纳税人中树立廉洁、高效的形象，保证政府投资的公共项目效益，对项目建设和运营过程提出了更高的管理要求，一般都制定更规范的管理制度，采取了更严格的管理办法和程序。在我国主要表现在：要按照国家规定履行报批手续（一般投资项目只需履行备案手续即可），严格执行建设程序；严禁挤占、挪用政府投资；严禁搞边勘探、边设计、边施工的"三边"工程；财政部门要执行项目评审程序，以保障财政基本建设资金不被浪费。

（四）政府投资的公共项目社会舆论关注度高

因政府投资的公共项目涉及社会公众生活的各个方面，又是国家财政或地方财政投入建设的资金，本质上就是纳税人的钱，涉及社会公众的切身利益，自然而然地成为社会关注的焦点。因此，政府投资的公共项目也要注重公共关系工作，要设立专门公共关系部门或人员负责与媒体的联络或直接与公众对话，向社会直接、间接地报告政府投资项目的建设意义、施工进展、施工质量、建成后对公众生活质量改善的具体情况。力争社会舆论的支持，自觉接受公众舆论的监督，是政府投资项目顺利完成的重要保障。

（五）政府投资的公共项目整体规划性

政府投资的城市基础设施属于公共项目，它为城市日常运行及社会经济发展服务。不同的城市环境和经济基础将会选择不同的基础设施建设，而且基础设施内部又存在相互替代和补充，如能源中天然气、人工煤气、油及煤、电的互用性以及高架路、快速路、地铁、桥梁、隧道的互补性。因此，在城市基础设施的重大方案论证时，应充分根据城市发展前景与功能，优先做好整体规划，综合考虑城市经济实力及各种因素，进行比较与优选，这是政府投资的公共项目决策过程中最为重要的方面。

（六）政府投资的公共项目市场化运作

按照国际惯例，我国于2002年6月29日颁布实施了《中华人民共和国政府采购法》（以下简称《采购法》），按《采购法》规定政府投资的公共项目属于政府采购工程项目，必须将它纳入政府采购的管理范围，适用该法。政府采购是市场经济的产物，因此，必须遵循市场交易规则，政府投资的公共项目必须按照市场原则运作，特别要摒弃过去习惯以计划手段和行政命令方式去管理基本建设项目的传统作风。在社会主义市场经济条件下，政府投资的公共项目关键在于要进行合理的市场定位，是否符合社会主义市场经济发展的要求。在国外，政府工程项目一般被纳入政府采购市场，我国政府投资的公共项目也是通过公开、透明的市场招投标形式实现政府采购。一旦与承包商签订了政府投资项目的采购合同，双方就是平等的民事主体关系，双方都必须遵守诚实守信、平等互利、等价有偿等市场经济的基本游戏规则。

第四节 公共项目评价

一、公共项目评价的概念、内容和意义

公共项目评价是根据项目的预期目标，在技术可行性的基础上，对项目经济效益的可行性与社会效益的合理性进行分析论证，做出综合性评价结论，为项目的科学决策提供可靠的依据。

民间投资项目一般只需要做项目自身的财务评价即可，但与民间投资项目不同的是公共项目的评价工作除了需要做基于微观经济效益的财务评价外，还必须做基于宏观经济效益的国民经济评价和非经济性效益的社会评价等互相补充，互相衔接的评估层次。

公共项目评价的意义：

1. 公共项目评价有助于确保发展目标的实现。
2. 公共项目评价有利于协调宏观发展目标与资源有限性的矛盾。
3. 公共项目评价是提高决策水平和效益的重要保证。

二、公共项目评价的理论发展

（一）公共项目的经济评价

公共项目评估中的最基本内容是对公共投资项目的经济评价。投资（Investment）是投资主体为了特定目的，期望在未来获得预期收益而进行价值垫付的经济行为。而投资主体的特定目的往往是通过投资项目所提供的产品或劳务来实现的。

按照我国现行的投资管理体制，公共项目必须按规定呈送项目建议书和可行性研

究报告履行报批手续,而项目建议书和可行性研究报告的重要组成部分就是公共项目的经济评价。公共项目的经济评价任务是在完成市场预测、厂址选择、工艺技术方案选择等研究的基础上,对拟建项目投入产出的各种经济因素进行调查研究、计算及分析论证,比选推荐最佳方案。

(二) 项目评价理论方法的历史发展演变

系统的建设项目评价理论和方法是在近几十年才发展起来的,它是随着经济与社会科学的理论发展而发展的,具体可分为三个不同时期的发展阶段:

1. 1844年以前,项目的财务评价方法。项目评价的理论方法可以追溯到资本主义的早期发展时期。在资本主义早期,受当时主流的古典经济学理论影响,偏重于考察微观经济效益,而忽视或不考虑宏观经济的社会效益,从投资的实际财务分析开始,产生了与私人项目相对应的财务评价方法。因为这个时期,政府投资的公共项目很少,大部分是私人投资项目。私人资本追逐的是企业利润的最大化,因此,当时的投资项目评价就是围绕如何获得最大利润来进行的,并假设经济环境是在政府自由放任政策下的完全竞争。

2. 1844~1980年间,发展到以新福利经济学为基础的现代费用效益分析法——狭义的社会评价方法。

1844年,法国工程师杜比(Jules Dupuit)发表了题为《公共工程项目效用的测算》的论文,开创了现代费用效益分析法。1920年庇古(A. C. Pigou)发表了《福利经济学》一书,奠定了福利经济学的基础,同时也奠定了项目评价的费用效益分析法的理论基础。1929年的经济大萧条迫使各国政府不得不卷入经济事务,各国经济学家重新考虑项目评价问题,将社会效用、生产与消费、资源配置以及社会福利问题纳入项目评价的范围之内。第二次世界大战后,西方国家的国有化程度有了一定的提高,公共项目投资不断增加。因公共项目和私人项目目标不一致,显然不能把对私人项目财务评价的方法应用于公共项目,因此,从20世纪50年代开始,对公共项目评价就形成了一种社会费用效益分析法。

1968年,经济合作与发展组织(OECD)出版的《工业项目手册》中首先提出了"新方法论"。"新方法"是指建议按照国际市场价格和汇率来估计项目的投入与产出。"新方法论"相对于费用效益分析法更具有科学性和先进性,大大推动了项目评价理论方法的发展,形成一种以经济增长加收入分配为内容的社会评价方法。

3. 1980年以后,社会影响评价。1980年联合国工业发展组织(UNIDO)和阿拉伯国家发展中心(IDCAS)提出了"增值法"的思想,即根据项目对国民收入的增长的贡献来判断项目的价值。"增值法"建立了项目评价和国民收入之间的联系,简单明了,但由于没有考虑项目的外部效果和非经济效果,使问题过分简单化了。

20世纪80年代以后,各国经济学家加大了对建设项目宏观评价的研究力度。随着社会学和人类学等社会学科的发展,经济发展转为经济与社会必须协调发展,工业化必须考虑它对社会环境、人们生活和社会生活环境的影响,将社会评价和综合评价视为建设项目,尤其是大型、超大型建设项目上马的必要条件,同时更加注重环境保护和可持续发展在项目评价中的地位,并制定了相应的国际标准。

(三) 项目评价的理论依据

西方古典经济学认为,在市场经济条件下,市场机制在资源配置中起着基础性作用,它像一只"看不见的手"引导着资源进行合理配置。但现实社会中,因一些特殊因素的干扰,使市场机制经常不能发挥正常的调节作用,导致市场失灵。在完全自由竞争的理想条件下,市场机制可以有效地实现对经济和资源的调节,但完全自由竞争的理想条件在现实中是不存在的,而且实践证明,市场机制自身也存在许多无法克服的毛病。如:市场经济不定期会受到经济剧烈波动的冲击,需要靠政府的宏观经济政策、税收政策、信贷政策等进行干预;垄断和寡头使企业能限制市场机制的作用,从而导致资源配置失效、社会财富的过分集中和垄断势力加强;市场无法解决许多伴随经济活动产生的外部效应(包括外部效益和外部费用);市场无法提供公共产品如公共交通、国防、公共卫生、环境、警察、消防等服务;通过市场机制进行的收入分配是难以做到完全公平的;市场不能在现在和将来之间进行有效的资源配置;市场机制不能消除市场上的不道德行为等市场失灵的情况。

正因为市场机制存在这么多问题,迫使政府必须对经济进行干预与管理,使经济运行重新恢复良性循环。政府的经济职能主要是对社会经济进行指导,培育和完善市场机制,实行宏观控制,为企业服务和对经济活动进行监督。对国民经济进行宏观调控,搞好基础设施建设,创造良好的经济发展环境,使国民经济协调稳定地健康发展。根据效率与公平原则,调节社会分配,组织社会保障,控制人口增长,保护自然资源和生态环境。在政府干预的公共项目投资决策中,不能完全依赖于只能反映市场调节的财务评价结论并以此作为决策的依据。对于由政府投资或贷款建设的基础设施项目、社会公共服务项目,或服务难以由市场定价的项目,或虽然项目的产出物或服务可能由市场定价,但其经济效益的外延性比较明显的项目,就必须根据国民经济评价的结论并兼顾财务评价的结论进行投资决策。

公共项目的目标和竞争性项目的目标之间存在明显的不同。竞争性项目的投资主体一般是企业,投资者以项目效益高低决定项目取舍。因此,提高项目运营效率、降低成本、增加效益是竞争性投资的主要目标,竞争性投资应主要由微观主体来投资。而政府投资项目的投资主体一般是政府,政府的基本目标有两个:效率与公平。效率目标是指促进社会资源的有效配置,促进国家或地区的经济增长。政府投资项目的主要领域应是市场机制失灵的基础设施项目和纯公益性项目。政府在市场失灵的投资领域投资，可以弥补市场机制的不足，促进全社会资源配置效率的提高。如国防项目提供的是保卫人民不受外敌侵犯的服务。这种项目由每个人或家庭去提供，受益于防卫的个人之间很难达成某种自愿交易，因而这种制度安排，或者会使交易费用极高，或者会使防卫能力极低，导致这种制度安排的低效性。而由政府为全体国民提供国防服务既可节省社会资源投入，又可提供更有效的服务。公平目标是促进社会福利的公平分配，普遍改善人民的福利水平。在市场机制的分配范畴内，公民之间的收入分配和福利分配肯定是有相当差异的。为此，政府一方面可以通过财政税收等政策工具调节人们之间的收入分配；另一方面，政府也可以利用财政支出投资兴办有助于改善社会福利分配的公共事业，如公立医院、公立学校等。公立学校的兴建不但有助于低收入家庭的子女获得教育，而且受过良好教育的学生长大后，会更加自觉地遵守社会法律秩序，对社会发展做出更大的贡献。从这种意义上说，兴办公立学校不但是改善福利分配的举措，而且也是对未来社会效益所做的政府投资。因此，政府投资项目往往同时具有以上两个目标。政府投资项目更应强调宏观经济效益和社会影响。政府投资项目的评价也应该更注重国民经济评价和社会评价。

  公共项目是实现已制定的发展政策的重要手段之一。政府投资项目，特别是对公共项目的投资，是实现其经济职能的手段之一。传统的发展观是以物质财富增长为核心，以经济增长为唯一目标，并认为经济增长必然会带来社会财富的增长和人类文明福利增加。但经济学的基本问题是资源的稀缺性与人类需求的无限性之间的矛盾。因此，要研究如何有效配置资源，以更好满足人类的需求。传统项目评价标准是以项目对国民收入贡献为取舍依据的，追求经济活动的无限增长，以人的物质财富的满足程度来判断其价值。由此决定了人类可以不惜任何代价，甚至是以无情地、无偿地掠夺自然生态环境为代价，换取经济高速增长。其结果是以牺牲人们的精神需求和生态需求来满足人们的物质需求。然而，人类需求是多种多样的，尤其是随着物质财富的增加，人类对精神及生态方面的需求将更加强烈。传统的项目选择对人类物质需求考虑较多，而对于精神需求及生态需求考虑较少，给社会带来了危害，由此就产生了现代发展观。现代发展观——可持续发展观，不单纯强调现有发展成果的积累，而更重视发展潜力的培植，认为健康的经济发展应建立在生态可持续能力、社会公正和人民积极参与自身发展决策的基础上。它所追求的目标是：既要使人类的各种需要得到满足，个人得到充分发展，又要保护资源和生态环境，不对后代的生存和发展构成威胁。以这种发展观为基础的项目评价应该是一种综合的评价体系，不仅要评估项目对人类物质需求的满足，更要评估项目对人类精神需求及生态需求的影响。在可持续发展观下，精神及生态目标的重要性将会逐渐增加。

三、我国公共项目的评价方法

我国的公共项目评价方法，是从研究公共投资项目评价中发展起来的。从1979年开始，我国引进西方的项目可行性研究和经济评价方法，作为项目前期技术经济论证的科学方法。三十多年来，经过国内许多专家、学者和实际部门工作者的广泛研究和实践，使我国的公共项目评价工作得到了长足的发展。1993年国家计划委员会（现已改为国家发展改革委员会）和建设部联合发布的《建设项目经济评价方法和参数（第二版）》（以下简称《方法与参数》），对投资项目的财务评价和国民经济评价的必要性，经济评价的内容、方法都作了比较详细的说明。它作为规范的投资项目评价方法在项目可行性研究中被广泛采用，也包括在公共项目的可行性研究中采用。但它只涉及项目的经济效益评价问题，没有关于社会效益评价的内容。

在我国，对项目的社会评价内容虽然没有进入正式的投资项目评价规范中，但由于我国是社会主义国家，对项目的社会效益长期以来都一直很重视。如：无论是改革开放前的计划经济时期，还是改革开放后，我国对社会效益明显的水利工程、铁路、交通等，一直十分重视，建设了许多大型骨干工程。环境保护方面，我国于1979年制定了《中华人民共和国政府环境保护法》（试行法），到1989年、2014年两次修改的《环境保护法》，每一个阶段都是《环境保护法》作为我国的环境基本法在功能上的演进和改变。

进入21世纪，世界格局有了很大的变化，我国经济发展和改革进入了关键时刻。公共项目评价主要考虑市场分析与生产规模的确定、建设项目生产建设条件及技术评估、建设项目投资估算、建设项目融资方案分析、建设项目经济评价、建设项目社会评价、不确定性分析与风险分析等。从发展趋势来看，其评价还存在着一定的不足，微观和宏观层面都有需要改进的地方，要注重生态环境和社会环境因素，加强综合评价等。随着投资体制改革的深入和投资风险约束机制的建立，今后各类投资主体将更加关心项目的投入产出效果，更加关注投资决策的科学性。

四、注重可持续发展的公共项目评价

公共项目投资的目标不像竞争性项目那样只需追求利润的最大化即可，而是要实现社会综合效益最大化。公共项目所服务的社会成员存在价值观和行为偏好的不同，而且公共项目投资决策要实现的目标往往不是唯一的，而是多重的，比如体现在经济发展、社会稳定、国家安全、生态保护、社会公平等不同方面。因此，在公共项目中要实现社会利益最大化是比较困难的。但在维持良好的生态环境，促进资源有效、合理利用，维护社会公正，促进国际间公平等方面，是能够为社会所接受的。可持续发展是人类新的发展观，传统的发展理论以经济系统作为分析对象，无视资源稀缺对经济发展的制约，乐观地认为技术进步可以消除资源稀缺对经济发展的制约。可持续发展理论以经济和生态系统的复合体即生态经济系统为分析对象，追求生态经济系统总体效益最大化。在项目评价方法中，公共项目的发展目标相对于竞争性项目的发展目标，可持续发展的基本思想更容易被接受。

随着全球环境包括生态环境和社会环境的不断恶化，人们越来越认识到不能再牺牲后代的发展来换取当代的一时发展，否则，发展将是暂时的、短暂的和自取灭亡的。因此，应该坚决贯彻"可持续发展"战略，走"可持续发展"之路；任何有悖于该战略安排的行为应视为违法，任何有悖于该发展道路的项目应在评价中无法通过，也就是赋予"可持续发展评价"一票否决权。掌握项目的"生杀大权"，就应该在社会评价和综合评价的基础上尽快建立可持续发展评价体系，确定其评价地位。

可持续发展包括：生态可持续性、经济可持续性、社会可持续性三个方面。

生态可持续性是生态系统内部生命系统与环境系统之间的持续转换和再生能力，即自然生态过程永续的生产能力和持久的变换能力，从而使生态资本存量通过生态再生产得以保持或增加，至少不减少。只有这样，才能使生态环境资源适应经济社会不断发展的需要。维护环境总体状态的相对稳定与协调关系，从而使经济增长和经济发展保持在环境资源承载力的限度内，促进生态潜力的积蓄速度超过经济潜力的增长速度，实现生态资本存量至少不下降或有所提高。

经济可持续性是要求国民经济系统保持它的产出水平大于或等于它历史平均值的能力。而且增长既重视数量的增加，又重视质量的改善，提高效率，增进效益，从而保证国民经济持续、稳定、协调地发展。现代经济的实践表明：经济可持续性的主要动力是科技进步，它与投入机制相互作用决定着经济可持续程度。科技进步机制使经济效益水平提高，推动经济发展，提高经济收益水平；投入机制使总产量增加，增大经济资本量或物质资本量，增强经济实力或经济潜力。所以经济可持续性本质上是经济资本存量增加的表征，是经济发展对生态和社会可持续发展所具有的经济适应性。

社会可持续性从社会学角度可以表述为：当发展能够保障当今社会多因素、多结构的全面协调发展时，能够为未来社会多因素、多结构的全面协调发展提供基本条件，或至少不削弱这种发展能力。这是一个长期促进社会公正、安全、文明、健康发展的社会全面进步过程。

第五节　公共项目的评估程序

本节结合公共项目的评估内容，简要地介绍公共项目的评估程序。

一、目标的确定

根据公共项目建设的主要目标与功能，结合国家（地区）的社会发展目标，由评价人员通过对主要社会因素进行分析研究，找出项目对社会的影响，选定项目应该评估的目标。

对项目应该评估的目标进行分析时应确定哪些是主要的，哪些是次要的，考察项目对社会的各种影响可能波及的地区范围和时间范围。一般地，公共项目建设的目标可能是多个的，可能涉及经济增长、收入的公平分配、资源利用和社会需求的满足等目标。

二、选择评价指标

根据公共项目建设的目标及其影响范围，选择评价指标，包括各种效益与影响的定量分析与定性分析指标。

三、通过调查预测，确定评价参数

收集项目影响区域现有社会经济、自然资源、自然与生态环境、社会人文情况及其他社会环境因素的资料，通过整理分析作出在项目影响时间范围内可能发生情况变化的预测，得到评估项目所需的各种参数。

四、制定备选方案

根据公共项目的目标、规模、不同的建设地点、厂址、不同资源、不同的工艺技术路线、设备等制定若干个可供选择的方案，并采取拜访、座谈等方式征求项目影响区域范围内，特别是厂址周围地方政府和社会群众的意见。

五、备选方案的综合分析评价

根据调查、预测资料，对每一个备选方案进行定量与定性分析评价。通常步骤如下：

1. 对备选方案进行预测和计算各项经济和社会效益与社会影响指标。通过对历史统计资料的分析、对社会发展趋势分析，以及同类项目的历史经验等资料，采用适宜的科学预测方法进行预测，预测社会基础情况与项目的各种社会效益及其影响的情况，对比"有"和"无"项目实施的不同情况，从而计算出各项定量指标的数据。

2. 对各种不能定量的影响进行定性分析，判断各种定性分析指标对社会发展目标的影响，及其与当地社会环境相互影响程度。

3. 分析各种定量与定性分析指标的重要程度，对各种效益与影响排序，并找出若干较重要的指标深入研究，制定必要的能减轻不利影响的措施。

4. 进行综合分析评价。采用多目标综合评价法或矩阵分析总结评价法求得各方案的综合社会效益。

六、选出最优方案

将各方案的综合效益进行比较，从中选出最优方案。在比较综合效益时，要注意比较效益或影响较大、特别是影响重大的单项指标。或者是只比较重要的指标，选出最优方案得出评价结论。

对最优方案的不利影响及存在的问题提出补救措施与解决办法，并估算各项补偿费用与措施费，作为社会费用，计入项目总投资中。

七、专家论证

根据公共项目的具体情况，召开不同规模的专家论证会，将选出的最优方案提交专家进行充分的讨论和论证，充分吸收专家意见，必要时对方案予以修改、调整。

八、起草项目评价报告

将调查、预测、分析、比选、择优的全过程，分析论证情况，比选、论证方案中的重要问题和有争议问题，以及采取的措施、涉及的费用等写成报告，提出项目综合评价和是否可行的评价结论，作为项目评价报告（包括财务评价、经济评价、社会评价），上报给项目可行性研究评估审批单位。

【思考题】

1. 项目的概念是什么？
2. 运作与项目有何不同？
3. 公共项目的含义是什么？
4. 公共项目与政府投资项目的关系是什么？
5. 如何认识公共项目的特征？
6. 如何正确评价公共项目？

第二章

资金的时间价值

本章应了解和掌握：

1. 资金时间价值、单利与复利、名义利率和实际利率的概念与计算。
2. 现金流量图和复利计算公式。
3. 静态的经济效果评价指标、计算及评价方法。
4. 动态的经济效果评价指标、计算及评价方法。

第一节 资金的时间价值

金融资产是对未来现金流入量的索取权，其价值取决于它所能带来的现金流入量。由于这个现金流入量是未来的、尚未实现的，因此它具有时间性和不确定性两个特性。由于金融资产的价值主要取决于其现金流入量的时间因素和不确定因素，因此其价值构成主要包括两部分：即资金的时间价值和风险价值。

例如：你现在手中有1元钱，明年的今日你手中也有1元钱，如果扣除风险和通货膨胀因素，这两个1元钱的价值相等吗？

如果你是一个理性的理财者，这1元钱对你来讲现在没有消费用途，你就不会把它闲置在这里，而是要么存到银行，要么去寻找其他的投资机会。即便是存到银行，到明年的同一天（1年以后），这1元钱就有可能变成1.1元或1.2元，反正要多于1元。

因此，两个1元钱不再是等价的或者说不再是等值的（更确切地说，折合到同一时点上来比较是它们是不等值的）。现在的1元钱要比明年今天的1元钱更值钱。也就是说，在没有风险和通货膨胀的情况下，同样多的货币在不同的时点上其价值是不同的。随着时间的延续，货币会增值。

一、资金的时间价值

（一）资金时间价值的学术观点

关于资金的时间价值，不同的学者从不同的角度提出了不同的看法：

1. 资金的时间价值是指资金经历一定时间的投资和再投资后所增加的价值；
2. 西方经济学家认为，消费者往往高估现在资金的价值，低估未来资金的价值，因此资金的时间价值取决于偏好、消费倾向等心理因素；
3. 马克思认为，资金时间价值的真正来源是劳动者创造的剩余价值；
4. 资金的时间价值是指资金的拥有者若暂时放弃对资金的使用，则随着其放弃时间的不同，所获得的报酬率也不同；
5. 投资者进行投资就必须推迟消费，对投资者推迟消费的耐心的报酬应与推迟的时间成正比，因此单位时间的这种报酬对投资的百分率称为资金的时间价值。

任何一个项目的实施和运作都需要一个时间过程，少则几年，多则十多年。其资金的投入与收益的获取，构成了一个在时间上有先后顺序的现金流量序列。而在不同的时间发生的同样数额的资金在价值上是不相等的，即资金的价值会随时间发生变化。因此，要客观地评价项目的经济效果，不仅要考虑现金流入与现金流出的数额，还必须考虑现金流量发生的时间。如表 2-1 所示。

表 2-1　　　　　　　　　　　现金流量一览表　　　　　　　　　　　单位：万元

年份	第1年	第2年	第3年	第4年	第5年	第6年	第7年
现金流量	-1000	-2000	-3000	1500	2500	2500	2500

（二）资金时间价值的含义

资金时间价值是指资金经历一定时间的投资和再投资所增加的价值。随着时间的推移，投入周转使用的资金价值将会发生增值，这种增值的能力或数额，就是资金时间价值，也称为货币的时间价值。从外化形式看，资金时间价值是不同时间发生的等额资金在价值上的差别。

决定资金时间价值的因素有两个：一是时间的长短，二是收益率的高低。资金时间价值的产生前提：商品经济的高度发展和借贷关系的普遍存在，是资金所有者和资金使用者相分离的结果。

资金的时间价值原理揭示了不同时点上资金的换算关系，离开时间价值这一因素，就无法正确计算不同时期的财务收支，也无法正确评价项目盈亏，这是项目财务决策的基本依据。

（三）资金时间价值的意义

1. 货币的时间价值是货币的机会成本；
2. 货币的时间价值是指资金被投入周转而产生的增值；
3. 资金的时间价值是没有风险、没有通货膨胀条件下的投资报酬率；
4. 资金的时间价值大小取决于时间和单位时间价值率。

（四）资金时间价值的来源

资金之所以具有时间价值，主要是基于以下三方面的原因：

1. 资金能够增值，首要的原因在于它是资本的一种形式，可以作为资本投放到生产经营当中，经过一段时间的资本循环后，会产生利润。这种利润就是资金的增值。其实质是资金周转使用而产生的增值额，周转越快，增值越多，时间价值越大。

按照马克思的再生产理论，资金的运动伴随着生产与交换的进行，通过资金与劳动力结合的生产过程使价值增值，是劳动者所创造的剩余价值的一部分，因此，从投资者的角度，资金的增值特性使资金具有时间价值。

2. 资金一旦用于投资，就不能用于消费，牺牲现期消费是为了能在将来得到更多的消费。因此，从消费者的角度，资金的时间价值体现为对消费者放弃现期消费的损失所给予的必要补偿，即所获得的利息。

3. 由于在商品经济中借贷关系的产生，使资本所有权同经营权分离，资本分化为借贷资本和经营资本。资金使用者从资金所有者那里借得资本从事生产经营活动，付给资金所有者一定的报酬，其形式表现为利息，就是资金的时间价值。

（五）资金时间价值的表现形式

资金时间价值有两种表现形式，一种是绝对数，即资金经过一段时间后的增加额，如利息0.1元钱；另一种是相对数，即增加额占投入资金的百分数比，如利率10%。在实务中，人们往往习惯于用相对数表示资金时间价值。

那么，资金时间价值等同于利率吗？

从量的规定性上看，资金时间价值是在没有风险和没有通货膨胀条件下的社会平均的资金利润率。所以，资金时间价值和利率是有区别的，前者不考虑风险、通胀因素，可以说是纯粹利率，后者则考虑风险、通胀因素。除此之外，二者基本类似：（1）都是表达货币经过一定时间后的增值行为；（2）二者的基本原理和计算类似。若通货膨胀很低或没有通货膨胀，可用国库券的利率表示资金时间价值。

二、利息与利率

（一）利息和利率

1. 利息。资金的时间价值体现为资金运动所带来的利润或占用资金所付的利息。所以，利润或利息是衡量资金时间价值的绝对尺度。本利和可用下式表示：

$$F_n = P + I_n$$

式中：

F_n——终值（Final Value），（存款的本利和），一定量现金在未来某一时点上的价值，如1元钱存入银行，1年后变为1.1元，这1.1元就是终值。

P——现值（Present Value），（存款金额、本金、期初金额），未来某一时点上的一定量现金折算到现在的价值。如1元钱存入银行，1年后变为1.1元，也就是说，1年后的1.1元折算到现在为1元，1元就是其现值。

I_n——存款的利息（Interest），是指借款人付给贷款人超过本金部分的金额。

n——计算利息的周期数，通常以年为单位。

计息周期是指相邻两次计息的时间间隔或计算利息的时间单位，如年、月、日等。

2. 利率。利率是指一个计息周期内所得的利润（利息）与投入资金额（本金）之比，即单位本金经过一个计息周期后增值额，是衡量资金时间价值的相对尺度。记作 i，i 越大，表明资金增值越快。

利率公式为：

$$i = \frac{I_1}{P} \times 100\%$$

式中：I_1——一个计息周期的利息。

（二）单利和复利

利息的计算方式目前有两种：单利（Simple Interest）计息和复利（Compound Interest）计息之分。

1. 单利计息。单利计息是指不论时间的长短，每期仅以初始本金为基数计算利息，所生利息不加入本金重复计算利息的方法。单利计息的计算公式为：

$$I_n = Pni$$

n个计息周期后终值（本利和）：

$$F_n = P + Pni = P(1 + ni)$$

单利现值（本金）：

$$P = \frac{F_n}{(1+n\times i)}$$

可见，单利计息虽然考虑了资金的时间价值，但没有将之前产生的利息转入计息基数进行累计计息，因此，单利计息考虑的资金时间价值是不完整的。

2. 复利计息。复利计息是指将利息转入本金一并计息的方法。即每一次计算出利息后，将利息重新加入本金，从而使下一次的利息计算在上一次的本利和基础上进行，即通常所说的利滚利、驴打滚。

一般情况下，由于本期投资所带来的增值额并不抽回，而是作为追加资本继续使用，这种使用的特征决定了资金时间价值的计算方法一般采用复利计息方法，尤其是投资经济分析。而我国居民银行储蓄中往往采用单利的计息方法而不采用复利的计息方法。

复利终值（本利和）是指一定量的本金按复利计算若干期后的本利和。（已知 P，求 F）

复利终值（本利和）的计算公式推导如表 2 - 2 所示。

表 2 - 2　　　　　　　　复利终值计算公式的推导过程

计息周期 n	F_n 终值（本利和）
1	$F_1 = P + Pi = P(1+i)^1$
2	$F_2 = P(1+i)^1 + P(1+i)^1 i = P(1+i)^1(1+i)^1 = P(1+i)^2$
3	$F_3 = P(1+i)^2 + P(1+i)^2 i = P(1+i)^2(1+i)^1 = P(1+i)^3$
…	
n	$F_3 = P(1+i)^{n-1} + P(1+i)^{n-1} i = P(1+i)^{n-1}(1+i)^1 = P(1+i)^n$

因此，复利计息的计算公式：

终值（本利和）：$F_n = P(1+i)^n$

利息：$I_n = P(1+i)^n - P = P[(1+i)^n - 1]$

【例 2 - 1】某公司向银行借款 1000 元，期限 5 年，年利率 10%，其偿还情况如表 2 - 3 所示。

表 2 - 3　　　　　　　　年度借款偿还数量　　　　　　　　单位：元

年	年初欠款	年末应付利息	年末欠款	年末偿还
1	1000	100	1100	0
2	1100	110	1210	0
3	1210	121	1331	0
4	1331	133.1	1464.1	0
5	1464.1	146.4	1610.5	1610.5

(三) 名义利率和实际利率

在实际经济活动中，计息周期通常有年、季、月、周、日等，但在技术经济分析中，复利计算通常以年为计息周期，因此，这就需要对不同计息周期的利率进行换算。

1. 名义利率。例如，"按月计算利息，月利率为1%"，通常称为"年利率12%，每月计息一次"。这个"年利率12%"称为"名义利率"。因此，名义利率等于每一计息周期的利率与每年的计息周期数的乘积。

$$名义利率 = 每一计息周期的利率 \times 每年的计息周期数$$

单利计息时，实际年利率等于名义年利率；但复利计息时，实际年利率不等于名义年利率，一般是实际年利率大于名义年利率。

【例 2-2】 本金1000元，年利率12%，月利率1%，每月计息一次。试用单利和复利两种方法计算实际年利率。

解：单利计息：

一年后本利和 $F_n = P(1+ni) = 1000(1+12 \times 1\%) = 1120$（元）

实际年利率 $= (1120 - 1000)/1000 = 12\%$

复利计息：

一年后本利和 $F_n = P(1+i)^n = 1000(1+1\%)^{12} = 1126.68$（元）

实际年利率 $= (1126.68 - 1000)/1000 = 12.68\%$

2. 名义利率与实际利率的换算公式。在已知名义利率的条件下，计算复利的年实际利率公式，即名义利率与实际利率的换算公式。

设名义利率为r，一年中计息次数为m，实际利率为i。则

一个计息周期的利率为r/m，一年后的本利和为

$$F_n = P(1+i)^n = P(1+r/m)^m$$

利息为

$$I_n = F_n - P = P(1+r/m)^m - P$$

实际年利率：$i = [P(1+r/m)^m - P]/P = (1+r/m)^m - 1$

因此，名义利率与实际利率的换算公式为

$$i = (1+r/m)^m - 1$$

3. 间断复利和连续复利。复利计息有间断复利和连续复利之分。

间断复利是指计息周期为一定时间区间（如年、季、月）的复利计息；

连续复利是指计息周期无限缩短的复利计息。

当 $m = 1$ 时，$i = r$，实际利率 $=$ 名义利率；

当 $m > 1$ 时，$i > r$，实际利率 $>$ 名义利率；

当 $m \to \infty$ 时，$i = \lim[(1+r/m)^m - 1]$

$$= \lim[(1+r/m)^{m/r}]^r - 1 = e^r - 1$$

例 2-2 中,如果按连续复利计算,实际年利率为

$$i = e^r - 1 = 2.718^{0.12} - 1 = 1.1275 - 1 = 12.75\%$$

表 2-4 为名义利率为 12% 时,不同计息周期的实际年利率。

表 2-4　　　　　　　　不同计息周期的实际利率的计算比较

计息周期	年计息周期数 m	年名义利率 r (%)	各期利率 r/m (%)	年实际利率 i (%)
年	1		12.000	12.000
半年	2		6.000	12.365
季	4		3.000	12.551
月	12	12.0	1.000	12.683
周	52		0.2308	12.736
日	365		0.03288	12.748
连续	∞		—	12.750

4. 1 年内多次复利的计算方法。1 年内多次复利的情况,可采取两种复利方法计算资金的时间价值。

第一种方法是根据名义利率与实际利率之间的关系,将名义利率调整为实际利率,然后按照实际利率计算资金的时间价值。

实际利率与名义利率的换算关系为:

$$i = (1 + r/m)^m - 1$$

这种方法的缺点是调整后的实际利率往往带有小数点,不利于查表。

【例 2-3】某人存入银行 5000 元,期限 5 年,年利率 8%,每季度复利一次,问该存款的实际利率为多少?

解:实际年利率 $i = (1 + r/m)^m - 1 = (1 + 8\%/4)^4 - 1 = 8.243\%$

本利和 $F_n = P(1+i)^n = 5000(1 + 8.243\%)^5 = 7430$ (元)

利息 $I_n = F_n - P = 7430 - 5000 = 2430$ (元)

第二种方法是不计算实际利率,而是相应调整有关指标,即将利率调整为 r/m,计息周期数相应变为 m×n。根据这种方法,上例的计算为:

每季度利率 = 8%/4 = 2%,计息周期数 = 5×4 = 20

本利和 $F_n = P(1+i)^n = 5000(1 + 2\%)^{20} = 7430$ (元)

利息 $I_n = F_n - P = 7430 - 5000 = 2430$ (元)

按名义利率计算的利息 = 5000 × 8% × 5 = 2000 (元)

由此可见,当 1 年内计息几次时,实际得到的利息要比按名义利率计算的利息高。本例中利息为 2430 元,比按名义利率计算的利息多出 430 元,原因在于本例中

的实际利率高于8%。

第二节 现金流量图和复利计算公式

一、现金流量图（Cash Flow Diagram）

（一）什么是现金流量图

因为资金时间价值的存在，使不同时间上的货币无法直接加以比较，或不同时间上的资金不能直接相加减，需要把不同时间的货币换算到相同的时间基础上，才能比较。因此，一定量的资金必须赋予相应的时间，才能表达其确切的量的概念。为了便于对项目进行经济评价和对方案进行比较，由此就诞生了现金流量图，它是经济分析的一个有效工具。

现金流量图是指反映项目和各技术方案资金运动状态的图式，即把项目和各技术方案的各现金流入、流出及相应发生的时间绘入时间坐标图中的一个平面坐标系。

现金流量图是描述现金流量作为时间函数的图形，表示出各现金流入、流出与相应时间的对应关系。运用现金流量图，可以反映项目经济活动的全过程，全面、形象、直观地表达项目的资金运动状态。现金流量图如图2－1所示。

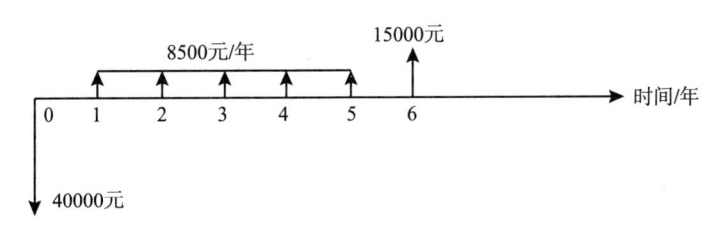

图2－1 现金流量图

（二）现金流量图的三要素

现金流量图包括三大要素：大小、流向、时间点。其中：大小表示资金的数额；流向指项目的现金流入或流出；时间点是指现金流入或现金流出所发生的时间。

（三）现金流量图的画法

1. 横轴表示时间轴，时间的推移是自左向右延伸，是所考察的系统（研究的对象、研究的投资项目）。

2. 轴线间隔，根据题目中涉及的期间将横轴分为对应的 n 等份，注意第 n-1 期终点和第 n 期的始点是重合的。每一间隔代表一个时间单位，可以是年、半年、季、月、日，通常为"年"。

3. 代表现金流量的箭头与时间轴的交点，为现金流量发生的时点。应根据题目中的资金流动，分析每一笔资金流动的时点。时间的连续性决定了坐标轴上的每一个时点既表示为上一年的年末，同时也是下一年的年初。"0"时点——第一年开始之时点，或第一年的年初。

4. 与横轴相连的垂直箭头，代表流入或流出这个系统的现金流量。箭头的长短根据现金流量的大小按比例画出，同时现金流量图上还要注明每一笔现金流量的金额。

5. 箭头向下，表示现金流出，即负的现金流量。

6. 箭头向上，表示现金流入，即正的现金流量。

总之，要正确绘制现金流量图，必须把握好现金流量的三要素，即现金流量的大小、方向、时间点。

绘制现金流量图与立足点有关，从借款人角度出发和从贷款人角度出发所绘现金流量图不同，而且正好相反。

【例 2-4】某个项目投资总额 1200 万元，分 5 年支付工程款，3 年后开始投产，有效期限为 5 年。假设资金成本为 10%，试用费用现值法分析该项目的总投资？

要计算这个题目，必须先分析现金流量，画出正确的现金流量图然后才能选择合适的复利公式进行计算。为了更加清楚，我们用两个图形来表示现金流出。

该项目的现金流出情况如图 2-2、图 2-3 所示。

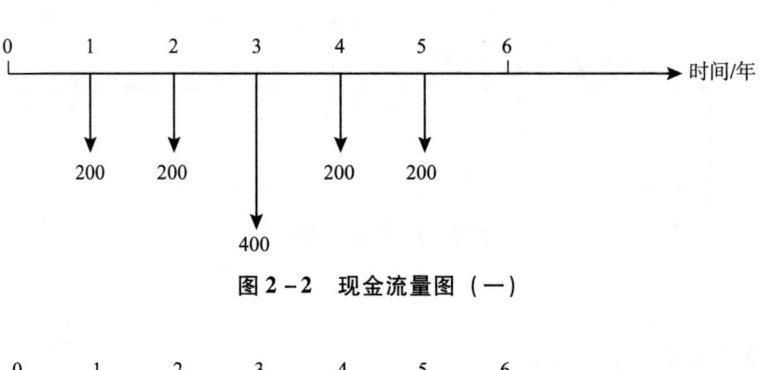

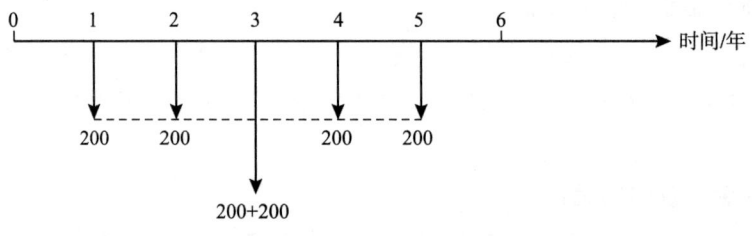

图 2-2 现金流量图（一）

图 2-3 现金流量图（二）

从图可见，本例可分解为 A = 200，n = 5 的普通年金和 F = 200，n = 3 的一次支付复利计算。

二、复利计算公式（资金的等值计算公式）

在投资项目的经济分析中，为了评价项目的经济效果，必须对项目寿命期内发生在不同时间上的费用和收益进行分析和计算。在考虑了资金时间价值的前提下，因不同时间发生的现金流入或流出，其数值大小不能简单地直接相加或相减，因此，必须把它们换算到同一个时点进行加减运算。而换算的计算公式就是复利计算公式或资金的等值计算公式。公式中涉及的符号如下：

i——利率；
n——计息周期数；
P——现值；
F——终值；
A——年值或年金。

（一）一次支付复利计算公式

一次支付又称整付，是指所分析系统的现金流量，无论是流入还是流出，均在一个时点上一次发生。其现金流量图如图 2 - 4 所示。

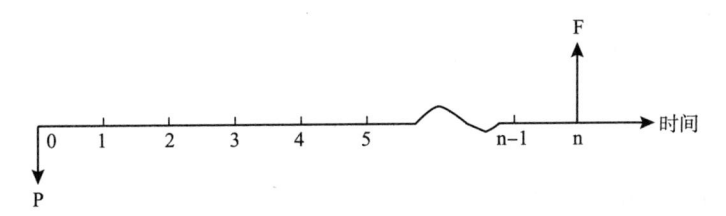

图 2 - 4　一次性支付现金流量图

一次支付的等值计算公式有两个：一次支付终值公式和一次支付现值公式。

1. 一次支付终值公式。

$$F = P(1 + i)^n$$

式中：系数 $(1 + i)^n$ 为一次支付终值系数，记作 (F/P, i, n)，可查复利系数表。

因为 $(1 + i)^n = F/P$，即已知 P 求 F 时的一次支付终值系数，因此，一次支付终值公式也可写成：

$$F = P(F/P, i, n)$$

【例 2 - 5】某人现在存入银行 10000 元，利率为 5%，那么 3 年后，他的本息和是多少？

解：

$$F = P(1+i)^n = 10000 \times (1+5\%)^3 = 11576 \text{（元）}$$

或

$$F = P(F/P, i, n) = 10000(F/P, 5\%, 3)$$
$$= 10000 \times 1.1576 = 11576 \text{（元）}$$

答：3 年后此人的本息和是 11576 元，与现在的 10000 元等值。

2. 一次支付现值公式。若已知终值求现值的复利计算公式，正好相反，是一次支付终值公式的逆运算。

由 $F = P(1+i)^n$ 得：

$$P = F \times \left[\frac{1}{(1+i)^n}\right] = F(P/F, i, n)$$

式中：$1/(1+i)^n$ 称为一次支付现值系数，记作 $(P/F, i, n)$，它是一次支付终值系数 $(1+i)^n$ 的倒数。

由终值求现值称为折现，此时的 i 叫做折现率。

【例 2-6】若某人想在 5 年后取得资金 20000 元，按年利率 4% 计算，他必须现在存入银行多少钱？

解：

$$P = F(1+i)^{-n} = 20000 \times (1+4\%)^{-5} = 16438 \text{（元）}$$

或

$$P = F(P/F, i, n) = 20000(P/F, 4\%, 5)$$
$$= 20000 \times 0.8219 = 16438 \text{（元）}$$

答：他必须现在存入 16438 元，才能在 5 年后取得 20000 元。

（二）等额分付复利计算公式

研究对象的现金流发生次数可以是一次，也可以是多次。多次支付是指现金流入和现金流出发生在多个时点上。现金流数额的大小可以是相等的，也可以是不相等的。如图 2-5 所示。

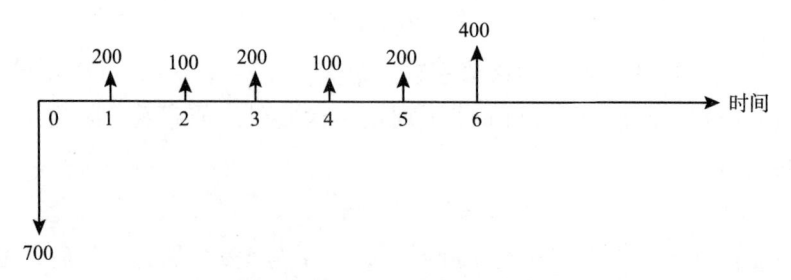

图 2-5 多次支付现金流量图

等额系列现金流是指连续的、数额相等的现金流序列。它有 4 个等值计算公式：等额分付终值公式、等额分付偿债基金公式、等额分付现值公式和等额分付资本回收公式。

1. 等额分付终值公式。等额年值或年金（Annuity）是指从第 1 年末至第 n 年末有一等额现金流量序列，每年支付金额均为 A。如图 2 – 6 所示。

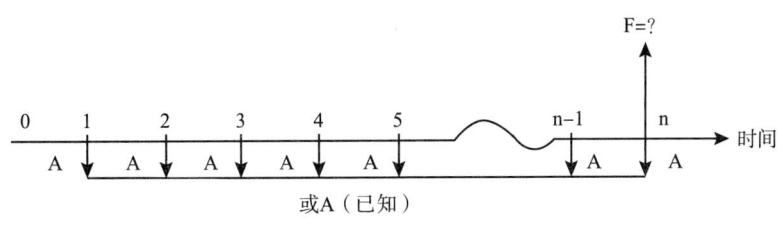

图 2 – 6　等额系列现金流

已知等额年值 A，求终值 F =？可把等额支付系列视为 n 个一次支付的组合，根据一次支付的终值公式，得

$$F = A + A(1+i) + A(1+i)^2 + A(1+i)^3 + \cdots + A(1+i)^{n-1}$$
$$= A[1 + (1+i) + (1+i)^2 + (1+i)^3 + \cdots + (1+i)^{n-1}]$$

利用等比数列求和，得

$$F = A \times \left[\frac{(1+i)^n - 1}{i}\right] = A(F/A, i, n)$$

式中：$[(1+i)^n - 1]/i$，称为等额系列终值系数，记作（F/A, i, n）。

【例 2 – 7】某家长为孩子储备教育资金，从孩子 8 岁起，每年存入银行 1000 元，连续 10 年，若银行利率为 8%，问 10 年后的本利和为多少？

解：

$$F = A[(1+i)^n - 1]/i$$
$$= 1000[(1+8\%)^{10} - 1]/8\%] = 14487（元）$$

或

$$F = A(F/A, i, n) = 1000(F/A, 8\%, 10)$$
$$= 1000 \times 14.487 = 14487（元）$$

答：10 年后的本利和为 14487 元。

2. 等额分付偿债基金公式。等额分付偿债基金可看作储备年金，是为了若干年后获得所需要的资金额，而在每年等额存款的数额。即已知终值 F，求年值 A =？如图 2 – 7 所示。

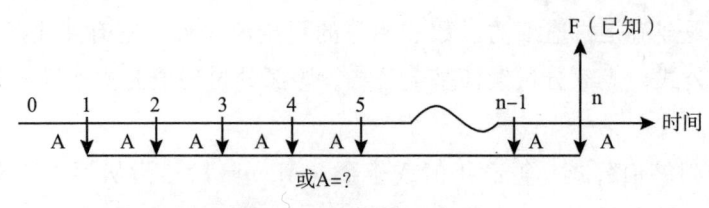

图 2-7 等额系列现金流

由 $F = A[(1+i)^n - 1]/i$ 两边同除以系数 $[(1+i)^n - 1]/i$，得：

$$A = F \times \left[\frac{i}{(1+i)^n - 1}\right] = F(A/F, i, n)$$

式中：$i/[(1+i)^n - 1]$，称为等额分付偿债基金系数，记作（A/F, i, n），是等额分付终值系数的倒数。

【例 2-8】某校欲积累一笔学生宿舍楼更新款，用于 5 年后的更新。此投资总额为 200 万元，银行利率 10%，问每年至少要存款多少？

解：

$A = F \times i/[(1+i)^n - 1]$
$\quad = 200 \times 10\% / [(1+10\%)^5 - 1] = 32.76$（万元）

或

$A = F(A/F, i, n) = 200(A/F, 10\%, 5)$
$\quad = 200 \times 0.1638 = 32.76$（万元）

答：现在每年末要存款 32.76 万元。

3. 等额分付现值公式。等额分付现值是等额分付终值在一定时期内的贴现值，其现金流量图如图 2-8 所示。从第 1 年末至第 n 年末有一等额现金流量序列，每年支付金额均为 A。即已知年值 A，求现值 P=？

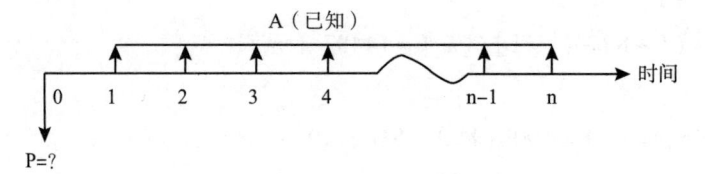

图 2-8 等额系列现金流

因为

一次支付终值公式：

$$F = P(1+i)^n$$

等额分付终值公式：

$$F = A[(1+i)^n - 1]/i$$

则
$$P(1+i)^n = A[(1+i)^n - 1]/i$$
$$P = A \times \left[\frac{(1+i)^n - 1}{i(1+i)^n}\right] = A(P/A, i, n)$$

式中：$[(1+i)^n - 1]/i(1+i)^n$，称为等额分付现值系数，记作（P/A，i，n）。

【例 2-9】 某设备寿命为 10 年，预计年净收益 40000 元，无残值，若预期收益率为 20%，问投资者为此设备的最高出资额是多少？

解：
$$P = A[(1+i)^n - 1]/i(1+i)^n$$
$$= 40000[(1+20\%)^{10} - 1]/20\%(1+20\%)^{10} = 167680 （元）$$

或
$$P = A(P/A, i, n) = 40000(P/A, 20\%, 10)$$
$$= 40000 \times 4.192 = 167680 （元）$$

答：投资者最高的出资额为 167680 元。

4. 等额分付资本回收公式。等额分付资本回收公式是等额分付现值公式的逆运算，即已知现值 P，求等额年值 A =？如图 2-9 所示。

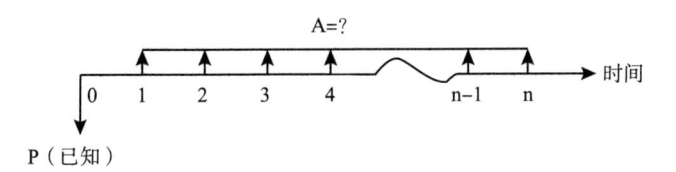

图 2-9 等额系列现金流

因为
$$P = A[(1+i)^n - 1]/i(1+i)^n$$

因此
$$A = P \times \left[\frac{i(1+i)^n}{(1+i)^n - 1}\right] = P(A/P, i, n)$$

式中：$i(1+i)^n/[(1+i)^n - 1]$，称等额分付资本回收系数，记作（A/P，i，n）。

【例 2-10】 某投资项目初始贷款 100 万元，银行利率 12%，贷款期限为 5 年，那么项目的年净收益至少为多少？

解：
$$A = P \times i(1+i)^n/[(1+i)^n - 1]$$
$$= 100 \times 12\%(1+12\%)^5/[(1+12\%)^5 - 1] = 27.741 （万元）$$

或

$$A = P(A/P, i, n) = 100(A/P, 12\%, 5)$$
$$= 100 \times 0.27741 = 27.741 \text{（万元）}$$

为了便于比较和理解，将以上6个复利计算公式汇总于表2-5。

表2-5　　　　　　　　　常用复利计算公式

公式名称	公式	已知	求解	系数
一次支付终值公式	$F = P(1+i)^n$	P	F	$(1+i)^n$
一次支付现值公式	$P = F\left[\dfrac{1}{(1+i)^n}\right]$	F	P	$\left[\dfrac{1}{(1+i)^n}\right]$
等额分付终值公式	$F = A\left[\dfrac{(1+i)^n - 1}{i}\right]$	A	F	$\left[\dfrac{(1+i)^n - 1}{i}\right]$
等额分付偿债基金公式	$A = F\left[\dfrac{i}{(1+i)^n - 1}\right]$	F	A	$\left[\dfrac{i}{(1+i)^n - 1}\right]$
等额分付现值公式	$P = A\left[\dfrac{(1+i)^n - 1}{i(1+i)^n}\right]$	A	P	$\left[\dfrac{(1+i)^n - 1}{i(1+i)^n}\right]$
等额分付资本回收公式	$A = P\left[\dfrac{i(1+i)^n}{(1+i)^n - 1}\right]$	P	A	$\left[\dfrac{i(1+i)^n}{(1+i)^n - 1}\right]$

第三节　经济效果评价指标

项目的经济效果评价是项目投资评价的核心内容。为了确保投资决策的正确性和科学性，研究经济效果的评价指标和评价方法就显得十分重要。

按是否考虑资金的时间价值，经济效果评价指标可分为两大类：静态评价指标和动态评价指标，它们从不同角度反映了项目的经济效果好坏。静态评价指标是指不考虑资金时间价值的指标，包括静态投资回收期、静态投资收益率等；动态评价指标是指考虑资金时间价值的指标，包括净现值、净年值、内部收益率、费用现值、费用年值等。

一、静态评价指标

（一）投资回收期

投资回收期是指从项目投建之日起，用项目投产后每年获得的净收入收回全部建设投资所需要的时间。其表达式为：

$$\sum_{t=0}^{T_p} NB_t = \sum_{t=0}^{T_p} (B_t - C_t) = K$$

计算公式为

$$T_p = \left[\begin{array}{c}\text{累计净现金流量开}\\\text{始出现正值的年份}\end{array}\right] - 1 + \left[\frac{\text{上年累计净现金流量的绝对值}}{\text{当年净现金流量}}\right]$$

式中：K——项目投产前的总投资额；

B_t——第 t 年的收入；

C_t——第 t 年的收入（不含投资）；

NB_t——第 t 年的净收入；

T_p——静态投资回收期。

设基准投资回收期为 T_0，判断项目可行性的准则：

若 $T_p \leq T_0$，则项目可接受；

若 $T_p > T_0$，则项目应予以拒绝。

【例 2-11】某项目的投资和年净收入的现金流量如表 2-6 所示，求静态投资回收期。

表 2-6　　　　　　　　　某项目的投资和年净收入表　　　　　　　　单位：万元

指标＼年份	0	1	2	3	4	5	6	7	8
总投资	100	400							
支出			300	350	400	400	400	400	400
收入			400	500	600	600	600	600	600
净收入			100	150	200	200	200	200	200
净现金流量	-100	-400	100	150	200	200	200	200	200
累计净现金流量	-100	-500	-400	-250	-50	150	350	550	750

解：根据静态投资回收期公式得：

$T_p = 5 - 1 + 50/200 = 4.25$（年）

设 $T_0 = 8$ 年，因 $T_p = 4.25$ 年 < $T_0 = 8$ 年，因此，项目可行。

可见，静态投资回收期直观、简单，它不仅反映了项目的经济性，而且还反映了项目风险的大小。但它没有考虑资金的时间价值，也没有考虑投资回收期以后的项目收益情况，因而不能全面反映项目整个寿命期内的真实经济效果。正因如此，静态投资回收期一般用于粗略评价，或与其他指标结合使用。

（二）投资收益率

投资收益率是指项目在正常生产年份的年净收益与投资总额的比值。计算公式为：

$$R = \frac{NB}{K}$$

式中：K——投资总额，是各年投资额的累计值；

NB——正常年份的年净收益，可以是利润，也可以是净现金流量；

R——投资收益率。

设基准投资收益率为 R_b，判断准则为：

若 $R < R_b$，则项目应予以拒绝；

若 $R \geq R_b$，则项目可接受。

【例 2 - 12】上例 2 - 11，已知正常生产年份的投资净收益为 200 元，投资总额为 500 元，基准收益率为 $R_b = 20\%$，求投资净收益率？

解：$R = NB/K = 200/500 = 40\%$

因 $R = 40\% > R_b = 20\%$，因此，该项目可以接受。

投资收益率指标主要反映了投资项目的盈利能力，但没有考虑资金的时间价值，而且抛开了项目建设期、寿命期等众多经济数据，因此，一般用于技术数据不完整的项目初始研究阶段。

二、动态评价指标

动态评价指标不仅考虑了资金的时间价值，而且考虑了项目在整个寿命期内的收入与支出的全部经济数据，比静态评价指标更全面、更科学。

（一）净现值

1. 净现值计算公式及其判断准则。项目的净现值是指项目在寿命期内各年的净现金流量，按照一定的折现率折现到同一时点（通常为期初）的现值之和。净现值的现金流量图如图 2 - 10 所示。

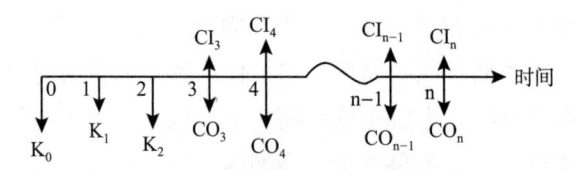

图 2 - 10 净现值的现金流量图

计算公式如下：

$$NPV = \sum_{t=0}^{n}(CI-CO)_t(1+i_0)^{-t} = \sum_{t=0}^{n}(CI-K-C_O)_t(1+i_0)^{-t}$$

式中：NPV——净现值；

CI_t——第 t 年的现金流入额；

CO_t——第 t 年的现金流出额；

i_0——基准折现率；

K_t——第 t 年的投资支出；

C_{0t}——第 t 年的除投资支出外的现金流出。

判断准则：

单一方案：若 NPV ≥ 0，则项目可接受；

若 NPV < 0，则项目应予以拒绝。

多方案比选：NPV ≥ 0，且最大者为最优。

【例 2-13】某项目的各年现金流量如表 2-7 所示，试用净现值指标判断项目的经济性（i_0 = 12%）。

表 2-7　　　　　　　　　某项目的现金流量表　　　　　　　　　单位：万元

时点 指标	0	1	2	3~6
投资支出 K	100	200		
运营费用 CO			150	200
收入 CI			200	400
净现金流量	-100	-200	50	200

解：

方法一：该项目的现金流量图如 2-11 所示。

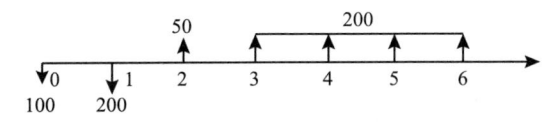

图 2-11 项目现金流量图

NPV = -100 - 200(P/F, 12%, 1) + 50(P/F, 12%, 2) + 200(P/F, 12%, 3)
　　　+ 200(P/F, 12%, 4) + 200(P/F, 12%, 5) + 200(P/F, 12%, 6)
　　　= 245.54（万元）

方法二：该项目的现金流量图如 2-12 所示。

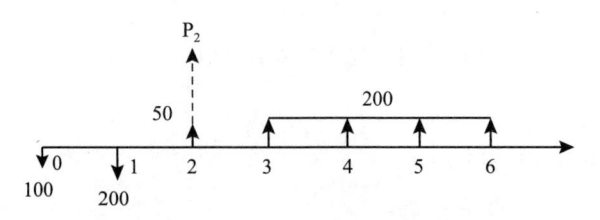

图 2-12 项目现金流量图

NPV = -100 - 200(P/F, 12%, 1) + 50(P/F, 12%, 2) + 200(P/A, 12%, 4) × (P/F, 12%, 2) = 245.54（万元）

因 NPV > 0，因此，项目在经济上可行。

2. 净现值与折现率的敏感性分析。下面再举一个例子探讨净现值对折现率 i 的敏感性问题：

【例 2-14】某投资项目的现金流量及其在不同折现率下计算出的净现值，见表 2-8。

表 2-8　　　　某投资项目的现金流量及其在不同折现率下的净现值

年末	现金流量	i_0	NPV = -100 + 50(P/A, i_0, 4)
0	-100	0	100
1	50	10%	58.5
2	50	20%	29.45
3	50	30%	8.3
4	50	40%	-7.55
		∞	-100

根据表 2-8 的数据画出该项目的净现值和折现率的关系曲线如图 2-13 所示。

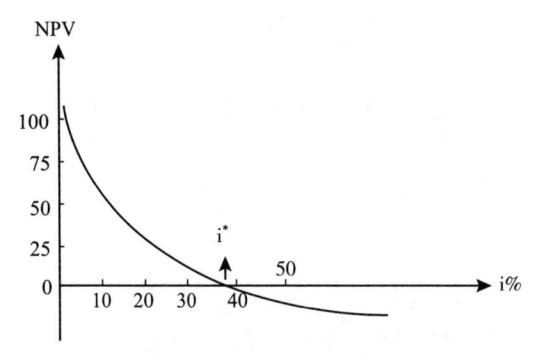

图 2-13　净现值函数曲线

从图 2-13 可见，同一净现金流量的净现值随着折现率 i 的增大而减少，因此，用净现值指标来选择方案时,若基准折现率 i_0 越大,NPV 就越小,越容易小于 0,则项目能被接受的可能性就越小;相反,i_0 定得越小,NPV 越大,则项目越容易通过评价标准的检验。可见基准折现率 i_0 对方案评价的重要性,这就是为什么国家通过制定基准折现率作为宏观调控的手段。

当 $i_0 = i^*$ 时,净现值函数曲线与横坐标相交于一个点,此点的净现值 NPV = 0;当 $i_0 < i^*$ 时,NPV > 0;当 $i_0 > i^*$ 时,NPV < 0。因此,i^* 是一个有重要意义的折现率临界值,称为内部收益率。

(二) 净年值

1. 净年值计算公式及其判断准则。项目的净年值是指通过资金等值换算将项目净现值分摊到寿命期内各年的等额年值。净年值的现金流量图如图 2-14 所示。

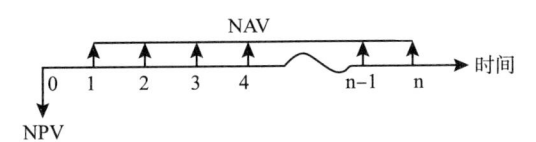

图 2-14 净年值现金流量图

其计算公式为:

$$NAV = NPV(A/P, i_0, n)$$
$$= \sum_{i=0}^{n}(CI - CO)_t(1 + i_0)^{-t}(A/P, i_0, n)$$

式中:NAV——净年值。

判断准则:若 NAV ≥ 0,则项目在经济上可接受;

若 NAV < 0,则项目在经济上应予以拒绝。

【例 2-15】以例 2-13 给出的现金流量表中的数据,计算净年值并判断经济可行性。

解:

NAV = NPV(A/P, i_0, n) = 245.54 × 0.24323 = 59.7227(万元)

因为 NAV = 59.72 > 0,因此,该项目在经济上可行。

2. 净现值和净年值两个评价指标的比较。因 NAV = NPV(A/P, i_0, n),而 (A/P, i_0, n) > 0,因此,采用净现值和净年值来评价项目其结论总是一致的,两者评价项目的结果是等效的。但是两者的基本含义是不同的,净现值是项目在整个寿命期内获取的超出最低期望赢利的超额收益的现值,即超额收益的总数;而净年值是寿命期内每年的等额超额收益,即超额收益的年平均数。

正因如此,在特定的现金流量下采用净年值指标来评价项目,比采用净现值的计算过程更简单、方便。如图 2-15 所示的现金流量，只需把 50 分摊到 4 年中，再加上 200 即可，直观又简单。

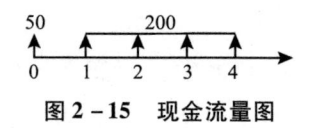

图 2-15 现金流量图

(三) 费用年值和费用现值

在多个方案比较选优时，如果各个方案的产出价值相同，或诸方案都能够满足同样需要，但其产出效益难以用价值形态计量时，如科教卫生等，就不能计算净现金流量，因此，也不能用 NPV、NAV 等指标来评选方案。这时，可以用各方案的费用现值或费用年值指标来选择方案。

1. 费用现值计算公式。费用现值是指总费用折现为现值。费用现值的现金流量图如图 2-16 所示。

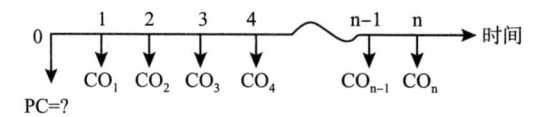

图 2-16 费用现值现金流量图

计算公式为：

$$PC = \sum_{i=0}^{n} CO_t(P/F, i_0, n) = 0$$

式中：PC——费用现值。

2. 费用年值计算公式。费用年值是指总费用折算为年值。费用年值的现金流量图如图 2-17 所示。计算公式为：

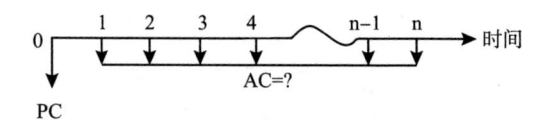

图 2-17 费用现值现金流量图

$$AC = PC(A/P, i_0, n)$$
$$= \sum_{i=0}^{n} CO_t(P/F, i_0, n)(A/P, i_0, n) = 0$$

式中：AC——费用年值。

3. 费用现值或费用年值判断准则。因费用现值和费用年值评价指标只能用于多个方案的比较选优，因此，其判断准则为：费用年值或费用现值最小者为最优。

【例2-16】有三个方案A、B、C都能满足同样的需要，但各方案的投资及运营费用不同，如表2-9所示。试用费用现值和费用年值法比选最优方案（i=12%）。

表2-9　　　　　　　A、B、C方案的费用表　　　　　　　单位：万元

方案	期初投资	1~10年运营费用
A	300	80
B	350	60
C	400	40

解：（1）按费用现值计算：

先画出A方案的现金流量图如图2-18所示，B、C方案以此类推。

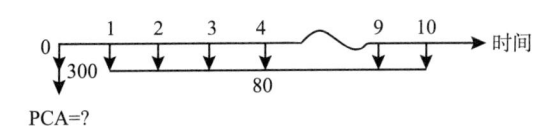

图2-18　A方案现金流量图

则：$PC_A = 300 + 80(P/A, 12\%, 10) = 752$（万元）

$PC_B = 350 + 60(P/A, 12\%, 10) = 689$（万元）

$PC_C = 400 + 40(P/A, 12\%, 10) = 626$（万元）

按费用最小的原则，C方案的费用现值最小，为最优方案；A方案为最差方案。

（2）按费用年值计算：A方案的现金流量图如图2-19所示，B、C方案以此类推。

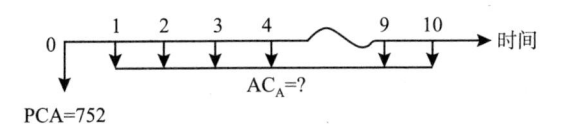

图2-19　A方案现金流量图

$AC_A = PC_A(A/P, 12\%, 10) = 133.09$（万元）
$AC_B = PC_B(A/P, 12\%, 10) = 121.94$（万元）
$AC_C = PC_C(A/P, 12\%, 10) = 110.79$（万元）

按费用最小的原则，C方案的费用年值最小，为最优方案。

（四）内部收益率

1. 内部收益率计算公式和判断准则。如前所述，通过净现值与折现率的敏感性分析可见，在项目现金流量一定的情况下，其净现值随着折现率的增大而逐渐减少，且由正值至负值。因此，客观上就存在着 i^* 这个折现率临界点——内部收益率，如图 2-20 所示。

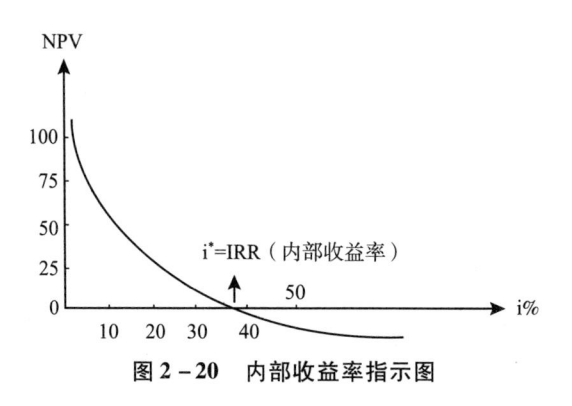

图 2-20 内部收益率指示图

内部收益率是指使净现值为 0 的那一点的折现率，记作 IRR。内部收益率可通过如下方程求得：

$$NPV = \sum_{t=0}^{n} (CI - CO)_t (1 + IRR)^{-t} = 0$$

式中：IRR——内部收益率。

内部收益率是项目实际能达到的投资效率，反映了项目的获利能力。在所有的经济评价指标中，它是最重要的评价指标之一。

设基准折现率为 i_0，则：

判断准则：

若 $IRR \geq i_0$，则项目在经济上可接受；

若 $IRR \leq i_0$，则项目在经济上应予以拒绝。

从上面内部收益率的方程可见，它是一个高次方程，不易求解。通常用"试算内插法"求 IRR 近似解，其过程见如图 2-21 线性内插法求 IRR。

其步骤如下：

（1）设初始折现率为 i_1，一般取基准折现率 i_0 为 i_1，并计算对应的净现值 $NPV(i_1)$。

（2）若 $NPV(i_1) \neq 0$，则根据 $NPV(i_1)$ 是否大于 0 再设 i_2。若 $NPV(i_1) > 0$，则设 $i_2 > i_1$；若 $NPV(i_1) < 0$，则设 $i_2 < i_1$；计算对应的 $NPV(i_2)$。

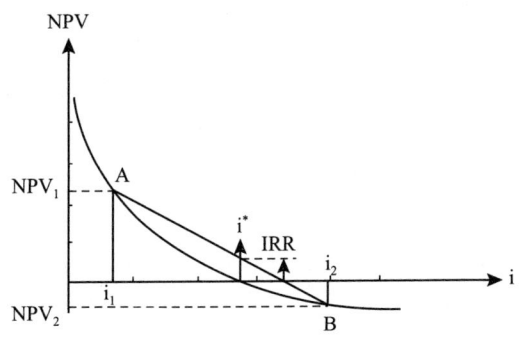

图 2-21 线性内插法求 IRR

至于 i_1、i_2 之间的差距取决于 NPV(i_1) 绝对值的大小，较大的绝对值取较大的差距，反之，较小的绝对值取较小的差距。

（3）重复步骤（2），直到 NPV(i_n) >0，NPV(i_{n+1}) <0 或 NPV(i_n) <0，NPV(i_{n+1}) >0 时，用试算内插法求得 IRR 近似值。公式推导如下：

由三角形相似原理得比例式：

$$\frac{NPV(i_1)}{|NPV(i_2)|} = \frac{IRR - i_1}{i_2 - IRR}$$

解得

$$IRR = i_1 + \frac{NPV_1}{NPV_1 + |NPV_2|}(i_2 - i_1)$$

（4）计算误差取决于（$i_n - i_{n+1}$）的大小，一般把 i_n 和 i_{n+1} 的差控制在 0.05（即 5%）之内。

【例 2-17】某项目净现金流量如表 2-10 所示。当基准折现率 i_0 = 12% 时，试用内部收益率指标判断该项目的经济效果。

表 2-10　　　　　　　　　某项目净现金流量　　　　　　　　　单位：万元

年末	0	1	2	3	4	5
净现金流量	-150	30	40	50	50	50

解：（1）画出正确的现金流量图如图 2-22 所示。

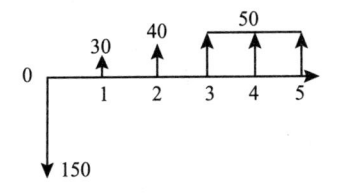

图 2-22　某项目现金流量图

(2) 计算 IRR。

设 $i_1 = 10\%$ 时：

$NPV_1 = -150 + 30(P/F, 10\%, 1) + 40(P/F, 10\%, 2) + 50(P/F, 10\%, 3) + 50(P/F, 10\%, 4) + 50(P/F, 10\%, 5) = 13.089$（万元）

设 $i_2 = 15\%$ 时：

$NPV_2 = -150 + 30(P/F, 15\%, 1) + 40(P/F, 15\%, 2) + 50(P/F, 15\%, 3) + 50(P/F, 15\%, 4) + 50(P/F, 15\%, 5) = -7.343$（万元）

代入公式，得：

$IRR = 10\% + 13.089/(13.089 + 7.343)(15\% - 10\%)$
$= 13.20\%$

因内部收益率 $IRR = 13.20\% > i_0 = 12\%$（基准折现率），因此，项目在经济上可行。

2. 内部收益率的经济含义。内部收益率的经济含义是指在项目的整个寿命期内按利率 $i = IRR$ 计算，始终存在未能收回的投资，而在寿命结束时投资恰好被完全收回。因此，内部收益率是项目寿命期内没有回收的投资的赢利率，它不是初始投资在整个寿命期内的赢利率，因此它不仅受项目的初始投资的影响，而且受项目寿命期内各年净收益大小的影响。

【例 2 - 18】在上例数据的基础上，以 IRR 为利率的投资回收计算表，见表 2 - 11。

表 2 - 11　　　　　　以 IRR 为利率的投资回收计算表　　　　　单位：万元

年	净现金流量①（年末发生）	年初未回收的投资②	年初未回收的投资到年末的金额③ = ② × (1 + IRR)	年末未回收的投资④ ③ - ①
0	-150			
1	30	150	169.8	139.8
2	40	139.8	158.25	118.25
3	50	118.25	133.86	83.86
4	50	83.86	94.93	44.93
5	50	44.93	50	0

由表 2 - 10 可见，以 $IRR = 13.2\%$ 为利率时，在项目整个寿命期内，始终存在未能收回的投资，而在寿命结束时投资恰好被完全收回。

(五) 动态投资回收期

由于静态投资回收期存在没有考虑资金时间价值的缺点，为了更科学、更全面地评价投资项目，在实务中经常采用动态投资回收期。

动态投资回收期表达式为：

$$\sum_{t=0}^{T_P^*}(CI-CO)_t(1+i_0)^{-t}=0$$

式中：T_p^*——动态投资回收期。

动态投资回收期的计算公式为：

$$T_p^*=\left[\begin{array}{c}累计净现金流量折现\\值开始出现正值的年份\end{array}\right]-1+\left[\frac{上年累计净现金流量折现值的绝对值}{当年净现金流量折现值}\right]$$

设基准动态投资回收期为 T_b^*，则：

判断准则：

若 $T_p^* \leq T_b^*$，则项目可接受；

若 $T_p^* > T_b^*$，则项目应予以拒绝。

【例 2-19】以例 2-11 的现金流量表 2-5 的数据为条件，计算动态投资回收期。

解：整个计算过程见表 2-12。

动态投资回收期为：$T_p^*=6-1+30.09/101.32=5.3$（年）

设 $T_b^*=8$ 年，因为 $T_p^*=5.3<8$，因此，项目可行。

表 2-12　　　　　　　　例 2-11 的现金流量表计算动态投资回收期

指标＼年份	0	1	2	3	4	5	6	7	8
总投资	100	400							
支出			300	350	400	400	400	400	400
收入			400	500	600	600	600	600	600
净收入			100	150	200	200	200	200	200
净现金流量	-100	-400	100	150	200	200	200	200	200
累计净现金流量	-100	-500	-400	-250	-50	150	350	550	750
净现金流量折现值	-100	-357.16	79.72	106.77	127.1	113.48	101.32	90.46	80.78
累计净现金流量折现值	-100	-457.16	-377.44	-270.67	-143.57	-30.09	71.23	161.69	242.47

【思考题】

1. 向银行借款 10000 元，借款 6 年，试分别用 7% 单利和复利计算借款的利息和本利和。

2. 某人存款 1500 元，年利率为 6%，按月计息，存期 5 年，求其终值是多少？

3. 为在 10 年后得到 5 万元，利率 i 为 8%，复利计算，问从现在起每年年初应等额存入银行多少钱？

4. 现有一笔贷款 80000 元，年利率为 10%，要求在 4 年内还清全部本息，问每年应等额偿还多少？

5. 某人每年年初存入银行1200元，连续10年，若银行按8%利率计年复利，此人第10年年末可从银行提取多少钱？

6. 某企业年初从银行贷款1000万元，并商定从第三年开始，分7年每年年末等额偿还，若银行按11%年利率计复利，那么该企业每年应偿还多少万元？

7. 某建设项目第一年初投资1000万元，第二年初投资2000万元，第三年初投资1500万元，从第三年起连续8年每年可获净收入1450万元。若期末残值忽略不计，投资收益率为12%，试计算净现值和内部收益率，并判断该项目经济上是否可行。

8. 某项目方案的净现金流量如下表所示，假如基准贴现率为10%，求其净现值、静态投资回收期、动态投资回收期。

年数	0	1	2	3~6	7	8	9	10	11	12
净现金流量	-15000	-2500	-2500	4000	5000	6000	7000	8000	9000	10000

9. 某建设项目有两个互斥方案，均计划3年建成投产，生产经营期均为10年。i_0 为10%。甲方案：第一年初投资100万元，第二年初投资200万元，第三年初投资300万元，投产后每年经营费用均为120万元。乙方案：第一年初一次性投资600万元，投产后每年经营费用均为110万元。试用费用现值法和费用年值法比较选择最优方案。

第三章

多方案结构的择优评价

本章应了解和掌握：

1. 多方案结构的概念、类型。
2. 独立方案的评价方法。
3. 互斥方案的评价方法。
4. 相关方案的评价方法。
5. 多目标项目的评价方法。

第一节 概 述

为了对一个工程项目的投资作出正确的决策，一般需要先制订几个备选方案，然后对其进行分析、评价和择优。其中经济效果的评价常是项目评价的核心内容，并据此对多个方案的优劣进行比较、甄选。因此，为了确保投资决策的正确性和科学性，需要确定一个合理的经济效果评价指标并正确地选用评价方法进行评估。

工程经济中的方案是指一种投资的可能性。为了实现某一目标，会形成众多的工程投资方案。为了保证投资活动得到较好的预期收益，要通过方案的比较，选择出较优的方案。应当指出，建设项目的投资决策及项目可行性研究的过程（如产品或服务的数量、技术和设备的选择、原材料的选定和供应、厂址的选择、资金的筹措等）都涉及多个方案的比较和优选，因此，方案的经济选优是项目评价的重要内容，也是工程项目建设前期的重要工作。

根据有无约束和方案间的经济关系，投资方案结构可分为表3-1所示的几类。

表3-1　　　　　　　　　投资方案结构分类

按方案的约束条件分	有约束的投资方案
	无约束的投资方案
按方案之间的经济关系分	独立方案
	互斥方案
	互补方案

如第二章所述，项目经济评价的指标有许多，如 NPV、NAV、PC、AC、IRR、T_p、T_p^* 等，其中除了静态投资回收期 T_p 和动态投资回收期 T_p^* 这两个指标不能全面反映项目的经济效益（由于只考虑项目在投资回收期以前的效益）外，利用其他指标都可以对单一项目作出取舍的决策，而且会得到一致的结论。

但是，当涉及多个方案（项目组）时，往往需要在多个备选方案中进行比较选优。多方案间比选所采用的方法，与备选方案之间关系的类型有关，即多方案结构有关。根据这些方案的性质（是独立方案或互斥方案），资金、资源的供给情况（资金、资源是否有限）和其他条件（方案的寿命期相同与否），就存在一个选择合适的评价指标，从方案的集合里选出可行方案组的问题。

第二节　独立方案的择优评价

独立方案是指在经济上互不相关的方案，且接受或放弃某个方案，并不影响其他方案的取舍。如果决策的对象是单一方案，则可认为是独立方案的特例。

一、无约束条件下独立方案的择优评价

在无约束条件下，一群独立项目的决策是比较容易的，这时各个项目的取舍只要看项目的评价指标能否达到评价标准。

即独立方案的采用与否只取决于方案自身的经济性，即只需检验它们是否能够通过净现值、净年值或内部收益率指标的评价标准。因此，多个方案与单一方案的评价方法是相同的。

用经济效果评价标准：NPV≥0，NAV≥0，IRR≥i_0 来检验方案自身的经济性，叫"绝对经济效果检验"。凡通过绝对效果检验的方案，即可认为它在经济效果上是可以接受的，否则就应予以拒绝。

【例3-1】两个独立方案 A 和 B，其现金流如表3-2所示。试判断其经济可行性（$i_0=10\%$）。

表 3-2		独立方案 A、B 的净现金流量	单位：万元
方案	年末	0	1~10
A		-100	20
B		-100	15

解：本例中 A、B 方案均为独立方案，因此，首先，应计算方案自身的绝对经济效果指标——净现值、净年值或内部收益率；然后，根据各指标的判别准则进行绝对经济效果检验并决定取舍。

A、B 方案的现金流量图见图 3-1、图 3-2。

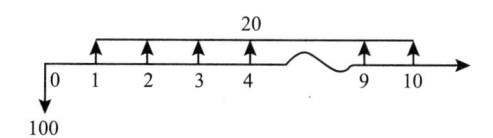

图 3-1 方案 A 的现金流量图

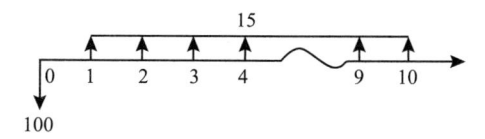

图 3-2 方案 B 的现金流量图

(1) $NPV_A = -100 + 20(P/A, 10\%, 10) = 22.88$（万元）

$NPV_B = -100 + 15(P/A, 10\%, 10) = -7.84$（万元）

根据净现值判断准则，因 $NPV_A > 0$，$NPV_B < 0$，A 方案可以接受，B 方案应拒绝。

(2) $NAV_A = NPV_A(A/P, 10\%, 10)$

$= 22.88(A/P, 10\%, 10) = 3.73$（万元） 或

$= -100(A/P, 10\%, 10) + 20 = 3.73$（万元）

$NAV_B = NPV_B(A/P, 10\%, 10)$

$= -7.84(A/P, 10\%, 10) = -1.28$（万元） 或

$= -100(A/P, 10\%, 10) + 15 = -1.28$（万元）

根据净年值判断准则，因 $NAV_A > 0$，$NAV_B < 0$，因此，应接受 A 方案，拒绝 B 方案。

(3) 设 A 方案内部收益率为 IRR_A，B 方案内部收益率为 IRR_B，得如下方程：

A 方案：$-100 + 20(P/A, IRR_A, 10) = 0$

B 方案：$-100 + 15(P/A, IRR_B, 10) = 0$

解得：

A 方案的内部收益率：$IRR_A = 15.11\%$

B 方案的内部收益率：$IRR_B = 8.15\%$

根据内部收益率判断准则，因 $IRR_A > i_0 = 10\%$，$IRR_B < i_0 = 10\%$，因此，应接受 A 方案，拒绝 B 方案。

可见，对于无约束条件的独立方案而言，其经济上是否可行的判断依据是其绝对经济效果指标是否达到检验标准。而且不管以净现值、净年值和内部收益率指标中的任何一个来判断独立方案的可行性，其结论都是一致的。

二、约束条件下独立方案的择优评价

所谓的约束条件最常见的是资金、资源的限制。由于受资金、资源的限制，所有经济合理的方案不可能都被采用。这时独立方案中满足 NPV 或 IRR 指标入选的可行方案，要根据资金限额进行方案组合，并取经济效益最大的方案组。为此，常采用"穷举法"，即把所有可行的投资方案的组合列举出来，每个组合代表满足约束条件的方案总体中相互排斥的一个方案，这样就可以利用互斥方案的经济评价方法选出最好的组合。

【例 3-2】三个相互独立的可行项目 A、B、C。设方案整体数为 M，而独立的项目数为 m，根据排列组合的计算公式，则存在 $M = 2^m - 1$ 的关系。本例中 $M = 2^3 - 1 = 7$（个），即有 7 个互相排斥的组合方案总体：A、B、C、AB、AC、BC 和 ABC。方案的组合见表 3-3。

表 3-3　　　　　　　　　方案的组合表

组合序号		1	2	3	4	5	6	7
方案	A	1	0	0	1	1	0	1
	B	0	1	0	1	0	1	1
	C	0	0	1	0	1	1	1

在列出方案总体的组合基础上，除去那些不能满足约束条件的方案组，对留下等待考察的互斥方案组选用适当的评价指标，从中选出最优者，如 $NPV(i_0)$ 最大者。

"穷举法"的特点是简单、有效。但是当独立项目个数增多时，组合方案数将快速增大，如 10 个独立项目，则可组成 1023 个互相排斥的组合方案，用人工计算太繁琐，而且也不现实。

【例 3-3】有三个寿命期相同的独立方案 A、B、C，各方案的投资及净现值如表 3-4 所示。已知总投资限额为 30 万元，$i_0 = 12\%$，试作出择优决策。

表3-4　　　　A、B、C独立方案的投资、现金流量及净现值　　　　单位：万元

方案	0 年投资	1~5 年现金流量	净现值 NPV（12%）
A	-120000	43000	35005
B	-100000	41500	49598
C	-170000	58000	39077

解：

方法一：穷举法。

（1）确定组合方案数。对应上述三个方案其可能的组合方案数为：$M = 2^m - 1 = 2^3 - 1 = 7$（个）。

（2）详尽列出7个组合方案。由于A、B、C这三个方案是独立项目，因此，组合方案AB的净现值等于方案A与方案B的净现值之和，由于资金的约束，某一方案的采取与否会影响其他方案的取舍，7个组合方案的总投资及总净现值见表3-5。

表3-5　　　　A、B、C独立方案的组合互斥方案　　　　单位：万元

方案	组合状态 ABC	0 年总投资	1~5 年净收入	NPV（12%）
A	100	-120000	43000	35005
B	010	-100000	41500	49598
C	001	-170000	58000	39077
AB	110	-220000	84500	84603
AC	101	-290000	101000	74082
BC	011	-270000	99500	88675
ABC	111	-390000	142500	123680

（3）择优决策。从表3-5可见，组合方案ABC不能满足总投资限额30万元的要求，应剔除。其余6个均能满足投资限额要求，应保留。再根据净现值最大者为最优方案的原则，可见，组合方案BC为最优者。

方法二：Excel的规划求解法。

Excel的"规划求解"是在一定的约束条件下，通过调整所指定的可变单元格中的值，来求得工作表上某个单元格（被称为目标单元格）中公式的最优值（最大值或最小值或某一定值）。

（1）安装规划求解：规划求解是Excel的一个插件，需要先安装才能使用。打开新建文档左上角 Office 按钮——Excel 选项。点击"工具"按钮——从下拉条中点击加载宏——弹出"加载宏"对话框界面——勾选"分析工具库"和"规划求解加载项"，点击"确定"。随即弹出 Microsoft Office Excel 对话框，点击"是"，开始安装。安装过程见图3-3、图3-4。

▶公共项目评估导引与案例

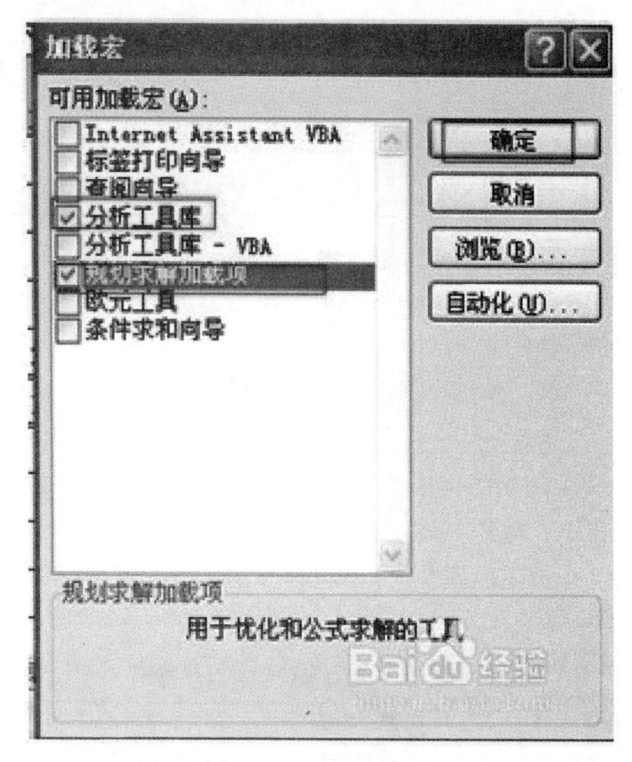

图 3-3 规划求解安装

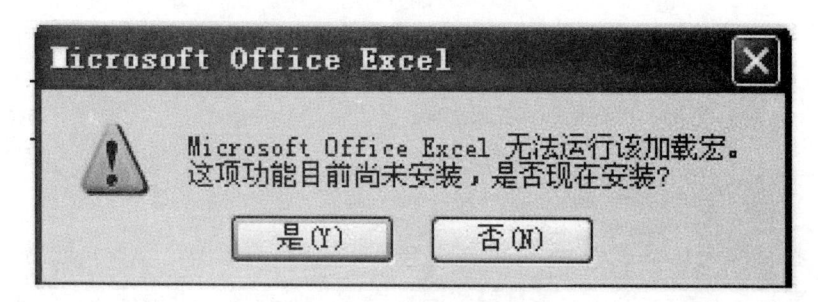

图 3-4 规划求解安装

（2）打开 Excel 创建表格，并输入 A、B、C 三个独立方案的投资和净现值，见表 3-6。

（3）表 3-6 中，输入目标单元格中的公式：B5：=SUMPRODUCT（B2：D2，B4：D4），见表 3-7。

输入单元格中的公式：B6：=SUMPRODUCT（B3：D3，B4：D4），见表 3-8。

表3-6　　　　　A、B、C三个独立方案的投资和净现值

	A	B	C	D	E
1	项目	A	B	C	
2	NPV	35005	49598	39077	
3	投资	120000	100000	170000	
4	选择				
5	ΣNPV		约束资金		
6	Σ投资		300000		
7					

表3-7　　　　　A、B、C三个独立方案的投资和净现值

B5　　fx　=SUMPRODUCT(B2:D2, B4:D4)

	A	B	C	D	E	F
1	项目	A	B	C		
2	NPV	35005	49598	39077		
3	投资	120000	100000	170000		
4	选择					
5	ΣNPV	0	约束资金			
6	Σ投资		300000			
7						

（4）规划求解。单击"工具"按钮，下拉栏中选择"规划求解"，随即弹出【规划求解参数】对话框，在【设置目标单元格】中输入"$B$5"，为可行项目组的总净现值，等于最大值；在【可变单元格】中输入"$B$4：$D$4"，单击"添加"按钮，弹出【添加约束】对话框，在【单元格引用位置】输入"$B$4：$D$4=二进制"和"$B$6<=$C$6"，见图3-5。

表3-8　　A、B、C三个独立方案的投资和净现值

	A	B	C	D
1	项目	A	B	C
2	NPV	35005	49598	39077
3	投资	120000	100000	170000
4	选择			
5	ΣNPV	0	约束资金	
6	Σ投资	0	300000	

B6 单元格公式：=SUMPRODUCT(B3:D3,B4:D4)

图3-5　规划求解对话框

规划求解参数：
- 设置目标单元格(E)：$B$5
- 等于：⊙最大值(M) ○最小值(N) ○值为(V) 0
- 可变单元格(B)：$B$4:$D$4
- 约束(U)：
  - $B$4:$D$4 = 二进制
  - $B$6 <= $C$6

62

最后按"求解",得到计算结果是选取项目 B、C,点击"确定"保存求解结果。在 30 万元资金约束条件下的总投资是 27 万元,总净现值为 88675 万元。见图 3-6。

图 3-6 规划求解结果

【例 3-4】有 10 个互相独立的方案,当投入资金的限额为 180 万元时,以总 NPV 最大为目标,应选哪些方案?

解:因可组合的方案数 $M = 2^m - 1 = 2^{10} - 1 = 1023$(个),此时已无法再用"穷举法",只能用 Excel 的规划求解。

(1) 经计算 10 个独立方案的投资、净现值以及规划求解结果如表 3-9 所示。

表 3-9　　　　　　　用 Excel 的"规划求解"的求得结果

	A	B	C	D	E	F	G	H	I	J	K
1	方案	1	2	3	4	5	6	7	8	9	10
2	投资	12.5	23.5	10.8	5.6	21.7	65.4	72.1	27.8	35.4	67
3	净现值	27	35	19	12	27	85	105	35	47	85
4	选择	1	1	1	1	1	0	1	1	0	0
5	总净现值	260	总投资	174	限额	180					

其中：B5：＝SUMPRODUCT（B3：K3，B4：K4）；D5：＝SUMPRODUCT（B2：K2，B4：K4）。

（2）规划求解的结果是取方案1、2、3、4、5、7、8，总投资为174万元（限额为180万元），总净现值为260万元。规划求解的过程见图3-7。

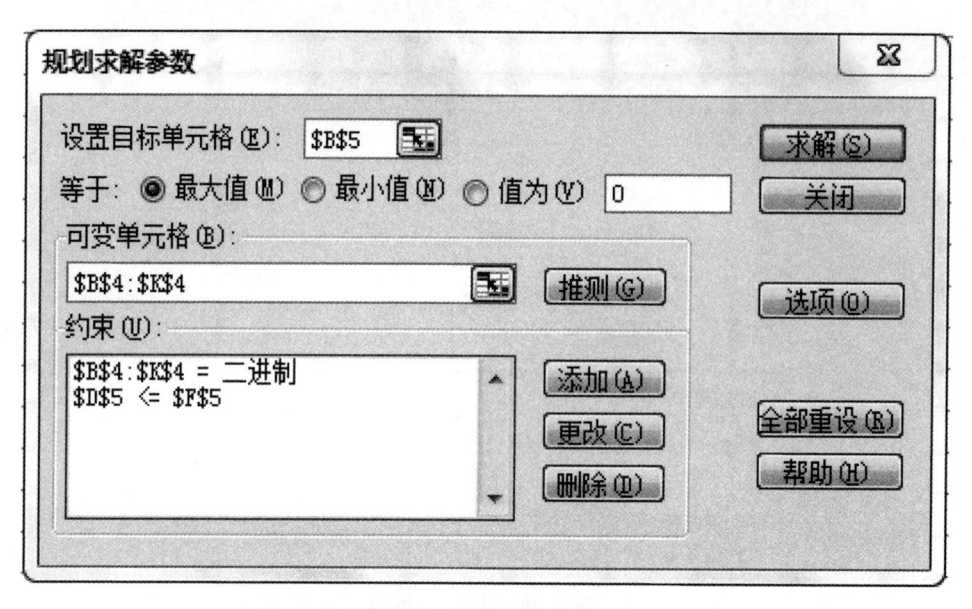

图3-7 规划求解对话框

第三节 互斥方案的择优评价

互斥方案是指方案之间存在着互不相容、互相排斥关系，接受一个就排斥了其他所有方案。在评价程序、内容和评价指标的运用上互斥方案有别于独立方案。在对多个互斥方案进行比选时，至多只能选取其中之一，这也是互斥方案经济效果评价的特点。

互斥方案的经济效果评价包含了两部分内容：一是考察各个方案自身的经济效果，考察方案自身能否符合要求，即进行绝对经济效果检验；二是考察哪个方案相对最优，称相对经济效果检验。两种检验的目的和作用不同，形成了互斥方案评价的完整内容，通常缺一不可。一般而言，互斥方案的比选可按各个方案所含的全部因素（相同因素和不同因素）计算各方案的全部经济效果，进行全面的对比；也可仅就不同因素计算相对经济效益或费用，进行局部的对比。

互斥方案比选时一定要注意考察计算期的可比性、费用与收益的计算范围和计算方法的可比性、项目风险水平的可比性和评价时采用的假定的合理性，否则会使评价得出错误的结论。互斥方案的评价方法与所用的评价指标如表3-10所示。

表3-10　　　　　　　　　　互斥方案的评价方法与评价指标

方法指标	绝对经济效果	相对经济效果
全面评价	净现值、净年值	增量投资内部收益率
		增量投资净现值
局部比较	费用现值、费用年值	增量投资内部收益率
		增量投资费用现值

应当强调的是，通过绝对经济效果评价可以同时得出方案在经济上是否可行和何者为优，据此可作出项目取舍的结论。相对经济效果的评价结果，只是表明比较的两个方案中何者较优，而即使较优的方案也有可能在经济上不可取。因此，只有在众多互斥方案中必须选择其中之一时，才可以只进行相对效果检验，并据此作出方案取舍的结论。下面介绍互斥方案的择优评价方法。

一、计算期相等互斥方案的择优评价

（一）净现值法或净年值法

多个互斥方案的选优，可以简单地用净现值法来进行，即计算各个互斥方案的净现值，从中选出净现值最大者为最优方案。因为净年值 $NAV(i_0)$ 和净现值 $NPV(i_0)$ 只差一个系数，即：

$$NAV(i_0) = NPV(i_0) \times (A/P, i_0, n)$$

因此，多个互斥方案的选优评价也可以用净年值 $NAV(i_0)$ 指标来进行，两者的评价结论应该是一致的。

【例3-5】为了生产某产品，可用两种设备，其性能如表3-11所示。

表3-11　　　　　　　　　　两种设备的性能

项目	机器A	机器B
生产率（件/时）	100	130
运行时数（时/天）	7	6
废品率（%）	3	10

当生产成本为6美元/件，成品售价为12美元/件，运行费用为20美元/件时，应取何者？当机器B的废品率降低到多少才可与机器A相比？

解：机器A：

赢利/天 = $100 \times 7 \times 12 \times (1-3\%) - 100 \times 7 \times 6 - 7 \times 20 = 3808$（美元）

机器 B：

赢利/天 = 130 × 6 × 12 × (1 - 10%) - 130 × 6 × 6 - 6 × 20 = 3624（美元）

因为机器 A 的每天赢利大于机器 B，故应选用机器 A。

设机器 B 的废品率降低到 X 时，它的赢利与机器 A 相同，这时有：

3808 = 130 × 6 × 12 × (1 - X) - 130 × 6 × 6 - 6 × 20

解得：X = 8%

【例 3 - 6】有三个互斥的投资项目 A、B、C，资金不受限制。已知三个项目的基本数据如表 3 - 12 所示，基准收益率 i_0 = 15%，用 NPV 指标来择优应选何者？

表 3 - 12　　　　　三个互斥项目 A、B、C 的 NPV 计算　　　　　单位：元

项目 \ 年末	0	1 ~ 5	NPV（15%）	NAV（15%）	选择标准
A	- 12000	4300	2414	720	
B	- 10000	3650	2235	667	
C	- 17000	5800	2442	728	选中

解：（1）A、B、C 项目的 NPV（15%）计算。

A 项目的现金流量如图 3 - 8 所示。

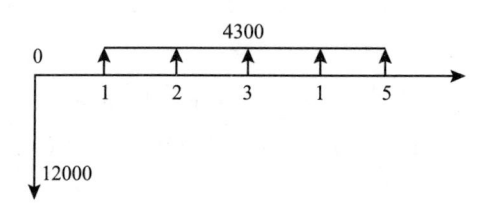

图 3 - 8　A 方案净现金流量图

NPV_A = - 12000 + 4300(P/A, 15%, 5) = 2414（元）

NPV_B = - 10000 + 3650(P/A, 15%, 5) = 2235（元）

NPV_C = - 17000 + 5800(P/A, 15%, 5) = 2442（元）

可见，A、B、C 项目都能通过绝对经济效果检验，又因 C 项目的 NPV 最大，因此，C 项目相对最优。

（2）A、B、C 项目的 NAV(15%) 计算。

NAV_A = NPV_A(A/P, 15%, 5) = 2414(A/P, 15%, 5) = 720（元）

NAV_B = NPV_B(A/P, 15%, 5) = 2235(A/P, 15%, 5) = 667（元）

NAV_C = NPV_C(A/P, 15%, 5) = 2442(A/P, 15%, 5) = 728（元）

可见，A、B、C 项目都能通过绝对经济效果检验，又因 C 项目的 NAV 最大，因

此，C 项目相对最优。

(二) 最小费用法

有些工程建成后，没有效益或仅有少量的效益，或是虽有效益但难以用货币来衡量，即只有费用发生，如图书馆、博物馆、城市绿化工程、水利工程等公共项目。也有一些项目，虽然可用货币来衡量其效益，但它的效益难于从整体效益中分离开来，在分析比较这类项目的不同方案时，由于这些方案都具有同一功能，因此可以只比较这些方案费用的大小（费用现值或费用年值），并选用费用最小的方案为最佳方案。这种方法就称为最小费用法。

1. 费用现值法。费用现值法（PC 法）用于两个方案的寿命期和生产能力相同，而且其效益基本相同，或有无形效益难以估算，为了简化计算，仅比较其不同因素（支出）即可。方便起见，往往将支出值取正号，回收残值取负号。

【例 3-7】某公司拟增添一塑料注塑机，经查询有四种机器，其生产能力和产品质量相同，其余数据如表 3-13 所示。设机器的残值为原价的 10%，折现率为 10%，试用费用现值法进行评选。

表 3-13　　　　　　　　四种塑料注塑机方案的数据

	A	B	C	D	E
1	机型	1	2	3	4
2	投资（元）	24000	30400	49600	52000
3	寿命期（年）	5	5	5	5
4	年运营费用（元）	31200	29128	25192	22880
5	残值（元）	2400	3040	4960	5200

解：各方案费用现值的 Excel 表达式为：

$$PC = PV(rate, nper, pmt, fv, type) + I$$

式中：I——期初的全部投资；

Rate——各期利率；

nper——总投资期；

pmt——各期所应支付的金额，在整个投资期内等额；

fv——未来值（残值）；

type——逻辑值 0 或 1，用以指定各期的付款时间是在期初还是期末，不注明即为 0。

具体计算过程如下：

$PC_1 = PV(0.1, 5, -31200, 2400) + 24000 = 140782.34$（元）

$PC_2 = PV(0.1, 5, -29128, 3040) + 30400 = 138930.44$（元）

$PC_3 = PV(0.1, 5, -25192, 4960) + 49600 = 142017.73$（元）

$PC_4 = PV(0.1, 5, -22880, 5200) + 52000 = 135504.41$（元）

表 3-14　　　　　　　　四种塑料注塑机方案的计算结果

	A	B	C	D	E
1	机型	1	2	3	4
2	投资（元）	24000	30400	49600	52000
3	寿命期（年）	5	5	5	5
4	年运营费用（元）	31200	29128	25192	22880
5	残值（元）	2400	3040	4960	5200
6	费用现值PC	140782.34	138930.44	142017.73	135504.41

从表 3-14 的计算结果表明：机型 4 的总费用 135504.41 元为最小，因此，机型 4 为最优方案。

2. 费用年值法。在比较寿命期不等的方案时可采用净年值法（NAV 法）。当两个方案的效益基本相同，但有无形效益而难以估算时，为了简化计算，可只比较其不同因素（支出）。此时，净年值法就应改称为费用年值法（AC 法）。

计算费用年值的 Excel 表达式为：

$$AC = PMT(rate, nper, Pv, fv, type) + 年收入或费用$$

式中：Pv——现值。

【例 3-8】 有 A、B 两种设备，其相应的投资分别为 35000 元和 50000 元，每年运营费用分别为 12550 元和 14800 元，使用寿命分别为 4 年和 6 年，期末市场售价分别为 4000 元和 5500 元，已知 $i_0 = 10\%$，问应选何者？

解：因两种设备的寿命期不同，因此，应采用费用年值法来比选。

根据费用年值的 Excel 计算公式，A、B 两设备费用年值的具体计算过程如下（见表 3-15）：

$AC_A = PMT(0.1, 4, -35000, 4000) + 12550 = 22729.59$（元）

$AC_B = PMT(0.1, 6, -50000, 5500) + 14800 = 25567.53$（元）

表 3-15　　　　　　　　两种设备费用年值的计算结果

设备	投资（元）	年运营费用（元）	寿命期（年）	残值（元）	费用年值（元/年）	
A	35000	12550	4	4000	¥22,729.59	=PMT(10%,4,-B2,E2)+C2
B	50000	14800	6	5500	¥25,567.53	=PMT(10%,6,-B3,E3)+C3

【例 3-9】某项目有 A、B、C 三个互斥方案，各年净收入相同，其费用现金流量见表 3-16，设基准折现率为 10%，试用费用年值法确定最优方案。

表 3-16　　　　　　互斥方案 A、B、C 的费用现金流量　　　　　　单位：万元

方案	总投资（0 年）	年费用（1~10 年）
A	350	50
B	400	40
C	450	30

解：根据费用年值计算式 $AC = PC(A/P, i_0, n)$，三方案的费用年值为：

$AC_A = 50 + 350(A/P, 10\%, 10) = 111.94$（万元）

$AC_B = 40 + 400(A/P, 10\%, 10) = 110.79$（万元）

$AC_C = 30 + 450(A/P, 10\%, 10) = 109.64$（万元）

因 $AC_C < AC_B < AC_A$，因此，方案 C 为最优方案。

（三）增量法

1. 增量分析法。先分析一个互斥方案评价的例子。

【例 3-10】方案 A、B 是互斥方案，其各年的现金流量如表 3-17 所示，试评价选择（$i_0 = 12\%$）。

表 3-17　　　　　　　　互斥方案 A、B 净现金流量及指标计算结果　　　　　　　　单位：万元

项目＼年末	0	1-10	NPV（12%）	IRR（%）	选择标准
方案 A 的净现金流量	-300	60	39	15.11	选中
方案 B 的净现金流量	-100	24	35.5	20.20	
增量净现金流量（A-B）	-200	36	3.4	12.45	

解：计算两个方案的绝对经济效果指标 NPV 和 IRR，计算结果列于表 3-17。A 方案的现金流量如图 3-9 所示。

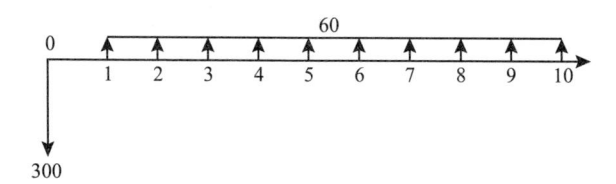

图 3-9　A 方案净现金流量图

$NPV_A = -300 + 60(P/A, 12\%, 10) = 39$（万元）

$NPV_B = -100 + 24(P/A, 12\%, 10) = 35.6$（万元）

由方程：$-300 + 60(P/A, IRR_A, 10) = 0$

$-100 + 24(P/A, IRR_B, 10) = 0$

用试算内插法求得：$IRR_A = 15.11\%$，$IRR_B = 20.20\%$。

因 $NPV_A = 39 > 0$，$NPV_B = 35.6 > 0$；$IRR_A = 15.11\% > i_0 = 12\%$，$IRR_B = 20.20\% > i_0 = 12\%$。可见，A、B 方案都能通过绝对经济效果检验，且使用 NPV 和 IRR 指标进行绝对经济效果检验的结论是一致的。那么，如果用 NPV 和 IRR 指标进行相对经济效果检验，结果会是怎样呢？

从上面的计算结果看，若以净现值为比选原则，因 $NPV_A > NPV_B$，因此，A 优于 B；若以内部收益率为比选原则，因 $IRR_B > IRR_A$，因此，B 优于 A。可见，用 NPV 和 IRR 指标进行相对经济效果检验，评价结论出现矛盾。那么对互斥方案究竟应按什么准则进行比选更合理呢？

实际上，投资额不等的互斥方案比选的实质是判断增量投资的合理性，即投资额大的方案相对于投资额小的方案多投入的资金能否带来满意的增量收益。因此，投资额不等的互斥方案比选准则：

若投资额大的方案达到了标准要求，其增量投资也达到了标准要求，即其增量投资也能够带来满意的增量收益，那么增量投资是有利的，则投资额大的方案优于投资额小的方案；相反，若增量投资达不到标准要求，则投资额小的方案优于投资额大的

方案。

表 3-17 给出了方案 A 各年净现金流与方案 B 各年净现金流之差额,即增量净现金流。根据增量净现金流,可计算出差额净现值(又称增量净现值),记作 ΔNPV,以及差额内部收益率(又称增量内部收益率),记作 ΔIRR。

$\Delta NPV = -200 + 36(P/A, 12\%, 10) = 3.4$(万元)

由方程式:

$$-200 + 36(P/A, \Delta IRR, 10) = 0$$

解得,$\Delta IRR = 12.45\%$。

计算结果表明:因 $\Delta NPV = 3.4 > 0$,$\Delta IRR = 12.45\% > i_0 = 12\%$,

可见,增量投资达到标准要求,可获满意的经济效果,因此,投资大的方案 A 优于投资小的方案 B。

本例分析了投资额不等互斥方案的比选方法,即增量分析法或差额分析法(incremental analysis),是指通过计算增量净现金流评价增量投资经济效果,来确定方案的优劣。净现值、内部收益率、投资回收期等评价指标都可用增量分析法。

2. 差额净现值。设 A、B 为投资额不等的互斥方案,A 方案比 B 方案投资大,两方案的差额净现值可按下式计算:

$$\begin{aligned}\Delta NPV &= \sum_{t=0}^{n} [(CI_A - CO_A)_t - (CI_B - CO_B)_t](1+i_0)^{-t} \\ &= \sum_{t=0}^{n} (CI_A - CO_A)_t (1+i_0)^{-t} - \sum_{t=0}^{n} (CI_B - CO_B)_t (1+i_0)^{-t} \\ &= NPV_A - NPV_B\end{aligned}$$

式中:ΔNPV——差额净现值;

$(CI_A - CO_A)_t$——方案 A 第 t 年的净现金流;

$(CI_B - CO_B)_t$——方案 B 第 t 年的净现金流;

NPV_A,NPV_B——分别为方案 A 与方案 B 的净现值。

用差额分析法进行互斥方案比选时,若 $\Delta NPV \geq 0$,表明增量投资可以接受,投资(现值)大的方案经济效果好;若 $\Delta NPV < 0$,表明增量投资不可接受,投资(现值)小的方案经济效果好。

从公式 $\Delta NPV = NPV_A - NPV_B$ 可见,差额净现值等于两个互斥方案的净现值之差。因此,用差额分析法计算两方案的差额净现值进行互斥方案比选,与分别计算两方案的净现值最大准则进行互斥方案比选的结论是一致的。

因此,在实际工作中,应根据具体情况选择比较方便的比选方法。当有多个互斥方案时,直接用净现值最大准则比选最优方案比两两比较的增量分析更简便。分别计算各备选方案的净现值,根据净现值最大准则选取最优方案,可以将方案的绝对经济效果检验和相对经济效果检验结合起来,其判别准则为:净现值最大且非负的方案为最优方案，或净年值最大且非负的方案为最优方案，或费用现值或费用年值最小的方案为最优方案。

【例3-11】某公司拟增添一机器，现有两种机器，其生产能力和产品质量相同，其余数据如表3-18所示。设机器的残值为原价的10%，折现率为10%，试用差额净现值进行评选。

表3-18　　　　　　　　　　两种机器的方案数据　　　　　　　　　　单位：元

机型	投资	寿命期（年）	运营费用	残值	费用现值PC
A	49600	5	25192	4960	142017.73
B	52000	5	22880	5200	135504.41
B-A	2400	5	2312	240	-6513.32

解：机器B相对于机器A而言，增量投资 = 52000 - 49600 = 2400（元）；节省年经营成本 = 25192 - 22880 = 2312（元）；残值回收资金的增加额 = 5200 - 4960 = 240（元）。

由 PC = PV(rate, nper, pmt, fv, type) + I 的 Excel 表达式得到：

增量投资方案的费用现值 PC_{B-A} = PV(0.1, 5, 2312, 240) + 2400

$$= -6513.32（元）$$

因为 $PC_{B-A} < 0$，因此，机器B为最优。

此外，通过A、B两方案的费用现值计算验证如下：

又 PC_A = PV(0.1, 5, -25192, 4960) + 49600 = 142017.73（元）

PC_B = PV(0.1, 5, -22880, 5200) + 52000 = 135504.41（元）

$PC_{B-A} = PC_B - PC_A$ = 135504.41 - 142017.73 = -6513.32（元）

由此可见，差额分析法和净现值最大法比选方案，其结论是一致的。

3. 差额内部收益率。差额内部收益率是两方案增量现金流量的内部收益率。

计算差额内部收益率的计算式为：

$$\sum_{t=0}^{n}(\Delta CI - \Delta CO)_t(1 + \Delta IRR)^{-t} = 0$$

式中：ΔCI——互斥方案（A，B）的差额（增量）现金流入；

$$\Delta CI = CI_A - CI_B$$

ΔCO——互斥方案（A，B）的差额（增量）现金流出。

$$\Delta CO = CO_A - CO_B$$

差额内部收益率也可定义为：两互斥方案现值相等时或净年值相等时的折现率。

上面的计算公式也可写成：

$$\sum_{t=0}^{n}(CI_A - CO_A)_t(1 + \Delta IRR)^{-t} = \sum_{t=0}^{n}(CI_B - CO_B)_t(1 + \Delta IRR)^{-t}$$

两方案比选的差额内部收益率，其经济含义如图3-10所示。在图3-10中，O点为A、B两方案净现值曲线的交点，在这一点两方案净现值相等。O点所对应的折现率即为两方案的差额内部收益率 ΔIRR。从图中可以看出，当 $\Delta IRR > i_0$ 时，$NPV_A > NPV_B$，A方案为最优方案；当 $\Delta IRR < i_0$ 时，$NPV_B > NPV_A$，B方案为最优方案（与B方案的内部收益率最大相吻合）。

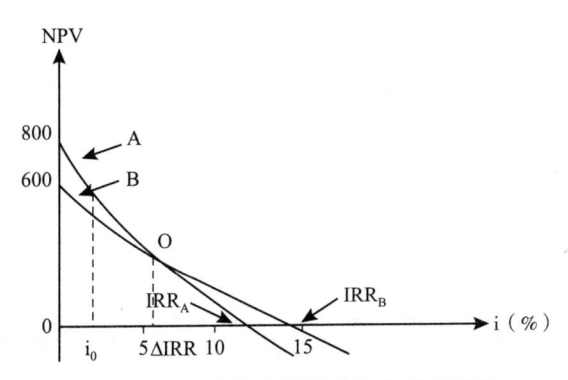

图 3-10　两方案比选的差额内部收益率

由此可见，在对互斥方案进行比较选择时，净现值最大准则（包括净年值最大准则、费用现值和费用年值最小准则）是正确的判断准则。而内部收益率最大准则不能保证比选结论的正确性。

净现值最大准则的正确性是由基准折现率——最低希望收益率的经济意义决定的。一般来说，最低希望收益率应该等于被拒绝的投资机会中最佳投资机会的赢利率，因此，净现值就是拟采纳方案较之被拒绝的最佳投资机会多得的赢利，其值越大越好，这符合赢利最大化的决策目标的要求。

内部收益率最大准则只在基准折现率大于被比较的两方案的差额内部收益率的前提下成立。也就是说，如果将投资大的方案相对于投资小的方案的增量投资用于其他投资机会，会获得高于差额内部收益率的赢利率，这时用内部收益率最大准则进行方案比选的结论才是正确的。但是如果基准折现率小于差额内部收益率，用内部收益率最大准则选择方案就会导致错误的选择。由于基准折现率是独立确定的，不依赖于具体比选方案的差额内部收益率，因此，用内部收益率最大准则比选方案是不可靠的。

差额内部收益率比选方案的判断准则是：

若 $\Delta IRR > i_0$（基准折现率），则投资（现值）大的方案为优；

若 $\Delta IRR < i_0$，则投资（现值）小的方案为优。

用差额内部收益率来比选互斥方案时，因其是两两比较，因此若比选的方案较多，则计算工作量也较大，比较繁琐，必须讲究一定的方法和程序。差额内部收益率的方案比选步骤如下：

（1）将方案按投资额从小到大排序，计算投资额最小的第一个方案的 IRR，若 IRR > i_0，保留该方案；若 IRR < i_0，淘汰该方案，以此类推。

（2）保留的方案与下一个方案进行比较，计算 ΔIRR，若 ΔIRR ≥ i_0，则保留投资大的方案；若 ΔIRR < i_0，则保留投资小的方案。

（3）重复步骤（2），直到最后一个方案被比较为止，则最后保留的方案为最优方案。

【例 3 – 12】有两个独立项目 C 和 D，但资金只允许上一个项目。已知 C、D 项目的各年现金流量如表 3 – 19 所示，基准折现率 i_0 = 10%，如果以 IRR 为指标应作何选择？

解：因资金有约束，因此，C、D 项目实际上为两个互斥项目。根据 C、D 和 D – C 项目的现金流量计算得到 IRR_C、IRR_D、IRR_{D-C}，如表 3 – 19 所示。

表 3 – 19　　　　　　　　　互斥项目 C 和 D 的选优

	A	B	C	D	E	F	G	H	I
1	项目	0	1	2	3	IRR	ΔIRR	备	注：
2	C	-1000	475	475	475	20.04%		F2：=IRR(B2：E2)；	
3	D	-2000	915	915	915	17.67%		F3：=IRR(B3：E3)；	
4	D-C	-1000	440	440	440		15.28%	G4：=IRR(B4：E4)。	

从表 3 – 19 计算结果可见，在 D 项目的投资总额中，与 C 项目相等的那部分投资能获得与 C 项目相等的内部收益率 20.04%，其投资增量部分所获得的内部收益率为 15.28%，也超过了预定的最低期望赢利率 i_0 = 12%。所以，就全部投资而言，D 项目是赢利性最大的项目。用 ΔIRR 与 NPV 比选方案的结论是一致的。

应当指出，ΔIRR 只能反映增量现金流的相对经济性，不能反映各方案自身的绝对经济性，因此，差额内部收益率只能用于方案间的比较，即相对经济效果的检验。

差额内部收益率也可用于仅有费用现金流的互斥方案比选，比选结论与费用现值法和费用年值法一致。在这种情况下，实际上是把增量投资所导致的对其他费用的节约看成是增量收益。

二、计算期不等互斥方案的择优评价

（一）以诸方案的最小公倍数作为各个方案的计算期

此法也称为最小公倍数法或方案重复法，即把比较的方案重复实施，直到各个方案的期限相同为止。显然，这个相等的计算期就是诸方案的最小公倍数。应用此方法时至少应满足：

1. 各个方案的需用时期较长，至少不应短于最小公倍数年限；
2. 方案可以不改变其现金流量（投资、效益和费用都保持不变）而反复实施若干次。

【例 3 – 13】有两个方案 A 和 B，其各期的现金流如表 3 – 20 所示，已知 i_0 = 10%，问应取何者？

表 3 – 20　　　　　　　　A、B 方案的各期现金流

	A	B	C	D	E	F	G	H	I	J	K	L	M
1	年份	1	2	3	4	5	6	7	8	9	10	NPV	NAV
2	方案A	-30000	5000	5500	6000	6500	7000	7500	8000	8500	9000	8506	1384
3	方案B	-15000	5000	5400	5800	6000						2464	650
4	重复B						-15000	5000	5400	5800	6000		
5	方案B′	-15000	5000	5400	5800	6000	-15000	5000	5400	5800	6000	3994	650
6	△(A-B′)	-15000	0	100	200	500	22000	2500	2600	2700	3000	4512	734
8	备注：L2：=NPV(0.1, C2:K2)+B2 ；　M2：=PMT(0.1, 10, -L2, 0, 0)

解：从表 3 – 20 可见，方案 A、B 组成计算期相等的方案 A、B′和增量方案 A – B′，及其各年的现金流量。

方案 A 的净现值 NPV：L2：= NPV(0.1, C2：K2) + B2 = 8506

方案 A 的净年值 NAV：M2：= PMT(0.1, 10, – L2, 0, 0) = 1384

以此类推，其他方案的净现值 NPV 和净年值 NAV，计算结果列于表 3 – 20 中。

从表 3 – 20 的计算结果可知，因方案 A 和方案 B′具有相同的寿命期，而方案 A 的净现值大于方案 B′，因此，方案 A 更优。从增量方案 A – B′的净现值大于零看，其结论也是投资大的方案 A 更优。

从净年值 NAV（Excel 的 PMT 函数）的计算结果看，方案 A 的净年值大于方案 B′，增量方案 A – B′的净年值大于零，同样得出方案 A 更优的结论。

（二）年度等值法

一个方案无论重复多少次，如它的现金流量保持不变，则其年度等值（净年值 NAV 或费用年值 AC）也不会改变。因此，比较计算期不等的方案，可以简单地计算出各方案的年度等值，然后加以比较。

【例 3 – 14】某建筑物的墙面为了维护需要定期油漆，假设可选用清漆及聚氨酯漆，二者相应的价格为 12 元/千克和 26 元/千克，已知每千克漆可以覆盖壁面 10 平方米，二者所需的劳动力费用为每工时 18 元，能漆壁面 10 平方米。已知清漆的寿命期为 5 年，聚氨酯漆为 8 年。当 $i_0 = 12\%$ 时，选用何种方案为宜？

解：现用 Excel 的 PV 和 PMT 函数来求解，计算结果见表 3 – 21。

10 平方米的油漆面积需要 1 千克清漆或 1 千克聚氨酯漆，并需要 1 工时工资，因此，清漆成本 = 12 + 18 = 30（元），聚氨酯漆成本 = 26 + 18 = 44（元）。

表 3 – 21 清漆 A 方案、聚氨酯漆 B 方案的 NAV、NPV 计算结果

	A	B	C	D	E
1	年份	0	1-40 NAV	NPV	寿命期
2	清漆A	30	¥8.32	¥68.61	5
3	聚氨酯漆B	44	¥8.86	¥73.02	8
4					
5					
6	备注:	C2: =PMT(0.12, 5, –B2, 0, 0);		C3: =PMT(0.12, 8, –B3, 0, 0)	
7		D2: =PV(0.12, 40, –C2, 0, 0);		D3: =PV(0.12, 40, –C3, 0, 0)	

二者的费用年值：

清漆 AC_A = PMT(0.12, 5, –B2, 0, 0) = 8.32（元）

聚氨酯漆 AC_B = PMT(0.12, 8, –B3, 0, 0) = 8.86（元）

二者使用 40 年（最小公倍数）的费用现值：

清漆 PC_A = PV(0.12, 40, –C2, 0, 0) = 68.61（元）

聚氨酯漆 PC_B = PV(0.12, 40, –C3, 0, 0) = 73.02（元）

从费用年值和费用现值看，清漆 A 方案均小于聚氨酯漆 B 方案，因此，应选用清漆方案。

与最小公倍数法相比较，年度等值法具有计算简便的特点，因此，它适用于在最小公倍数年限期间，能反复实施的方案间的比较，也适用于计算期（需用期）相当长的一些永久性工程（诸如水电站、大坝、隧道、桥梁等）的方案的比较。

（三）以诸方案中最短计算期作为比较各方案的计算期

应用该方法时，问题的关键在于方案中计算期（对设备而言就是设备的经济寿命）长的方案因缩短使用而造成的设备残值的重估（增值）。

【例3-15】 某厂为增加生产考虑了两种设备方案（产量相同，收入可以省略不计），具体数据见表3-22。试按基准收益率为15%，计算采用何种方案为佳。

表3-22　　　　　　　　　两设备方案的经济数据

项目	方案A	方案B
初期投资（万元）	1250	1600
年经营成本（万元）	340	300
残值（万元）	100	160
经济寿命期（年）	6	9

解：当计算期选用6年时，方案B由于使用缩短了3年，会使设备B的残值增值。这个增值实际上也就考虑了设备B少使用3年的使用价值。

为了确定这个增值，有如下三种不同的计算方法：

（1）残值增值相当于少折旧3年，因此：

设备B残值 = 160 + 3 × (1600 - 160)/9 = 640（万元）

采用Excel的PV函数计算设备A、B的费用现值：

设备A：PC_A = -PV(0.15, 6, 340, -100, 0) + 1250 = 2493.49（万元）

设备B：PC_B = -PV(0.15, 6, 300, -640, 0) + 1600 = 2458.66（万元）

因B方案的费用现值最小，因此，应选B方案。

（2）方案B期初投资1600万元，期末回收残值160万元。它在整个服务期（9年）内发挥作用，因此，将它分摊到9年，得出设备的年使用费用，即9年的费用年值AC_B；然后把计算期（6年）内的各种费用（设备投资及经营费用）变换为现值，即6年的费用现值PC_B。

利用Excel的相关函数计算：

B方案9年的费用现值：

PC_B = -PV(0.15, 9, 300, -160, 0) + 1600 = 2985.99（万元）

B方案9年的费用年值：

AC_B = -PMT(0.15, 9, 2985.99, 0, 0) = 625.79（万元）

B 方案 6 年的费用现值：

$PC_B = -PV(0.15, 6, 625.79, 0, 0) + 1600 = 2368.29$（万元）

因 $PC_B < PC_A = 2493.49$ 万元，因此，结论也是应选方案 B。

(3) 沙利文（W. G. Sullivan）建议利用设备 B 使用 9 年的资金恢复费用（CR）与使用 6 年时的资金恢复费用相等，来确定设备 B 使用 6 年后的残值（S_6），即：

$PMT(15\%, 9, -1600, 160) = PMT(15\%, 6, -1600, S_6)$

$PMT(15\%, 9, -1600, 160) - PMT(15\%, 6, -1600, S_6) = 0$

采用 Excel 的单变量求解设备 B 残值 S_6（见表 3-23）。

表 3-23　　　　　方案 B 的残值计算过程

	A	B	C	D	E
1	项目	期初投资	年经营成本	残值	寿命期
2	方案B（原）	¥1,600.00	300	¥160.00	9
3	方案B（新）	¥1,600.00	300	$S_6=?$	6
4	备　注：				
5	A5=S6=849.05	B5: =PMT(15%,9,-1600,160)- PMT(15%,6,-1600,A5)			

先输入目标单元格的计算公式：

B5：$= PMT(15\%, 9, -1600, 160) - PMT(15\%, 6, -1600, A5)$

然后单击"工具"按钮，下拉栏中选择"单变量求解"，随即弹出【单变量求解】对话框，在【目标单元格】中输入"$B$5"，在【目标值】中输入"0"；在【可变单元格】中输入"$A$5"，单击"确定"按钮，解得，使用 6 年的设备 B 残值为 $S_6 = 849.05$ 万元。

B 方案 6 年的费用现值：

$PC_B = PV(0.15, 6, -300, 849.05, 0) + 1600 = 2368.28$（万元）

计算结果与方法二基本相同，因 $PC_B < PC_A$，因此，还是应当选方案 B。

（四）以诸方案中最长计算期作为比较各方案的计算期

与上述方法不同，应用这种方法时要考虑为了将项目延长到计算期所必需的增量投资（在期末投入）和延长到计算期时重估的设备残值（贬值）。此法计算难度较大，误差相应也较大，因此，除非有特殊需要，在一般情况下不考虑采用此种方法。

（五）以某一特定的计算期来比较各方案

如根据工作需要时间或未来市场状况和技术发展趋势来选定一个时期，在实际工作中常常遇到的是要求计算期短于各项目寿命期的情况，需要解决的问题是残值的确定。除了应用上面已经介绍过的方法外，也可以使用下列经验公式来计算：

$$残值 = 原值 \times [1 - (使用时间/寿命期)^{0.8}]$$

【例 3-16】某公路施工队需添一台碎石机械，需使用 3 年，2000 时/年。市场上有两种机械供选择：A 型售价 300000 美元，寿命期 8000h，年运行费用为 70000 美元；B 型售价 450000 美元，寿命期 12000h，年运行费用为 50000 美元，$i_0 = 15\%$，设备的残值为零。该单位应当选择何种型号的碎石机？（当选用 A 型时，由于处理能力不够需要每年增加 30000 美元的外加工开支）

解：

A 机残值 = $300000 \times [1 - (6000/8000)^{0.8}] = 62675$（美元）

B 机残值 = $450000 \times [1 - (6000/12000)^{0.8}] = 191543$（美元）

用 Excel 的净现值 NPV 函数求解，得：

A 机的费用现值：

$PC_A = NPV_A[0.15, -70000, -70000, (61675 - 70000)] - 300000$
$= -419273$（美元）

B 机的费用现值：

$PC_B = NPV_B[0.15, -50000, -50000, (191543 - 50000)] - 450000$
$= -438219$（美元）

因 A 机的费用现值最小，因此，应选择 A 型机械。

应当说明的是，在运用这些方法时要特别注意各种方法的前提假设和适用性。如最小公倍数法和年值法，尽管计算简便，但它不适用于技术更新快的产品和设备方案的比较，因在还没到公共的计算期之前，某些方案存在的合理性已经成问题了。同样也不适用于用来处理更新改造项目，因为让不进行改造的项目以及进行改造的项目反复进行多次实际上是不可能的。特别要注意比较不同寿命期的项目时，不能用净现值，而应当用年度等值来计算。

第四节　相关方案的择优评价

一、相关方案及其类型

相关方案是指在各个方案之间，某一方案的采用与否会显著改变其他方案的现金流量，进而影响其他方案的采用与否，或接受或拒绝某一方案会影响对其他方案的接受或拒绝，这些方案就是相关方案。

一个方案的执行虽然不排斥其他方案，但会使它们的效益减少，这时方案之间具有负相关关系；相反，若一个方案的执行会使其他方案的效益增加，这时方案间具有正相关关系。方案相关的类型有以下几种：

（一）完全互斥型

由于技术或经济的原因，接受某一方案就必须放弃其他方案，则这些方案是完全互斥方案。如厂址的确定、设备的选型、特定项目经济规模的确定等，都是完全互斥方案。

（二）相互依存型

两个或多个方案间，某一方案的实施要以另一个方案或多个方案的实施为条件。如：某个大型投资项目的实施要以多个基础设施（交通、水电、通讯等）的实施为条件。通常把相互依存型的方案放在一起评价。

（三）现金流相关型

有的方案之间不完全互斥，也不完全互补，但某一方案的取舍会直接影响其他方案的现金流量的变化，这种方案间的关系类型称为现金流相关型。如：两城市间建一条铁路和建一条公路，虽然这两个方案不完全互斥也不完全依存，但任一方案的实施与否都会影响到另一方案的收入，这两个方案就是现金流相关型。

（四）资金限制导致的方案相关型

若没有资金条件的限制，各方案具有独立的性质，但在资金限制的情况下，接受某些方案则意味着必须放弃另外一些方案。也就是说，因资金限制导致方案之间的互斥，这也是与方案相关的一种类型。

（五）混合相关型

在众多方案的情况下，方案之间可能包括多种相关类型，称为混合相关型。

二、相关方案的择优评价

我们这里主要介绍现金流相关型、受资金约束相关型、相互依存型和混合相关型的择优评价。

（一）现金流相关型方案的择优评价

当各方案的现金流具有相关性，方案间又不完全互斥时，既不能按独立方案进行评价，也不能按互斥方案进行评价，而要按互斥方案组合法进行评价。

互斥方案组合法是指先把各方案组合成互斥方案，再按照互斥方案的择优评价方法进行评价选择。

【例 3 – 17】为了满足运输要求，有关部门分别提出要在两地之间上一个铁路项目和一个公路项目。只上一个项目时的净现金流量见表 3 – 24。若两个都上，因货运分流，两个项目的净收入都减少，其净现金流量及净现值见表 3 – 25。当基准折现率为 $i_0 = 10\%$ 时应如何决策？

表 3 – 24　　　　只上一个项目时的净现金流量　　　　　　单位：万元

方案	0	1	2 ~ 11
A	– 1000	– 500	600
B	– 500	– 300	400

表 3 – 25　　　　两个项目都上时的净现金流量　　　　　　单位：万元

方案	0	1	2 ~ 11
A	– 1000	– 500	500
B	– 500	– 300	300
A + B	– 1500	– 800	800

解：根据排列组合公式得：

互斥方案总个数 $= 2^m - 1 = 2^2 - 1 = 3$，即 A、B 两个相关方案可组合出 3 个互斥方案，10、01、11，即 A、B、A + B，如表 3 – 26 所示。

表 3 – 26　　　　组合互斥方案的净现金流量　　　　　　单位：万元

方案	0	1	2 ~ 11	NPV
A	– 1000	– 500	600	1896.76
B	– 500	– 300	400	1461.47
A + B	– 1500	– 800	800	3358.23

画出 A 方案的现金流量如图 3 – 11 所示（其他方案类似）。

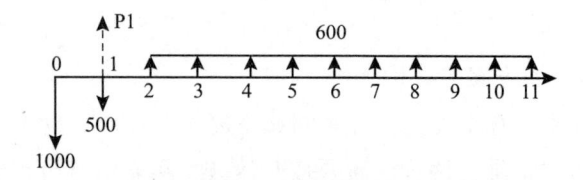

```
        ↑P1                600
      ┊ ↑  ↑  ↑  ↑  ↑  ↑  ↑  ↑  ↑  ↑
0     ┊ 1
      ↓ 2  3  4  5  6  7  8  9  10 11
     500
  ↓
1000
```

图 3 – 11　A 方案的现金流量图

A、B、A + B 三个方案的净现值 NPV 计算如下，并列于表 3 – 26。

$NPV_A = -1000 - 500(P/F, 10\%, 1) + 600(P/A, 10\%, 10)$
$(P/F, 10\%, 1) = 1896.76$（万元）

$NPV_B = -500 - 300(P/F, 10\%, 1) + 400(P/A, 10\%, 10)$
$(P/F, 10\%, 1) = 1461.47$（万元）

$NPV_{A+B} = -1500 - 800(P/F, 10\%, 1) + 800(P/A, 10\%, 10)$
$(P/F, 10\%, 1) = 3358.23$（万元）

根据净现值最大准则，从表 3 – 26 的计算结果可见，在三个互斥方案中，因 NPVA + B 最大且大于 0，因此，两个方案都上（A + B）为最优可行方案。

（二）受资金限制方案的择优评价

在资金有限的情况下，如何对方案进行评价，以保证在给定资金预算总额的前提下，取得最大的经济效果，是对这种类型方案结构进行评选的主要问题，也是经济投资领域经常遇到的投资决策问题。

受资金限制方案的择优评价主要采用的方法也是互斥方案组合法，即先把各方案组合成互斥方案，再按互斥方案的评价方法进行择优评价。

【例 3 – 18】有三个非直接互斥方案，初始投资及各年净现金流量见表 3 – 27。投资限额为 1000 万元，基准折现率为 12%，各方案净现值的计算结果也列入表 3 – 27 中，问应如何择优决策？

表 3 – 27　　　　A、B、C 方案净现金流量与经济指标　　　　单位：万元

方案	第 0 年投资	1 ~ 10 年净收入	NPV
A	-300	60	39
B	-350	70	45.5
C	-500	100	65

解：画出 A 方案的现金流量如图 3 – 12 所示（B、C 方案类似）。

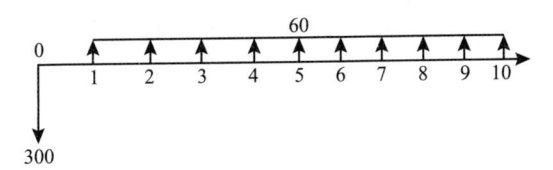

图 3-12 A 方案的现金流量图

A、B、C 三个方案的净现值 NPV 计算如下，并列于表 3-27。

$NPV_A = -300 + 60(P/A, 12\%, 10) = 39$（万元）

$NPV_B = -350 + 70(P/A, 12\%, 10) = 45.5$（万元）

$NPV_C = -500 + 100(P/A, 12\%, 10) = 65$（万元）

从表 3-27 中净现值的计算结果可见，A、B、C 方案都通过独立方案的绝对经济效果评价。但因受资金的限制，这时它们既不是独立方案，也不是互斥方案，因此，在投资限额内，为确保总赢利水平最大即总净现值最大，需要通过互斥方案组合法来选取一个投资组合。

具体步骤如下：

第一步，列出全部的互斥组合方案。本例有 3 个非互斥方案，则互斥组合方案总个数 $= 2^m - 1 = 2^3 - 1 = 7$（个），其构成和每个互斥方案的相应指标见表 3-28。

表 3-28　　　　　　　　组合互斥方案的净现金流量及其净现值

方案	组合状态 ABC	0	1~10	NPV
1	100	-300	60	39
2	010	-350	70	45.5
3	001	-500	100	65
4	110	-650	130	84.5
5	101	-800	160	104
6	011	-850	170	110.5
7	111	-1150	230	149.5

第二步，保留投资额不超过投资限额且净现值大于或等于零的组合方案，其中净现值最大的方案为最优方案。

本例中 1~6 组合方案的投资额都没超过 1000 万元且 NPV≥0，可保留。又因组合方案 6 的净现值最大，因此，组合方案 6 为最优方案，即选择 B、C 方案。

（三）相互依存型项目的择优评价

在两个项目或多个项目之间，某一项目的实施要求以另一项目（或另几个项目）的实现为条件，则这两个（或若干个）项目具有相互依存性。这时可将这几个项目合并成一个"综合项目"来考虑。

【例3-19】有A、B、C、D四个项目，各项目的投资、收入现金流量及计算得出的净现值如表3-29所示。其中，A、B、C为互斥项目，项目C和项目D相互依存，当$i_0=10\%$时，应优选何者？

表3-29　　　　　　　　A、B、C、D项目的现金流量及其净现值

	A	B	C	D	E	F	G
1	项目	第0年	第1年	第2年	第3年	第4年	NPV(10%)
2	A	-10	3.5	3.5	3.5	3.5	1.09
3	B	-13	4.4	4.4	4.4	4.4	0.95
4	C	-14	4.8	4.8	4.8	4.8	1.22
5	D	-15	4.9	4.9	4.9	4.9	0.53

解：

方法一：

项目C和D相互依存，因此，可合并为一个"综合项目C+D"。又因A、B、C为互斥项目，因此，A、B、C+D也为互斥项目，互斥项目间的评价方法之一就是净现值最大者最优。

从表3-29的计算结果可见，C+D综合项目的净现值1.75为最大，因此，应选项目C和项目D。

方法二：

在目标单元格输入计算公式B6：=SUMPRODUCT（G2：G5，H2：H5），在可变单元格输入H2：H5，在约束条件中加入H2：H5为0或1，且H4=H5，SUM（H2：H4）≤1，用Excel的规划求解计算，结果见表3-30。

表3-30　　　　　　　　规划求解法择优项目　　　　　　　　单位：万元

	A	B	C	D	E	F	G	H
1	项目	第0年	第1年	第2年	第3年	第4年	NPV(10%)	选择
2	A	-10	3.5	3.5	3.5	3.5	1.09	0
3	B	-13	4.4	4.4	4.4	4.4	0.95	0
4	C	-14	4.8	4.8	4.8	4.8	1.22	1
5	D	-15	4.9	4.9	4.9	4.9	0.53	1
6	目标单元	1.75	=SUMPRODUCT(G2:G5,H2:H5)					
7	可变单元	H2：H5						
8	约束条件	1	=	1				
9		1	<=	1				

由计算结果可见，在上述约束条件下最终应选择项目 C 和项目 D。

（四）混合相关型项目的择优评价

混合相关型（又称层混型）是指项目组中某些项目是独立的、互斥的，而某些又是相关的。这种相关可以是：（1）依存关系，如项目 A 依存于项目 B，即若项目 B 不取，则项目 A 肯定不取；（2）紧密互补关系，如两个项目 C、D，这两个项目或者都取或者都不取，在这种情况下可把这两个项目合并成一个项目 CD 对待；（3）非紧密互补关系，如项目 C、D，这时的待选组合方案是 C、D、CD，而 C、D、CD 三者是互斥方案。

【例 3-20】有 A_1、A_2、B_1、B_2 及 C 五个项目，其相互关系如下：项目 A_1 与 A_2 互斥，项目 B_1 与 B_2 互斥并取决于是否接受 A_2，项目 C 取决于是否接受 B_1。各项目的现金流量如表 3-31 所示。若 $i_0=10\%$，当投资金额无限制以及投资限制在 30 万元以内时，各应选何种项目组合？

表 3-31　　　　　　　　　项目的现金流量　　　　　　　　　单位：万元

项目及现金流量 年份及净现值	A_1	A_2	B_1	B_2	C
	项目年末的现金流量				
0	-10	-13	-14	-15	-12
1~4	3.8	4.5	6	5	4.8
NPV(0.1)	2.05	1.26	5.02	0.85	3.22

解：根据题意，可组合的所有互斥方案有 5 个，它们分别是 A_1、A_2、A_2+B_1、A_2+B_2 及 A_2+B_1+C。根据项目现金流量计算得到 5 个互斥方案的净现值如表 3-32 所示。

表 3-32　　　　　　　互斥组合方案及其净现值、投资　　　　　　　单位：万元

互斥组合方案	项目					净现值 NPV（0.1）	所需 投资
	A_1	A_2	B_1	B_2	C		
A_1	1	0	0	0	0	2.05	10
A_2	0	1	0	0	0	1.26	13
A_2+B_1	0	1	1	0	0	6.28	27
A_2+B_2	0	1	0	1	0	2.11	28
A_2+B_1+C	0	1	1	0	1	9.5	39

从表 3-32 中各互斥方案的净现值可见，当无资金约束时，组合方案 A_2+B_1+C

的净现值最大为最优方案,即应选取 A_2、B_1、C。当有 30 万元的资金约束时,组合方案 $A_2 + B_1 + C$ 的总投资已超过 30 万元限额,组合方案 $A_2 + B_1$ 的净现值最大为最优方案,即应选取 A_2、B_1。

从本例可看出,混合相关型项目在资金有约束或资金无约束条件下的比选方法是相同的,即首先找出所有互斥的组合方案,然后,在有或无资金约束的条件下选择各个投资组合方案中净现值最大的方案,作为决策方案。

第五节 多目标项目的择优评价

现代生产企业的经营目标常是多元化的,有以企业长远利益和全局利益出发的战略目标(增强企业的技术能力和市场应变能力、建立并保持竞争优势、谋求稳定的经济业绩等)、为实现战略目标而设置的战术目标(提供生产效率、降低成本费用、清除生产中的瓶颈环节、提高直接经济效益等)。因此,对现代生产企业而言,评价就不再局限于财务效果(这无疑是主要的),还要涉及企业的战略效益评价以及项目实施后对国家利益和社会关系(环保等)可能产生的外部影响的评价。因此,现代生产企业项目的评价是综合效益的评价,是一个多目标决策问题。

多目标决策的方法很多,有加权评估法、理想点法、优劣系数法和线性分配法等。下面介绍简单可行的加权评估法,对各项指标的赋值,具体可以采用两两比较法、环比评分法或德尔菲法。

一、两两比较法

两两比较法的关键是权重的评定,当评定由个体进行时,由于偏好或了解不足,难免有片面性,因此,常采用集体评定以集思广益,但集中专家于一堂时易产生随大流的缺陷,为此可采用集中与分散相结合的评定方法,这样可以得出比较准确的权重,但所花的时间较长。

两两比较法是将某项指标同其他指标逐个比较、评分,然后对各个指标的得分求和,最后经归一化处理得权重值。评分时可采用 1~10 评分法或 0~4 评分法。

【例 3-21】某厂生产某种产品,有 A、B 两种生产方案,评价的指标有经济性、生产安全性和产品质量三项,根据专家意见,这两个方案的三项指标的相对权重和得分如表 3-33 所示,应选择哪一方案?

表 3-33　　　　　　　　　方案权重计算表

方案指标	经济性	生产安全性	产品质量	加权平均
A	10	7	4	7.3
B	9	8	6	7.8
权重	0.4	0.3	0.3	

解：A 方案的加权平均分 = $10 \times 0.4 + 7 \times 0.3 + 4 \times 0.3 = 7.3$

B 方案的加权平均分 = $9 \times 0.4 + 8 \times 0.3 + 6 \times 0.3 = 7.8$

由于方案 B 的加权平均分高于方案 A，因此，应选择方案 B。

二、环比评分法

环比评分法又称为 DARE 法，是一种通过确定各因素的重要性系数来评价和选择创新方案的方法。是指从上至下依次比较相邻两个指标的重要程度，给出功能重要度值，然后令最后一个被比较的指标的重要度值为 1（作为基数），依次修正重要性比值，以排列在下面的指标的修正重要度比值乘以与其相邻的上一个指标的重要度比值，得出上一指标修正重要度比值。用各指标修正重要度比值除以功能修正值总和，即得各指标权重。

通常分三步进行。第一步，把各指标按重要程度由大到小排列；第二步，评定环比值，环比值是某项指标的重要度与其后项重要度的比值；第三步，计算各指标的权重评分（以最后一项指标为基准）。

环比评分法适用于各个评价对象之间有明显的可比关系，能直接对比，并能准确地评定功能重要度比值的情况。在运用时每个要素只与上下要素进行对比，不与全部的要素进行对比。评分时从实际出发，灵活确定比例，没有限制。

【例 3-22】某方案的四项功能指标 A、B、C、D，它们之间的重要度依次为：A = 1.5B，B = 2.0C，C = 3.0D，试计算这四项功能指标的权重。

解：

第一，将评分对象按照功能相近、重要性或实现困难度相近的原则，顺序记入表 3-34 第一栏，如 A、B、C、D。

第二，由上而下将相邻两个指标的功能对比评分，给出功能重要度值，作为暂定系数，如 A/B = 1.5，B/C = 2.0，C/D = 3.0，计算结果列入表 3-34 第二栏。

第三，对暂定系数进行修正。以最后一项功能指标 D 为基准，它暂定系数为 1，则 C 的修正系数 = $3 \times 1 = 3$，B 的修正系数 = $2 \times 3 = 6$，A 的修正系数 = $6 \times 1.5 = 9$，计算结果列入表 3-34 第三栏。

第四，计算功能指标权重（重要性系数）。修正后的系数总和 = 9 + 6 + 3 + 1 =

19，因此，A 功能指标的权重 = 9/19 = 0.47，B 功能指标的权重 = 6/19 = 0.32，C 功能指标的权重 = 3/19 = 0.16，D 功能指标的权重 = 1/19 = 0.05，计算结果列入表 3-34 第四栏。

表 3-34　　　　　　　　　　功能指标权重的计算过程

功能名称	暂定系数	修正系数	功能指标权重
A	1.5	9.0	0.47
B	2.0	6.0	0.32
C	3.0	3.0	0.16
D	—	1.0	0.05
合计	—	19.0	1.00

三、德尔菲法

德尔菲法即向专家发函征求意见的调研方法。除了用于确定权重外，还广泛地用于预测（详见第四章第三节）。

【思考题】

1. 两个独立方案 A 和 B，期初投资均为 10 万元，1~8 年方案 A 现金流为 3 万元，方案 B 现金流为 1 万元。试判断其经济可行性（$i_0 = 10\%$）。

2. 有 2 个寿命期相同的独立方案 A、B，方案 A 的期初投资为 10 万元，1~6 年净现金流为 2 万元；方案 B 的期初投资为 12 万元，1~6 年净现金流为 3 万元，已知总投资限额为 15 万元，$i_0 = 12\%$，试作出择优决策。

3. 2 个寿命期相等的互斥方案 A、B，方案 A 的期初投资为 30 万元，1~10 年净现金流为 6 万元；方案 B 的期初投资为 10 万元，1~10 年净现金流为 3 万元，试用增量法评价选择（$i_0 = 10\%$）。

4. 2 个寿命期不等的互斥方案 A、B，方案 A 的期初投资为 10 万元，1~5 年净现金流为 2 万元；方案 B 的期初投资为 20 万元，1~10 年净现金流为 5 万元，试用最小公倍数法应如何选择？（$i_0 = 10\%$）

5. 某投资项目设计了两种设备方案（效能相同，收入忽略不计），其现金流如下表所示，若基准收益率为 10%，应采用哪个方案？

方案	设备 A	设备 B
期初投资（万元）	1000	2000
年经营成本（万元）	400	200

续表

方案	设备A	设备B
残值（万元）	100	300
寿命期（年）	5	8

6. 有2个现金流相关型的项目A和B，只上一个项目和两个项目都上时的净现金流量如下表所示。当基准折现率 $i_0 = 10\%$ 时应如何决策？

只上一个项目和两个项目都上时的净现金流量

项目 \ 现金流	只上一个项目		两个项目都上	
	0	1~10	1~10	0
项目A	-100万元	60万元	-100万元	40万元
项目B	-50万元	40万元	-50万元	30万元

7. 有A、B、C、D及E五个项目，其中：项目A、B、C互斥，项目D取决于是否接受C，项目E取决于是否接受B。各项目的现金流量及净现值如下表所示。若 $i_0 = 10\%$，当投资限制在24万元以内时，应如何决策？

项目	A	B	C	D	E
0	-8	-10	-12	-13	-11
1~4	3.8	4.5	6	5	4.8
NPV(0.1)	4.05	4.26	7.02	2.85	4.22

8. 某方案有F1、F2、F3、F4四项功能，采用环比评分法得出相邻两项功能的重要性系数为：F1/F2 = 1.75，F2/F3 = 2.20，F3/F4 = 3.10。试计算这四项功能的权重。

第四章

公共项目的市场调查与需求预测

本章应了解和掌握：

1. 公共项目市场调查的必要性、内容、方法和程序。
2. 公共项目需求预测的概念、作用、特点、原则、种类和步骤。
3. 需求预测的方法，包括直接预测法、趋势外推预测法、回归预测法、投入产出预测法和消费水平法。

第一节 公共项目的市场调查

从公共项目评估的角度看，公共项目竣工投产后其所提供的公共产品所涉及的市场有：产品市场、原材料市场、资金市场、技术市场和劳动力市场。其中产品市场与公共项目投资成败的关系最为密切，因此，本章着重研究公共产品市场。而要科学地确定市场对公共项目产品的需求和价格水平，就要进行市场调查，在市场调查的基础上进行市场预测。

一、市场调查的必要性

公共项目的评估工作要从分析项目的必要性开始，要分析拟建的公共项目是否为国民经济所需要，提供的公共产品是否有市场，市场有多大，有无必要新建或改建，生产产品所需的资源（人力、资金和技术）、原材料、燃料及动力等的供应是否有保证。这些分析都离不开市场调查及其需求预测工作。

社会主义的经济是建立在市场经济基础上的，需要靠市场机制对资源进行调节和配置。市场问题实质上就是供求问题，生产的产品或服务的数量、质量、规格和性能取决于市场的供求关系。正确的市场调查和预测是项目投产后能否顺利运营，产品能否供销对路的关键。

市场调查的首要任务是进行市场现状的调查，市场现状的调查主要是调查拟建项目同类产品的市场容量、价格以及市场竞争力的现状等。自我国加入 WTO 以来，国内、国际市场逐步同轨，市场情况更复杂多变，不易掌握，因此，企业一定要加强市场现状信息的搜集和分析，较全面准确地掌握有关项目的国内外市场的情报和信息，并对其发展前景作出科学的分析，才能立足于不败之地。

市场现状的调查是进行市场预测的基础。每种商品和服务的生产者和提供者，为了在国内和国际市场上展开竞争，都需要了解市场动态及各种有关情报。如现有产品在市场上的销售情况，各种同类产品的竞争发展趋势及受用户欢迎的程度，用户对产品需求的变化趋势，用户的购买意向、习惯和爱好，宣传对产品销售的影响，产品定价，产品适应市场的能力和时限等。通过市场调查得来的这些资料，为研究和预测产品的销售量及其发展趋势、确定产品处于生命周期中什么阶段等提供依据，从而为制订产品的生产计划、开展新产品的研制、制定产品销售方案、选择产品宣传方式等决策提供依据。

二、市场调查的内容

市场调查一般分为市场需求调查（对购买者调查）和竞争情况调查（对竞争者调查）。

（一）市场需求调查

市场可分为消费资料市场和生产资料市场。消费资料市场是为了满足个人或家庭的需要而购买商品或劳务的场所。消费资料市场的调查内容为：购买力的调查、消费者购买行为的调查和潜在需求的调查。生产资料市场是向工商企业、机关团体提供生产所需原材料、设备、配件或生产性劳务的场所。这种市场比较集中，流通渠道较短，用户比较固定，一般进行定期、定量或特别订货的购买，由于是用于生产的消费，因此，与经济环境关联较大。

（二）竞争情况调查

生产资料和生活资料市场都存在着竞争，只有"知己知彼"才能在竞争中百战不殆。因此，要了解竞争者，就必须进行如下的调查：

1. 调查竞争对手的基本情况。要了解生产相同产品、替代品或相似产品的企业的生产情况，了解拟建的或可能转产的企业，要估计到目前还比较弱小的竞争对手迅速壮大的可能性。

2. 调查竞争对手的竞争能力。包括拥有的资金、企业的规模、技术素质（技术人员数量、工人技术水平、装备水平、工艺水平、新产品研制开发能力等）、产品情况（如价格、规格、品种、成本、质量、包装装潢、售后服务及市场占有率等）。

3. 调查分析潜在竞争对手的情况。要注意到生产与自己相同产品或相似产品拟建的企业或可能转产的企业，要估计到目前还比较弱小的竞争对手迅速壮大的可能性。

三、市场调查的基本方法

调查方式根据需搜集的资料性质，一般可采用询问法、观察法和实验法。

（一）询问法

询问法是把要调查的事项以面对面访问，召开用户座谈会，电话、信函或在网上询问用户的方式进行的调查。这些方法的优缺点如表 4－1 所示。

表 4－1　　　　　　　　各种询问调查方法的优缺点

询问方式	优点	缺点
面对面访问	搜集资料的真实性强，较全面、深刻	成本高、调查面不会太广
用户座谈会	除了面对面访问的优点外，还能发挥用户间的相互补充作用，省时间，成本低	易为个别健谈用户所左右，不易搜集到不便公开发表的意见
信函调查	调查面广、成本不高，被调查者有充分时间思考后填表作答	调查表回收率不高，所需回收时间较长
网上调查	成本低、可立即得到回复和统计结果	只限于有计算机的部分用户

（二）观察法

采用观察法时调查人员在调查现场进行观察、搜集资料，使用录像机、录音机等工具在商店、展销会、订货会等处录下有关资料。这种方法的优点是生动真实，缺点是调查时间长。

（三）实验法

实验法是调查人员用实物以试销、样品分送、现场演示等方式吸引用户，通过用户实验、购买、搜集市场信息。实验法的优点是获得资料可靠，缺点是成本高。

上述的各种调查方法应根据具体情况加以采用，可以采用其中的一种、两种或三种同时采用。用这些方法能得到有用的第一手资料。

除了第一手资料外还有第二手资料，它来源于政府和企业的文件资料和公开出版的文章资料,此外,通过学习、技术交流、鉴定会等也可以搜集到一些第二手资料。

应当着重指出,通过上网,根据要搜集资料的性质选用不同网站的搜索引擎,如Google、Yahoo、eBay以及百度、新浪、阿里巴巴等进行检索,是现今多、快、好、省地取得第二手资料的重要途径之一。

搜集第一手资料所需的人力、物力、财力远比搜集第二手资料要大,因此,只有在得不到足够的第二手资料的情况下,才去补充搜集第一手资料。

四、市场调查的程序

市场调查可分为调查准备、制定调查计划、实施调查和结果处理四个阶段。

(一) 调查准备阶段

调查准备阶段要确定调查目标、调查范围、选定调查方式和调查对象,组成调查组等。

确定调查对象一般可用普查、重点调查、典型调查或抽样调查。普查适用于调查对象数目较少的情况。重点调查则是选取一些重要性大的对象(如产品使用量大的客户)进行调查。典型调查由于调查对象数量不太多而又有代表性,得到的调查资料有普遍意义,而被广泛采用。抽样调查适用于调查对象多、分布面广的情况(如市场调查)等。

(二) 制定调查计划阶段

制定调查计划的内容应包括:调查的目的、内容与调查方法、时间安排和费用预算。

(三) 实施调查阶段

在调查工作开始前要组织人员做好调查技术的培训工作,在调查进行过程中要做好监督工作,以保证调查工作的顺利开展。

(四) 结果处理阶段

对数据进行分析处理(如用指数平滑分析、相关分析、回归分析、聚类分析等),通过预测提出结论性意见,写出调查报告。调查报告的内容一般应包括:调查对象的基本情况、调查问题的事实材料、分析说明、调查结论和建议。此外,还应作为附录附上有关调查目的、方法、步骤等的说明,所用的调查大纲或调查表,整理的统计资料和图表等。

在全部调查工作完成后,应对调查过程作一回顾,发现问题,总结经验,以提高调查人员业务水平和为下一次调查工作提供改进意见。

第二节　公共项目的需求预测

一、需求预测在投资决策中的作用

（一）需求预测是项目评估的前提和先决条件

建设项目评估的内容相当广泛，既有项目的厂址选择、生产建设条件的研究考察，又有技术设计方案的分析选择，还要进行项目的财务效益分析、国民经济评价和投资风险分析等。所有这些工作都必须以需求预测为前提，项目只有通过需求预测，确认项目产品是国内外市场所需的，并且有较好的发展前景，才能进行项目的后续工作。否则应及时终止项目的可行性研究和评估工作，以避免人力、物力和财力的浪费。

（二）项目产品的需求预测是确定项目生产规模大小的重要依据

制约项目建设规模的因素很多，如原材料、能源的供应条件，资金、土地和设备的限制条件，以及产品本身的性质和经济规模要求等。其中，项目产品的需求是确定项目建设规模的基本因素，它决定项目的生存和发展。因此，必须根据对市场的可靠预测，确定项目的产品方案和项目的建设规模。

（三）需求预测是选择和确定工艺生产技术和设备的依据

项目生产技术和设备的选择受产品方案和生产规模的制约，而产品方案和生产规模是根据市场对项目产品实际需求的预测结果为依据确定的。项目产品的质量、规格、系列以及市场的实际需求量确定后，其相应的生产技术和设备就容易确定了。因此，项目产品的需求预测也间接地为项目的生产工艺技术和设备的选择提供了依据。

（四）项目产品的需求预测是企业制定产品生产计划和销售价格的依据

通过市场调查和预测，了解消费者对产品性能、质量、需求量和价格的要求，明确购买时间及其顾客的分布情况，这些都为企业安排生产计划、制定销售价格、规划产品销售渠道和促销政策等提供了依据。

二、需求预测的特点和原则

预测成为一门学科，而且广泛应用于经济、技术和市场领域还是近几十年的事情。我们现在所要研究的预测是在对现实和历史进行调查研究的基础上，找出事物发展的客观规律，对未来事件状态进行科学分析。

（一）需求预测的特点

1. 预测是根据过去和现在预计未来，根据已知推断未知。预测是把过去、现在和未来视为不可截然分开的整体，因为人们的实践、实验及统计数据等资料，都是过去和现在的"已知"，预测就是通过对这些"已知"的分析研究来科学推测"未知"。

2. 预测本身不是目的，而是一种手段。其功能在于提供关于未来信息，提高人们的决策水平，以便于人们去追求和争取有利的未来，尽量减少或避免不利的未来所带来的损失。

3. 预测结果具有近似性和随机性。预测的对象是现实事件的未来状态，显然，状态具有不确定性，因此，致使预测结果往往带有随机性，会与实际发生的结果有偏差，所以，人们不能奢求预测结果会绝对准确。虽然随着人们对客观世界的认识能力不断提高，随着预测方法和计算工具的逐步完善，预测结果的准确度会逐步提高，但预测结果仍不可避免出现近似性和随机性。

4. 预测工作具有科学性和艺术性。预测工作的科学性表现在预测工作要基于能指导实践的理论，要基于详尽的调查研究和系统可靠的资料，以及科学的预测方法和计算工具等。预测工作的艺术性则表现在预测工作的质量很大程度上取决于预测工作者进行的调查研究、资料搜集、数据分析、方法选择、提出假设、模型建立、推理判断的技巧以及预测工作者自身的素质、经验和能力。

（二）需求预测的原则

在现实经济生活中，某一特定消费者的购买行为是很难预测的，因为它受到社会、经济、心理、购买力等多种因素影响，而且这些因素难以逐一准确测定。但是，如果把消费者作为一个群体来考察，其购买行为则呈现出一定的规律性。需求预测是根据一些客观规律来展望和推测项目产品未来的市场需求。因此，在对市场进行需求预测时应遵循以下原则：

1. 尽可能全面地分析和掌握各种经济现象之间的联系。由于事物具有运动和相互联系的特点，因此，我们在进行需求预测时，必须分析经济活动各现象之间、现状和发展之间、原因和结果之间的联系和规律，找出主要的数量关系，找出经济现象的本质及发展变化的规律性。

2. 坚持统计资料的准确性和数据处理的科学性。由于市场的需求预测是以统计资料为依据，必然要求资料准确可靠，处理方法科学合理。只有这样，所作的需求预测才可能有科学的实用价值。

3. 选用科学的预测方法。由于经济现象的复杂性和预测方法的多样性，这就要求我们必须根据研究对象的特点，选用适当的预测方法。而方法的科学性是需要检验的，比如将预测结果与实际情形相比较，由其差异性的大小来确定所选方法是否合理。同时注意，当面临的市场发生变动时，可能要求改变所选用的预测方法。

三、需求预测的种类和步骤

（一）需求预测的种类

在实际的需求预测中，预测者根据预测的目的，可按预测对象的范围、时间、方法进行如下分类。

1. 按预测对象的范围分为：宏观需求预测和微观需求预测。

（1）宏观需求预测是指对整个国民经济或某个部门的未来需求进行预测。它既可以是对某类需求（如国民收入、工资水平、劳动就业率等）的预测；也可以是对某类关系（如国民经济发展速度和水平；农、轻、重的关系；积累和消费的比例关系）的预测。

（2）微观需求预测是指对一个企业、一个团体、一种产品、一种劳务等的需求预测，主要是考虑单个经济单位的需求情况。通过研究影响单个经济单位的各种因素之间的联系和趋势，达到对单个经济单位的未来状况进行推测的目的。

2. 按需求预测时间分为：长期、中期、短期和近期预测。

（1）长期预测是指五年以上的需求预测。属于一种远景规划预测。

（2）中期预测是指一年以上、五年以下的需求预测。

（3）短期预测是指三个月以上、一年以下的需求预测。

（4）近期预测是指三个月以下的需求预测。常以日、周、旬、月为时间单位。

3. 按所采用的预测方法分为：直接预测法、趋势外推预测法、回归预测法、投入产出预测法和消费水平法等。

（1）直接预测法。直接预测法的特点是利用通俗和明显的道理，借助一些简单的计算、整理和推测，得到所需的预测结果。

（2）趋势外推预测法。通过对大量事物的运动过程的研究，人们发现很多事物的发展相对于时间而言，呈现出一定的规律性，掌握这种规律，建立模型，描述这种趋势，预测事物发展的未来，这就是趋势外推法。

（3）回归预测法。回归预测法是指根据预测的相关性原则，找出影响预测目标的各因素，并用数学方法找出这些因素与预测目标之间的函数关系的近似表达，再利用样本数据对其模型估计参数及对模型进行误差检验，一旦模型确定，就可利用模型，根据因素的变化值进行预测。

（4）投入产出预测法。

（5）消费水平法。

在实际预测中应当注意，由于影响需求的因素具有不稳定性和不确定性，很难说明哪种预测方法一定最好。一种较为科学的做法是将若干种方法的预测结果进行分析、比较，得出尽可能合理的结论。

（二）需求预测的步骤

需求预测的大致可分为如下几个步骤：

1. 确定需求预测的目标。即预测什么？是何种类型的预测？对预测结果的精度有何要求？

2. 收集、分析和整理资料。根据预测的目标，对所得资料进行必要的整理，使资料在计算方法、计量单位上具有可比性，通过归纳整理，建立资料档案，系统地积累资料。

3. 选用预测方法（模型）进行需求预测。可选用若干个模型同时进行需求预测，并分别计算各自的预测误差。

4. 对预测结果进行分析。通过对各种不同模型的预测结果的误差进行分析、比较，挑选出比较合理的预测模型。同时考虑尽可能挑选计算不太复杂的模型。

5. 对需求进行追踪预测。在已选定模型的实际应用中，不断观察模型中各变量在实际需求中的变动以及它们对结果影响程度的变化等情况，同时考虑模型中参数的波动状况，考察模型结构的稳定性。

第三节 直接预测法

此类预测法的预测过程较直观，只要使用恰当，就有较高的预测价值，常用的方法有：德尔菲法、主观概率法、交叉影响法、综合预测法、环比类推预测法和平衡相关预测法。

一、德尔菲法（Delphi Method）

（一）基本原理

德尔菲法是在20世纪40年代末由美国兰德公司创立的，它的基本原理是用反复函询的方法，以匿名的"背靠背"形式，通过起控制中心作用的预测部门（中间人）使参与预测的各有关专家发表对预测目标及有关问题的意见。即预测部门根据预测内容选定有关的专家，通过函询提出问题并收集、整理这些专家的意见。经过统计、分析搜集来的每一轮意见和反映，再将汇总的意见以及新一轮问题函给这些专家进行下一轮的意见征询，经若干次反复（一般经过4轮函询），就会形成较统一的专家意见，即以此作为预测部门的参考意见。

人们对德尔菲法的评价是："在模糊的领域对问题求得一致判断的一种方法"，因此，把这种方法用来精确地描述未来是不可能的。但是它有预测费用较低、花费专家时间较少和用途广泛等优点。

（二）实施步骤

1. 挑选专家。根据预测问题性质，挑选一定数量的专家，但具体专家人数多少才是合适，要视问题而定，应注意既不能过多也不能过少。如果人数太多，预测结果不易统一；而人数太少，又可能影响预测质量。在整个函询过程中，应尽可能不让专家彼此发生直接联系，这样才有利于让各个专家充分发表自己的见解。但预测部门要组织好专家之间的信息交流和讨论，使合理的意见为大家所接受，才能作出比较正确的估计。

2. 第一轮函询调查。预测部门向各专家寄去有关预测问题的所有材料及预测目标，征询专家的意见。在一定的期限内，将收集的专家意见进行统计分析、综合整理，形成较统一的意见，再反馈给各位专家，进行第二轮函询调查。

3. 第二轮函询调查。在第一轮函询的基础上，要求各专家对预测目标提出更为具体的意见，对不同意见者要求他们提供较充分的理论和依据。再综合整理所收集的第二轮专家意见，形成更为统一的结论，并反馈给各专家。

4. 第三轮函询调查。综合最新得到的专家意见，若该意见还不能代表绝大多数专家的意见，则继续进行函询调查。否则，预测部门根据全部专家意见，提出最后的预测结论。

（三）遵循原则

在整个函询调查过程中，应始终遵循以下三点原则：

1. 函询通信的匿名性。只有这样，才能避免权威专家对其他人的干扰影响，避免随大流现象的产生，各专家的观点才能得到充分发挥。

2. 反馈性。经若干次反馈，在预测部门和专家之间、各专家之间进行多次信息交流，充分发挥各专家的知识才能。只有这样才能保证预测结果的科学性。

3. 收敛性。随着函询过程的不断继续，要求专家的意见能逐步达到较大的统一，最后那个统一的意见就是预测结果。

对少数专家的不同意见，要认真分析他们陈述的各条理由，切不可简单地以少数服从多数而作出最后结果。由于德尔菲法集中了若干著名专家的意见，故由此法所得的结论在较大时空范围内，对较深层次的问题具有很高的预测价值，通常用于对一些宏观需求问题的预测。

（四）统计、分析专家意见的方法

20世纪60年代美国加州大学的学者通过实验验证，认为德尔菲法中参与预测专家的意见值的分布是接近正态分布的，后面几轮搜集来的意见更是如此。

为此，对于用德尔菲法搜集来的专家们分散的意见值，可以用数理统计的办法来处理，其常用的方法有均值、众数、中位数和上、下四分点法等。

1. 均值。

$$均值 \bar{x} = \frac{1}{n}\sum_{i=1}^{n} x_i$$

$$或期望值 E(x) = \sum_{i=1}^{n} f_i x_i \quad (f_i 为 x_i 的概率)$$

2. 众数。一列数据中出现频率最高的数值。

3. 中位数 m 和全距 R。m 是一列数据（从小到大排列或反之）中居中的一个数值，常用来代表专家预测集中的趋势；R 是最大数和最小数的差，可以代表专家预测的分散趋势。

4. 上、下四分点法。将一列数据（从小到大排列或反之）分布的全距分为四等份，则前于中位数的四分点数据为下四分点，后于中位数的四分点数据为上四分点。常用上、下四分点内的专家意见作为估计值，四分点外的意见通常较少，而且被认为应当发回请专家重作考虑，提出他持这种意见的原因，此外，也鼓励专家组其他专家提出支持或反对的意见，以便下一轮预测时应用。上、下四分点在德尔菲法中还广泛地用于表示全组意见的收敛或发散程度。

【例 4-1】设有 11 位专家对某地 2006 年的 GDP 总值（亿元）的预测结果如表 4-2 所示，请用上、下四分点法来检验其是否收敛。它的平均数和众数是多少？

解：用 Excel 的内插函数 MEDIAN 和 QUARTILE 来计算中位数和上、下四分位数，计算结果见表 4-2。

表4-2　　　　　　　　　　11位专家的预测结果　　　　　　　　　单位：亿元

	A	B	C	D	E	F	G	H	I	J	K	L
1	预测值	51	61	56	55	59	58	52	60	50	54	55
2	中位数	55	= MEDIAN(B1:L1)									
3	上四分位数	53	= QUARTILE(B1:L1,1)									
4	下四分位数	58.5	= QUARTILE(B1:L1,3)									

经统计，有50%以上的专家预测值是在上、下四分位数之间，因此，可以认为预测基本是可行的。即2006年的GDP总值预测为55亿元，比较可能落在53亿元到58.5亿元之间（区间范围不大，说明专家预测值的集中度比较高）。

该数列的平均数为：AVERAGE（51，61，56，55，59，58，52，60，50，54，55）= 55.55。

该数列的众数为：MODE（51，61，56，55，59，58，52，60，50，54，55）= 55。

5. 加权综合评分。在利用德尔菲法进行预测时，常常会请专家对某些项目的重要性进行排序。对这些问题的应答结果可采用加权综合评分法进行处理。如：要求专家对n个项目排序时，可给排在第一位的项目打n分，第二位的打n-1分，以此类推……第n位的打1分；然后计算出各个项目的重要程度。

【例4-2】有四个方案请7位专家对其重要性打分（重要性从1~4递增），得到的打分结果见表4-3。问应如何排序？

表4-3　　　　　　　　打分结果及权重系数计算过程

	A	B	C	D	E	F	G	H	I
1	方案	A	B	C	D				
2	专家1	1	3	4	2	总分=7*(1+2+3+4)=70			
3	专家2	2	4	3	1				
4	专家3	1	4	3	2				
5	专家4	1	3	4	2				
6	专家5	1	4	3	2				
7	专家6	2	4	3	1				
8	专家7	3	2	4	1				
9	Σ=	11	24	24	11	= SUM(E2:E8)			
10	权重系数	0.157	0.343	0.343	0.157	= E9/70			

解：用Excel表格计算得到A、B、C、D各方案的权重系数如表4-3所示。从权

重系数的计算结果可见，B、C 方案的权重系数都是 0.343，其重要性程度应是并列的；而 A、D 方案的权重系数都是 0.157，其重要性程度也应是并列的。但从集中度看，C 方案的打分分布在 3~4，而 B 方案的打分分布则为 2~4，说明 C 方案比 B 方案集中度更高，因此，其重要程度的排序应是 C、B。

同样的道理，A、D 方案重要程度的排序也是 D、A。因此，根据专家的意见，这四个方案的重要性排序是 C、B、D、A。

6. 三点法评分。用最大 a、最小 b 和最可能 m 三点法来评分，此时：

$$平均数 = (a + 4m + b)/6$$

$$标准差 = \frac{(a-b)^2}{36}$$

【例 4-3】有一工程由相继进行的 A、B、C 三道工序完成，根据估计完成这三道工序所需的时间（周数）用最大 a、最小 b 和最可能 m 三点法来表示，如表 4-4 所示，如要求工程能在 18 周内完成，按期完成的可能性有多大？

解：用 Excel 表格计算得到工程各道工序完工的期望值及方差：

A 工序的完工期望值：E2 = (B2 + 4 * C2 + D2)/6 = (3 + 4 * 5 + 7)/6 = 5
B 工序的完工期望值：E3 = (B3 + 4 * C3 + D3)/6 = (3 + 4 * 4 + 9)/6 = 7.17
C 工序的完工期望值：E4 = (B4 + 4 * C4 + D4)/6 = (3 + 4 * 5 + 7)/6 = 4.67
A 工序的方差：F2 = (B2 - D2)²/36 = (3 - 7)²/36 = 0.44
B 工序的方差：F3 = (B3 - D3)²/36 = (5 - 10)²/36 = 0.69
C 工序的方差：F4 = (B4 - D4)²/36 = (3 - 9)²/36 = 1.00

由此即可得工程完工（三道工序总体完工）的期望值及方差：

工程完工的总期望值 = SUM(E2：E4) = 5 + 7.17 + 4.67 = 16.83
工程完工的总方差 = SUM(F2：F4) = 0.44 + 0.69 + 1.00 = 2.14

根据要求完成期限及工程总方差计算 Z 值：

$$Z 值 = \frac{(18 - B5)}{SQRT(B6)} = \frac{(18 - 16.83)}{\sqrt{2.14}} = 0.7977$$

用 Excel 的 NORMSDIST 函数计算得到，

18 周完工的概率 = NORMSDIST(B7) = NORMSDIST(0.7977) = 78.75%

以上计算过程及结果见表 4-4。

在最终完成的预测报告中，还需要提供每轮专家回答问题的情况，一般用回收率和回答率来表示。计算公式为：

$$回收率 = \frac{回收调查表的份数}{发出调查表的份数} \times 100\%$$

$$回答率 = \frac{对某题目作出有效回答的份数}{收回调查表的份数} \times 100\%$$

表4-4　　　　　　　　　三点法评分计算过程及其计算结果

	A	B	C	D	E	F	G	H
1	工序	最快	最可能	最迟	期望值	方差		
2	A	3	5	7	5	0.44		
3	B	5	7	10	7.17	0.69		
4	C	3	4	9	4.67	1		
5	工程完工期望值	16.83	=SUM(E2:E4)		E2=(B2+4*C2+D2)/6			
6	工程总方差	2.14	=SUM(F2:F4)		F2=(B2-D2)2/36			
7	Z值	0.7977	=(18-B5)/SQRT(B6)					
8	完成概率	78.75%	=NORMSDIST(B7)					

此外，还要列出各轮函询后专家意见的收敛情况（一般用中位数及全距或上、下四分点等表示）

二、主观概率法（Subjective Probability Method）

企业常常感慨市场总是变化不定、琢磨不透，这的确是个让人伤脑筋的问题。在社会和自然界中，某一类事件在相同的条件下可能发生也可能不发生，这类事件称为随机事件。不同的随机事件发生的可能性大小是不同的，在这种情况下，就产生了概率。概率就是用来表示随机事件发生可能性大小的一个量。例如，市场上某种新商品的销售状态就是不确定的随机事件，有畅销、平销或滞销三种可能性，而出现畅销、平销或滞销的可能性，用系数或百分数表示，就是一种概率。概率分为主观概率和客观概率两种。

主观概率是指根据市场趋势分析者的主观判断而确定的事件发生可能性的大小，反映个人对某件事的信念程度。所以主观概率是对经验结果所做主观判断的度量，即可能性大小的确定，也是个人信念的度量。但主观概率必须符合概率论的基本定理：（1）所确定的概率必须大于或等于0，而小于或等于1；（2）经验判断所需全部事件中各个事件概率之和必须等于1。

主观概率是一种心理评价，判断中具有明显的主观性。萨维奇（L. J. Savage）等认为，主观概率是"某人对于在一次实验中会得出某种结果的个人信念的衡量"，面对同一事件，不同人凭主观经验会给予不同的度量（主观概率值）。主观概率的测定因人而异，受人的心理影响较大，谁的判断更接近实际，主要取决于市场趋势分析者的经验，知识水平和对市场趋势分析对象的把握程度。尽管如此，主观概率的应用仍然有一定的实用价值，它是一种对尚未发生事件进行研究的合理方法，但必须防止任意、轻率地由一两个人拍脑袋估测，要加强严肃性、科学性、提倡集体的思维判断。

在实际中，主观概率与客观概率的区别是相对的，因为任何主观概率总带有客观性。市场趋势分析者的经验和其他信息是市场客观情况的具体反映，因此不能把主观概率看成为纯主观的东西。另外，任何客观概率在测定过程中也难免带有主观因素，因为实际工作中所取得的数据资料很难达到（大数）规律的要求。所以，在现实中，既无纯客观概率，又无纯主观概率。

主观概率法是市场趋势分析者对市场趋势分析事件发生的概率（即可能性大小）做出主观估计，或者说对事件变化动态的一种心理评价，然后计算它的平均值，以此作为市场趋势分析事件的结论的一种定性市场趋势分析方法。主观概率法一般和其他经验判断法结合运用。

以下将通过实例说明如何确定主观概率值。

【例 4 – 4】美国某州想根据过去 30 个月的失业数据（见表 4 – 5）来预测未来 4 个月后（2015 年 10 月）的失业率，并且要求这个预测值与实际值的差控制在 ±1% 以内。

表 4 – 5　　　　　　　　　　　失业率数据

月份	1	2	3	4	5	6	7	8	9	10	11	12
2013 年失业率（%）	3.3	2.8	2.9	3.0	2.9	3.0	3.4	3.1	3.0	2.9	3.0	3.1
2014 年失业率（%）	3.5	3.4	3.5	3.4	3.5	3.5	4.6	4.0	4.0	4.4	4.9	6.3
2015 年失业率（%）	8.3	8.3	9.6	8.8	8.3	9.4						

解：从表 4 – 5 的数据可知，从 2014 年 12 月开始，失业率急剧上升。为了确定未来的失业率，需要对失业率的累积分布函数作出估计，因此，该州主管部门对福利、劳工等部门的 12 位高级官员进行了访问和意见征询。征询表中所列的问题如下：

根据表 4 – 5 给出的失业率数据，参照图 4 – 1 的标尺，请回答下列问题。

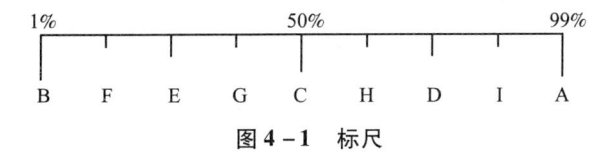

```
 1%              50%              99%
 |—|—|—|—|—|—|—|
 B F E G C H D I A
```

图 4 – 1　标尺

标尺上每一点代表该随机变量（失业率）的样本空间的 12.5%，现在要请各位官员给各点 B，F，E，…，A 赋值。

①你认为 2015 年 10 月本州失业率最大的可能值是多少——A 点失业率（即实际

103

失业率有99%的可能小于或等于此值)?

②你认为2015年10月本州失业率最小的可能值是多少——A点失业率(即实际失业率小于或等于此值的可能性为1%)?

③在你给出A和B的失业率之间确定一个值——C点失业率,低于这个值以及高于这个值的概率均为50%,即概率分布的中值为_____。

④在中值(③题)和最大可能值(①题)之间,什么值能把这个区间分成概率相等的两个部分——D点失业率?_____。

⑤在最小可能值(②题)和中值(③题)之间,什么值能把这个区间分成概率相等的两个部分——E点失业率?_____。

⑥在已确定的B、E之间,给出使这个区间分成概率相等两部分的值(F点失业率)_____。

⑦在E和C的给定值区间,给出使这个区间分成概率相等两部分的值(G点失业率)_____。

⑧在C和D的给定值区间,给出使这个区间分成概率相等两部分的值(H点失业率)_____。

⑨在D和A的给定值区间,给出使这个区间分成概率相等两部分的值(I点失业率)_____。

这12位官员的征询答案汇总于回收征询意见统计表(见表4-6)。从表4-6的数据可得出预测的失业率的累积分布函数图(见图4-2)。从表4-6的平均值计算可见,2015年10月的失业率的估计值是8.43%(C点的平均值)。

当要求预测的失业率值与实际值之差在±1%以内时,由于预测的中值(C点的平均值)是8.43%,因此,预测值落在7.43%~9.43%范围内的概率由图4-2可以容易得出,是0.99-0.125=0.865,即实际失业率落在7.43%~9.43%这个区间的概率约为87%。这就是说,根据8.43%这个失业率预测值来安排有关工作,还是比较可靠的。

表4-6　　　　　　　　　　回收征询意见统计

官员数据	累积分布函数沿X轴的点								
	B	F	E	G	C	H	D	I	A
1	6	6.25	6.5	6.75	7	7.25	7.5	7.75	8
2	6	6.4	6.5	7	8.3	8.4	8.5	9.4	9.5
3	3	8.13	8.25	8.38	8.5	8.63	8.75	8.88	9
4	6	6.7	7.5	8	8	8.6	8.3	8.8	9
5	6	5.5	6	6.5	7.5	8	8.25	8.5	9
6	8	8.23	8.45	8.68	8.9	9.13	9.35	9.58	9.8

续表

官员数据	累积分布函数沿 X 轴的点									
	B	F	E	G	C	H	D	I	A
7	7.8	8	8	8.5	8.8	9	9.3	9.4	9.6
8	8	8.2	8.4	7.6	8.8	9	9.2	9.4	9.6
9	7.2	7.8	8.26	8.4	8.6	8.8	9.2	9.6	10
10	6	6.68	8.25	8.38	8.5	8.63	8.75	9.33	10
11	9.2	9.25	9.3	9.35	9.4	9.45	9.5	9.7	9.8
12	6.5	6.8	7.2	8.1	8.8	9	9.1	9.3	9.5
平均值	6.64	7.33	7.72	7.97	8.43	8.66	8.81	9.14	9.4

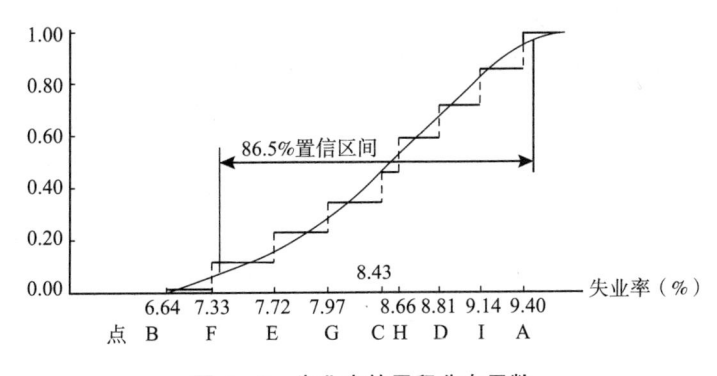

图 4-2 失业率的累积分布函数

【例 4-5】某企业根据市场销售的历史和现状，对市场趋势分析期内经营情况及可能出现的自然状态，分别提出估计值和概率，如表 4-7 所示。

表 4-7　　　　　　　　　不同状态的主观概率表　　　　　　　　　单位：台

参加预测人员	估计值						期望值
	最高值	概率	中等值	概率	最小值	概率	
1	2500	0.3	2200	0.5	2000	0.2	2250
2	2450	0.2	2200	0.6	1900	0.2	2190
3	2400	0.3	2120	0.5	1800	0.2	2140
4	2200	0.1	2000	0.7	1900	0.2	2000
5	2300	0.2	2000	0.6	1700	0.2	2000

解：

期望值 = 最高估计值 × 概率 + 中等估计值 × 概率 + 最低估计值 × 概率

1 号分析人员的期望值：

2500 × 0.3 + 2200 × 0.5 + 2000 × 0.2 = 2250（台）

2号分析人员的期望值：

$2450 \times 0.2 + 2200 \times 0.6 + 1900 \times 0.2 = 2190$（台）

3号分析人员的期望值：

$2400 \times 0.3 + 2120 \times 0.5 + 1800 \times 0.2 = 2140$（台）

4号分析人员的期望值：

$2200 \times 0.1 + 2000 \times 0.7 + 1900 \times 0.2 = 2000$（台）

5号分析人员的期望值：

$2300 \times 0.2 + 2000 \times 0.6 + 1700 \times 0.2 = 2000$（台）

先用算术平均法求出平均市场趋势分析值为：

$(2250 + 2190 + 2140 + 2000 + 2000)/5 = 2118$（台）

以平均市场趋势分析值2118台作为企业的市场趋势分析结果。

然后再用加权平均法求出加权平均值作为调整的方案。考虑到各位市场趋势分析人员的地位、作用和权威性的不同，分别给予1号和2号人员较大权数是3，3号和4号的权数是2，5号的权数是1。则综合预测值为：

$$\frac{2250 \times 3 + 2190 \times 3 + 2140 \times 2 + 2000 \times 2 + 2000 \times 1}{3 + 3 + 2 + 2 + 1} = 2545 \text{（台）}$$

三、交叉影响法（Gross-impact Method）

交叉影响法又名交叉概率法，是美国戈登（T. J. Gordon）等于20世纪60年代，在德尔菲法和主观概率法基础上发展起来的一种新的预测方法。这是一种主观估计每种新事物在未来出现的概率以及新事物之间相互影响的概率，对事物发展前景进行预测的方法。

交叉影响法就是研究一系列事件 D_j 及其概率 $P_j(j = 1, 2, \cdots, n)$ 之间相互关系的方法，其具体的方法步骤如下：

（一）估计一组预测事件的概率，确定交叉影响方向矩阵

设有一组预测事件为 $D_1, D_2, \cdots, D_n$，估计它们的发生概率分别为 $P_1, P_2, \cdots, P_n$。

由于各事件之间存在着交叉影响关系，某一事件的发生必然对其他事件产生影响，使其有上升或下降的变化。某国在考虑今后15年的能源政策时，列出三种可能的能源政策后，利用交叉影响法，估计每一政策的概率，确定交叉影响方向矩阵如下。

各种能源政策的主观概率：

D_1 用煤代替石油 $P_1 = 0.8$

D₂ 增加国产石油　　　　　　　　P₂ = 0.8

D₃ 提高空气和水的质量标准　　　P₃ = 0.8

确定三种政策交叉影响的方向，列出交叉影响方向矩阵如表 4-8 所示。

表 4-8　　　　　　　　　　　　交叉影响方向矩阵

如果该事件发生	发生的概率	对各事件的影响		
		D₁	D₂	D₃
D₁	0.8	—	↑	↑
D₂	0.4	↓	—	—
D₃	0.3	↓	↓	—

表 4-8 中的符号"↑"表示正影响，表明一个事件的发生引起另一个事件的概率上升，如 D₁ 用煤代替石油的事件发生，将进一步污染空气和水，促使政府严格控制空气和水的质量标准，引起 D₃ 的概率上升；符号"↓"表示负影响，表明一个事件的发生引起另一个事件的概率下降，如 D₂ 增加国产石油事件发生，必将阻止和降低用煤代替石油的可能性，引起 D₁ 的概率下降；符号"—"表示无影响。

（二）确定交叉影响的程度

S 代表交叉影响的程度，其变动范围在 0 与 1 之间，分为无、弱、强、很强四级；K 代表一事件与另一事件的上升或下降关系，K = -1 表示上升联系，K = +1 表示下降联系。将 K 与 S 结合，交叉影响程度分类如表 4-9 所示。

表 4-9　　　　　　　　　　　　交叉影响程度分类

		A	B	C	D	E	F	G	H
1	交叉影响程度分类	无影响	弱负影响	弱正影响	强负影响	强正影响	很强负影响	很强正影响
2	KS 值	0	0.5	-0.5	0.8	-0.8	1	-1

确定交叉影响的程度之后，应确定包含交叉影响在内的校正概率值。如果 D_m 发生前 D_n 的概率为 P_n，D_m 发生后 D_n 的校正概率为 P'_n。当 D_m 发生后，则包含 D_m 交叉影响的 D_n 的校正概率计算公式是：

$$P'_n = P_n + KS \cdot P_n(P_n - 1)　　（参见图 4-3）$$

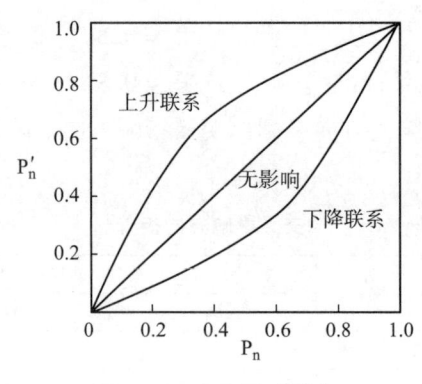

图 4-3 交叉影响概率

请专家参照表 4-9 打分，可得到上例的实际交叉影响 KS 值矩阵（见表 4-10）。

表 4-10　　　　　　　　　　实际交叉影响 KS 值矩阵

如果该事件发生	发生的概率	受影响事件的 KS 值		
		D_1	D_2	D_3
D_1	0.8	0	-0.5	-0.8
D_2	0.4	0.5	0	0
D_3	0.3	1	0.5	0

（三）计算校正概率

1. 每一事件的校正概率计算过程如下：如从 D_1、D_2、D_3 事件中随机抽取事件 D_3 时，用随机数法确定事件 D_3 是否发生，即从 1~100 的随机数字表中抽取一个随机数或用 ROUNDUP（100 * RAND（），0）产生一个随机数（假如是 55），与已抽取的事件 D_3 的初始概率 P_3 相比较，由于 55>30，故 D_3 事件不发生；如果抽取的是 25，由于 25<30，则 D_3 事件将发生。

2. 如果随机抽取的事件不发生，将不影响其余事件，其余事件的初始概率均不变。如果随机抽取的事件发生，将影响其余事件，受其影响的其余事件的概率均应按照表 4-9 中的数据，利用 P'_n 公式计算校正概率。

3. 对第 1 步未抽中的其余事件，均要经过第 1 步和第 2 步。

4. 上述过程反复进行，直到 n 个事件是否发生都经过检验为止，再恢复到初始概率，并进入第 5 步。

5. 重做第 1 步至第 4 步，反复多次。

设上例共经过 5 次实验，其第一次的过程和校正概率计算过程如下：

首先，抽取的事件 D_1 是，初始概率 $P_1 = 80\%$，随机数字为 34，小于 80，故 D_1

将发生。根据表 4-9 中的数据，用公式 $P'_n = P_n + KS.P_n(P_n - 1)$ 计算校正概率 P'_2 和 P'_3 如下：

$P'_1 = P_1 = 0.80$

$P'_2 = 0.40 + (-0.5) \times 0.4 \times (-0.6) = 0.520$

$P'_3 = 0.30 + (-0.8) \times 0.3 \times (-0.7) = 0.468$

其次，抽中 D_3，沿用上面得到的 $P'_3 = 46.8\%$，与抽到的随机数字 24 相比，表明 D_3 将发生，计算有关校正概率如下：

$P'_3 = 0.468$

$P'_1 = 0.80 + (+1.0) \times 0.8 \times (-0.2) = 0.640$

$P'_2 = 0.52 + (+0.5) \times 0.520 \times (-0.480) = 0.3952$

最后，抽中 D_2，$P'_2 = 39.52\%$（沿用），大于抽到的随机数字 23，表明 D_2 将发生，同样计算有关校正概率如下：

$P'_2 = 0.3952$

$P'_1 = 0.640 + (+0.5) \times 0.640 \times (-0.360) = 0.5248$

$P'_3 = 0.468 + (+0.5) \times 0.468 \times (-0.532) = 0.3435$

……

经过 5 次实验后，可以计算每一事件的校正概率，将这些校正概率和初始值相比，分析其变化的大小和变化的方向以及变化最为明显的方面。

将以上计算的结果合计，各种事件发生的次数和实验的次数相比，计算每一事件的校正概率如下：

$P'_1 = 4/5 = 0.8$

$P'_2 = 3/5 = 0.6$

$P'_3 = 2/5 = 0.4$

与初始概率相比，事件 D_1 的概率不变，D_2 的概率由 0.4 增加到 0.6，D_3 的概率由 0.3 增加到 0.4。一般说来，为了得到一个相对稳定的概率，需要进行上千次实验，这需要编制程序用电脑来完成。

（四）交叉影响法的优缺点

此法的优点是能把大量可能结果的数据，有系统地整理成易于分析的形式，以揭示事件之间的相互影响及其程度和方向。缺点是根据主观判断的数据，将初始概率转变成校正概率，有相当的主观任意性。

四、综合预测法（Comprehensive Prediction Method）

该方法的特点是综合某需求问题的若干信息，对该问题的未来趋势做出预测。

若某问题有 n 个独立的预测结果 $x_1, x_2, \cdots, x_n$，则其算术平均值就是最后的预测值。即

$$\bar{x} = \frac{1}{n}(x_1 + x_2 + \cdots + x_n)$$

从数理统计的知识可知，该预测值具有较小的预测误差。

在实际应用中，上述做法有一个明显的不足，那就是提出预测结果的各个单位对预测对象的了解程度不尽相同，没有被区别开来，而这种现象应该被反映到求和公式中。

设对结果 x_i 的可信系数为 C_i，计算预测结果的加权平均数为：

$$\bar{x} = \frac{1}{\sum_{i=1}^{n} c_i} \sum_{i=1}^{n} c_i x_i$$

用此加权平均数作为预测值。例：某机构为了预测某种物品下半年的需求量，征求三名有关人员的预测意见，甲的意见为 x_1，乙的意见为 x_2，丙的意见为 x_3，因三个人的专业知识结构和业务水平不同，定出甲、乙、丙的可信系数分别为 4、3、1，则最终的预测结果为：

$$\bar{x} = \frac{4x_1 + 3x_2 + x_3}{8}$$

这种预测方法直观、简明，唯一的困难是各类预测意见的可信系数不容易得出。一种处理方法是当各类预测者的预测状态稳定时，根据他们历次预测结果与实际结果的资料，调整他们的可信系数，使各次预测结果与实际吻合较好，由此可定出分别的可信度。

五、环比类推预测法（From Analogy Method）

利用需求现象本身具有的循环可比关系，构造环比模型，进行趋势预测。设某需求的历史资料为：$X_1, X_2, \cdots, X_n$，考虑一种简单的环比结构。

若

$$\frac{X_n}{X_{n-1}} = \frac{X_{n-1}}{X_{n-2}} = \cdots = \frac{X_2}{X_1} = a$$

则可以直接计算下一期的预测结果为：

$$X_{n+1} = aX_n$$

事实上，当上述的环比关系近似成立时也可采用该法。这种预测方法使用简单，常用于一些具有明显周期变动的需求问题的预测。该方法的难点是确定环比模型的结构。

六、平衡相关预测法（Balance the Prediction Method）

这种方法的特点是找到与某需求问题相关的因素，利用这种相关性和需求环境的平衡结构，对未来需求进行预测。

设需求问题的历史资料为 Y_1，Y_2，…，Y_n，相关因素的历史资料为 X_1，X_2，…，X_n。

若两者之间的相关变动性，设为：

$$\frac{Y_i}{X_{i-1}} = a$$

则可以得到 Y 的预测值：

$$Y_{n+1} = aX_n$$

这种预测方法的难点是确定上述的相关比结构，主要用于相关因素明确而且相关结构容易确定的需求问题。显然，当选取的相关因素多于一个时，上述方法就不合适了，这时应该采用回归预测方法。

第四节　趋势外推预测法

一、移动平均法（Moving Average Method）

移动平均法是用分段逐点推移的平均方法对时间序列数据进行处理，找出预测对象的历史变动规律，并据此建立预测模型的一种时间序列预测方法。移动平均法根据预测时使用的各元素的权重不同，可以分为：简单移动平均法和加权移动平均法。

（一）简单移动平均法

简单移动平均法是指对由移动期数的连续移动所形成的各组数据，使用算术平均法计算各组数据的移动平均值，并将其作为下一期预测值。即时间数列的第 N+1 个预测值取前 N 个值的算术平均。

设 y_t 为一个时间序列，其中 t = 0，1，2，…，n，则

$$y_{t+1} = (y_t + y_{t-1} + \cdots + y_{t-N+1})/N$$

其中：t ≥ N。

我们称之为移动平均序列，其中 N 为移动平均的时段长。这种方法的特点是能够

平滑数据,将时间趋势的变化体现出来。而且计算简单,适用于短期预测。不足之处是移动平均的时段长不易选得合适,不能区分各数据对预测结果的不同影响。

【例 4-6】某企业的历年销量见表 4-11,若 N=4,试预测其第 9 年的销售量。

表 4-11　　　　　　　　　某企业的年销量一览表　　　　　　　　单位:万件

年份	1	2	3	4	5	6	7	8	9
销量	8	9	10	11	12	12	13	15	

解:

第 5 年预测值:$y_5 = (8+9+10+11)/4 = 9.5$

第 6 年预测值:$y_6 = (9+10+11+12)/4 = 10.5$

第 7 年预测值:$y_7 = (10+11+12+12)/4 = 11.3$

第 8 年预测值:$y_8 = (11+12+12+13)/4 = 12$

第 9 年预测值:$y_9 = (12+12+13+15)/4 = 13$

计算结果见表 4-12。

表 4-12　　　　　　　　　预测结果一览表　　　　　　　　　单位:万件

年份	1	2	3	4	5	6	7	8	9
销量	8	9	10	11	12	12	13	15	
预测					9.5	10.5	11.3	12	13

(二) 加权移动平均法

在简单移动平均公式中,每期数据在求平均值时的作用是等同的。但是,每期数据所包含的信息量不一样,近期数据包含着更多关于未来情况的信心。因此,把各期数据等同看待是不尽合理的,应考虑各期数据可能对预测值的影响不同,给予不相等的权重,如近期数据对预测值的影响可能大些应给予较大的权重,远期数据对预测值的影响可能小些应给予较小的权重,这就是加权移动平均法的基本思想。

加权移动平均法的计算公式如下:

$$y_{t+1} = (a_1 y_t + a_2 y_{t-1} + \cdots + a_N y_{t-N+1})/N \quad t \geq N$$

其中:a 为权重系数。

因近期的数据作用大需要赋以更大的权重系数,通常用指数加权移动平均的模型为:

$$y_{t+1} = a y_t + a(1-a) y_{t-1} + a(1-a)^2 y_{t-2} + \cdots = a \sum_{\tau=1}^{\infty} (1-a)^\tau y_{t-\tau}$$

其中:$0 < a < 1$。

令权数 $\beta_i = a(1-a)^i$，$0 \leq \beta_i \leq 1$，则权数之和 $\sum_{i=0}^{\infty} \beta_i = 1$，即

$$\sum_{i=0}^{\infty} \beta_i = a(1-a)^0 + a(1-a) + a(1-a)^2 + a(1-a)^3 + \cdots$$

$$= a[1 + (1-a) + (1-a)^2 + (1-a)^3 + \cdots] = \frac{a}{1-(1-a)} = 1$$

【例 4 – 7】例 4 – 6 中如果近期数据权重系数 $a_1 = 6$，$a_2 = 2$，$a_3 = 1$，$a_4 = 1$，试用加权移动平均法预测其第 9 年的销售量。

解：

第 5 年预测值：$y_5 = (8 \times 1 + 9 \times 1 + 10 \times 2 + 11 \times 6)/10 = 10.3$

第 6 年预测值：$y_6 = (9 \times 1 + 10 \times 1 + 11 \times 2 + 12 \times 6)/10 = 11.3$

第 7 年预测值：$y_7 = (10 \times 1 + 11 \times 1 + 12 \times 2 + 12 \times 6)/10 = 11.7$

第 8 年预测值：$y_8 = (11 \times 1 + 12 \times 1 + 12 \times 2 + 13 \times 6)/10 = 12.5$

第 9 年预测值：$y_9 = (12 \times 1 + 12 \times 1 + 13 \times 2 + 15 \times 6)/10 = 14$

计算结果见表 4 – 13。从计算结果看预测值偏低，可根据预测值与实际值的相对误差进行修正。

表 4 – 13　　　　　　　　加权移动平均法预测结果一览表　　　　　　　　单位：万件

年份	1	2	3	4	5	6	7	8	9
销量	8	9	10	11	12	12	13	15	
预测					10.3	11.3	11.7	12.5	14

总的平均相对误差：

$$\left(1 - \frac{\sum \hat{y}_t}{\sum y_t}\right) \times 100\% = \left(1 - \frac{45.8}{52}\right) \times 100\% = 12\%$$

因此第 9 年的预测值修正为：

$$\frac{14}{1 - 12\%} = 15.91$$

【例 4 – 8】例 4 – 6 中如果 $a = 0.8$，试用指数加权移动平均法预测其第 9 年的销售量。

解：

第 5 年预测值：$y_5 = 11 \times 0.8 + 10 \times 0.8(1 - 0.8) + 9 \times 0.8$
$(1 - 0.8)^2 + 8 \times 0.8(1 - 0.8)^3 = 8.8 + 1.6 + 0.288 + 0.0512 = 10.7$

……

第 9 年预测值：$y_9 = 15 \times 0.8 + 13 \times 0.8(1 - 0.8) + 12 \times 0.8$

$(1-0.8)^2 + 12 \times 0.8(1-0.8)^3 = 12 + 2.08 + 0.384 + 0.0768 = 14.5$

计算结果见表 4 – 14。因预测值偏低，同样可根据预测值与实际值的相对误差进行修正（暂略）。

表 4 – 14　　　　　　加权移动平均法预测结果一览表　　　　　　单位：万件

年份	1	2	3	4	5	6	7	8	9
销量	8	9	10	11	12	12	13	15	
预测					10.7	11.74	11.94	12.77	14.5

二、指数平滑预测法（Exponential Smoothing Prediction Method）

若时间序列的预测值由下式定义：

$$y'_t = y'_{t-1} + a(y_t - y'_{t-1})$$

式中：a——平滑系数，其大小取值范围必须大于 0 小于 1，如 0.1、0.4、0.6 等；

y'_t——第 t 年的预测值；

y_t——第 t 年的实际值；

y'_{t-1}——第 t – 1 年的预测值。

则称此预测法为指数平滑预测法。它是以某种指标的本期实际值和本期预测值为基础，引入一个简化的加权因子，即平滑系数，通过对实际误差的调整使下期预测值不断接近真实值的预测法。

在计算中，关键是平滑系数 α 的取值大小确定，但 α 的取值又容易受主观影响，因此，合理确定 α 的取值方法十分重要，理论界一般认为有以下的方法原则可供选择：

1. 当时间序列呈现较稳定的水平趋势时，如接近某一常数，应选较小的 α 值，一般可在 0.05 ~ 0.20 之间取值。

2. 当时间序列有波动，但长期趋势变化不大时，可选稍大的 α 值，常在 0.1 ~ 0.4 之间取值。

3. 当时间序列波动很大，长期趋势变化幅度较大，呈现明显且迅速的上升或下降趋势时，宜选择较大的 α 值，以加大近期数据的权重系数。如可在 0.6 ~ 0.8 间选值，以使预测模型灵敏度高些，能迅速跟上数据的变化。

4. 当时间序列数据是上升（或下降）的发展趋势类型，α 应取较大的值，在 0.6 ~ 1 之间。

5. 若初始值或较早期数据的可信度不高，取较大 a。

6. 若过去的预测值与实际值差额大，取较大 a；反之，则取小 a。

【例 4 – 9】某种产品销售量的平滑系数 a = 0.4，2016 年实际销售量为 31 万件，预测销售量为 33 万件。则 2017 年的预测销售量为多少?

解:

2017 年预测销售量 = 33 + 0.4(31 − 33) = 32.2（万件）

2017 年的预测销售量为 32.2 万件。

三、二次指数平滑预测法（Second Exponential Smoothing Method）

二次指数平滑法是指对一次指数平滑值再进行一次指数平滑的预测方法。一般它适用于具线性趋势的时间数列，即用于整体数据上升或下降趋势较明显的时间序列。它具有计算简单、样本要求量较少、适应性较强、结果较稳定等优点。

它不能单独地进行预测，必须与一次指数平滑法配合，建立预测的数学模型，然后运用数学模型确定预测值。关于如何确定初始值？一般来说，对于变化趋势较稳定的观察值可以直接用第一个数据作为初始值；如果观察值的变动趋势有起伏波动时，则应以 n 个数据的平均值为初始值，以减少初始值对平滑值的影响。

二次指数平滑的公式为:

$$S_t^2(y') = aS_t^1(y') + (1-a)S_{t-1}^2(y')$$

其中:

$$S_t^1(y') = ay_t + (1-a)y'_{t-1} = y'_t$$

式中: $S_t^1(y') = y'_t$——第 t 年一次指数平滑预测值;

$S_t^2(y')$——第 t 年二次指数平滑预测值;

a——平滑系数。

利用线性指数平滑法，在处理有趋势的数据时，可采用一次多项式模型预测。其预测方程是:

$$y'_{t+\tau} = a_t + b_t\tau$$

其中，τ 是预测期数。

$$a_t = 2S_t^1(y') - S_t^2(y') \qquad b_t = \frac{a}{1-a}[S_t^1(y') - S_t^2(y')]$$

【例 4 − 10】某运输企业 1990 ~ 1997 年货运量见表 4 − 15，试用二次指数平滑法对 2000 年该企业的运量进行预测。（取 a = 0.2）

表 4 − 15　　　　　　某运输企业年货运量一览表　　　　　　单位：万件

年份	1990	1991	1992	1993	1994	1995	1996	1997
运量 y	97	99	105	112	118	123	127	128

解：

第一步：列出计算式。

①对历史数据的时间数列计算一次指数平滑值和二次指数平滑值，并排成数列。如：1991 年，$S_t^1(y') = 0.2 \times 99 + (1-0.2) \times 97 = 97.4$，$S_t^2(y') = 0.2 \times 97.4 + (1-0.2) \times 97 = 97.1$，其他年份以此类推计算，计算结果见表 4–16。

表 4–16　　　　　　　　　指数平滑计算结果一览表

年份	运量 y	$S_t^1(y')$	$S_t^2(y')$	a_t	b_t
1990	97	97.0	97.0		
1991	99	97.4	97.1		
1992	105	98.9	97.4		
1993	112	101.5	98.3		
1994	118	104.8	99.6		
1995	123	108.5	101.4		
1996	127	112.2	103.5		
1997	128	115.3	105.9	124.7	2.4

②利用最后一期的两个指数平滑值计算模型参数 a_t，b_t 的值。

$a_t = 2 \times 115.3 - 105.9 = 124.7$

$b_t = 0.2/(1-0.2)(115.3 - 105.9) = 2.4$　　（结果填入表 4–16 中）

第二步：将 a_t，b_t 的值代入预测公式，并计算 2000 年货运量的预测值。

2000 年货运量的预测值 $= 124.7 + 2.4\tau$

$\qquad\qquad\qquad\qquad = 124.7 + 2.4 \times 3 = 131.9$（万件）

第五节　回归预测法

经济过程的发展变化，离不开经济变量的数量变化。分析经济现象时，需要寻找能够解释这种经济现象的各种经济变量，如人均消费的变化可用人均收入的变化和平均物价的变化来解释。确定这些变量的因果关系，常用的统计技术就是回归分析。

一、回归预测法的概念

因变量与自变量之间的非确定依赖关系所呈现的规律，叫因变量与自变量的回归。回归问题在几何上等价于拟合一条曲线，该曲线能够反映变量之间的平均变化关系。由于我们能知道的仅是观测点的情况，因此，求回归问题，只能是寻求拟合观测点的曲线，使得拟合的误差平方和达到最小。

回归预测法是根据预测变量（因变量）与相关因素（自变量）之间存在的因果关系，借助数理统计中的回归分析原理，确定因果关系，建立回归模型并进行预测的一种定量预测方法，又称回归模型预测法或因果法。

当我们在对市场现象未来发展状况和水平进行预测时，如果能将影响市场预测对象的主要因素找到，并且能够取得其相关的数量资料，就可以采用回归分析预测法进行预测。回归预测法是一种具体的、行之有效的、实用价值很高的常用市场预测方法。

二、回归预测法的分类

根据所研究问题的性质，回归预测法有多种类型。

1. 依据相关关系中自变量的个数不同分类，回归预测法可分为一元回归预测法和多元回归预测法。在回归分析中，当研究的因果关系只涉及一个因变量和一个自变量时，叫做一元回归预测法；当研究的因果关系涉及一个因变量和两个或两个以上自变量时，叫做多元回归预测法。

2. 依据自变量和因变量之间的因果关系性质不同，回归预测法可分为线性回归预测法和非线性回归预测法。进行回归分析需要建立描述变量间相关关系的回归方程，当回归方程的因变量和自变量之间的函数表达式属于线性关系时，叫做线性回归预测法；而当回归方程的因变量和自变量之间的函数表达式属于非线性关系时，叫做非线性回归预测法。

三、回归预测法的步骤

（一）根据预测目标，确定自变量和因变量

明确预测的具体目标，也就确定了因变量。如预测具体目标是下一年度的销售量，那么销售量 Y 就是因变量。通过市场调查和查阅资料，寻找与预测目标相关的影响因素，即自变量，并从中选出主要的影响因素。

（二）建立回归预测模型

依据自变量和因变量的历史统计资料进行计算，在此基础上建立回归分析方程，

即回归预测模型。

（三）进行相关分析

回归分析是对具有因果关系的影响因素（自变量）和预测对象（因变量）所进行的数理统计分析处理。只有当变量与因变量确实存在某种关系时，建立的回归方程才有意义。因此，作为自变量的因素与作为因变量的预测对象是否有关，相关程度如何，以及判断这种相关程度的把握性多大，就成为进行回归分析必须要解决的问题。进行相关分析，一般要求作出相关关系以及相关系数的大小来判断自变量和因变量的相关程度。

（四）检验回归预测模型，计算预测误差

回归预测模型是否可用于实际预测，取决于对回归预测模型的检验和对预测误差的计算。回归方程只有通过各种检验，且预测误差较小，才能将回归方程作为预测模型进行预测。

（五）计算并确定预测值

利用回归预测模型计算预测值，并对预测值进行综合分析，确定最后的预测值。

四、应用回归预测法时应注意的问题

1. 作回归分析要有实际意义，不能把毫无关联的两种现象，随意进行回归分析，忽视事物现象间的内在联系和规律。如对儿童身高与小树的生长数据进行回归分析既无道理也无用途。另外，即使两个变量间存在回归关系时，也不一定是因果关系，必须结合专业知识作出合理解释和结论。因此，应用回归预测法时应首先确定变量之间是否存在相关关系，最好以定性分析判断变量之间的依存关系。如果变量之间不存在相关关系，对这些变量应用回归预测法就会得出错误的结果。

2. 直线回归分析的资料，一般要求因变量 Y 是来自正态总体的随机变量，自变量 X 可以是正态随机变量，也可以是精确测量和严密控制的值。若稍微偏离要求时，一般对回归方程中参数的估计影响不大，但可能影响到标准差的估计，也会影响假设检验时 P 值的真实性。

3. 进行回归分析时，应先绘制散点图（Scatter Plot）。若提示有直线趋势存在时，可作直线回归分析；若提示无明显线性趋势，则应根据散点分布类型，选择合适的曲

线模型（Curvilinear Modal），经数据变换后，化为线性回归来解决。一般来说，不满足线性条件的情形下去计算线性回归方程会毫无意义，最好采用非线性回归方程的方法进行分析。

4. 绘制散点图后，若出现一些特大特小的离群值（异常点），则应及时复核检查，对由于测定、记录或计算机录入的错误数据，应予以修正和剔除。否则，异常点的存在会对回归方程中的系数 a、b 的估计产生较大影响。

5. 回归直线不要任意外推。直线回归的适用范围一般以自变量取值范围为限，在此范围内求出的估计值称为内插（Interpolation）；超过自变量取值范围所计算的称为外延（Extrapolation）。若无充足理由证明，超出自变量取值范围后直线回归关系仍成立时，应该避免随意外延。

五、一元线性回归预测法

下面以一元线性回归预测法为代表介绍回归预测法。

（一）最小二乘法求解回归方程

以一元线性函数 $y = a + bx$ 拟合 n 个观测点 x_1，x_2，…，x_n。一般采用最小二乘法，即拟合的误差平方和最小来求解线性函数的 a 和 b 常数，如图 4-4 所示。

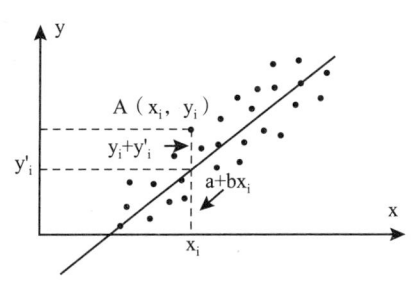

图 4-4 一元线性回归散点图

设用某种方法，求得所需要的 a、b，则对于给出的 x_1，x_2，…，x_n，可计算相应观测点的拟合值 $a + bx_i$，$i = 1, 2, …, n$。

即拟合值：$y_i' = a + bx_i$ （$i = 1, 2, …, n$）

这里 y_i' 是观测点的拟合值，n 是观测点的数目。因此，

拟合误差：$y_i - y_i' = y_i - (a + bx_i)$ （$i = 1, 2, …, n$）

对于给定的观测数据（x_i，y_i），$i = 1, 2, …, n$。该误差依赖于 a、b 的取值。若对于所有的 x_i，拟合误差都很小，则可认为直线 $y' = a + bx$ 和所有的 y 拟合得较好。

取 $y' = a + bx$ 为 y 关于 x 的回归直线。具体步骤为：

1. 构造残差平方和。因误差有正有负，若直接相加会互相抵消，故拟合误差平方后再相加就不会抵消。令

$$Q_{(a,b)} = \sum_{i=1}^{n}(y_i - y'_i)^2 = \sum_{i=1}^{n}[y_i - (a + bx_i)]^2$$

对于给定的 (x_i, y_i)，$i = 1, 2, \cdots, n$，$Q_{(a,b)}$ 值随 a、b 而变。

2. 导出正规方程。因 $Q_{(a,b)}$ 是 a、b 的二次非负函数，因此，存在最小值。由微分学中的极限原理得知，要使 $Q_{(a,b)}$ 最小，它对 a、b 的求导应等于 0，即待定参数 a、b 应满足一阶条件：

$$\begin{cases} \dfrac{\partial Q_{(a,b)}}{\partial a} = \dfrac{\partial}{\partial a}[\sum_{i=1}^{n}(y_i - a - bx_i)^2] = 0 \\ \dfrac{\partial Q_{(a,b)}}{\partial b} = \dfrac{\partial}{\partial b}[\sum_{i=1}^{n}(y_i - a - bx_i)^2] = 0 \end{cases}$$

求导整理后，得到

$$\begin{cases} na + (\sum_{i=1}^{n}x_i)b = \sum_{i=1}^{n}y_i \\ (\sum_{i=1}^{n}x_i)a + (\sum_{i=1}^{n}x_i^2)b = \sum_{i=1}^{n}x_i y_i \end{cases}$$

称此方程组为正规方程。

3. 求解正规方程。若设

$$\bar{x} = \frac{1}{n}\sum_{i=1}^{n}x_i \qquad \bar{y} = \frac{1}{n}\sum_{i=1}^{n}y_i$$

则解得

$$\begin{cases} a = \bar{y} - b\bar{x} \\ b = \dfrac{\sum_{i=1}^{n}(x_i - \bar{x})(y_i - \bar{y})}{\sum_{i=1}^{n}(x_i - \bar{x})^2} \end{cases}$$

根据已知的观测点 (x_i, y_i)，$i = 1, 2, \cdots, n$，即可计算 a、b 参数，得到拟合直线方程为：

$$y = a + bx$$

【例 4 – 11】辽宁省 2003 ~ 2008 年机械工业产值与机床工具产值如表 4 – 17 所示，求 y 关于 x 的回归直线，并预测当 2009 年的机械工业产值为 330 时的机床工具产值。

表4-17　　　　　某省2003~2008年机械工业产值与机床工具产值

年份	机床工具产值 y_i	机械工业产值 x_i
2003	28	279
2004	25	208
2005	29	240
2006	29	249
2007	31	274
2008	33	319
$\sum$	175	1569
$1/n \sum$	29.17	261.5

解：

$$b = \frac{\sum_{i=1}^{6}(x_i - \bar{x})(y_i - \bar{y})}{\sum_{i=1}^{6}(x_i - \bar{x})^2} = \frac{451.515}{7249.5} = 0.06228$$

$a = \bar{y} - b\bar{x} = 29.17 - 0.06228 \times 261.5 = 12.884$

因此，所求回归直线方程为：

$$y = 12.884 + 0.06228x$$

若下一年度2009年的机械工业产值为330，则2009年的机床工具产值为：

$y = 12.884 + 0.06228 \times 330 = 33.4364$

（二）计算相关系数r并进行相关检验

用最小二乘法求线性回归方程，总可以得到与任意给定各观测点拟合得"最好"的直线。但是，这样得到的直线不一定能够较好地反映所考虑各变量间的相互依赖关系，因为所给各观测点可以是任意的，即变量x、y之间可以是没有因果关系的，或者影响很小，或者是无线性关系，在这种情况下，用最小二乘法求出的直线就没有价值。

因此，得到线性回归方程后，首要的任务就是要进行因变量与自变量的相关关系判断。

样本的相关系数为：

$$r = \frac{\sum_{i=1}^{n}(x_i - \bar{x})(y_i - \bar{y})}{\sqrt{\sum_{i=1}^{n}(x_i - \bar{x})^2 \sum_{i=1}^{n}(y_i - \bar{y})^2}}$$

用样本的相关系数作为总体x、y的相关系数r的估计值，检验y和x的线性相关程度，也即检验所回归的直线方程有无价值。当r的值越接近1，可认为因变量y和自变量x的线性相关程度越高，拟合程度也越好，此时回归直线越具有实际价值。

相关系数是测定变量之间的密切程度，有正负之分。正相关系数意味着因变量与自变量以相同的方向增减。如果直线从左至右上升，则相关系数为正；负相关系数意味着因变量与自变量以相反的方向增减。如果直线从左至右下降，则相关系数为负。

对给定的置信度 α，由自由度 $n-2$，查相关系数检验表，可以得到标准的相关系数 $r_{\alpha(n-2)}$。

当 $|r| > r_{\alpha(n-2)}$ 时，接受所得的回归方程；

当 $|r| < r_{\alpha(n-2)}$ 时，拒绝所得的回归方程。

在例 4-11 中，取 $\alpha = 0.05$，自由度 $n-2 = 4$，查表得 $r_{0.05(4)} = 0.8114$。根据相关系数公式计算得

$$|r| = \frac{\sum_{i=1}^{6}(x_i - \bar{x})(y_i - \bar{y})}{\sqrt{\sum_{i=1}^{6}(x_i - \bar{x})^2 \sum_{i=1}^{6}(y_i - \bar{y})^2}} = \frac{451.515}{7249.5 \times 36.8334} = \frac{451.515}{516.743} = 0.8738$$

因 $|r| = 0.8738 > r_{\alpha(n-2)} = 0.8114$，因此，接受所得到的回归方程。

（三）预测

给出一个未来的 x 值 x_0，可求出 y 的一个预测值 y_0，即

$$y_0 = a + bx_0$$

可以证明，实际值 y 落在实数区间 $(y - \delta, y + \delta)$ 内的可能性为 $1 - \alpha$，α 为置信度。其中

$$\delta = \sqrt{F_{\alpha(1,n-2)} \frac{\sum_{i=1}^{n}(y_i - \bar{y})^2 - b \sum_{i=1}^{n}(x_i - \bar{x})^2}{n-2} \times \left[1 + \frac{1}{n} + \frac{(x_0 - \bar{x})^2}{\sum_{i=1}^{n}(x_i - \bar{x})^2}\right]}$$

式中：$F_{\alpha(1,n-2)}$ 为 F 分布的临界值。

在例 4-11 中，取 $\alpha = 0.05$，自由度 $n-2 = 4$，查表得 $F_{\alpha(1,n-2)} = 7.71$，若 $x_0 = 320$，则经计算得：

$$\delta = 4.918$$

$$y_0 - \delta = 27.8956, \quad y_0 + \delta = 37.7316$$

即当 $x_0 = 320$ 时，预测值落在 (27.8956, 37.7316) 区间内的可能性为 95%。

六、需求预测的课题案例

【例 4-12】黑龙江省 2010 年用电量需求预测。

在黑龙江省工业结构中，采掘业始终占有重要的地位，这种经济结构也反映在用

电上。1992 年全省用电中，煤炭和石油开采业用电所占比重达到 35.2%，上述两行业用电占工业用电的比重为 45.8%。产业结构的变化与否，对黑龙江省今后用电影响是非常大的，预测模型应对这种变化有所反映，并能进行定量描述，所以，黑龙江省电力需求预测模型采用部门分析法为主，对黑龙江省用电分部门、行业进行预测。其基本公式如下：

$$E = \sum_{i=1}^{n} E_i$$

式中：E——全省用电量；

E_i——i 部门用电量。

$$E_i = G_{it} \times e_{it}$$

式中：G_{it}——i 部门预测年产值或主要产品产量；

e_{it}——i 部门预测年单位产值或单位产品的电耗。

部门的产值和用电单耗应相应采用指数平滑、回归分析等方法进行预测。部门划分如下：第一产业、第三产业、人民生活、工业。工业又相应分成：石油、煤炭、化工、建材、机械、食品、冶金、造纸、纺织、森工、其他等 11 个行业，部门总数为 14 个。

（一）工业用电量需求预测

工业用电预测，按石油、煤炭、化工、建材、机械、食品、冶金、造纸、纺织、森工等行业逐一进行，然后求出工业总用电量。

1. 石油工业。石油工业是黑龙江省工业用电量最多的行业，1992 年用电量达到 62.84 亿千瓦时，占全省工业用电量的 28.7%。鉴于石油开采产品单一的特点，用电量的预测采用产品产量和单位产品电耗进行预测，然后求出石油工业用电量。

大庆石油生产历经了两个阶段：第一阶段，1960～1975 年，是增产时期，其石油产量在 16 年间增加了 47 倍，年均增长率为 29.3%，同时期用电量年均增长率为 30.4%，石油产量与用电量同步增长；第二阶段为稳产时期，从 1976 年至今，1976 年大庆油田石油产量达到 5030 万吨，1993 年为 5590 万吨，17 年间产量增幅仅为 11%，用电量却由 1976 年的 13.29 亿千瓦时，上升到 1993 年的 70.81 亿千瓦时，增幅达 432.8%。其原因是，大庆油田稳产 18 年，现已进入中后期，开采难度逐年增大，自喷井数量减少，由 1985 年的 2674 口，下降到 1990 年的 820 口。由于自喷井数量减少，大量铺井采用机械抽油和电泵打油，靠向油井注水，以保持地层压力，以水换油。实际上是以电换油，使得油中含水率逐年上升，已由 1976 年的 37.6% 上升到 1992 年的 79.2%。所以，大庆油田开采用电单耗急剧上升，用电量大幅度增加。

表 4-18 给出 1976～1993 年大庆石油产量、用电量和单位产品电耗的数据。

表 4-18   1976~1993 年大庆石油产量、用电量和单位产品电耗的数据

年份	用电量（亿千瓦时）	产量（万吨）	用电单耗（千瓦时/吨）
1976	13.29	5030.3	26.42
1977	15.49	5031.4	30.7
1978	17.85	5037.5	30.44
1979	19.81	5075.3	39.03
1980	22.34	5150.1	43.38
1981	23.66	5175.3	45.65
1982	25.55	5185	49.18
1983	28.74	5235	52.10
1984	33.02	5356	57.77
1985	37.08	5538.9	64.2
1986	41.47	5555	74.9
1987	44.38	5555	80.98
1988	47.39	5570	88.56
1989	55.59	5555	97.49
1990	59.70	5562.2	107.33
1991	62.50	5562.3	112.35
1992	66.37	5565.8	119.25
1993	70.81	5590	126.7

建立石油用电单耗的指数平滑模型，对其变化趋势进行模拟，方程如下：

$$Y_{93+L} = 128.21 + 7.93L + 0.126L^2$$

式中：L——时间。

利用模型预测 2000 年时的采油用电单耗：

$$Y_{93+7} = 128.21 + 7.93 \times 7 + 0.126 \times 7^2 = 189.9 \text{（千瓦时/吨）}$$

2010 年时的采油用电单耗：

$$Y_{93+17} = 128.21 + 7.93 \times 17 + 0.126 \times 17^2 = 300 \text{（千瓦时/吨）}$$

计算结果显示，2000 年时采油用电单耗为 189.9 千瓦时/吨，从美国和苏联一些油田的情况看，当进入中后期后，其采油用电单耗达到 185 千瓦时/吨的水平。此外，从国内各大油田的情况看，大庆尚处在中下游。今后大庆油田的采油单耗的变化趋势，主要取决于两点：一是大庆油田的石油如要继续维持目前的产量，其用电单耗必定会保持目前的上升规律；二是看外围勘探是否能有所突破，如能发现新油田，总体用电单耗也许有可能下降。大庆是我国最大的油田，产量占全国的 40%，每年产量的 96.37% 上缴国家。大庆产油的多少对整个国家石油工业具有举足轻重的地位，从我国目前石油资源情况看，石油和天然气的探明储量不能满足经济高速增长需要，所以，一方面要维持，并逐步加大国内产量；另一方面要考虑石油的进口。因此，国家需要大庆尽可能长时期地保持较高的产量，但从大庆石油储量情况看，已稳产 5000

万吨 18 年，经过努力，采取各种措施，可以维持到 2010 年；但 2010 年之后其产量将逐年递减，关键是将减产多少。根据各方面的资料和前面的指数平滑模型，大庆用电量的预测如表 4-19 所示（2000 年和 2010 年分别安排 3 个方案）。

表 4-19　　　　　　　　　　　大庆用电量的预测

指标	1990 年实际	2000 年 I	2000 年 II	2000 年 III	2010 年 I	2010 年 II	2010 年 III
用电单耗	107.33	180	190	200	240	250	300
增长率/%		5.1	5.9	6.7	2.9	3	4.1
产量/万吨	5562.2	5500	5500	5500	4500	4700	5000
用电量/亿千瓦时	59.7	99	105	110	108	118	150
增长率/%		5.2	5.8	6.3	0.9	1.2	3.2

2. 建材工业。建材也是黑龙江省发展比较快的一个行业，"七五"期间年均工业产值（不变价）增长率为 10%，列第 3 位。1992 年用电量是 9.31 亿千瓦时，占全省工业用电的 4.3%，列第 4 位。建材工业的用电量预测是以水泥为代表产品进行分析的。

建材工业属于地域性经济，与当地资源关系密切，而且是高耗能产业。根据黑龙江省能源和建材资源以及运输情况，建材工业的发展是非常有条件的，尽管 20 世纪 80 年代建材工业与省内其他工业相比，发展较快，但与整个国家建材工业的发展相比，是有很大差距的。以水泥为例，1978~1990 年期间，全国水泥生产量年均递增 10.22%，黑龙江省仅为 6.88%。1978 年黑龙江省水泥产量占全国水泥总产量的 3.26%，1990 年降至 2.25%，1990 年在全国 30 个省市中，黑龙江省的水泥产量列第 15 位。从整个建材工业看，还存在着其他一些问题，如生产工艺水平低，像玻璃的浮法生产工艺辽宁已有 4 条生产线，而黑龙江省一条也没有；产品多为低档次，中高档建材不够，建材工业产值中 46.1% 是砖、石、砂、瓦。

建材工业发展前景是非常好的，一方面我国经济建设正以比较高的速度发展，另一方面目前人均居住面积比较少，离小康尚有一段差距，需要有比较大的增加，这些都需要建材工业有较高的发展速度与之相对应。

生产水泥用电量占黑龙江省建材工业用电的比重是 41%。建材工业用电量的预测思路是首先根据人均居住面积的情况，预测水泥的产量，并以水泥生产的增长速度代表整个建材工业的增长速度。黑龙江省 1981~1991 年城镇居民人均居住面积和水泥生产量的有关数据如表 4-20 所示。

表 4-20　　黑龙江省 1981~1991 年城镇居民人均居住面积和水泥生产量的有关数据

指标＼年份	1981	1982	1983	1984	1985	1986	1987	1988	1989	1990	1991
人均居住面积（平方米）	4.27	4.41	4.73	4.98	5.5	6.23	6.59	6.54	6.87	7.26	7.74
城镇人口（万人）	1275	1309	1417	1693	1939	2988	2145	2331	2358	2459	2491
水泥生产量（万吨）	279.9	321.1	351.4	364.9	424.2	460.4	483.4	525.4	539.5	472.7	553.6

根据表 4-20 数据回归人均居住面积与水泥生产量的模型如下：

$$y = 57.93 x^{1.1425}$$

式中：y——人均居住面积（平方米）；

　　　x——水泥生产量（万吨）。

1981~1991 年的 10 年期间，黑龙江省人均居住面积年增长率为 6.1%。按此增长率推算，2000 年人均居住面积为 13 平方米，2010 年是 24 平方米。按小康水平估算，一般人均居住面积应达到 15 平方米，设想 2000 年达到 15 平方米，1991~2000 年人均居住面积的增长率应达到 7.6%，如果 2000~2010 年期间仍保持这个速度，到 2010 年人均居住面积达到 30 平方米。人均 30 平方米也仅相当于发达国家 20 世纪 70 年代中期水平，水泥生产量预测如表 4-21 所示。

表 4-21　　黑龙江省水泥生产量预测

指标	1990 年实际	2000 年 Ⅰ	2000 年 Ⅱ	2000 年 Ⅲ	2010 年 Ⅰ	2010 年 Ⅱ	2010 年 Ⅲ
人均居住面积（平方米）	7.26	12	13	15	24	26	30
水泥生产量（万吨）	533.6	990	1085	1278	2186	2600	3000
水泥产量增长率（%）		6.7	7.8	9.7	8.2	9.1	8.9
人均水泥生产量（万吨）	0.135	0.262	0.287	0.338	0.53	0.639	0.737

从预测结果看，1990~2000 年间，方案Ⅰ只相当于 20 世纪 80 年代黑龙江省水泥的生产速度，方案Ⅲ相当于 20 世纪 80 年代全国水泥的增长速度，根据方案Ⅱ，2000 年水泥产量与省建材局所做规划中水泥产量 1100 万吨基本相同。

从用电单耗指标上看，我国（包括黑龙江省）单耗量在上升，而日本是在下降，如果从生产水泥的综合能耗上看，我国比日本要高出近 77.5%。从水泥生产上讲，单位产品电耗在一段时间内还会上升。此外，玻璃生产采用浮法生产同样也会增加用电的单耗，所以建材工业单耗的特点是，今后综合能耗会逐年下降，但由于产量有大幅度增加，品种也要增多，所以用电单耗仍会上升。在 20 世纪 80 年代，黑龙江省建材工业产值电耗从 1980 年的 5065 千瓦时/万元，上升到 1990 年的 5461 千瓦时/万元，正反映了这样的趋势。建材工业用电量预测如表 4-22 所示。

表 4-22　　　　　　　　　　　　　建材工业用电量预测

指标	1980 年	1990 年实际	2000 年 I	2000 年 II	2000 年 III	2010 年 I	2010 年 II	2010 年 III
产值（万元）	7.7	16.39	55.49	61.48	73.22	120	140	171.8
产值用电单耗（千瓦时/万元）	5065	5451	3300	3300	3500	3520	3700	3900
用电量（亿千瓦时）	3.9	8.95	18.3	20.9	25	42.2	53.3	67.3
产量增长率（%）		7.8	6.7	7.8	9.7	8.0	8.6	9.0
用电量增长率（%）		8.7	7.4	8.9	10.8	8.7	9.8	10.4

（二）第三产业用电量需求预测

改革开放以来，黑龙江省的第三产业发展迅速，其占国民生产总值的比重由 1980 年的 15.7%，上升到 1991 年的 23.2%。用电量的年增长率达到 11.7%，比全社会用电量年均增长率 8.3% 高出 3.4 个百分点，第三产业产值增长与用电量的关系显示随着产值的增长，用电量也上升，上升的幅度还逐渐加大，在由 40 亿元增长到 50 亿元时，用电量仅增加 1.5 亿千瓦时，而由 85 亿元上升到 95 亿元时，用电量则增加了 2 亿千瓦时。这个特点也可以从电力消费弹性系数的变化看出，1980～1985 年间第三产业电力消费弹性系数是 1.32，在 1985～1990 年间增加到 1.40。这说明第三产业电力消费的增长超前于产值的增长。将变化趋势用方程模拟出来，方程如下：

$$E_t = 0.0983 P_t^{1.118}$$

式中：P_t——t 年第三产业产值（亿元）；

E_t——t 年第三产业用电量（亿千瓦时）。

2000 年之前，方案 I 按 20 世纪 80 年代情况递推，即年均增长率为 8.6%，高于国民生产总值的平均增长速度 2.6 个百分点；方案 II 中第三产业的年均增长速度同样保持比方案 II 中国民生产总值增长速度 7% 高出 2.6 个百分点；方案 III 则比国民生产总值增长速度 8% 高出 3 个百分点。2000～2010 年间，第三产业的年均增长速度同样保持比同时期国民生产总值的增长速度高 2～3 个百分点。根据产值的预测数值，如表 4-23 所示，利用方程计算出第三产业的用电量预测数见表 4-24。

表 4-23　　　　　　　　　　　　　第三产业产值预测

方案	2000 年 产值（亿元）	2000 年 增长率（%）	2010 年 产值（亿元）	2010 年 增长率（%）
I	299.6	8.6	777.1	10
II	328.4	9.6	932.5	11
III	372.8	11	1157.9	12

表 4-24　　　　　　　　　　　第三产业的用电量预测数

指标	1990年实际	2000年 I	2000年 II	2000年 III	2010年 I	2010年 II	2010年 III
用电量（亿千瓦时）	14.8	40.9	45.4	52.3	118.9	130.2	148.2
产值用电单耗（千瓦时/万元）	1127.2	1365	1382	1429	1530	1400	1280
用电量增长率（%）		10.7	11.8	13.5	11.3	12.4	13.5
用电单耗增长率（%）		3.3	3.4	3.8	1.1	0.1	-1.1

（三）居民消费水平因素分析

1. 消费水平与家用电器普及。20世纪80年代是我国人民生活水平提高最快的一个时期，1952~1980年间黑龙江省居民消费水平提高了1.69倍，而1980~1991年仅11年就提高了1.57倍。随着消费水平的提高，生活用电量同步上升，且有超前的趋势，一般可以用生活用电的弹性系数来描述二者的关系，生活用电弹性系数计算公式如下：

$$生活用电弹性系数 = \frac{人均生活用电增长率}{居民消费水平增长率}$$

黑龙江省"六五"和"七五"期间生活用电弹性系数分别是1.14、4.74。弹性系数大于1，说明人均生活用电的增长率高于同时期消费水平的增长率。"七五"期间前者增长得更快。家用电器的拥有量与居民消费水平直接相关，而且随着消费水平的提高，家用电器的耗电水平不断提高，从1991年城镇居民按收入等级抽样调查结果看，收入户之间，差距最大的是耗电量最大的电冰箱，低收入户仅是高收入户的34%，彩电低收入户是高收入户的48.7%，相对耗电量较少的洗衣机和录音机，低收入户与高收入户之间差距较小。

2. 居住水平对生活用电的影响。我国人均生活用电与发达国家存在的差距，除经济的原因外，居民居住状况也是影响生活用电的重要原因之一。20世纪80年代发达国家人均居住面积在25~50平方米，而黑龙江省城镇1991年人均居住面积仅为7.74平方米，农村也只有14.34平方米，一般采用电密度这一指标反映用电情况。

$$用电密度 = \frac{人均生活用电}{人均居住面积}$$

发达国家居民生活用电密度在50~70千瓦时/平方米，黑龙江省仅为13.4千瓦时/平方米。今后随着居住面积的增加，照明和家用电器必然增加。同时应该注意到发达国家炊事和供暖用电比较大，如法国炊事和供暖用电占生活用电的37.2%，日本占22.1%，美国占38.7%，而黑龙江省生活用电中炊事和取暖用电量最小，尤其是取暖几乎是空白，这是今后对生活用电增长影响最大的因素。

3. 用电量需求预测。

（1）生活用电增长趋势与分析。考查发达国家生活用电增长过程，可以发现，进入 20 世纪 80 年代，当其生活用电超过 1000 千瓦时/（人·年）时，均以较高的速度发展。例如，日本 1980~1988 年人均生活用电的年增长率仅为 5.4%，而在 1970~1975 年间是 10.1%，1975~1980 年是 12.8%。联邦德国在 1967~1976 年递增率为 10.45%，中国台湾 1972~1983 年递增率也达到 8%。20 世纪 80 年代黑龙江省人均生活用电增长率是 7.7%，尽管速度比较快，但远远低于发达国家生活用电成长和成熟阶段的增长速度。在今后一段时期内，黑龙江省生活用电的快速增长是必然的发展趋势。

（2）预测模型。生活用电的多少，取决于家用电器的普及，而购买家用电器的支出随消费水平的提高而增加。消费水平的提高，又与整个地区国民经济的发展密切相关。基于上面分析，建立模型如下：

$$居民消费水平 = f(国民生产总值)$$
$$人均生活用电 = g(居民消费水平)$$

对黑龙江省 1980~1992 年的有关数据进行回归分析，得出如下的数学模型：

$$y = 26.39 + 3.368x \quad (R^2 = 0.9984)$$
$$Z = 23.21 + 0.0705y \quad (R^2 = 0.9420)$$

式中：x——黑龙江省国民生产总值（1980 年不变价）；

　　　y——居民消费水平；

　　　Z——人均生活用电量。

附加约束方程：

$$人均消费水平增长率 < 劳动生产率提高$$

（3）预测结果。运用上述模型，对黑龙江省人均生活用电量和生活用电总量预测如表 4-25 所示。

表 4-25　　黑龙江省人均生活用电量和生活用电总量预测

指标	1990 年实际	2000 年 I	2000 年 II	2000 年 III	2010 年 I	2010 年 II	2010 年 III
人均生活用电量（千瓦时）	81.6	195	212	230	420	480	540
生活用电总量（亿千瓦时）	28.5	73.8	80.2	87	171	195.5	219
人均生活用电量增长率（%）		7.6	8.5	9.4	8	8.5	9
生活用电总量增长率（%）		9.3	10	11.6	8.7	9.3	9.7

（四）黑龙江省 2000 年和 2010 年用电量预测结果

黑龙江省 2000 年和 2010 年用电量预测结果汇总如表 4-26 所示。

表 4-26　　　　　　　　　　黑龙江省用电量预测结果

行业＼年份	1990 年实际	2000 年 Ⅰ	2000 年 Ⅱ	2000 年 Ⅲ	2010 年 Ⅰ	2010 年 Ⅱ	2010 年 Ⅲ
1. 第一产业	10.4	10.9	13.4	18.7	20.3	27.1	33.8
2. 工业	195.7	353.8	387.8	430.6	605	693.1	817.4
（1）石油	64.4	99	105	110	108	118	150
（2）煤炭	27.8	51	58.5	71.3	75	91.3	120
（3）化工	10.6	29.4	31.0	32.8	94.5	103.9	113.5
（4）建材	8.9	18.3	20.9	25.6	42.2	53.3	67.0
（5）机械	14.2	36.5	40.8	46.9	61.8	75.7	89.3
（6）食品	8.7	21.9	26.7	29.3	47.7	58.7	64.8
（7）冶金	10.5	18.0	18.7	19.4	31.1	32.5	35.4
（8）造纸	8.3	18.5	21.0	24.1	32.4	36.9	40.7
（9）纺织	5.1	9.4	9.9	10.5	23.9	27.6	32.3
（10）森工	10.2	12.6	13	14.1	19.7	22.9	26.2
（11）其他	27	39.2	42	46.6	68.7	72.3	78.2
3. 第三产业	14.8	40.9	45.4	52.3	118.9	130.0	148.2
4. 生活	28.5	73.8	80.2	87.0	171	195.5	219.0
合计	249.4	479.4	526.8	588.6	915.2	1045.7	1218.4

第六节　投入产出预测法

一、投入产出分析的学说创立

投入产出分析，是由美国经济学家瓦西里·列昂惕夫（Wassily W. Leontief, 1906~1999）创立的。在前人工作的基础上，他于 1936 年发表了投入产出的第一篇论文《美国经济体系中的投入产出的数量关系》，首次正式提出了投入产出概念；并于 1941 年又出版了《美国经济结构：1919~1929》一书，详细地介绍了"投入产出分析"的基本内容；到 1953 年再出版了《美国经济结构研究》一书，进一步阐述了"投入产出分析"的基本原理和发展。列昂惕夫由于从事"投入产出分析"，于 1973 年获得第五届诺贝尔经济学奖。

列昂惕夫的投入产出分析的思想渊源可以追溯到 1758 年重农学派的 F. 魁奈（Francois Quesnay, 1694~1774）著名的《经济表》，列昂惕夫把他编的第一张投入产出表称为"美国的经济表"；19 世纪到 20 世纪初数理经济学派的 L. 瓦尔拉斯（Walras, 1834~1910）的全局均衡理论和帕累托（Vilfredo Pareto, 1848~1923）的数学方法在经济学中的应用；1904年俄国经济学家德米特里耶夫提出计算产品完全劳动消耗的思想和公式，它们共同构成了列昂剔夫体系的基础。按照列昂惕夫的说法，"投入产出分析是全部相互依存这一古典经济理论的具体延伸"。因此，列昂惕夫自称投入产出模型是"古典的一般均衡理论的简化方案"。

当然，列昂惕夫的"投入产出分析"曾受到19世纪20年代苏联的计划平衡思想的影响。因为列昂惕夫曾参加了苏联20年代中央统计局编制国民经济平衡表的工作。

20世纪50年代以后这种方法逐渐得到世界各国的普遍采用，世界上已有90多个国家编制了投入产出表，在此过程中提出了各种分析归纳的方法。现在已经使用的就有多种类型的投入产出模型。中国在1974~1976年编制了第一个中国的投入产出表，即中国1973年61类主要产品的投入产出表。

二、投入产出分析的相关概念

（一）投入产出分析（Input-output Analysis）

投入产出分析，是研究经济系统各个部分之间投入与产出的相互依存关系的数量分析方法。具体而言，就是把一系列内部部门在一定时期内投入（购买）来源与产出（销售）去向排成一张纵横交叉的投入产出表格，据此表用多元一次方程建立数学模型，计算消耗系数，并进行投入与产出间的定量分析。

严格地讲，投入产出分析是一种特殊的经济计量模型，它广泛应用于研究国民经济两大部类间、积累与消费间的比例关系，预测各部门的投入量和产出量。从应用范围上看，可分为中国性、地方性、专业性、大型企业、一般企业等形式。

（二）投入产出预测（Input-output Forecasting）

投入产出预测是指当某部门的某种投入、产出发生变化时，借助投入产出分析法来预测其余部门投入产出的变化。

（三）投入产出表（Input-output Table）

投入产出表是指反映各种产品生产投入来源和去向的一种棋盘式表格。理论上，投入产出表所反映的部门之间的联系，是生产的技术经济联系。从生产消耗和分配使用两个方面同时反映产品在部门之间的运动过程，也就是同时反映产品的价值形成过程和使用价值的运动过程。

投入是进行一项活动的消耗，指产品在生产活动中所需要的原材料、辅助材料、燃料、动力、固定资产折旧和劳动力的投入。

产出是进行一项活动的结果，指生产产品的总量及分配使用的数量，如中间产品、最终产品。如：农业、轻工业、重工业的投入产出表（见表4-27）。

表4-27　　　　　　　　农业、轻工业、重工业的投入产出表

投入	产出	部门（j） 中间产品 x_{ij}			最终产品 y_i	总产品 x_i
		农业 j=1	轻工业 j=2	重工业 j=3		
部门（i）	农业 i=1	x_{11}	x_{12}	x_{13}	y_1	x_1
	轻工业 i=2	x_{21}	x_{22}	x_{23}	y_2	x_2
	重工业 i=3	x_{31}	x_{32}	x_{33}	y_3	x_3
新价值	折旧 D_j	D_1	D_2	D_3		
	劳动报酬 V_j	V_1	V_2	V_3		
	剩余价值 M_j	M_1	M_2	M_3		
总产品 x_j		x_1	x_2	x_3		

投入产出表中将整个国民经济分为 n 个部门，其中：

i——横行部门序号，i=1, 2, …, n，如上表 i=1 代表横行农业部门；

j——纵列部门序号，j=1, 2, …, n，如上表 j=2 代表纵列轻工业部门；

X_i——横行第 i 部门的总产值；

X_j——纵列第 j 部门的总产值；

Y_i——横行第 i 部门的最终产品；

x_{ij}——中间产品，表示纵列第 j 部门在生产过程中直接消耗的横行第 i 部门的产品数量；

D_j——第 j 部门在生产过程中所消耗的固定资产价值，即固定资产折旧额；

V_j——第 j 部门在生产过程中所支付的劳动报酬；

M_j——第 j 部门在生产过程中所创造的社会纯收入数额，它由利润、税金等组成。

投入产出表的横向反映了各部门产品按经济用途的分配使用情况。各部门生产的总产品分为中间产品和最终产品两部分。中间产品是指本时期内在生产领域尚需作进一步加工的产品，如炼钢用的生铁等。最终产品是指本时期内在生产领域已经最终加工完毕可供社会消费和使用的产品。它包括四个部分：①供社会集体消费和居民个人消费的消费品；②新增固定资产，又分为生产性固定资产与非生产性固定资产两类；③用于增加库存和国家储备的产品，如粮食；④净出口产品。

横向的平衡关系式为：中间产品 + 最终产品 = 总产品

投入产出表的纵向反映各部门产品的价值构成。各部门总产值由生产资料转移价值（劳动对象的转移价值、固定资产折旧）和新创造价值两部分组成。新创造价值又可分为劳动报酬和社会纯收入两部分。纵向的平衡关系式为：

中间产品 + 折旧 + 劳动报酬 + 社会纯收入 = 总产品

(四) 投入产出模型 (Input-output Model)

投入产出模型是指用数学形式体现投入产出表所反映的经济内容的线性代数方程组。

研究和分析国民经济各部门间产品生产与消耗之间的数量依存关系的方法,又称部门间平衡经济数学模型,是系统工程的一种重要建模方法。各个生产部门都需要从其他生产部门购入产品和支付服务性费用,同时也为其他部门生产产品和提供服务。为了研究这种投入和产出的数量依存关系,可以将各种经济活动情况表示在一张专门设计的投入产出表中,从而为研究一个国家或地区的整个经济活动提供一个简明而又系统的结构模型。

编制投入产出表、建立相应的线性代数方程体系,综合分析和确定国民经济各部门之间错综复杂的联系,分析重要的宏观经济比例关系及产业结构等基本问题。

三、投入产出分析中的消耗系数

在投入产出分析中要使用两个重要概念:直接消耗系数和完全消耗系数。

(一) 直接消耗系数

直接消耗系数是指第 j 部门生产单位产品直接消耗第 i 部门的产品量,称为第 j 部门的直接消耗系数,记为 a_{ij},其计算公式如下:$a_{ij} = \dfrac{x_{ij}}{X_j}$ (i, j = 1, 2, 3, …, n)

式中:x_{ij}——部门 j 消耗部门 i 的产品;

X_j——部门 j 的总产值。

将各部门的直接消耗系数用表的形式表现,就叫直接消耗系数矩阵,通常用字母 A 表示。记作:

$$A = \begin{bmatrix} a_{11} & a_{12} & \cdots & a_{1n} \\ a_{21} & a_{22} & \cdots & a_{2n} \\ \vdots & \vdots & \cdots & \vdots \\ a_{n1} & a_{n2} & \cdots & a_{nn} \end{bmatrix} = [a_{ij}]_{n \times n}$$

从直接消耗系数的定义和计算方法可以看出,直接消耗系数充分揭示了国民经济各部门之间的技术经济联系,它的取值范围在 $0 \leq a_{ij} < 1$。a_{ij} 越大,说明第 j 部门对第 i 部门的直接依赖性越强;a_{ij} 越小,说明第 j 部门对第 i 部门的直接依赖性越弱;$a_{ij} = 0$ 则说明第 j 部门对第 i 部门没有直接的依赖关系。

【例 4 - 13】 表 4 - 28 给出农业、轻工业、钢铁工业的投入产出数据,试计算直接消耗系数矩阵 A。

表 4 - 28　　　　　农业、轻工业、钢铁工业的投入产出数据

投入 \ 产出	部门（j） 农业 1	轻工业 2	钢铁工业 3	最终产品 y_i	总产品 x_i
部门（i）　农业 1	10	32	8	110	160
轻工业 2	5	60	10	155	230
钢铁业 3	30	35	115	80	260
合计	45	127	133	345	350

解：根据表 4 - 28 数据，可以计算农业部门在生产中对各部门的直接消耗系数。根据 $a_{ij} = \dfrac{x_{ij}}{X_j}$，（i, j = 1, 2, 3, …, n），得

$$a_{11} = \frac{x_{11}}{X_1} = \frac{10}{160} = 0.06, \quad a_{21} = \frac{x_{21}}{X_1} = \frac{5}{160} = 0.03, \quad a_{31} = \frac{x_{31}}{X_1} = \frac{30}{160} = 0.19$$

以此类推，可以计算轻工业、钢铁业分别对各部门的直接消耗系数，计算过程如下。
轻工业部门在生产中对各部门的直接消耗系数：

$$a_{12} = \frac{x_{12}}{X_2} = \frac{32}{230} = 0.14, \quad a_{22} = \frac{x_{22}}{X_2} = \frac{60}{230} = 0.26, \quad a_{32} = \frac{x_{32}}{X_2} = \frac{35}{230} = 0.15$$

钢铁业部门在生产中对各部门的直接消耗系数：

$$a_{13} = \frac{x_{13}}{X_3} = \frac{8}{260} = 0.03, \quad a_{23} = \frac{x_{23}}{X_3} = \frac{10}{260} = 0.04, \quad a_{33} = \frac{x_{33}}{X_3} = \frac{115}{260} = 0.44$$

因此，得到直接消耗系数矩阵为：

$$A = \begin{bmatrix} 0.06 & 0.14 & 0.03 \\ 0.03 & 0.26 & 0.04 \\ 0.19 & 0.15 & 0.44 \end{bmatrix}$$

（二）完全消耗系数

完全消耗系数是指部门之间除直接消耗外，还要通过中间产品消耗某一产品，这种消耗叫做间接消耗，而完全消耗系数是第 j 部门生产单位最终产品所需对第 i 部门直接消耗和间接消耗的总和，以 b_{ij} 表示。将各部门的完全消耗系数用表的形式表现出来，就叫完全消耗系数矩阵，通常用字母 B 表示。

完全消耗系数的计算公式为：

$$b_{ij} = a_{ij} + \sum_{k=1}^{n} a_{ik} a_{kj} + \sum_{s=1}^{n} \sum_{k=1}^{n} a_{is} a_{sk} a_{kj} + \sum_{t=1}^{n} \sum_{s=1}^{n} \sum_{k=1}^{n} a_{it} a_{ts} a_{sk} a_{kj} + \cdots$$

式中：第一项 a_{ij}——表示第 j 部门对第 i 部门产品的直接消耗量；

式中的第二项 $\sum_{k=1}^{n} a_{ik}a_{kj}$ ——表示第 j 部门对第 i 部门产品的第一轮间接消耗量;

式中的第三项 $\sum_{s=1}^{n}\sum_{k=1}^{n} a_{is}a_{sk}a_{kj}$ ——表示第 j 部门对第 i 部门产品的第二轮间接消耗量;

式中的第四项 $\sum_{t=1}^{n}\sum_{s=1}^{n}\sum_{k=1}^{n} a_{it}a_{ts}a_{sk}a_{kj}$ ——表示第 j 部门对第 i 部门产品的第三轮间接消耗量;

以此类推,第 n+1 项为第 n 轮间接消耗量。按照计算完全消耗系数的公式,将直接消耗量和各轮的间接消耗量相加就是完全消耗系数。

完全消耗系数矩阵可以在直接消耗系数矩阵的基础上计算得到,利用直接消耗系数矩阵计算完全消耗系数矩阵的公式为:

$$B = (I - A)^{-1} - I$$

式中:A——直接消耗系数矩阵;

　　B——完全消耗系数矩阵。

完全消耗系数不仅反映了国民经济各部门之间直接的技术经济联系,而且还反映了其间接的技术经济联系,它更全面更深刻地反映部门之间相互依存的数量关系。也就是说,在国民经济各部门之间,各种产品在生产过程中除有直接的生产联系外,还有间接联系,这使得各种产品间的相互消耗除了直接消耗外,还有间接消耗。完全消耗系数则是这种直接消耗和间接消耗的全面反映。以炼钢消耗电力为例,生产钢需要直接消耗电力,还要消耗生铁、耐火材料等,而在生产生铁、耐火材料和其他所消耗的产品时又要消耗电力。这就是钢对电的第一次间接消耗。由于所有供消耗的产品都有可能消耗电力,依此类推,还有第二次、第三次以至无穷次的间接消耗。于是,钢对电力的直接消耗和无数次间接消耗之和,就构成了钢对电的完全消耗。

四、投入产出预测模型的建立

(一) 投入产出预测模型的推导

以农业、轻工业、重工业的投入产出表(见表 4-27)为例,从横向看各部门存在投入产出的平衡关系为:

$$中间产品 + 最终产品 = 总产品$$

据此建立方程组为:

$$\begin{cases} x_{11} + x_{12} + \cdots + x_{1n} + y_1 = x_1 \\ x_{21} + x_{22} + \cdots + x_{2n} + y_2 = x_2 \\ \cdots\cdots \\ x_{n1} + x_{n2} + \cdots + x_{nn} + y_n = x_n \end{cases}$$

由 $x_{ij} = a_{ij} \times x_j$ 代入上式，得到如下方程组：

$$\begin{cases} a_{11}x_1 + a_{12}x_2 + \cdots + a_{1n}x_n + y_1 = x_1 \\ a_{21}x_1 + a_{22}x_2 + \cdots + a_{2n}x_n + y_2 = x_2 \\ \cdots \cdots \\ a_{n1}x_1 + a_{n2}x_2 + \cdots + a_{nn}x_n + y_n = x_n \end{cases}$$

若记：

$$A = \begin{bmatrix} a_{11} & a_{12} & \cdots & a_{1n} \\ a_{21} & a_{22} & \cdots & a_{2n} \\ \vdots & \vdots & & \vdots \\ a_{n1} & a_{n2} & \cdots & a_{nn} \end{bmatrix}, \quad X = \begin{bmatrix} x_1 \\ x_2 \\ \vdots \\ x_n \end{bmatrix}, \quad Y = \begin{bmatrix} y_1 \\ y_2 \\ \vdots \\ y_n \end{bmatrix}$$

则上述方程组可简化为：

$$AX + Y = X$$

解得，

$$Y = (I - A)X$$
$$X = (I - A)^{-1}Y$$

式中：$(I - A)$ ——列昂惕夫矩阵；

$(I - A)^{-1}$ ——列昂惕夫逆阵。

（二）投入产出模型预测

1. 总产值的预测。

【例 4 - 14】以表 4 - 28 的数据为基础，如果下期农业、轻工业、钢铁业的最终产品目标分别定为：120、200、100，试预测下期各部门的总产值。

解：

$$\text{总产值 } X = (I-A)^{-1}Y = \begin{bmatrix} 0.94 & -0.14 & -0.03 \\ -0.03 & 0.74 & -0.04 \\ -0.19 & -0.15 & 0.56 \end{bmatrix}^{-1} \begin{bmatrix} 120 \\ 200 \\ 100 \end{bmatrix} = \begin{bmatrix} 182 \\ 295 \\ 319 \end{bmatrix}$$

可见，根据最终产品的需求目标，预测出下一期的农业总产值为 182，轻工业总产值为 295，钢铁业总产值为 319。

2. 最终产品的预测。

【例 4 - 15】上例中如果下期农业、轻工业、钢铁业的总产品目标分别定为：200、280、300，试预测下期各部门的最终产品？

解：

$$\text{最终产品 } Y = (I-A)X = \begin{bmatrix} 0.94 & -0.14 & -0.03 \\ -0.03 & 0.74 & -0.04 \\ -0.19 & -0.15 & 0.56 \end{bmatrix} \begin{bmatrix} 200 \\ 280 \\ 300 \end{bmatrix} = \begin{bmatrix} 154 \\ 189 \\ 88 \end{bmatrix}$$

所以，根据总产品的需求目标，预测出下一期的农业最终产品为154，轻工业最终产品为189，钢铁业最终产品为88。

第七节 消费水平法

在需求市场中，大量的商品是供居民日常消费的，这些消费品的销售情况在较大程度上与居民的消费水平有关，借助这种相关关系，分析居民的消费、收入及商品的价格，达到对商品的未来趋势进行预测，这就是需求预测的消费水平法。

一般来说，两个变量之间的关系越密切，相应的弹性值就越大；两个变量越是不相关，相应的弹性值就越小。常用的方法有收入弹性、价格弹性和交叉弹性的估算。

一、需求收入弹性估算

需求收入弹性估算是指通过收入弹性系数来进行需求量的预测估算。而需求收入弹性系数是考虑需求量增长率与人均增长率的比值，用 E_1 表示。其计算公式为：

$$E_1 = \frac{\frac{Q_2 - Q_1}{Q_1}}{\frac{I_2 - I_1}{I_1}}$$

式中：E_1——需求收入弹性系数；
　　　Q_1——基准年的需求量；
　　　Q_2——观察年的需求量；
　　　I_1——基准年的人均收入；
　　　I_2——观察年的人均收入。

【例4-16】某地区居民对某种商品的需求量及人均收入见表4-29，当人均收入增长到900元/年时，预测该种商品的需求量（考虑人口增长因素）。

表4-29　　　　某地区居民对某种商品的需求量及人均收入

年份	人均收入（元/年）	每千人拥有量（件/千人）	人口（千人）	需求量（万件）
基准年	870	100	10300	103
观察年	878.7	102	13000	132.6
未来年	900	106.8	15000	160.2

解：

（1）计算需求收入弹性系数。

$$E_1 = \frac{\frac{Q_2 - Q_1}{Q_1}}{\frac{I_2 - I_1}{I_1}} = \frac{\frac{102 - 100}{100}}{\frac{878.7 - 870}{870}} = 2$$

（2）当人均收入达到900元/年时，每千人拥有量预测。

$$E_1 = \frac{\frac{Q_2 - 100}{100}}{\frac{900 - 870}{870}} = 2$$

解得，$Q_2 = 106.8$（件/千人）

（3）考虑人口增长因素时，需求量预测值为：

$Q = 106.8 \times 15000 = 160.2$（万件）

二、需求价格弹性估算

需求价格弹性估算是指通过价格弹性系数来进行需求量的预测估算。价格弹性系数是需求量的相对变化与价格相对变化的比率，表示需求量对价格的敏感程度，用 E_2 表示。其计算公式为：

$$E_2 = \frac{\frac{Q_2 - Q_1}{Q_1}}{\frac{P_2 - P_1}{P_1}}$$

式中：E_2——需求价格弹性系数；

　　　Q_1——价格变动前的需求量；

　　　Q_2——价格变动后的需求量；

　　　P_1——原价格；

　　　P_2——新价格。

【例4-17】某种商品单价由160元下降到120元，需求量分别为350件和500件，求其需求价格弹性，并预测当单价降为100元时的需求量。

解：

（1）计算需求价格弹性系数。

$$E_2 = \frac{\frac{Q_2 - Q_1}{Q_1}}{\frac{P_2 - P_1}{P_1}} = \frac{\frac{500 - 350}{350}}{\frac{120 - 160}{160}} = -1.7$$

(2) 当价格为100元时，需求量预测。

$$E_2 = \frac{\frac{Q_2 - 350}{350}}{\frac{100 - 160}{160}} = -1.7$$

解得，$Q_2 = 575$（件）。

三、交叉弹性估算

交叉弹性估算是指通过交叉弹性系数来进行需求量的预测估算。交叉弹性系数是指某种商品A的需求量对于商品B的价格的弹性，即商品A需求量的相对变化与商品B价格的相对变化的比率，表示商品A需求量对商品B价格的敏感性，用C表示。其计算公式为：

$$C = \frac{\frac{Q_{A2} - Q_{A1}}{Q_{A1}}}{\frac{P_{B2} - P_{B1}}{P_{B1}}}$$

当C<0时，商品A对商品B具有互补性，即当商品B价格下降因市场调节的结果导致需求量上升时，商品A的需求量也上升。

当C>0时，商品A对商品B具有替代性，即当商品B价格下降因市场调节的结果导致需求量上升时，商品A的需求量却不断下降。

【思考题】

1. 市场调查的内容和一般程序是什么？
2. 市场预测的方法有哪些？它们的特点是什么？
3. 在指数平滑预测法中α值的选择原则是什么？
4. 红星机械厂拥有某种型号的设备14台。各台设备的工作时间不同，维修费与工作时间的关系如下表所示。试建立回归方程，并预测该种型号的机床在工作10年和11年时的维修费用。

工作时间（年）	维修费（元/年）	工作时间（年）	维修费（元/年）
6	126	2	68
2	49	4	82
7	181	1	64
5	63	8	105
3	110	5	117

续表

工作时间（年）	维修费（元/年）	工作时间（年）	维修费（元/年）
1	23	9	141
6	92	3	40

5. 某商品 2016 年各月份的销售量见下表。用移动平均法和指数平滑法建立线性预测模型，并预测 2017 年 1 月份的销售量。

月份	1	2	3	4	5	6	7	8	9	10	11	12
销量	8.8	9.3	10.2	11.2	12.1	12.7	12.8	13.3	15.1	16.8	18.3	17.8

6. 贵阳某食品厂生产的产品在 2011~2015 年各月的销售额（万元）见下表，试预测 2016 年各月的销售额。

月份	2011 年	2012 年	2013 年	2014 年	2015 年
1	74.2	74.1	89.6	95.1	103
2	69.7	70	99.3	86.1	103.2
3	77.6	77.4	88.5	93.8	112.6
4	89.8	93.2	105.5	110.9	128.5
5	103	109.9	120.4	127.4	145.8
6	110.7	122.3	132.6	147.2	163.7
7	116.5	129	130.3	148.6	161.1
8	121.6	134.9	143.6	155.5	160.8
9	120.8	134.1	147.3	160.4	152.8
10	113.1	129.6	145.3	160	142
11	97.1	106.6	117	140.3	111.9
12	78.3	90.1	102.3	120.9	101.3

第五章

公共项目生产建设条件评估

本章应了解和掌握：

1. 公共项目建设地址评估的原则、程序和评价方法。
2. 公共项目资源、原材料、燃料动力、交通运输与通讯、环保条件评估的原则和主要内容。
3. 公共项目技术方案评估的路线、原则和主要内容。
4. 公共项目设备方案评估的概念、原则及其影响因素。

公共投资项目是生产公共产品或准公共产品的固定资产投资项目。作为一个固定资产的建设项目，它首先要解决的是在哪里建设、用什么原料以及采用什么技术和装备的问题。

项目建设地址的选择工作包括建厂地区和具体厂址的确定。原料是项目生产的物质基础，是项目的生存基础。技术工艺和设备是如何对原材料进行加工使之成为要求产品的生产方案及设施。这些相对独立而又相互影响的课题，不仅决定了项目能否按期建设投产，生产能否持续发展，生产出来的产品质量、生产成本和经济效益，并且和立项的目标（即促进国民经济或区域经济的发展），满足社会文化、生活需要以及政治、国防等的考虑都有着很密切的关系。因此，项目建设地址、原料路线、技术路线和设备的确定是项目可行性研究中的重点，也是公共项目评估时必须详加研讨的课题。

第一节 公共项目的建设地址评估

一般情况下，确定某个建设项目的具体建设地址或厂址，需要经过建设地区选择和建设地点选择。建设地区选择是指在几个不同地区之间的选择，建设地点选择是指建设地区选定后对项目具体的坐落位置的选择。从某种意义上讲，项目建设地址的选择是项目建设条件分析的核心内容。因为它不仅关系到工业布局的落实、投资的地区分配、经济结构、生态平衡等具有全局性、长远性的重要问题，还将直接或间接地决定项目投产后的生产经营和经济效益。如建立一座发电站，如果选择用煤炭作燃料，那么厂址应选在煤矿附近或在港口、码头或铁路沿线运输方便的地方。若用煤矸石发电，则厂址要建于煤矿坑口。若选择水力发电，厂址应建于有水力资源且远离地震断裂带的地方。若以核能为动力，则核电站应建在地质条件十分可靠、靠近海洋或大的江河，而又离大城市有一定距离的地方。所以，项目建设地址的选择问题是项目投资决策的重要一环，必须从国民经济和社会发展的全局出发，运用系统观点和科学方法来分析评价建设的相关条件，正确选择建设地址，实现资源的合理配置。

一、项目所在地区选择的原则

建设地区的选择不仅涉及项目的建设条件、产品生产要素、生产环境和未来产品销售或服务等重要问题，还受到社会、政治、经济、国防等多因素的制约。

在项目建设地区的选择中应遵循以下原则：

1. 要符号国民经济发展战略规划、国家工业布局总体规划和地区经济发展规划的要求。一般要避免过于集中在大工业城市，要合理分布在中小城市。

2. 要考虑地区的社会经济条件，包括当地的工农业生产水平和生产协作条件、劳动力资源、公共政策、土地管理及使用的规定等。

3. 要综合考虑气象、地质、水文等建厂的自然条件。

4. 根据项目的特点和需要，对原材料条件、能源条件、水源条件、项目的原料和产品的需求及运输条件等进行全面综合分析。

5. 要充分考虑地区的基础设施条件，是否有可供利用的水、电、气和邮电的生活设施，建厂对风俗文化等社会、环境因素的影响。

6. 要注意环境保护和生态平衡，不得在自然保护区、风景名胜处建厂。

二、地址选择的原则

在确定项目的建设地区后，就要进行具体地址的选择，这时应着重从拟建项目的生产工艺特点和厂房的布局等对厂址的具体要求出发，同时考虑周围环境对项目生产经营的影响，对各种要素进行利弊分析。

厂址的选择一般应遵循以下原则：

1. 厂址土地面积与地形应满足项目建设、生产和职工生活要求，使各类构筑物、建筑物、道路及场地等得到合理的布置。

2. 建厂地势要平坦和稍有坡度，以便于排水和减少平整场地的土方工程量。

3. 建厂地质应有足够的承载能力，不应建在地震带、断层、溶洞或塌陷性土层上，厂区地面标高应能抗洪水，地下水位应低于地下室和隧道的地面。厂址不能选在地震断层区，可能产生滑坡、泥石流、崩塌的地方，易于产生雷击、水库坝址的下游以及历史洪水水位高的地区，建于海岸边时，要考虑海啸的可能。

4. 为了减少原料和产品的运输费用，厂址应尽可能靠近主要运输干道、河流、港口和车站。

5. 厂址应尽可能靠近已有的企业或居民点，以便于利用已有的市政及生活设施。

6. 要尽可能考虑厂际协作，必要时厂址可选择在工业园区里。

7. 服从城乡建设规划和土地开发整治规划的要求。

8. 有废气和粉尘排出的项目的厂址不宜选在影响居民生活环境和卫生的上风向，此外厂址不应在现有烟尘污染较重工厂的下风向。

9. 尽量少占耕地，充分利用荒地、劣地、山地和空地。在考虑预留发展用地时，要精打细算，必须根据正式规划适当预留，不要宽打宽用。

10. 对一些有"三废"产生、处理核放射性物料的工厂及核电厂应重点考虑环保，要求尽量远离居民区。

三、厂址选择的程序

厂址选择的工作一般可按下列步骤进行：

（一）拟定建厂条件指标

根据拟建工厂的产品品种和生产规模，拟定建厂条件指标，以便据此查明所选厂址是否符合建厂要求。建厂条件指标如下：

1. 占地面积。厂区所占面积应包括生产厂房或露天生产装置、公用工程、附属工程、厂区道路、铁路等所需占地面积。同时，还应考虑施工用地和适当的发展预留地。假如在生产过程中有废渣排出，还应考虑堆放废渣的场地。

2. 全厂原料和燃料的种类和数量，产品品种、数量及包装，副产品品种及数量，废渣的性质及数量。

3. 运输（运进和运出）量、货物运输和储存的特殊要求。

4. 用水量及对水质的要求，污水量及其性质。

5. 用电量、最高负荷量、负荷等级。

6. 高压蒸汽需要量、低压蒸汽需要量及高压空气需要量。

7. 全厂定员，生活区占地面积的估算。

8. 土地工程内容和工程量。

9. 对其他工厂协作的要求。

（二）搜集有关厂址的地形图、地质资料及规划资料

进行现场踏勘，搜集选厂基础资料。为了避免应搜集的资料有所遗漏，在到现场之前，应召集曾参加过选厂的有关专业人员，根据工厂的规模、特点共同制定厂址基础资料搜集提纲，供实际选厂时参照。在进行现场踏勘时应根据具体情况对初步提纲中所列项目作必要的增减。

（三）方案比较和分析论证

根据现场踏勘结果和搜集到的经过鉴定的材料，对各个厂址方案进行比较，经过综合分析和论证，提出推荐方案，说明推荐理由，并绘出厂址规划示意图（标明厂区位置、备用地、生产区位置、水源和污水排出口位置、厂外交通运输线路和输电线路位置等）和工厂总平面布置示意图。

（四）提出选厂报告

选厂报告是厂址选择工作的最终成果，其内容如下：

1. 选址依据，所采用的工艺技术路线、建厂条件指标以及选厂的主要经过。

2. 建设地区的概况（包括自然、地理、经济、社会概况）。

3. 厂址建设条件概述（包括原材料、燃料来源、供排水条件、供电条件、运输条件、工程地质、施工条件等）。

4. 厂址方案比较，并提出厂址技术条件比较表、厂址建设投资及经营费用比较表。

5. 各厂址方案的综合分析和论证，推荐方案及推荐理由。

6. 当地领导部门对厂址的意见。

7. 存在问题及解决办法。

选厂报告还应附有下列文件：有关的协议和附加、厂址规划示意图和工厂总平面布置图。

在厂址选择工作中，应注意下列事项：

1. 踏勘厂址，需对自然概貌有一个直观的了解。要注意到季节对厂址踏勘工作的影响。

2. 要有当地有关部门人员参加选址工作，了解情况、搜集资料，往往可以收到事半功倍的效果。

3. 要注意元素数据，必须对资料的来源、测试方法、积累资料的时间等作详细的了解，方能正确地运用资料，对厂址作出正确的评价。

4. 要注意了解建厂地区现有工厂的情况（如建厂的过程、类似工程的造价、公用工程的使用情况等），进行详细的调查了解，以利于进行厂址选择的技术经济分析。

除了新建项目外，厂址的选定问题也涉及旧厂的迁移。如广州钢厂从市区迁出，不仅空出了原138万平方米的大型江边块地供市政建设使用，并且打算把原来的不是经济规模的200万吨生产规模扩建为1000万吨。经反复调研论证，决定迁建于有深水港的南沙。同样，北京首钢由于过于接近市区，也选定在接近原料产地的河北省唐山曹妃甸另建新厂。

四、厂址方案的评价方法

在经过系统、深入的调查研究、勘察和核实工作以后，就要对项目的厂址方案进行技术经济的比较和分析，提出推荐方案。

评价厂址好坏的因素很多，基本上可分为两类：一类是可以货币量计算的，如项目的建设费用、经营费用、原材料和产品的运输费用等；另一类则是只能定性描述的，如生产协作条件、劳动力素质、经济水平、交通运输条件、气候条件和公用基础设施等。因此，分析计算时就需要采用定性与定量相结合的方法。具体方法如下：

（一）专家评分法

由专家对影响选址的各因素在赋权后评级（优、良、中、劣）加总得总分，总分最高者入选。

【例5-1】某军品制造厂的厂址选择，初步确定甲、乙、丙三个地点适合建厂，现拟请专家评分决定建厂地址。

解：专家对影响选址的各因素在赋权后评分，其结果如表5-1所示。

表5-1　　　　　　　　　各选址方案的专家评分

指标＼评分	指标权重	甲地点	乙地点	丙地点
综合配套能力	0.30	85	70	90
劳动力素质	0.15	90	80	90
经济发展水平	0.20	90	80	85
交通运输条件	0.25	90	90	85
自然条件	0.10	80	90	80
加权总得分		87.5	80.5	86.75

根据专家对指标的赋权以及对上述三个地方分别给分评估的结果，可见甲地点的总分最高，因此，应选择在甲地建厂。

【例 5-2】我国在 20 世纪 70 年代末计划兴建一个 1000 万吨的钢铁联合企业，经初步调研勘察提出三个厂址方案：唐山、济宁和上海。拟请专家评分决定建厂地址。

解：考虑的影响因素有：原料供应、接近市场、能源供应、劳动力来源、供水、协作企业、气候条件、文化、居住条件、企业配置现状等十项。经专家们协商，各因素的得分如表 5-2 所示。

表 5-2　　　　　　　　　　各影响因素得分

因素	优	良	中	劣
原料供应	40	30	20	10
接近市场	40	30	20	10
能源供应	20	15	10	5
劳动力来源	20	15	10	5
供水	20	15	10	5
协作企业	20	15	10	5
气候条件	16	15	8	4
文化	8	6	4	2
居住条件	8	6	4	2
企业配置现状	8	6	4	2

根据表 5-2 对唐山、济宁和上海分别按各因素评级，得到的结果见表 5-3。

表 5-3　　　　　　　　　　评价结果

因素	唐山地区	济宁地区	上海地区
原料供应	30	30	20
接近市场	30	30	40
能源供应	20	20	10
劳动力来源	20	5	20
供水	10	20	20
协作企业	10	5	20
气候条件	12	16	12
文化	4	4	8
居住条件	6	8	8
企业配置现状	6	4	8
总分	148	142	166

综合评分的结果是应当选上海地区。上海胜出的原因在于，上海地区除了原料供应和能源供应条件较差外，其余的条件（如接近市场、劳动力来源、协作条件和企业配置现状等）均优于其他地区。在上海地区要解决原料问题（主要为铁矿石）可考虑从澳大利亚进口，铁矿石及燃料则可用船舶运输。

对影响具体厂址的各因素（位置、地质条件、占地、运输及装卸、环境保护），经专家们协商后得分如表 5-4 所示。

表 5-4　　　　　　　　　　影响具体厂址的各因素得分

因素	优	良	中	劣
位置	80	60	40	20
地质条件	60	40	30	15
占地	40	30	20	10
运输及装卸	20	15	10	5
环境保护	15	10	8	4

对唐山、济宁和上海分别按各因素评级，得到的结果如表 5-5 所示。

表 5-5　　　　　　　　　　唐山、济宁、上海三地得分

因素	唐山地区	济宁地区	上海地区
位置	80	60	80
地质条件	30	60	30
占地	40	40	30
运输及装卸	15	10	20
环境保护	10	15	10
总分	175	185	170

从具体厂址考虑上海较差，主要是该地区的土质松软，地基处理费用较多，占农田也较多。

最终结合地区和地址来综合考虑，决定还是选总分最高的，即在上海宝山建厂。

（二）数学规划法

当原材料和（或）产品的运输量（或费用）为决定性因素时，可以用线性规划求最小运输量（或费用）来解决厂址的选定问题。

【例 5-3】某厂生产某种商品其主要原料来自 A、B、C 三地，相应位置（用坐标 X、Y 值来表示）及货物量见表 5-6，为了节约运输费用，拟就近建厂，问应把这个厂设在何处才能使运输的总吨公里值最低？

表 5-6　　　　　　　　　某厂原料产地的坐标及货物量

地址	货物量（吨）	坐标 X	坐标 Y
A	3500	30	30
B	4000	40	110
C	3000	140	40

解：经前期的实地考察，初步考虑新建厂应当在下列坐标区域中，即要求：

$$X \geq 50$$

$$50 \leq Y \leq 70$$

对于坐标为 (X_1, Y_1)，(X_2, Y_2) 的两个点，它们间的距离为：

$$S = SQRT[(X_1 - X_2)^2 + (Y_1 - Y_2)^2]$$

目标就是在满足一定的坐标区域的约束条件下，找出一点 (X, Y)，使它与已知的 A、B、C 三地间的总距离最近。

用 Excel 的规划求解（Solver）来解此非线性规划问题的电子计算表如表 5-7 所示。

表 5-7　　　　　　　各原料产地位置及规划求解计算表

	A	B	C	D	E	F
1	地址	货物量（吨）	坐标 X	坐标 Y	距离（公里）	吨·公里
2	A	3500	30	30	42.53	148839.848
3	B	4000	40	110	45.24	180949.277
4	C	3000	140	40	91.86	275581.434
5		可变单元	52.01	66.39	目标单元	605370.56

在表 5-7 中，E2 = SQRT[($C$5 - C2)^2 + ($D$5 - D2)^2] 拷贝到 E3；E4；F2 = B2 * E2 拷贝到 F3：F4；F5 = SUM（F2：F4）。

计算结果可见，该厂应建在指定区域中坐标为（52.01，66.39）处，此时总运输量 605370.56 吨·公里为最少。

【例 5-4】某机械厂经过比较选择，可供建厂的地址有 A、B、C 三地，其产品将销售到国内四个地方，相应的销售费用（万元/台）、销售量（台）及生产成本（万元/台，因厂址不同而略有差别）如表 5-8 所示。问从总费用最低出发应选择在何地建厂？

表 5-8　　　　　　　机械厂销售地的费用及生产成本表　　　　　　单位：万元

工厂地址	销售地1费用	销售地2费用	销售地3费用	销售地4费用	单台生产成本
A	0.5	0.3	0.2	0.3	17.3
B	0.65	0.5	0.35	0.2	17.1

续表

工厂地址	销售地1费用	销售地2费用	销售地3费用	销售地4费用	单台生产成本
C	0.3	0.25	0.2	0.4	17.2
销售量	5000	6000	4000	7000	

解：根据每个厂址方案的总费用等于生产成本和销售费用的总和，可计算 A、B、C 三个厂址的总费用如下：

A 厂址的总费用 = 0.5×5000 + 0.3×6000 + 0.2×4000 + 0.3×7000
    + 17.3×(5000 + 6000 + 4000 + 7000) = 38.78（亿元）

B 厂址的总费用 = 0.65×5000 + 0.5×6000 + 0.35×4000 + 0.2×7000
    + 17.1×(5000 + 6000 + 4000 + 7000) = 38.53（亿元）

C 厂址的总费用 = 0.3×5000 + 0.25×6000 + 0.2×4000 + 0.4×7000
    + 17.2×(5000 + 6000 + 4000 + 7000) = 38.5（亿元）

由计算结果可见，选择 C 厂址的总费用 38.5 亿元为最小。

（三）总费用最低法

总费用最低法是指通过分项列表汇总不同选址方案的投资费用和运营费用来作出选择。

【例 5-5】在我国东南沿海，为了在水泥的原材料产地附近拟建一个年产 130 万吨的水泥厂，在详细勘察和论证的基础上提出了三个建厂地址方案，并对每个选址方案的投资及经营费用作出初步计算，如表 5-9 所示。若该厂的寿命期为 20 年，期末残值为原投资的 10%，折现率 $i_0 = 15\%$，问应当选哪个厂址方案？

表 5-9　　　　　各厂址方案的投资及运营费用比较表　　　　　单位：万元

项目	1 号厂址	2 号厂址	3 号厂址
1. 占地补偿			
耕地	450	525	170
河滩地	75		215
2. 土石方工程	660	1440	960
3. 拆迁费			
建筑	4	7	9
高压线路	12	12	
4. 航运工程			
码头	800	650	764
桥梁	600		
航道	955	530	240

续表

项目	1号厂址	2号厂址	3号厂址
5. 厂外公路	1556	580	787
6. 至矿山公路	12	60	166
7. 供输电线路	317	1486	1845
8. 厂区土建	141	423	254
9. 其他	55	115	40
投资费用合计	5637	5828	5450
1. 原料运费	11	4	4
2. 材料运费	5	5	5
3. 水泥成品运费	135	65	65
4. 线路电耗	215	83	50
5. 航道维护	75	15	
运营费用合计	441	172	124

解：三个厂址的年均费用为：

1号厂址的费用年值 A_1 = PMT(0.15, 20, -5637, 563.7) + 441
= 1366.07 （万元）

2号厂址的费用年值 A_2 = PMT(0.15, 20, -5828, 582.8) + 172
= 1097.4 （万元）

3号厂址的费用年值 A_3 = PMT(0.15, 20, -5450, 545) + 124
= 989.38 （万元）

从计算结果可见，3号厂址的年均费用最低，且占用耕地也最少，因此，最终选择3号厂址。

【例5-6】经研究后初步选定三个厂址，通过对产品的成本计算得知，相应的固定成本为3万、6万和110万美元，对应的可变成本为75、45和25美元/件，若从总成本费用最低出发，应当如何选择厂址？（上述成本包括运输成本和原料成本、人工成本、工厂的制造费用、能源及其他成本）

解：因为总成本 = 固定成本 + 变动成本
= 固定成本 + 单位变动成本 × 产量

假设产量分别为：0、500、1000、1500、2000、2500和3000件/天时，根据上述计算公式可得三个厂址方案对应的总成本费用如表5-10所示。

表 5-10　　　　　各厂址方案对应于产量的总成本费用表　　　　　单位：元

产量（件）	0	500	1000	1500	2000	2500	3000
厂址 1	30000	67500	105000	142500	180000	217500	255000
厂址 2	60000	82500	105000	127500	150000	172500	195000
厂址 3	110000	122500	135000	147500	160000	172500	185000

根据表 5-10 数据绘出三个厂址各自的总成本—产量坐标图，如图 5-1 所示。

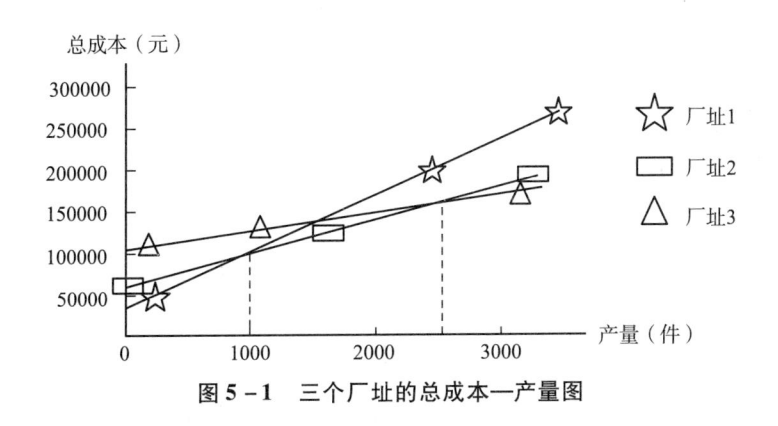

图 5-1　三个厂址的总成本—产量图

从图 5-1 可见，产量为 1000 件/天时，厂址 1 方案的总成本费用最小，因此，应选择厂址 1；产量为 1000~2500 件/天时，厂址 2 方案的总成本费用最小，因此，应选择厂址 2；只有当产量超过 2500 件/天时，厂址 3 方案的总成本费用最小，因此，才应选择厂址 3。

第二节　公共项目的生产建设条件评估

公共项目的生产建设条件评估就是分析项目是否有条件进行建设，建成投产后是否有条件进行正常生产运营。公共项目生产建设条件涉及项目的内部与外部若干相关的制约因素，项目生产建设要求各种相关因素能够相互协调，因此，对公共项目生产建设条件的评估实际上就是对项目实施内部条件和外部条件的综合审查与评价。这些条件主要包括项目投入的原材料供应及来源条件、项目所在地的交通运输和通信条件、建厂地区的气象、水文和工程地质条件以及项目的外部协作配套条件等。

一、资源条件评估（Resource Condition Appraisal）

资源的内容非常广泛，具有广义的内涵，它既包括未经开采加工的自然资源，如土地资源、水利资源、海洋资源、生物资源、矿产资源等，又包括已经开采加工作为生产投入的原材料、燃料、动力等。这里所说的资源系指项目建设和生产所需的自然资源，是项目存在的物质基础，如矿藏资源、水利资源、农产品资源等。就整个社会而言，资源是十分有限的，而且其分布也是不均衡的。资源的有限性和分布不均衡性的特点决定了对项目进行资源条件评估的必要性和重要性，它是项目正常生产和获得预期收益的重要保证。

资源条件评估是在结合拟建项目地区资源条件特点的基础上，为使项目能最大限度地利用资源，对资源的分布、储量、开采利用的可能性和经济性等进行的实事求是的分析和评价。

（一）资源条件评估的原则

1. 在遵循环保要求的基础上，合理并有效地利用资源，特别是对矿产资源等不可再生资源，要合理规划、适度开采，保持生态平衡，保证资源的持续利用。杜绝急功近利式的对资源的恶性开采。

2. 多层次、多目标地对资源进行综合利用。资源的稀缺性要求不能只针对单一目标利用资源，也不能只利用资源的某一方面；否则，有限的资源无法满足项目多样化和个性化的需求。因此，在资源的利用过程中，要运用先进技术对资源进行综合利用，达到重点利用和综合利用相结合。

3. 达到经济开发的目的和要求。项目资源条件评估的目标就是，以最少的资源成本达到项目预期的经济效益。因此，在保证达到环保要求的基础上，首要考虑的就是拟建项目的经济效益和经济要求。为此，需要注意资源的供应数量、质量、服务年限、开采方式和利用条件等。

4. 保证资源的再生性和项目生产的连续性。对于可再生的自然资源，要有序开发、合理利用，防止由于过度利用造成对资源再生性和连续补偿性的破坏。对不可再生资源，在适度利用的基础上，努力寻找替代产品，并注意开发新资源，以保证项目生产的连续性。

（二）资源条件评估的内容

资源条件评估的内容有：

1. 分析和评价为拟建项目所提供的资源报告是否翔实，是否得到矿产储备委员会的批准。

2. 分析和评价拟建项目所需资源的种类和性质，如对矿产资源要注意其矿床规模（实际可开采的储量）、类型特征、矿体大小及埋藏条件、矿石结构、品位、矿石的开采及加工条件等因素。

3. 分析和评价项目所需资源的可供数量、质量、开采方式、使用年限、成本高低以及运输难易程度等，注意多层次利用资源。

4. 分析和评价技术进步对资源的综合利用及其深加工程度的影响，如石油的加工深度对石油资源的经济效益有很大影响。

5. 分析和评价项目必需的稀缺资源供需情况。根据拟建项目的工期和建成后的利用状况，分析稀缺资源的供给能否满足项目建设过程中以及建成投产后的需求，注意开发新资源的前景和寻找替代途径。

6. 对农产品资源要分析和评价其可供项目使用的数量、质量、供给的期限及保证条件；如需要进口，还必须了解进口国的有关情况，更要注意世界农产品市场的变化。

二、原材料的供应条件评估

原料是来自采掘工业和农业，经过人类劳动取得的最终产品，如铁矿砂、石油、棉花等。材料是经过工业加工的原料，包括中间材料产品、制造件、辅助材料，如钢板、铝锭、零配件、棉纱、坯布、粗苯等。原料和材料合称为原材料。

不同的建设项目，所需的原材料、燃料、动力等的种类也不同。项目所需要的资源，主要包括矿产资源和农业资源。能源矿物包括煤炭、石油、天然气、泥炭、油页岩和铀等燃料，金属原材料主要是从矿石冶炼而得。非金属矿物根据工业用途分为化工原料、工业矿物原料、冶金辅助原料、建设材料四大类。它们用量一般较大，必须注意减少运输费用。农业资源包括农、林、牧、渔等，它们是纺织、皮革、食品、医疗等轻工业的资源。

原材料是工业生产的物质基础。全国各工业部门每年都要消耗数以亿吨计的种类繁多的原材料。以钢铁工业为例，2009 年全国年产钢 5.86 亿吨，那么输入和输出各种原料、燃料、辅料、成品钢铁和固体废弃物等的物流量是 27 亿吨。因此，对工业生产而言，原材料费用要占工业产品成本很大的比重，有关的统计数字见表 5-11。

表 5-11　　　　　　　　我国四大部门的成本构成　　　　　　　　单位：%

成本项目	化工	建筑材料	煤炭	电力
原材料	34.5	15.7	34.3	0
辅助材料	18.7	15.7		8.2
能源（燃料动力）	16.1	17.5	9.2	41.2
工资	6.8	7	30.8	10
工资附加费	1.1	1.1		1.2
基本折旧	9.7	16.6		23.6

续表

成本项目	化工	建筑材料	煤炭	电力
大修费	9.7	16.6	11.5	9.6
其他	3.4	9.8	14.2	6.2

从表 5-11 可见，原材料费用（表中前三项之和）一般占工业产品成本的 50% 左右，因此，如何充分合理地使用大自然中的有限资源，开发新的原材料，是项目投资中急需解决的重要课题。

（一）原材料供应条件评估的内容

对投资项目的原材料供应条件评估，主要是根据项目产品的类型和性质以及项目产品的生产规模，工艺技术要求，来研究原材料供应的可能性及其对产品成本和质量的影响。在分析一个项目的原材料供应条件时，着重对其中主要或关键性的原材料的供应数量、质量、价格、来源、运输距离、仓储设施等进行分析。具体分析要从以下几个方面进行：

1. 供应数量应满足生产能力需要；
2. 原材料的质量要适应生产工艺的要求；
3. 选择价廉物美的原材料；
4. 注意开发国内外两个原材料供给市场；
5. 为节约运费尽可能就地取材；
6. 原材料仓储设施的建设及条件。

此外，对原材料供应商的情况也要进行评估，如本地区、国内、国外与项目所需原材料的供应商是谁，有多少供应商的质量体系通过了 ISO9000 认证（或其他认证），供应商中有多少合格（免检）的产品（投资项目所需的原材料）。

（二）原材料选择的原则

因为选择不同的原材料会影响到建厂的技术方案，从而必然会对项目投资、成本和利润等产生影响。以电站为例，我国同样规模的核电站投资及发电成本比火电站要高出约 2 倍。以我国的台湾为例，核电站的发电成本为 0.647 元/千瓦时，而火电站则仅 0.389 元/千瓦时。项目选择不同的原材料对生态平衡、环境保护也有很大影响。例如，火电站要产生大量的二氧化碳、硫化物、烟尘和粉煤灰；核电站则除了发生事故有可能产生放射性污染外，对环境影响不大；水电站要建水坝，会淹没大片土地，有居民的迁移安置问题，原有文化古迹有被淹没的可能，有时建坝还会引起临近地区土地盐碱化。

可见，项目选择不同的原材料对项目的经济效益和社会效益都有重大影响，因此，项目选择的原材料应慎重考虑，必须遵循合用性、可供性、经济性和合理性原则。

1. 合用性。不同原材料可以制得同一产品。但是所制得产品的性能、质量却可能因原料不同而异。原材料的选择首先应满足合用性的要求，即制成的产品符合项目预定的要求。例如，木浆、草浆都可以作为造纸的原料，但是当我们要生产技术用纸或高中档文化用纸时，就必须选择木浆为原料；生产一般的箱板纸或低档纸，就可选择草浆作原料。与此类似，制糖是以甘蔗为原料还是以甜菜为原料，合金钢是以铬镍为主还是以锰、钼、钨、钒、钛为主，无一不与需用的要求和国情有关。因此，在进行原材料选择时必须结合当时当地的实际情况进行具体分析。

要保证原材料的合用性，在评价时就必须弄清楚项目产品要求的详细规格和质量，有的项目还应综合考虑原材料转化成产品过程中产生的副产品及三废排放物的要求。

2. 可供性。发展工业首先遇到的是原材料、燃料、水和动力的供应。工业原料的来源主要有工业内部、农业、海洋资源和废弃物回收利用等四个方面。就我国的整个工业而言，工业原料40%来自农业、60%来自工业。就轻工业来说，70%来自农业、30%来自工业。因此，发展加工工业首先必须发展采掘业、原材料工业和农业。要使原材料工业与加工工业、工业与农业、粮食作物与经济作物有计划按比例地协调发展，必须做好综合平衡。宏观上的比例失调必将导致原料紧张、价格上涨、工厂停工待料，致使固定资产的投资效果难以发挥。

从微观上说，要保证原材料的可靠供应，还必须落实具体供应渠道。在项目决策时应对供应部门或原材料生产企业的供货能力作可靠的调查和预测，最好能达成供应协议或意向书。建设单位在进行可行性研究时，必须对国内外原材料状况、需求状况及供需变化趋势有较清楚的了解和科学的预测，得出最可能的原材料来源、数量规格、成分和供应渠道，并因估计不确定程度，以使项目建成后，有比较可靠的原材料供应保证。

对于利用矿藏资源的采掘工业和其他工业来说，搞清矿藏储量十分重要。只有经过地矿部门正式认可的工业储量才能作为依据，才能据以进行项目决策。

3. 经济性。所谓原材料的经济性就是用它制得产品所需的投资与成本的高低程度。分析原材料的经济性不能光看原材料价格高低，而应综合分析原材料对成本构成的影响，计算由于原材料不同引起固定资产投资不同所造成的折旧费的差别，由于原材料不同引起工艺方案不同所造成的燃料、动力与人工费用的差别等。

原材料的经济性是相对的，随时间、地点和建厂规模的变化而变化。如合成橡胶原料的选择就是一个很好的例子。1928年，苏联研究合成橡胶所需原材料时有两个方案，其中有以石油为原料，经热裂解制取丁二烯的方案；也有以淀粉为原料制取乙醇,再以乙醇制取丁二烯的方案。当时由于受工艺及设备的限制,石油热裂解方案因为流程复杂、设备庞大、成本高昂而落选。乙醇法却由于工艺简单、原料价格低廉而被选中。可是到了今天,情况已经完全不同,以乙醇为原料的方案已经基本淘汰,在我国以及国外都采用以石油为原料的热裂解方案。在甲醇的生产上,国内目前的甲醇装置多采用煤炭为原料,且规模较小,其结果是单位产量投资高,约为国外大型甲醇装置投资的2倍,财务费用和折旧费用高昂,影响成本而失去竞争力。而以中东和中南美洲为代表的国外甲醇装置以天然气为原料,规模普遍较大,单位产量投资大幅下降,此外,公用设施分摊投资也较少,成本低,竞争力强。具体见表5-12国内外生产甲醇原料与装置规模比较。

表5-12　　　　　　　　国内外生产甲醇原料与装置规模比较

项目	中国	国外
装置规模（万吨）	20~50	80~170
原料	煤炭	天然气
单位产量投资（元/吨）	3600~5000	1425~2400

4. 合理性。原材料的合理性即资源在国民经济中的利用和分配的合理程度、节能和环保。随着资源综合利用程度的提高和工业原料的多元化,原材料的合理性评价变得日趋复杂和重要。如果是某种产品只能用一种原料制得,或者一种原料只有一种用途,那就不需要作合理性评价。但是在科学技术突飞猛进的今天,这种一一对应的情况越来越少,原材料选择的范围越来越宽,因此,对有限的资源,存在着一个"量才使用"和"物尽其效"的合理配置问题。比如,在100多年以前,石油只能用做照明和燃料,但是到了今天石油除了做燃料外,主要用做化工原料。由于我国石油的储量远比煤炭少,而需用量又较大,不得不大量进口原油,因此,就必须考虑有限的石油资源在众多用途中的合理分配,以取得最大的国民经济效益。

三、燃料动力供应条件评估

燃料动力主要是指项目投产后所需的燃料（煤、油或天然气）以及水、电、风、汽、气等。这是项目建成后能否正常生产经营的重要保证。

对燃料、动力供应条件的评估,一般从以下几个方面进行:

（一）燃料种类的选择

根据项目产品的生产过程、成本与质量、环保等的要求,根据燃料供应政策、供应数量、质量及方式的要求,选择适当的燃料。

(二) 水的工业用途和供应条件分析

水的工业用途大致可分：原料用水、锅炉用水、冷却用水、工艺用水、冲洗用水。水的来源有：地表水、地下水、海水。项目评估要分析水的来源、水质的要求、用水量计算与预测、供水价格等，并从环保角度分析是否有水循环设施等。

(三) 电的供应条件分析

如计算日电耗量、年电耗量，及其对成本的影响；计算变电、输电设施的大小及投资；最大负荷与启动负荷、冲击负荷的计算等。

(四) 其他动力供应条件分析

四、交通运输和通信条件评估

(一) 交通运输条件评估

通常运送生产物资的交通运输设施是项目建设工程的一部分（如工业码头、铁路专线等），应在建设初期先将它建好，以备项目建设中运输建筑物资和设备之用。若无现成交通运输设施可利用，可在项目建设初期建一些临时性的交通运输设施，如临时铁路、公路等，以备项目建设之用，工程完成后可拆除。

交通运输条件评估的主要内容包括厂内外运输方式、运输路线和运输工具的选择，以及运输中装、卸、运、储各环节间的能力协调及组织管理。

(二) 通信条件评估

通信条件是指企业收发信息，了解国内外市场行情，掌握技术与商务情报的重要手段，是企业在市场经济条件下能否获得成功的重要因素。

通信条件评估主要是分析企业和当地是否有便捷和发达的通信设施，能否满足正常经营需要。如果项目对通信条件有特殊要求，则应在项目设计和厂址选择中予以考虑。

五、环境保护评估

(一) 项目污染源与环境保护措施分析

1. 项目污染源分析。排放有害物质及对周围环境产生有害影响物质的车间、加工设备、工艺装置等统称为污染源。企业在生产中通过污染源向四周环境排放大量的污染物，从而污染周围环境。污染物的种类很多，根据其性质可分为化学、物理和生物三类。常见的化学性质污染物有汞、镉、铬、砷、铝以及有机磷、有机氯、多氯联苯、多环芳烃、酚等；物理性污染物有噪声、振动、核辐射等；生物性污染物有细菌、病毒及微生物等。不同的工业项目，其产品生产使用的原材料、燃料和工艺过程都不相同，产生的污染物也各不相同。通常工业污染源对环境的污染方式主要来自以下几方面：

(1) 项目投入物对环境的影响。如运输散装原料、放射性物质、有毒物质等若没有密封及安全措施，就可造成沿途污染，破坏环境。

(2) 工业生产过程对环境的影响。这是环境污染的主要来源。生产中排放的大量废渣、污水和有毒气体对空气、土壤、水质及周围环境都会造成破坏和污染，机器设备产生的振动和噪声也是一种环境污染。

(3) 项目产出物的使用对环境的影响。如化工原料、化肥、农药等物资在使用和储运中，如果没有严格地按使用规则和控制措施操作，就会破坏环境造成污染。

2. 项目环境保护措施。由于现阶段世界各国对环境保护工作的日益重视，各发达国家根据工业污染造成的危害都逐渐采取了预防为主的环境保护政策，在拟建项目设计中同时安排了环境保护措施，常见的措施有：

(1) 选择合理的燃料结构、改善燃烧条件，加强对废渣的综合利用，防止直接排放污染环境。

(2) 推广无害工艺，组织密封生产，消除烟尘，防止有害气体污染大气。

(3) 对工业污水进行净化处理、循环使用，防止污染江湖水源。

(4) 采用先进的传动、锻造、冲压等工艺设备，减少机械加工中干扰环境的噪声。

工业生产中的这些环境保护措施，又称"三废"治理工程，应作为项目设计的一部分。至于项目投入物和产出物对环境的影响，应根据其对环境可能造成的污染和危害情况，采取相应的措施。

(二) 项目环境保护措施评估

对于不同类型项目产生的不同性质的污染源和污染物，需采取不同的治理措施。对环境保护措施评估，其主要内容如下：

1. 审查可行性研究报告是否对环境影响进行了全面系统地分析，如污染源的性质，可能污染的范围和程度等，审查项目制定的各种环保指标是否符合国家环保标准的规定。

2. 审查项目的"三废"治理方案是否科学，治理措施是否可靠，治理目标是否能达到。

3. 审查项目的环保工程是否符合与项目的主体工程同时设计，同时施工，同时投产的"三同时"要求。

4. 审查环保工程所需的投资是否纳入项目总投资中，其来源是否落实。

在验证了环保部门对项目的环境保护评价及对环保措施、治理方案的批复文件后，评估人员要对项目在环保措施和治理方面所作的安排是否可行做出结论。

第三节　公共项目的技术方案评估

公共项目的技术方案评估，是项目可行性研究与经济评价的重要内容，它反映项目的生产技术水平，对项目的投资、生产成本、产品质量、经济效益、劳动条件、环境保护以及项目的生存和发展等方面都起着决定性的作用。项目的经济数据预测、投资估算以及项目的财务评价与国民经济评价等，必须建立在技术先进与可行的基础之上，因此，对项目的技术方案进行技术经济分析与论证是项目成功的关键。

一、技术路线的选择

所谓技术路线，就是把原料加工成产品的方案和方法，内容包括技术方案、工艺流程、工艺方法、工艺设备。技术方案又包括产品方案、生产技术、辅助生产技术、"三废"处理、自动控制和生产检验方案等。工艺技术路线的选择，就是要从各种可行的工艺技术路线中选择一种技术经济效果最好的，又节能环保的工艺技术路线。

公共项目工艺技术路线的选择，是一个比较复杂且政策性很强的问题，必须在宏观技术政策指导下进行。国家根据我国所能提供的人、财、物条件及社会经济进一步发展的要求，确定国家在一定时期内的宏观技术结构和国家、部门、行业的技术政策，作为进行项目技术选择的依据和准则。因此，对项目技术路线的选择分析，不仅要考虑项目的财务效益和资源的优化配置，还必须考虑国家的产业政策和宏观经济政策，从发展国民经济的角度考虑项目的技术选择、技术引进和技术进步问题。根据国家所能提供的人、财、物条件及社会经济可持续发展的需要，以及国家在一定时期内所确定的技术引进和技术选择范围，对项目的多个方案进行综合分析和比较论证，从而选择一个技术先进适用、经济合理的最佳方案。

二、工艺技术路线选择的原则

（一）可靠性

工业企业的工艺技术路线，必须是经过实践验证的、可靠的技术。可靠性是工艺技术路线选择的首要原则，即要求流程通畅、生产安全、工艺稳定，且消耗定额、生产能力、产品质量、"三废"排放等均能稳定可靠地达到预定的指标值。

（二）先进性

先进性是指项目采用的技术应该是先进的，在相应的技术领域中居领先地位，即生产工序少、流程短，机械化、自动化和遥控化程度高，单位产品能耗少、物耗低、成本低，生产稳定性、安全性好，连续无故障时间长和"三废"排放少、环境保护好。先进性反映在一些主要生产指标上，如高炉炼铁的高炉利用系数、石化企业的原油综合利用率，火电厂的煤耗指标（克煤/度电）等。

先进性要求设计方案、生产工艺、设备都是先进的，不仅主机先进，与之配套的辅机以及备品也是先进的，要考虑尽可能地实现机械化和自动化以及一定程度的遥控化。先进性常常可以达到高的生产能力，例如装有高效挖掘机械的露天采矿场、高效装卸运输设备的港口。

工艺技术先进性与原料路线密切相关。还是以甲醇的生产为例，国内大多甲醇装置以煤炭、焦炉气为原料，虽已采用国外引进的洁净煤气化技术，生产上比较成熟，但是我国新建的甲醇装置由于受以煤为原料和煤气化装置规模所限，难以扩大生产规模到170万吨/年~240万吨/年。此外，"三废"排放多，造成严重的环境污染问题，在工艺技术上大大落后于国外以天然气为原料，采用天然气两段转化或自热转化技术的大型甲醇装置。

（三）适用性

在我国，项目技术的适用性主要看其是否符合我国的国情和国力，是否符合我国的技术发展政策和环保节能。对一个工艺技术路线来说，适用性最终体现在产品的质量好、成本低和竞争力高。适用性是指项目在选用某项技术时，必须考虑能否提供与该项技术的使用相适应的资源条件、技术条件和社会条件，即要资源适用、技术适用和社会适宜。资源的适用是指选用的工艺技术所要求的资源在当时当地均能得到合理的满足。技术的适用是指当时当地对本项目的接受能力以及与相关行业、相关部门技术体系的匹配程度。在选用技术时必须保证整体技术系统中各种技术之间的最佳匹配，追求技术系统的整体效果，而不是某一局部技术水平和效果。社会的适宜需要考虑项目所在地的性质、基础设施、居民集中程度等因素。比如，在风景旅游城市与人烟稀少的边远地区建厂时，对环境保护的要求不同，对技术选择的要求也不同，要因地制宜，注重实效。

（四）经济性

技术是为经济发展服务的，衡量技术的适用程度必须考虑其经济效果。技术的经济性是指所采用的技术能以最小的消耗获得最大的经济效果，要综合考虑所用技术产生的经济效果和国家的经济承受能力。在考察技术方案的经济效果时，要注意单项效益和综合效益，不仅要讲企业的微观效益，还要讲国民经济的宏观效益。要防止单纯技术上先进而忽视经济效益的倾向，要特别注意是否节省能耗。

总之，技术的可靠性是选择技术的基本要求，技术的先进性是选择技术的前提，技术的适用性是采用技术的基础，技术的经济性是选择技术的目标。这四者的地位对于不同性质的项目是各有侧重的，但是它们又是相互影响、相互制约的有机整体。

【例 5-7】合成氨原料路线和工艺路线的选择。

解：

（1）合成氨的原料路线。合成氨就是用氢元素去固定氮元素，即 $N_2 + 3H_2 = 2NH_3$。

氮来源于空气，别无选择。氮以何种方式进入原料气，因工艺路线不同而有区别。氢从 C 或 C_nH_m 与 H_2O（水蒸气）的化学反应而得，也就是说制氢的原料是 C 或 C_nH_m 与 H_2O。这就形成了固体原料、液体原料、气体原料之分。其中固体原料为焦炭、煤，液体原料为重油、渣油、石脑油等，气体原料为焦炉气、天然气、石油炼厂气。

（2）合成氨的工艺技术路线的比较。不同原料采用不同的工艺路线，大致流程可分为以油、天然气及煤为原料的工艺路线。

几种工艺流程装置比较起来，天然气装置的投资最省。如果以 15 万吨天然气为原料的合成氨装置固定投资为 2.81 亿元；而同等规模的投资大致是：固定层煤装置为 4.5 亿元，连续气化装置为 6 亿~6.5 亿元，用油为原料的装置则介于气体和固体之间。

（3）技术可靠性比较。以气与油为原料的合成氨工艺成熟、生产可靠、连续。煤为原料的技术中，固定层气化流程虽然工艺成熟，但气化消耗高、环境污染严重、厂区环境恶劣而难以达标；水煤浆气化技术对煤种要求特别高，包括煤的活性、灰分含量、灰熔点、固定碳含量。

（4）产品成本比较。如果用煤 503 元/吨，天然气 1.082 元/立方米的价格来计算，用煤为原料的合成氨成本接近 1800 元/吨，而用天然气仅为 1400 元/吨。

（5）国内外合成氨的生产实践。国内合成氨所用原料因规模而异，其统计资料如表 5-13 所示。全国 660 多家氮肥生产厂中，只有 26 个企业（28 套装置）的合成氨装置的能力达到 30 万吨/年以上，新建的大型装置以气与油为原料，中、小型装置则主要以煤与焦炭为原料。国外合成氨所用原料以天然气为主，而且呈上升趋势，相应状况见表 5-14。

表 5 – 13　　　　　　　　　国内合成氨所用原料统计资料

合成氨装置	占总产量比例（%）	天然气原料	渣油、石脑油原料	煤、焦炭原料
大型装置	23	50%	43%	7%
中型装置	11	11%	16%	62%
小型装置	66	4%		96%

表 5 – 14　　　　　　　　　国外合成氨所用原料统计资料

年份	煤焦	焦炉气	天然气	炼厂气	重油	石脑油	其他
1965	5.8	20.0	44.2	10.0	9.2	4.8	6.0
1975	8.0		69.9	2.5	2.7	14.9	2.0

综上所述，选择合成氨的原料及工艺路线时主要应考虑以下两个方面：

1. 国内及国际的实践表明，气与油类明显优于以煤为原料，它们有原料来源易得、符号环保和清洁生产要求，投资省，运行成本低，工艺技术可靠，生产稳定，操作方便等优点。

2. 对我国今后选择用煤还是用油、气必须因地制宜。当邻近产煤大区且煤矿品位较高时可以煤为原料，当建新的大厂时则可考虑用气或油为原料。

三、公共项目技术方案评估的主要内容

（一）公共项目技术方案评估

公共项目技术方案评估，就是在收集到一定的基础资料和基础数据的基础上，分析研究项目所采用技术的先进性、适用性、经济性和可靠性，建立和组合几种可供选择的项目技术方案和设计方案，结合实际条件进行多次反复的方案比较分析和研究论证，并会同委托部门确定选择方案的原则和标准，从若干备选方案中选择或推荐出最优或次优方案。再进一步对所选方案进行研究、分析和确定。技术方案的设计过程是一个反复的研究、分析和论证的过程，而且需要多方的配合，尤其是技术专家的意见。

（二）技术方案评估的内容

一般公共项目的技术方案评估应包括以下内容：

1. 项目技术方案的构成与范围。包括车间、分厂的组成，厂内外各项主体工程和公用辅助设施等各种方案的比较论证。

2. 工艺技术方案的选择与评估。对项目所采用的技术来源、技术水平、生产方

法、"三废"处理和工艺路线等进行分析、比较、论证和选优,以确定一种技术经济效果最好的工艺技术方案。

3. 设备方案的选择与评估。研究项目所需设备的型号、规格及来源等以满足项目工艺技术、生产能力、产品质量及能耗物耗指标的要求。通常设备方案与工艺技术方案的选择是相互匹配的。

4. 公用辅助设施方案的选择与评估。包括项目的公用工程设施、辅助工程设施、生活福利设施和其他服务性设施等方案的选择与评估。公用辅助设施是为主体工程配套服务的,要能满足主体工程的需要。

5. 土建工程方案的选择与评估。项目的土建工程包括对场地的整理、主要建筑物、构筑物的设计安排,以及场外工程建设方案的选择与确定。

6. 项目总图和运输路线的选择与评估。项目总图即项目构成的总布局,包括各车间、分厂及全厂平面图的设计方案的选择与评估。反映企业的车间设备,各种建筑物构筑物,土建工程等之间的关系。对厂内各种运输路线方案要进行分析、比较和选择。

四、公共项目工艺技术方案评估

(一) 工艺技术方案的概念

工艺是指人们利用生产工具,对各种原材料、半成品进行加工或处理,最后使之成为产品的方法。生产工艺是指生产产品所采用的工艺流程和制作方法。工艺流程是指将投入的原材料或半成品(投入物)经过有次序的生产加工,使之成为产品或半成品(产出物)的过程。生产过程中的各种技术条件和数据统称为技术参数。生产工艺是根据项目产品的生产特点、生产性质来确定的。不同的产业部门如冶金、化工、电力、机械制造、纺织、建材、轻工等,其生产工艺过程都不相同,各有其特点。不同的工业项目和不同的工程设施,如铁路、公路、桥梁、水坝和电讯设施等的建设,也都有不同的工艺技术要求。建设项目可行性研究的重要内容之一,就是对其生产工艺技术方案的分析研究。

工艺技术方案是指根据人们长期的生产经验和现实条件,吸取先进的科学技术成果,为拟建项目产品生产中采用的工艺技术而进行的方案设计。项目所采用的工艺技术和项目规模大小、产品方案、厂址的选择等密切相关。同时也受原材料条件、设备条件、运输条件、能源条件等的制约,在工艺技术方案的研究中,应在对各种有关因素进行充分调查、分析的基础上,拟定若干可行方案,然后对各方案进行技术经济分析和评价,在多方案比较的基础上,选择出最佳工艺技术方案和主要工艺技参数。

（二）工艺技术方案的评估步骤

工艺技术方案选择与评估的步骤如下：

1. 收集工艺技术方案有关资料。首先要收集了解同类项目的（行业的），国内外已成熟使用的各种生产工艺方法和相关技术，对各种工艺方法和技术加以具体地研究分析，比较论证，了解其各种优缺点。对工艺技术方案的选择与评估应建立在收集、整理、分析和掌握下列要素资料的基础之上：

（1）方案及产品质量标准和规格要求；

（2）生产规模及适用技术；

（3）可能取得的原料特性，如品位、化学成分、含杂质量、熔点等；

（4）所需要的设备价款和工程投资额；

（5）原料、能源的消耗及生产成本；

（6）对资源的利用程度；

（7）工艺技术获得的途径；

（8）各种工艺方法在生产中的应用程度等。

2. 对工艺技术方案进行优选。在技术先进适用、经济合理、综合平衡等原则下，明确投资项目所需工艺技术类型和水平，进行工艺设计，提出全部可行的生产工艺技术方案，并对其进行深入细致的研究分析，从多方面进行反复比较和技术经济论证。最后选出项目每部分都是最佳组合的最适宜的生产工艺技术方案，绘制工艺技术线路图，说明方案的各项技术参数。

3. 对所选出的工艺技术方案进行评估。根据研究结果对所选的方案进行评估，揭示所选的工艺技术对社会、经济发展的影响，对行业发展的促进作用，为制定国家、行业的科技发展政策提供依据，同时严格地根据先进性、适用性、经济性和可靠性原则对工艺技术方案逐项进行评估，还要了解工艺技术、工艺流程、工艺装备和工艺设计的状况以及选择该方案所需要的配合条件和可能造成的影响。

（三）最佳工艺技术方案的评估内容

最佳工艺技术方案的选择与论证方法如下：

对可供选择的不同工艺技术方案，要从技术类型和技术水平、产品质量、能耗物耗、"三废"治理、基建投资、产品成本、市场需求、经济效益等多方向进行综合分析比较，最后选出最佳技术方案。为了避免决策失误，如果需要了解外部条件变化对项目经济效果的影响程度，则方案的经济合理性可采用不确定性分析方法进行分解比选。

对最佳工艺技术方案进行技术经济分析与论证的主要内容包括：

1. 有关市场的需求情况，市场潜力和市场发展趋势的预测和分析论证；
2. 围绕项目的投资、成本、税收和收益情况，对各种投资因素进行估算并进行项目的效益分析；
3. 关于项目先进性、适用性、经济性和可靠性的技术经济分析论证；
4. 对投资项目的最佳工艺技术方案进行综合分析论证；
5. 绘制项目最佳方案的工艺技术线路图，注明关键技术参数等。

第四节　公共项目的设备方案评估

一、设备的选择

工艺技术方案确定之后，要根据工厂生产规模和工艺过程的要求，选择设备的型号和数量。在选择设备时，必须与工艺技术的选择联系起来考虑，通常工艺技术的水平和类型决定相应的设备选择。设备选择的重点应遵循工艺技术和项目的设计生产能力的要求，选择所需要的高效能的机器和设备。

设备按其性质和作用分为以下几种：

1. 生产设备，指生产线上能加工生产各种零件和元器件的设备。
2. 辅助设备，指辅助车间内的生产性设备。
3. 服务性设备，指间接为生产服务的设施。
4. 备件和工具，指生产设备的一些易损、易磨件的备用品和一般的通用和专用工器具。

二、设备方案的选择原则

1. 满足工艺技术条件和项目生产能力的原则。
2. 选择适用的高效先进设备的原则。
3. 要考虑项目厂址的环境和动力、运输、资源等条件的原则。
4. 坚持国产化原则。
5. 坚持灵活性原则。
6. 坚持配套性原则。

三、最优设备方案的选择及分析论证

(一) 最优设备方案

项目所需设备包括国内订货设备、进口设备及合作制造设备。根据项目的生产能力和技术经济特点,确定项目生产营运所需的各类设备,并组成若干可行的备选方案,按照设备选择原则,对设备方案进行分析比较,选择出项目的最优设备组合方案。其中最关键的是对主要生产设备的规格、型号、生产能力、设备台数、运行费用、能耗物耗指标及产出物质量等主要条件进行综合技术经济分析论证。项目的主要生产设备选样,反映了项目的生产技术水平和经济合理程度,也是选择其他设备的基础。因此,必须认真地进行选择和论证。

(二) 进口设备的引进步骤

进口设备的选择应按下列步骤进行:

1. 申请审批,委托办理。从国内外同类设备的技术水平差距,进口设备对实现项目的经营目标等方面分析论证引进进口设备的必要性,并按国家规定程序上报有关部门审批,经批准后,由具有从事设备进口业务资格的公司代为办理。

2. 出国考察,选择采购厂家。对于必须采用国外新工艺、新设备,又需大量采购设备的大中型重点项目,在项目建议书批准后,进行可行性研究及项目评估之前,应及时派人出国考察,并根据项目初步确定的生产工艺技术方案,选择适合项目采购的国家与厂家。

3. 招标比价,优选方案。对于较大宗的设备采购,可采用国际招标投标的办法,从招标者的相互竞争中,选购物美价廉的设备,以达到节约投资的目的。对于一般性的设备进口采用比价方式采购,即向外国厂商(最少三家)进行"询价",需要供货人提供拟采购设备的性能指标和价格,从中选出最合要求的一家与之成交。在招标和比价过程中,购货者要详细考核和比较主要工艺设备的性能和价格,并从设备的先进性、适用性、经济性、可靠性以及国内的配套能力、消化吸收能力等方面进行多方案的比选和论证,以便从中选择最优方案。

4. 谈判签约,发货付款。建设项目经过可行性研究和评估决策后,进入项目投资建设期。通过设备招标和询价,选择设备供货厂商后,就可与中标厂商或比价中选定的厂商进行正式商务谈判,双方签订采购合同。然后按采购合同规定,交付一定数额定金,同时厂家按合同规定时间一次或分期发货,并按合同规定结算方式付款,整个设备采购过程就此结束。

四、设备选择的影响因素

在选择设备时还应综合考虑以下因素:

(一) 可靠性

设备的可靠性是通过可靠度来表示的。所谓设备的可靠度,是指设备在规定条件下和规定的时间内,完成规定功能的概率,用 $R(t)$ 表示。它表明设备的可靠度随设备的使用时间而异,可靠度的最大值为 1,即 100% 可靠;最小值为 0,即设备不能工作。所以,它是介于 1 和 0 之间的一个量,即 $0 \leq R(t) \leq 1$。

生产系统的可靠度应与产品的工艺要求相适应。对由一系列设备构成的生产线而言,串联设备中有任意一台设备发生故障不能工作时,整个生产线就会被迫停工。因此,串联系统的总的可靠性是其组成单元的各个可靠性的乘积,即 $R_S = \pi R_i$,所以,对生产线中设备的可靠度的要求比单台设备运行时高得多。

【例 5-8】若一台设备的可靠度是 0.95,系统中每台设备的可靠度都是相同的,则生产线的可靠度与串联台数 (1~7 台) 间的关系。

解:1 台设备的可靠度 = 0.95,

2 台设备串联组成的生产线可靠度 = $0.95 \times 0.95 = 0.9025$

3 台设备串联组成的生产线可靠度 = $0.9025 \times 0.95 = 0.8574$

4 台设备串联组成的生产线可靠度 = $0.8574 \times 0.95 = 0.8145$

以此类推……

生产线中的设备台数、设备的可靠度和生产线的可靠度间的关系见表 5-15 中的计算结果。

表 5-15　　　　　　　设备台数与生产线的可靠度

串联台数	1	2	3	4	5	6	7
生产线可靠度	0.95	0.9025	0.8574	0.8145	0.7738	0.7351	0.6983

从表 5-15 中的数据可以看出,系统的可靠度随系统中串联的设备台数的增加而迅速下降。

当系统中设备的可靠度不同时,可靠性最差的设备对系统的可靠性影响最大,这台设备会成为生产线"瓶颈"。为了解决这个"瓶颈",最常采用的方法是在这台设备处并联上一台同样设备。并联系统总的可靠性与其各个组成单元的可靠性的关系是 $R_S = 1 - \pi(1 - R_i)$。如并联 2 台可靠度 $R = 0.95$ 的设备时,其系统的可靠度 $R_S = 1 -$

$(1-0.95)×(1-0.95)=0.9975$，远比一台设备的可靠度 0.95 高。因此，工程上除了常用并联运行外，也会考虑并联一台设备作为备用设备，一旦发生故障立刻切换。

可靠度高的设备故障率低。故障率 λ 的定义是设备工作到 t 时间后，单位时间内发生失效（故障）的概率。它与可靠度间的关系是：

$$R(t)=e^{-\lambda t}$$

【例 5-9】有台连续运行的设备，已知其 $\lambda = 3.62×10^{-5}$（1/小时），问使用半年后和使用 1 年后的可靠度分别有多大？

解：采用 Excel 的 EXP（number）函数来计算

使用半年后：$t = 24×365/2 = 4380$（小时）

使用 1 年后：$t = 4380×2 = 8760$（小时）

代入公式，得：

$R(4380) = EXP(-3.62×10\wedge-5×4380)$
　　　　　$= EXP(0.158556) = 0.8534$

$R(8760) = EXP(-3.62×10\wedge-5×8760)$
　　　　　$= EXP(0.317112) = 0.7283$

即使用半年和使用 1 年后该设备的可靠度相应为 85.34% 和 72.83%。

设备还有一个指标，即设备的平均寿命 MTTF（Mean Time to Failure），它是故障率 λ 的倒数。

【例 5-10】上例中设备的故障率 $\lambda = 3.62×10^{-5}$（1/小时），问这台设备的平均寿命值是多大？

解：设备的平均寿命 $MTTF = 1/\lambda = 1/(3.62×10^{-5})$
　　　　　　　　　　　　$= 27624$（小时）$= 1151$（天）$= 3.15$（年）

（二）维修性

维修性表示可修复设备在技术维修时的难易程度的特性，要求设备结构简化、零部件组合合理、更换性好，力求标准化和通用化等。可修复设备的维修度和上面介绍的可靠度一样，用 $M(t)$ 来表示，而且 $M(t) = 1 - e^{-\mu t}$，同样平均修复时间（MTTR）是 μ 单位时间内完成修复的瞬间概率的倒数。

【例 5-11】从设备的档案得知，某设备的 MTTR = 2.5 小时，现发生故障，设维修的条件与以往一样，问此设备在 8 小时和 24 小时修复的概率有多大？

解：根据公式，得

$M(8) = 1 - EXP(-8/2.5) = 1 - EXP(-3.2) = 0.9592$

$M(24) = 1 - EXP(-24/2.5) = 1 - EXP(-9.6) = 0.99993$

可见，该项修理工作可以在 1 天内完成。

(三) 有效性

有效性一般指的是设备的生产效率,用设备在单位时间的产品产量来表示。考虑这一因素时,应同企业的长期计划结合起来,既要使设备的生产效率能够满足企业生产发展的需要,又要使设备达到充分负荷。对一台设备而言,设备的有效度可以将可靠度的 MTBF(设备的平均寿命,即相邻两次故障的平均工作时间)和维修度的 MTTR 结合起来考虑:

$$设备的有效度 = MTBF/(MTBF + MTTR) = \mu/(\mu + \lambda)$$

对生产线来讲,还应当考核设备的利用率,这时可用下式来计算:

$$设备台数的利用率 = (设备使用的台数/设备在册台数) \times 100\%$$

$$设备工时的利用率 = (实际工作台时数/日历台时数) \times 100\%$$

$$设备生产能力的利用率 = (单位台时的实际产量/单位台时的额定产量) \times 100\%$$

当各台设备之间的价格相差很大时,系统的利用率则应当用(使用中设备的价值/在册设备的价值)×100% 来表示。

从有效度的概念出发可以发现,具有表 5-16 所示不同组合的 MTBF 和 MTTR 值(可以是任意时间单位),其有效度都是 99%。

表 5-16　　　　　　　　　不同组合的 MTBF 和 MTTR

MTBF	100000	10000	1000	100	10
MTTR	1010	101	10.1	1.01	0.101
有效度	0.99	0.99	0.99	0.99	0.99

因此,尽管设备和(或)系统的 MTBF 值大大地下降,只要相应地减少 MTTR 的数值,设备仍可保持不变的有效度。这就是说,提高设备的维修度可以弥补可靠度的不足。因此,组合生产线选择设备组成时,应当对可靠度和维修度进行综合平衡,要进行多方案的比选,以最低的费用取得最大有效度的设备和(或)系统。

(四) 安全性

安全性指设备在使用过程中对生产安全的保障性能。必要时应选择带有事故报警或设有自动保护装置的设备。设备一旦发生事故,不仅直接威胁工人的健康和生命,而且会导致对机器设备、厂房以及生态环境的破坏,给企业带来巨大的经济损失。

像可靠度、维修度这些系统参数一样,安全性可以用安全度来表示。安全度是系统(设备)在规定的工作条件下和规定的时间内不发生安全事故的概率。安全性分析的目的是及早发现隐患，并将其缩小到最低限度。可以通过进行预防性维修，提前更换不可靠的部件来提高系统的安全性。要对系统进行审查分析，清除由于设计不好、装配出错、材料选择不当、维修不良以及违规操作等造成的危险。研究安全性的方法与研究可靠性、维修性的方法有很多共性。一般来讲，一台不可靠的设备、一台不好维修的设备，常常也是一台不安全的设备。

（五）节能性

节能性指对能源的适应和利用的性能。节能性要求设备能适应当地的能源供应条件。设备的热和（或）电效率高，则能源利用率好，能耗低。但是强调设备的节能性并不是说在相同的条件下选择电器设备时，一定用电效率高的。正确的做法是进行经济核算后再作决定。

【例5-12】某厂需添置一台间歇使用的1837.5瓦的电机，要求的使用期为20年，现市场上有两种电机可供选择，电机的原始价格、年维修操作费用、残值和电费（0.07美元/千瓦时）如表5-17所示，已知电机的使用期为20年，折现率i=13%，问应选择何种电机？

解：采用Excel的内插函数PMT来计算设备的资本回收值，即A = PMT(rate, nper, pv, fv, type)，式中的rate为所用的折现率，nper为设备的使用年限，pv、fv分别为设备的初始费用和期末残值。

表5-18中，计算过程如下：

B11：= PMT(rate, nper, pv, fv, type)
= PMT(0.13, 20, 1300, -130, 0) = 183.45（元/年）；

C11：= PMT(rate, nper, pv, fv, type)
= PMT(0.13, 20, 1560, -156, 0) = 220.14（元/年）；

B12：=（B1 * B2/B3）* B9
=（2.5 * 5000/89.5%）* 0.07 = 977.65（元/年）；

C12：=（C1 * C2/C3）* C9
=（2.5 * 5000/93%）* 0.07 = 940.86（元/年）；

B14：= SUM(B11：B13) = 183.45 + 977.65 + 100 = 1261.11（元/年）；

C14：= SUM(C11：C13) = 220.14 + 940.86 + 100 = 1261.00（元/年）。

可见，当两种电机年运行5000时数时，总年度费用基本相等，均为1261元/年。

现改变两种电机的年运行时数，从0到6500小时数共安排14个方案，按照以上方法以此类推，计算每个方案对应的总年度费用列于表5-17中。

表 5-17　　　　　　　　　　数据及计算结果

	A	B	C	D	E	F	G
1	输出功率（千瓦）	2.5	2.5		0	283.45	320.14
2	年运行小时数	5000	5000		500	381.22	414.23
3	电机效率	89.50%	93.00%		1000	478.98	508.32
4	初始费用（元）	1300	1560		1500	576.75	602.4
5	维修等费用（元/年）	100	100		2000	674.52	696.49
6	残值（元）	130	156		2500	772.28	790.57
7	使用年限	20	20		3000	870.05	884.66
8	折现率	13%	13%		3500	967.81	978.75
9	电价（元/千瓦时）	0.07	0.07		4000	1065.58	1072.83
10					4500	1163.34	1166.92
11	资本回收（元/年）	183.45	220.14		5000	1261.11	1261
12	电费（元/年）	977.65	940.86		5500	1358.87	1355.09
13	维修等费用（元/年）	100	100		6000	1456.64	1449.18
14	总年度费用（元/年）	1261.11	1261		6500	1554.4	1543.26

从计算结果可知，当电机的年运行时数少于 5000 时数时，低价电机的总年度费用更低，因此，应当选用价廉的低效率电机；而当电机的年运行时数超过 5000 时数时，高价电机的总年度费用更低，此时才应选用高价高效电机。

（六）环保性

环保性指设备的噪声和设备排放的有害物质对环境的污染程度和控制程度。噪声有害人体健康，要把它控制在规定的范围内。设备排放的废气、废渣、废水不能超过排污标准，必要时应配备相应的治理设备。

（七）成套性

成套性指设备在性能、能力等方面相互配套的程度。要注意设备的成套性，设备不配套，就不能形成生产能力或不能充分发挥设备的性能，从而造成经济上的浪费。成套设备的最大优点是工序匹配，联动性能比较好，订货也较简便。

成套设备是根据额定的设计能力配置。成套设备中各工序、各设备的生产能力是均衡的。同时，在过去联动使用中出现过的问题一般都已得到修改与克服。

由于是成套生产，订货周期短，手续简便，到货不会前后参差不齐，备品备件容易采购。总之，对于设计、订货、验收、安装、试车、生产、维修都会带来很大的方便。

根据设备成套范围大小的不同，设备成套可分为单机成套、生产线成套和项目成套。单机成套是以一台主机为中心，包括辅机、附件、工具及控制系统的配套。生产线成套是一个生产过程的全部设备、附件、工具及控制系统的配套。项目成套则是整个项目全部设备、工具及仪器的成套，包括生产系统、辅助生产系统、控制系统、通信系统、测试检验系统、储运系统、检修系统、三废处理系统等。

究竟选择哪一种成套类型，应视项目的具体情况而定。成套引进虽然简单方便，风险较小，只要"接钥匙"就行，但价格较昂贵，花费较大，当从国外引进时应尽量争取有更多的设备由国内配套以节省外汇。此外，成套设计往往是根据通用条件设计的，不能考虑到各个项目的具体情况。若一些项目的条件与通用条件差别较大，则应从建设单位的实际情况出发，合理选择相应的设备组合成适合拟建项目的最佳生产系统。

（八）灵活性

灵活性包括以下几个内容：

1. 在工作对象固定的条件下，设备能够适应不同的工作环境和条件，操作使用比较方便灵活。

2. 对工作对象可变的加工设备，要能适应多种零部件加工的性能，通用性要强。

3. 设备结构简单紧凑、重量轻、体积小、占用作业面积小、移动方便。

设备的灵活性是设备适应生产方案改变的能力。生产方案的改变可以是生产能力的改变，品种规格的改变，甚至是产品的改变。一般来讲，单条生产线的规模不宜过大，专用设备不宜太多，而应选用通用设备，因为生产成本不仅取决于规模大小，而且与开工率有关。

表 5-18 举了一个美国高密度聚乙烯厂在不同开工率下的生产成本的例子。它说明，在开工率相等的情况下，规模大的生产线的生产成本比规模小的低；但是，当开工率不同时，规模小的成本有可能比规模大的成本低。因此，设备规模的选择必须考虑到由市场造成的生产负荷可能发生的改变。

表 5-18　　　　　　　　不同开工率下的产品价格

生产成本（美分/磅）	年生产规模（10^6 磅）		
	10	200	400
100% 开工率	31.90	29.27	27.98
75% 开工率	35.89	32.39	30.67
50% 开工率	43.88	38.62	36.04

(九) 经济性

设备投资一般占固定资产投资的 30%～50%，而且设备的运行费用是生产经营费用中的一个重要部分。因此，设备的选择不但同产品质量、生产成本、安全、工艺稳定有很大关系，而且对项目的经济效益有很大的影响。随着科学技术的不断发展，高精度、高效能、高自动化的设备逐渐增多，设备的投资费用也越来越昂贵，与设备有关的费用在产品成本中所占的比重也不断增加。因此，降低设备的寿命周期费用在提高企业经济效益中占有十分重要的地位。

寿命周期费用 LCC（Life Cycle Cost）是 20 世纪 60 年代出现的概念。LCC 是准备论证、研制、生产、使用（含维修、储存等）和退役各阶段一系列费用的总和。即：

$$LCC = C_1 + C_2 + C_3 + C_4 + C_5$$

式中：C_1——论证阶段费用；

C_2——研制阶段费用；

C_3——生产阶段费用；

C_4——使用阶段费用；

C_5——退役阶段费用。

设备的寿命周期费用是指设备在全过程中消耗的总费用，由原始费和使用费组成。

原始费（设置费）是一次支出或集中在短期内支出的费用。自制的设备包括研究、设计和制造费用；外购设备包括价格、运输和安装调试等费用。

使用费（运转维持费）是为了保证设备正常运行而定期支付的费用，包括能源费、固定资产税、保险费、维修费和操作工人工资等。

因此，在进行设备经营决策时，不能只考虑设备寿命周期某一阶段（制造、采购、使用维修）的经济性，更要十分注重设备原始费和使用费总和的最经济。根据有关资料统计，设备的后期使用费和维护费是其初始购置费的 2～20 倍。如果在设备管理中不认真研究占寿命周期费用大多数的使用费和维护费，后果将十分严重，可能会造成企业买得起设备而使用不起设备这样的情况发生，从而影响企业的经济效益。因此，在设计某种新设备时，既要考虑降低制造成本，又要考虑使用费用经济合理；在选择新设备时，不能贪图价格便宜，同时也要考虑到设备购置后的一系列其他费用。事实上，价格最便宜不一定寿命周期费用最低，而寿命周期费用最佳并不等于寿命周期费用最低，还应考虑设备的生产效率和对产量、质量的保证程度等因素。

寿命周期费用评价的主要任务是在满足特定技术性能、安全性、可靠性等要求的条件下评估和优化产品的 LCC，为设备寿命周期内各个阶段提供正确的决策依据。不论是在设备寿命周期的全过程还是其中的某一阶段，都应当利用寿命周期费用来进行决策。在实际工作中，经济与技术是辩证的统一，因为经济效益是推动生产工具发展的直接动力，只有技术先进、经济合理的新机器设备才能得到广泛应用。所以，购置、使用、更新、改造等环节均须按技术先进和经济合理的原则进行经济效益分析，以此作为对诸多方案进行评价、选择和决策的主要依据，这也是提高经济效益的重要途径。

【例 5-13】某项目有一条流水生产线，可考虑的有三个方案，其购置安装费用、年维护运行费用、残值及年生产能力如表 5-19 所示（货币单位：万元），已知寿命期为 15 年，i=10%，问应选什么方案为好？

解：用 Excel 的内插函数净现值 P = PV（rate，nper，pmt，fv，type）来计算。式中的 rate 为各期利率；nper 为设备的寿命期；pmt 为各期所应收入、支付的金额，其数值在整个年金期间保持不变；fv 为未来值，是在最后一次收支后得到的现金余额；type 为数字 0 或 1，用以指定各期的付款时间是在期初还是期末。

表 5-19　　　　　设备寿命周期费用及费用指标值的计算　　　　　单位：万元

方案	购置安装	维修运行	残值	生产能力（吨/年）	净现值	费用指标
A	4460	820	44.6	15000	10686.31	0.71
B	4950	780	46.5	16000	10871.61	0.68
C	3400	950	34	13000	10617.64	0.82

A 方案的净现值 $P_A = P_0 + PV(rate, nper, pmt, fv, type)$
$= 4460 + PV(0.1, 15, 820, -44.6, 0) = 10686.31$（万元）

B 方案的净现值 $P_B = 4950 + PV(0.1, 15, 780, -46.5, 0)$
$= 10871.61$（万元）

C 方案的净现值 $P_C = 3400 + PV(0.1, 15, 950, -34, 0)$
$= 10617.64$（万元）

A 方案的费用指标 = 净现值/生产能力 = 10686.31/15000 = 0.71
B 方案的费用指标 = 10871.61/16000 = 0.68
C 方案的费用指标 = 10617.64/13000 = 0.82

从寿命周期费用（净现值）最低出发考虑，因为 C 方案的净现值最小，因此，似乎应该选择方案 C。但是这三个方案的生产能力不同，即效率是不相同的，因此，还要从各方案的费用指标值即单位产品的投入（费用现值）这个指标去考虑。因 B 方案的费用指标 0.68 为最小，所以，最后得出的结论是：应采取这三个方案中原始费用最高的、寿命周期费用最多的方案 B。

【例 5-14】某石油钻机原值 1500 万元，其第一年的运行费用为 50 万元，而后逐年增加 65%，残值逐年递减 80%，设备的寿命为 7 年，MARR = 18%（见表 5-20），求该设备的经济寿命。

解：现用 Excel 的电子计算表及其内插函数 A＝PMT（rate，nper，pv，fv，type）来求解。

1 年运行费 ＝50，折现值 ＝50/1.18＝42.372

2 年运行费 ＝50×1.65＝82.5，现值 ＝82.5/1.18^2＝59.25

3 年运行费 ＝82.5×1.65＝136.125，现值 ＝136.125/1.18^3＝82.85

4～7 年的运行费用及其折现值以此类推……

1 年残值 ＝1500×0.8＝1200，

1 年残值 ＝1200×0.8＝960，

3 年残值 ＝960×0.8＝768，

4～7 年的残值以此类推计算，计算计算结果见表 5－20。

表 5－20　　　　　　年使用费 A（费用年值）计算表　　　　　单位：万元

	A	B	C	D	E
1	年份	运行费用	运行费用折现值	残值	年使用费A
2	0			1500	
3	1	50	42.372	1200	620
4	2	82.5	59.25	960	582.614
5	3	136.125	82.85	768	559.747
6	4	224.606	115.849	614.4	551.445
7	5	370.6	137.282	491.52	558.801
8	6	611.49	226.515	393.216	584.163
9	7	1008.959	316.738	314.572	631.457

1 年的年使用费 A＝PMT(rate，nper，pv，fv，type)
　　　　　　　　　＝PMT(0.18，1，1500＋42.372，－1200，0)＝620

2 年的年使用费 A＝PMT(0.18，2，1500＋42.372＋59.25，－1200，0)＝582.614

3 年的年使用费 A＝PMT(0.18，3，1500＋42.372＋59.25＋82.85，－1200，0)
　　　　　　　　　＝559.747

4～7 年的年使用费 A 以此类推，计算结果见表 5－20。

从计算结果可见，4 年时的年使用费 551.445 万元为最小，因此，该设备的经济寿命为 4 年。

【思考题】

1. 项目厂址选择的原则要求有哪些？厂址方案的评价方法有哪些？

2. 原材料供应条件评价包括哪些内容？项目选择原材料应遵循的原则是什么？

3. 什么是技术路线？工艺技术路线选择的原则是什么？

4. 什么是设备的可靠性？什么是设备的维修性？如何提高设备的可靠度？

5. 什么叫设备的寿命周期费用？掌握计算设备经济寿命的方法。某设备净现值为8000元，还能靠维修运行4年，保留时的数据如下表所示，但也可用新设备，购置价为14000元，4年后残值为4000元，年运行费用为2600元，MARR=12%。旧设备是否应更新？如要更新何时为好？

使用年限	年末残值（元）	年使用费（元）
0	8000	
1	6500	3000
2	5000	4000
3	3500	4500
4	2000	5000

第六章

公共项目生产规模评估

本章应了解和掌握:

1. 公共项目经济规模与规模经济、长期与短期成本曲线的关系、规模经济层次、规模优化和规模不经济等概念。
2. 合理经济规模的影响因素与确定方法。
3. 提升项目规模经济的途径与方法。

一个项目的生产规模首先受到市场的需求量制约,当项目的生产规模小于市场对项目产品的需求量时,这意味着项目将放弃部分来自市场的利润和社会效益;相反,如生产规模大于需求量时,会造成产品积压或开工不足,从而使项目的经济效益降低。此外,项目的生产规模还受到项目经济技术环境的约束,如经济发展规划,原材料、燃料、动力的供应、运输条件、资金条件、协作条件、技术条件等。总之,项目规模的合理选择对项目的成败起着关键作用。对已有的项目而言,企业要想在激烈的市场竞争中立于不败之地,其中最重要的条件是企业必须达到规模经济状态。因为企业增大生产批量,可以使单位产品的固定成本降低,劳动生产率提高,产品具有较强的竞争力。因此,对规模经济理论和方法的研究,对于建设社会主义市场经济体制具有重要意义。

第一节 规 模 经 济

一、经济规模和规模经济的概念

经济规模(Economic Scale)又称为经济总体规模,是反映一个国家或地区、行业以及企业的经济总量的指标。因此，表述时有地域、时空和产品类别之分。

对一个国家来说是用国内生产总值（GDP）表示，这是宏观的经济规模的统计数据，即一年中国内所产出的全部最终产品和服务的价值总和。对一个企业来说，一般是用产品产量或产品产值来表示的经济规模。

规模经济（Economies of Scale）是指通过扩大生产规模而引起单位成本下降、经济效益增加的现象。规模经济反映的是生产要素的集中程度同经济效益之间的关系。

一般地，在给定的技术条件下，对于某一产品，如果在某些产量范围内平均成本是下降的，则可认为存在着规模经济。反之，则称为规模不经济。规模经济产生的原因：由于企业生产规模的扩大，有利于企业引进专业人才管理公司、使用更先进的生产技术和实施科学化的管理及实行更精细的分工、协作和专业化生产，有利于企业产品零部件的标准化、通用化和生产经营的联合化、多样化，也有利于大量销售、大量采购和对产品进行综合利用，在财务上由于拥有较雄厚的资本及较充足的抵押品而可获得较低的借贷利率或上市通过发行股票集资，总的结果是产生规模效应，使产出水平增加而引起长期内产品平均成本的降低。因此，规模经济这个概念是与项目（企业）的长期成本曲线相联系的。

二、长期成本曲线和短期成本曲线的关系

长期成本曲线（LAC）是企业根据产量的要求来调整全部生产要素的投入（包括固定资产、流动资产、劳动力等）而得出的。与长期成本曲线不同，企业存在着短期成本曲线（SAC），这时由于时间仓促，企业来不及调整固定资产（如土地、厂房、机器设备等），而只能通过某些可变投入（如物料、劳动力等）来适应产量变化的需求，所以，短期成本曲线包括固定成本曲线和变动成本曲线。企业的短期平均成本曲线是平均固定成本曲线和平均变动成本曲线的叠加，因此，它的图形一般是接近U形的（见图6-1）。从图6-1可知，企业应当调整某些可变投入使短期成本达到最低点。

长期平均成本曲线和短期平均成本曲线一样，也有最优经济规模，所不同的是长期平均成本曲线的最佳经济规模是多种生产要素组合中最佳的经济规模，它的经济性不像短期平均成本曲线那样只是来自生产要素的充分利用，而是主要来自生产要素的最佳配合和合理选择。

企业的长期成本曲线和短期成本曲线的关系是长期成本曲线实际上是短期成本曲线的包络线，即长期平均成本曲线上的每个点都对应着一条短期平均成本曲线（在这条曲线上尽管产出量不同，但生产规模是相同的）。一般而言，长期平均成本曲线也

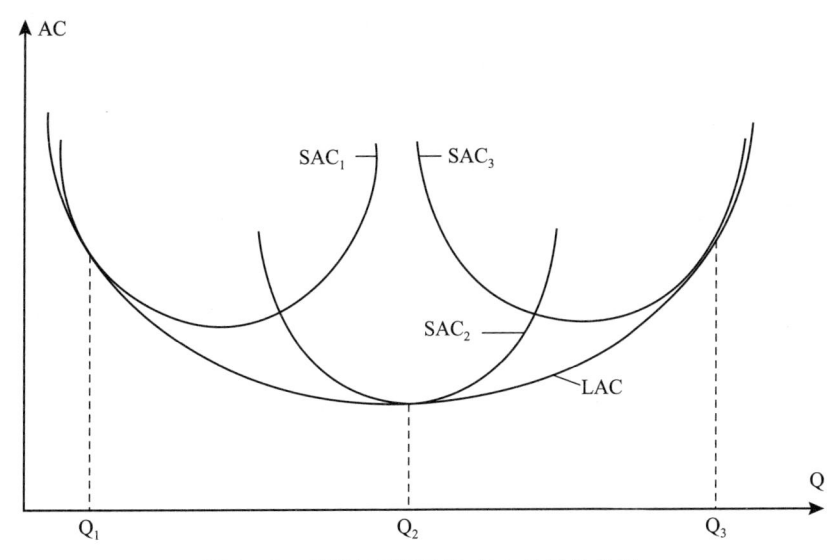

图 6-1 长期与短期平均成本曲线的关系

是 U 形，它的最低点 Q_2 表示已达到最优规模。在最优规模产量 Q_2 之前，企业平均成本会随着产量的增大而递减，即企业处于规模经济阶段，产量增大超过此最优点则平均成本递增，企业处于规模不经济阶段。应当指出，随着技术进步和生产工艺水平的提高，Q_2 点会不断变化。现代消费需求的多样化与个性化，并没有使规模经济因此而丧失。而是通过产品的系列化和标准化，实行"多品种、少批量和大量生产"，使规模经济依然深刻地影响着企业的生产经营和发展。人们通过自觉地选择和控制生产规模，求得生产量的增加和成本的降低，以取得最佳的经济效益。

三、规模经济的层次

在西方经济学里，规模经济主要用来研究企业经济。但作为生产力经济学的重要范畴，规模经济的含义则应包括从宏观到微观的能获得经济利益的各个层次的经济规模。它包括以下几部分：

1. 规模内部经济，指一经济实体在规模变化时由自己内部所引起的收益增加。

2. 规模外部经济，指整个行业（生产部门）规模变化而使个别经济实体的收益增加。如：行业规模扩大后，可降低整个行业内各公司、企业的生产成本，使个别经济实体获得相应的收益。

3. 规模结构经济，指若干不同规模经济实体之间的配比和组合，形成一定的规模结构经济（企业规模结构、经济联合体规模结构以及城乡规模结构等）。

四、规模经济的类型

通常，规模经济分为两类：

1. 从设备、生产线、工艺过程等角度提出的，称为工厂规模经济。其形成的原因有：

（1）采用先进工艺，设备大型化、专业化，实行大批量生产，可降低单位产品成本和设备投资；

（2）实行大批量生产方式，有利于实现产品标准化、专业化和通用化（通常称产品的"三化"），提高产品质量，降低能耗和原材料消耗等各种物耗，促进技术进步，取得显著的经济效果。

2. 企业规模经济，指若干工厂通过水平和垂直联合组成的经营实体。它不仅可带来单位产品成本、物耗降低，取得"全产品生产线"的效益，而且因为降低销售费用，节省大量管理人员和工程技术人员，还可使企业有更多的资金用于产品研制与开发，使其具有更强的竞争能力。

在实际生产中，两种规模经济具有同等重要意义。企业扩大规模经济的目的是增加收益和提高企业产品的市场占有率。企业扩大规模带来的经济效益就是规模效应。

五、规模的优化

企业规模的优化，可简单地表述成规模效益的最大化，由于在实际生活中，可能的企业规模受到诸多因素（特别是自然条件、技术、市场、资金以及管理水平）的制约，一般只能在有限的几个规模下比选。如，火力发电机组的规模是单机容量5万千瓦的整数倍，化工设备和装置能力影响化工企业的规模，石油和煤的储量决定油田和煤矿的开采规模。火电工业的坑口电站则要考虑资源条件和用电负荷，装机容量会在较大的范围内变化。此外，企业的规模会受资金、市场、劳力、运输、专业化协作等社会经济条件的制约。因此，企业规模的优化就是在几个相互排斥方案中的优选问题。这类问题可以归结为在一些约束条件下求目标函数（效益）的最大问题，因此，可以用Excel的目标规划来求解。

规模效益的存在对项目规模合理选择具有重大的意义，一方面要充分利用规模效益来提高项目的经济效益，另一方面也要注意项目合理的规模大小不是绝对的，它会因时间地点、客观条件而异。行业不同，经济规模也不同。例如机械工业中的汽车制造业，电子工业中的空调机、电视机的生产企业，一般强调大批量生产，要求规模经济。如有资料报道，我国电冰箱生产分别达到年产13.5万台、20万台和40万台三种规模时，从工艺设备的角度测算，单台生产成本差额只占电冰箱生产成本的 0.5%～1.5%，因此，可以认为电冰箱企业的经济规模为 13.5 万台/年左右。以汽车制造业为例，轿车行业是公认的最具规模经济特征的行业，有资料介绍当年产量由 1000 辆增加到 5 万辆时，单位成本将下降 40%；当年产量由 5 万辆增加到 10 万辆时，单位成本将下降 15%；当年产量由 20 万辆增加到 40 万辆时，单位成本将下降 5%；超过 40 万辆时，单位成本下降得很少；年产量超过 100 万辆后，再扩大规模就不存在规模经济。国际上推荐的最优经济规模是年产 30 万辆，最小的经济规模为年产 15 万辆。应当着重指出，在学习借鉴国外的"经济规模"时，一定要从我国国内市场、工程费用、生产成本、销售收入、投资回收期、生产灵活性、内部管理效率等国情出发，综合考虑后决定，切忌生搬硬套，造成损失。

对公共项目中的教育项目，有研究表明高校随着学生人数的增加，由于教学成本、管理成本的节约，交易费用的节约和"分工"所带来的规模效益也存在着规模经济。

在一个投资项目中，投资方向取决于企业的市场机会，进而影响投资规模和经济效益。投资规模取决于市场需要、物质技术条件和经济效益。其中经济效益是企业投资的出发点和归宿点，因此，投资方向和投资规模的选择是以投资经济效益为依据的。

规模经济是指伴随生产规模的扩大而形成单位成本下降和收益递增。过去常用生产设备的规模经济来推算投资项目的规模经济，但这不够全面，原因是产品的成本 C 虽然随生产设备规模 P 的增大而下降且可用 $C = KP^{-n}$ 来表示（式中：K 为常数；n 为生产规模系数），但是投资建造一个工业项目不仅需要生产设备，还需要一系列的配套工程。例如，建造发电厂不仅需要发电设备，还需要投资建造厂房和厂外工程等。因此，从费用上讲，生产设备的制造和安装成本只是工程项目投资成本（基建成本）的一部分。建造一个工业项目（如一个大发电厂）往往需要几年的时间，工业项目的生产规模越大，投资越多，所需的建设工期就越长，这样在工业项目的投资成本中，不仅包括人工和原材料等费用，还应将项目建设期投资贷款的巨额利息和可能发生的通货膨胀因素考虑进去。这样就会造成项目投资的规模经济相对于项目生产设备的规模经济要弱得多。

其次，在衡量生产设备的规模经济时，都是假设规模设计生产能力利用率为 100%，对于一个工业项目投资来说，必须考虑项目规模设计生产能力利用率的变化（以下简称利用系数），计算公式为：

利用系数 =（项目实际运行生产能力/项目规模设计生产能力）×100%

研究表明，利用系数和项目的生产规模有联系，项目的生产规模越大，利用系数越低，原因是项目生产规模越大，生产系统出现故障的可能性就越大，修理和停机的时间也就越长，结果导致利用系数降低。美国通用电气公司核能发电部门统计分析表明，核电站 1/3 的故障与生产规模扩大有关，2/3 的故障与规模无关，生产规模每增加 1000MW，利用系数减少约 10%，利用系数降低，意味着同等生产量下的项目投资增加。令 H 代表投资项目每扩大单位生产规模其利用系数递减的百分比，利用系数 f 可用下式表示：

$$f = H_0 \left(1 - H \frac{p}{P}\right)$$

式中：H_0——常数；

p——扩大的生产规模；

P——生产规模。

因此，在不考虑利息负担和通货膨胀的影响下，项目的实际投资成本 I 正比于生产装置的规模成本／利用系数，即：

$$I = 常数 \times P^{-n} / \left(1 - H \frac{p}{P}\right)$$

由上式可知，随着 P 的增大，规模成本降低，会使项目的实际成本降低；另一方面 P 的增大，会导致项目的利用率降低而使实际成本增加。因此，I 与 P 之间是一条先降低后上升的曲线，曲线上的最低点即对应项目实际投资成本最小的、最适宜的生产设备的经济规模。

当经济实体规模扩大，出现产量的增加小于投入要素的增加时，收益递减，就是规模不经济。与规模经济一样，规模不经济可分为内在不经济和外在不经济。造成规模内在不经济的原因是：企业规模扩大时，由于管理效率的降低、事故的增加而导致长期平均成本上升。除了规模内部不经济还存在着规模外在不经济，它来自行业扩张引起的企业外界环境的恶化，如原材料及劳动力价格的上升、销售市场行情的下跌等。规模内部和外在不经济会同时使长期平均成本曲线递增。

在市场经济中，生产经营者应追求规模经济，避免规模不经济，研究取得最佳经济效益的合理规模，揭示经济规模结构的发展趋势，寻求建立最佳规模结构，以发展社会生产力。

第二节　公共项目合理生产规模的确定

一、制定项目生产规模的依据及制约条件

从总体上看，决定各种经济实体规模大小的主要因素有：

1. 科学技术条件。包括自然科学、社会科学以及相应的生产技术和管理技术等。

2. 经济条件。包括经济形势、资金的数量和来源、劳动力的供给，产品市场的大小、远近、分散和集中，原材料的供应和技术协作体系等。

3. 社会政治条件。包括产业政策、民族关系、军事国防、历史传统以及自然因素等。

三者都是各种经济实体规模的决定性因素。所不同的是，科学技术条件往往通过主体设备的大型化或小型化决定单个企业的规模。经济条件多半通过投入产出链来决定联合生产体或生产基地的规模。社会政治条件则是制约经济实体规模的外部重要因素。

建设项目的合理规模受到上述众多因素的制约，因此，在确定合理规模时要全面考察、综合分析、慎重比较，以作出正确的选择，一般说来要注意研究的有以下几个方面：

（一）政策因素

政策因素包括产业政策、投资政策、技术经济政策、环保要求和地区及行业经济发展规划。要通过项目促进国家、地区和行业经济的协调发展，使项目具有较好的国民经济效益和社会效益。为了规模经济，国家以及某些省对某些行业（如氮肥、煤矿等）的新建项目规模作出了下限的规定（这些下限值会随着经济的发展和技术的进步而有所变动）。例如2005年7月国家发改委就下文指出，今后一般不单独建新钢厂，现有钢厂要达到800万吨的生产规模；对铜冶炼规定单系统铜熔炼能力在10万吨/年及以上；单系列铅和锌冶炼能力必须相应达到5万吨/年和10万吨/年以上；新建烧碱装置和新建、改扩建聚氯乙烯装置起始规模必须达到30万吨/年以上；新建铝土矿开采项目，总生产建设规模不得低于30万吨/年，服务年限为15年以上。此外，对新建项目的综合能耗、资源综合利用和环境保护都做了具体规定。

（二）市场因素

市场是考虑项目规模的首选，项目生产规模不应大于市场需求量，至于在预测的市场需求量之下，在一个地点建设一个大的项目还是分散建设若干个小的项目；这些小项目是同时建设，还是分期、分批建设为好；或是先建小企业，采取滚动发展最后建成大型的企业为好，这些则应对具体问题进行具体分析、计算后确定。

除了项目产品市场的情况，原材料、燃料、动力的市场和资金等常会影响项目规模的确定，例如要上一个大项目会面临筹资问题和资金成本的上升，以天然资源及农副产品为投入物的项目，则会导致地区乃至整个原材料市场的供给紧张和价格上涨。从总体上看，我国不缺乏劳动力，但要上大的项目，由于这些企业往往采用先进的生产工艺、设备和测试手段，也会使劳动力市场面临技术工人和管理人员的短缺问题。

（三）行业的技术经济特点

企业规模结构是涉及行业、部门乃至整个国民经济的问题，它要依靠对自然、技术、经济、社会等客观条件的定性和定量的分析，针对不同部门、不同行业的特点来合理确定。由于各行业有不同的生产技术特点，因此，会有各自合适的规模结构，例如，采掘业的规模主要取决于加工什么矿物（铁矿或有色金属矿、煤矿等）、矿物的储藏量和地质条件，生产规模会在很大的范围内变化；小水电厂的规模则主要取决于水力资源和需求情况。机械工业的特点是产品结构复杂、品种规格多，故常会以少数大型企业为中心，在专业协作的基础上，发展中小型企业。机电生产企业则离不开专业分工和协作生产，尽管规模不大，一条组装流水线却能实现大批量生产，取得较好的经济效益。食品、服装企业则宜以中小型为主。一般来讲，大中小企业都有各自的长处和短处，因此，大中小企业的有机结合是企业规模结构合理化的基本方向。

（四）资源及运输条件的约束

项目规模的确定除考虑市场条件和行业特点外，还要考虑资金条件、土地条件、原材料、能源和水的供应条件。此外，还应考虑当地和邻近地区已有的各类项目及可能的专业分工，要考虑到上游企业及下游企业的情况及其他有关部门可能的协作与配合。

现代化的大规模生产意味着原料、燃料、动力等生产投入物的大量耗用和产出物销往地域广阔的各地市场，这样就要求有一个现代化的运输、信息系统，对运输系统的要求是要兼顾现有的交通运输和未来兴建新的交通路线的可能。

二、项目合理经济规模的确定方法

未来项目合理经济规模的确定，常用的四种方法有：会计成本法、投资报酬率法、技术定额法和适者生存法，现分别简单介绍如下：

（一）会计成本法

会计成本法是指对同一企业不同时期、不同规模的成本或不同规模企业、同一时期的成本、利润进行对比分析，从而确定企业规模经济的方法。通过考察公司的规模与利润之间的关系来研究公司最优规模，其优点是简单易行，缺点是利润不一定只与规模经济相联系。其他的一些条件如垄断因素、经济周期等都会影响到企业的利润。

会计成本法包括多种具体方法，常用的方法有以下几种：

1. 短期成本法。短期成本法是指在现有企业扩建前的短期内，只调整原材料和劳动力等的投入量（而不调整固定资产的投入量）与各种产出量得出的成本。短期成本法实际上是以盈亏平衡分析法为基础，所以，在实际工作中要将短期成本划分为变动成本和固定成本，利润为零时的产量定为起始规模，利润最大时所对应的产量称为最佳经济规模。

【例 6-1】某厂设计生产能力为 15000 吨/年，产品的销售收入扣除税金及销售费用后为 4050 元/吨，年总成本为 3600 万元，其中固定成本为 1500 万元，问该厂的最低产量为多少才不致亏损？

解：首先要求解单位产品的可变成本：

$V = (3600 - 1500)/1.5 = 1400$（元/吨）

设盈亏平衡时的产量为 X，据盈亏平衡时，销售收入 = 总成本，得到如下方程：

$4050X = 15000000 + 1400X$

解得：$X = 5660$（吨）

即该厂的最低规模为 5660 吨，利润随着生产规模的扩大而增加。

2. 最小总费用法。最小总费用法是指制订各种可行的年产量方案并分析计算出各个年产量方案的总费用，然后比较各方案的总费用，选择总费用最小的年产量方案，得出最佳的经济规模。这种方法的数学表达式如下：

$$F(Q) = C(Q) + S(Q) + I(Q) \cdot E(d)$$

式中：$F(Q)$——年产量为 Q 的总费用；

$C(Q)$——年产量为 Q 的生产成本；

$S(Q)$——产品运到消费者手中的费用；

$I(Q)$——新建、改扩建企业所需的全部投资；

$E(d)$——投资效果系数。

上式表示在一定的生产、技术组合条件下，达到年产量为 Q 的经济规模所需支付的年总费用，它包括生产过程和流通过程中的支付、标准投资回收期内每年应分摊的基本建设投资和贷款利息。

3. 最小费用函数法。最小费用函数法是依据企业的经济规模、企业内部和外部因素以及内外部关联因素而建立的数学表达式：

$$F(Q) = V(Q) + D(Q) + G(Q)$$

式中：$F(Q)$——单位产品总费用函数；

$V(Q)$——单位产品企业内部费用函数；

$D(Q)$——单位产品企业外部费用函数；

$G(Q)$——单位产品企业内部与外部关联费用函数。

运用规划论方法对上式求解变量 Q 值，即获得企业最佳经济效益所对应的生产规模（企业的规模经济）。当费用函数方程的参数已知时，求解企业最佳经济规模的具体方法如下：

（1）无约束条件下，对总费用函数求导并令其等于零，得到企业的最佳规模 Q 值。

（2）有约束条件下，用规划方法联立求解 F(Q) 与一组约束不等式，得出变量 Q 值。通常情况下，F(Q) 和不等式具有非线性，需用非线性规划方法求解。

实际上这两种情况都可以用 Excel 的"规划求解"来简便地求解。

4. 成本函数法。成本函数法是指在一定的产出条件下，对投入要素进行优化配置，以实现生产成本最小的目标。它的数学表达式为：

$$\text{Min } C(Q) = P_K \cdot K + P_L \cdot L$$

式中：C(Q)——成本函数；

P_K——投入资金 K 的价格；

K——投入的资金；

P_L——投入劳动 L 的价格；

L——投入的劳动。

利用数学优化方法，在满足一定生产函数关系的产出水平上可以找到成本函数 C(Q) 的极小点；把不同产出水平的优化点，利用曲线拟合技术，选用适当的函数进行曲线拟合，得到既描述生产过程的内在联系，又反映产出与成本相互关系的长期成本函数，进而得到成本最低时对应的产量 Q 值。

5. 成本法。成本法是指通过对企业不同时期的产品成本及同一产品不同生产企业的产品成本的调查得出一系列的产品成本——产量数据点，假设这些企业的生产都是按相应规模下的生产要素的最佳组合来组织生产时，那些数据点就构成了该产品的长期平均成本曲线，拟合得出模型（如一元多次方程式），然后求极值就可得出成本最低时对应的产量 Q 值。

【例 6-2】为了测定生产产品 A 的经济规模，调查了一批有关单位，得到了在正常生产情况下产品 A 的平均成本与产量间的对应数据如表 6-1 所示，问该产品的经济生产规模是多大？

表 6-1　　　　　　　　　　　平均成本与产量

产量（万吨/年）	1.1	1.5	2.9	4.2	5.5	6.1	7.3	8.4	9.5	10.2	11.5	12.1
成本（元/公斤）	12.89	12.86	12.74	12.7	12.6	12.59	12.59	12.61	12.62	12.64	12.66	12.68

解：可先用 Excel 作散点图，然后再拟合得出相应方程式，具体做法如下：

1. 激活数据区，打开"插入"，在下拉栏中点击"图表（H）…"得到"图表向导"对话框。在"图表向导"对话框中找到"图表类型"——"XY 散点图",选中"XY 散点图",再在"子图表类型(T):"中选"平滑线散点图",按"下一步"得到图 6-2。

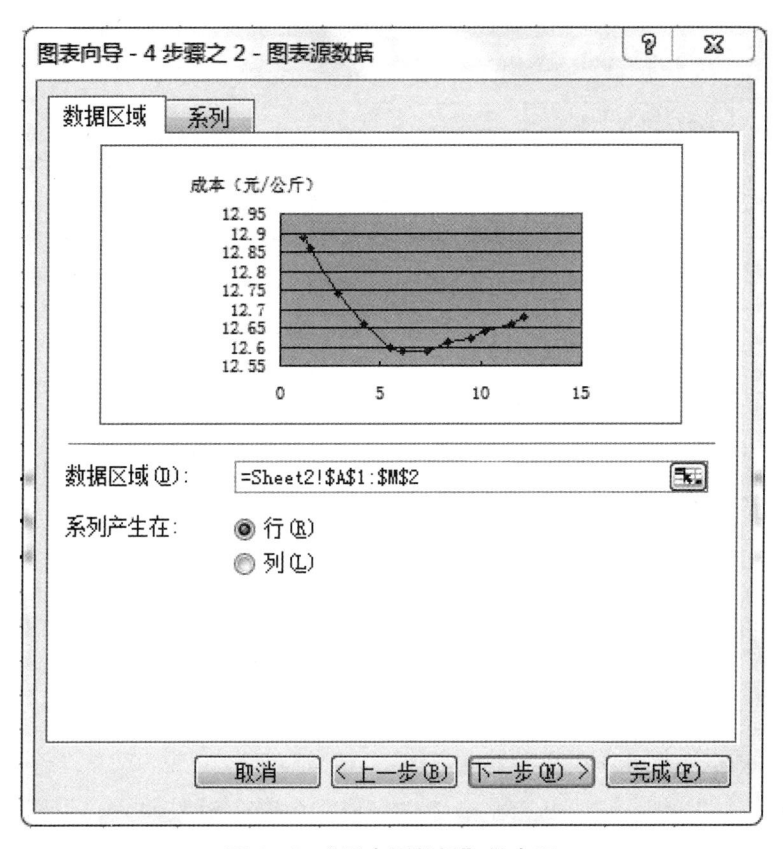

图 6-2 "图表源数据"散点图

2. 出现"图表源数据"对话框,向导会预选数据区域和系列产生在行或列,如有误更正,否则按"下一步"得到图 6-3。

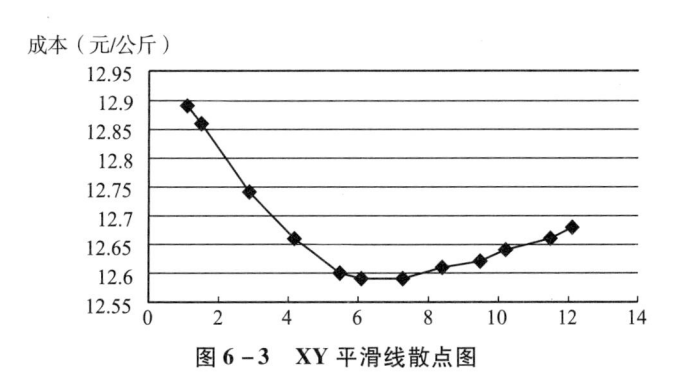

图 6-3 XY 平滑线散点图

3. 右键单击散点图，在下拉栏中出现"图表选项（I）…"，单击"图表选项（I）…"得到"图表选项（I）…"对话框，填入图名及 X、Y 轴的名称，按"确定"得到图 6-4。

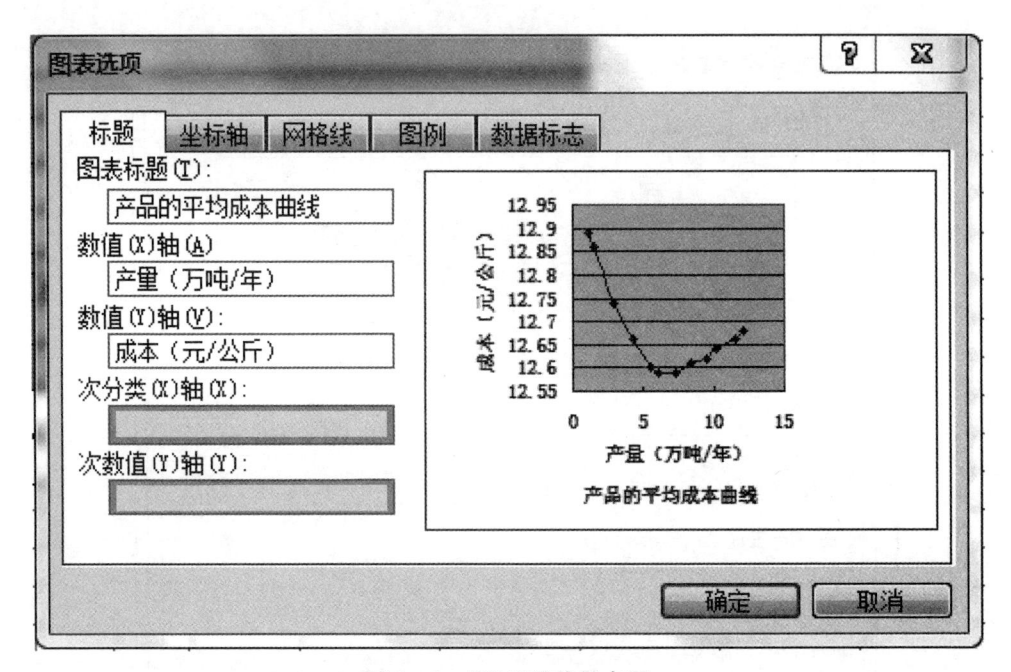

图 6-4　XY 平滑线散点图

4. 右键单击散点图，在下拉栏中出现"位置（L）…"，单击"位置（L）…"出现"图表位置"对话框，可选在新工作表或作为其中对象插入，见图 6-5，再按"完成"便得到图 6-6。

图 6-5　图表位置对话框

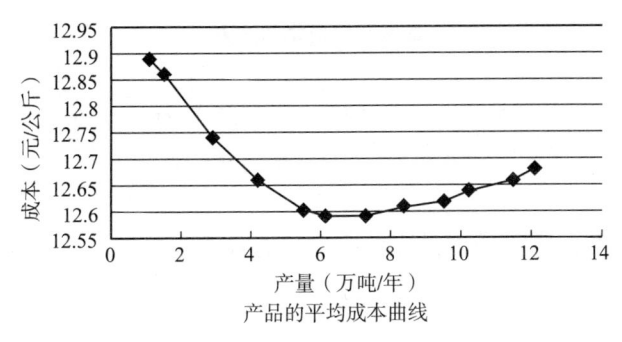

图 6-6　Excel 作图的最后结果

5. 最后要进行曲线的拟合，为此右击曲线上的数据点，在下拉栏中选定"添加趋势线"，出现"添加趋势线"对话框，在对话框中"趋势预测/回归分析类型"中选择"多项式（P）"，阶数改为"3"。再在"添加趋势线"对话框中，点击选项，点击"显示公式和显示 R 平方值"前的小方框，最后按"确定"，在图上得到回归方程式，见图 6-7。

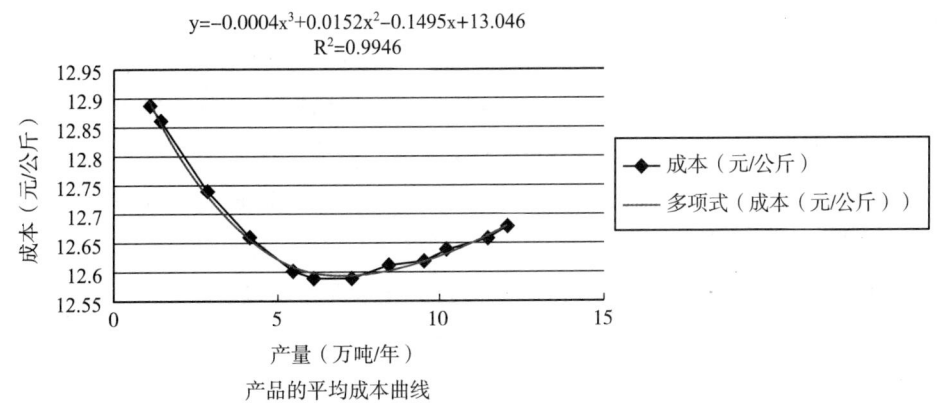

图 6-7　Excel 作图拟合的方程式

$$y = -0.0004x^3 + 0.0152x^2 - 0.1495x + 13.046$$

$$R^2 = 0.9946$$

由于 R^2 接近于 1，表示曲线拟合得很好。

为了求得对应成本最低的产量，可用 Excel 的"规划求解"，在 A29 格中写入公式，打开工具点击"规划求解"，在设置目标单元格中写入 A29，等于最小值，可变单元格写入 A30，约束为 A30 ≥ 1.1，最后按"求解"得产量为 6.678 万吨/年，对应最低的平均成本为 12.606 元/公斤，见表 6-2。即该产品的经济规模为 6.7 万吨/年左右。

表 6-2　　　　　　　　　　最低平均成本与产量

	A	B	C	D	E	F	G	H	I	J	K	L	M	N
28														
29	12.606		←目标单元格:=-0.0004*A30^3+0.0152*A30^2-0.1495*A30+13.046
30	6.678		←可变单元格

会计成本法的优点是数据比较容易取得，而且成本又是一个综合指标，在一定程度上能反映企业的经济规模；缺点是它取自不同企业和（或）不同时期，由于各企业的管理水平不同，折旧、固定费用的分摊上的差异，设备和工艺条件上的差别等，都会扭曲长期成本数据而不能得到确切的结果。

（二）投资报酬率法

该方法是基于直接比较不同规模企业的投资报酬率来确定经济规模，方法简单易行，但它存在着和会计成本法一样的缺点，投资报酬率不一定与规模经济相联系。它会受如垄断因素、经济周期影响，特别还与筹资条件相关。

（三）技术定额法

不同于上述这些直接采用财务数据的方法，技术定额法是应用生产设施和技术方面的参数，在设定产出和原料前提下（如规定产量、品种等），根据基本参数（如高炉容积、机床型号、数量等）、工艺参数（如温度、压力、生产节拍等）及标准定额数据（如投资、年工作日、工人单位时间工资、设备单位时间能耗及折旧等）来计算确定规模费用，得出长期平均费用曲线，通常包括如下步骤：

1. 确定装置或工厂的基本生产和技术参数、技术消耗定额；
2. 根据参数和技术消耗定额确定工序和独立流程规模成本曲线；
3. 组合工序和独立流程规模成本曲线以获得总的规模成本曲线。

技术定额法的优点是：采用此法一般能更容易地使各投入要素（如价格、产品组合和产品效率）保持不变，使人们分离出产量变化对成本的影响。通过技术定额法获得的长期成本函数是以当前得到的生产技术数据为基础，而不像会计方法得到的长期成本函数是以前的和当期的混合数据。最后，采用技术定额法可避免涉及一些采用统计方法估计长期成本函数时遇到的会计成本的分摊和资源评估的问题。

技术定额法的主要缺点是：需要运用有关工艺技术和机器准备效率方面的知识和数据。本方法只分析研究了生产过程或工厂的技术方面的因素，而忽略了企业管理方面的因素，如员工的招聘和培训、产品营销、资金筹措和组织管理等，这些显然是和效率密切相关的因素。

(四) 适者生存法

由于实际费用、定额以及市场的不确定性，用上述方法计算得到的结果难免有错，因此，美国斯蒂格勒（G. J. Stigler）提出了适者生存法，即通过观察市场发生的变化（不同生产能力的企业优胜劣汰、生存竞争的结果）来确定最优规模。

适者生存法是由1982年诺贝尔经济获奖者斯蒂格勒作为一种确定一个行业内厂商最优规模的一种方法而提出来的。方法首先以规模对行业内的厂商进行分类，然后对一定时间内每一类规模的厂商所占行业产量的份额进行计算。如果某一类厂商的行业产量份额在一定时间内下降，那么就可认为这类规模厂商的平均成本较高，即效率相对较低。相反，行业产量份额在一定时间内提高，就表明这类规模的厂商效率相对较高，而且会有较低的平均成本。

这种方法的合理性在于竞争将会淘汰那些规模效率相对较低的厂商，只留下那些具有较低平均成本的厂商。表6-3是斯蒂格勒对美国钢铁工业经济规模所做的分析。

表6-3　　　　　　　　美国钢铁工业经济规模分析表

企业规模所占份额（%）	<0.5	0.5~1	1~2.5	2.5~5	5~10	10~25	>25
1930年	7.16	5.94	13.17	10.64	11.18	13.24	38.67
1938年	6.11	5.08	5.3	16.59	14.03	13.99	35.91
1951年	4.65	5.36	9.06	22.21	8.12	16.1	34.5

表6-3中的数据是对应规模的钢铁企业的生产能力百分数，从表6-3可知，企业规模占市场比例低于0.5%的小企业，其生产能力百分数呈逐年下降趋势，是规模不经济的；生产规模大的（25%以上）只有一家基本变化不大；企业规模在2.5%~25%的企业，生产能力百分数是增加的，因此是增加规模的范围。

与研究规模经济的其他方法相比，适者生存法具有一些明显的特点：方法直接、简单，避免了统计方法所需的会计成本的分摊和资源的评估问题，也避免了工程成本法假设方面的问题。但应当指出，该方法也确实存在严重的局限性。首先，此法在分析中没有使用实际的成本数据，因此，它是定性的，无法评估具有不同规模和效率的厂商之间成本差别的大小，给出的只是一个区间。另外，由于法律因素，由此法得出的结论可能有误，正如麦吉（McGee）所指出的："在某些情况下，法律有利于大厂商，特别是在有管制的行业之中。另一方面，反托拉斯法和其他法律却又会约束大厂商，会限制厂商的规模。"此外，这个方法是建立在市场竞争的基础上，因而，实际上就假定了这些企业都处于最高效率，其单位成本都处于最低值。

三、合理经济规模的确定

合理经济规模的确定可分为宏观的、中观的和微观的三个层次。

宏观层次是从发展的角度来确定行业是否在国内市场就能获得规模效益，或是必须以出口导向面向世界市场才行。根据经济规模占市场的比重，考虑是否会造成垄断而影响竞争，从而决定相应的产业政策。

中观层次是结合产业的规模结构、地区布局和资源特点来确定规模经济。这时重点是考虑如何根据地区布局、运输条件、原料、能源以及产品的消费地区的分布来确定规模。例如在矿体分散蕴藏量不大以及资金短缺的条件下，可在投资效益尚可的情况下，允许建设一些低于经济规模的项目。

微观层次即项目的层次，这时政府一般会从资源的合理使用、能源的节约以及环境的保护等角度出发制定一系列的产业政策，规定某些产品生产项目的最低限额。而项目的投资者也会对确定的规模进行综合市场调研，就项目的基建、原料、动力的供应、产品的销售、运输条件、资金筹措等条件进行投资的可行性研究。

项目经济规模的大小不是绝对的，前面已经介绍过它会因行业不同而异，此外，还会因时间、地点和条件的不同而异。一般来讲，大的经济规模生产会给企业带来许多好处，如可采用先进的设备、更细的分工，节约成本；经营范围的扩大也有利于抵御需求的波动，增强抗风险能力。此外，生产要素的增加会带来产出水平的更大比例的增加，可以得到较高的生产效率，较低的原料消耗和能耗，较少的管理和服务费用。它们的建成和投产会在较大程度上满足供求关系。但是大规模的企业一般具有单位生产能力投资省、设备利用率高、便于专业化、固定费用相对较低、有较强的科研开发能力等优点，有建设周期长、管理难度高等不利因素，一般投资巨大，建设周期长，要求有现代化的运输条件，要求有大量原料、能源和水的稳定供给，要求有较高的技术力量和企业管理水准。此外，大企业的产品产量大、市场分布广，供应半径大，运输费用、销售费用也较高，这些缺点往往是中小企业的优胜之处。而中小型企业虽然在很多方面不如大企业有利，但它具有总投资少，建设周期短，就近解决原料、能源，可以充分利用零星的资源，便于均衡布局，容易调整生产方向和产品结构等优点。由于规模不大，生产灵活，可以及时地根据市场情况调整产品结构和数量，中小型企业比大规模生产的企业具有更广泛的适应性和灵活性。

大量事实表明，规模大小是影响企业效益乃至生存的重要因素，但在当前市场瞬息万变、竞争空前激烈的知识经济时代，小巧灵活的新兴企业击败反应迟钝的巨人对手的例子比比皆是。这表明真正起决定作用的是企业的核心竞争力，即企业在技术、管理等环节上有明显优于竞争对手和满足顾客价值需要的独特能力。

总之，企业规模本质上是社会生产力水平和生产社会化程度的反映。实践中，企业最优经济规模的确定应以市场为导向，以企业价值最大化为目标，综合考虑管理、财务、人才、科技等企业内部资源制约因素以及宏观经济状况、产品需求弹性、目标市场竞争程度等外部约束条件，使企业集团的发展具有坚实可靠的外部条件和内部条件。因此，确定项目的规模时要着重考虑以下因素：

（一）市场的需要

市场的供求情况是确定项目生产规模的前提，项目的规模不能大于市场预测的需求量。

（二）生产条件

项目的规模会受到资源条件、环境保护、资金供应、技术力量、协作条件以及运输条件等的制约，特别是资金，它常是决定项目规模的决定性因素。此外，有时还得考虑水源条件（对用水量较大的项目如水电站、造纸厂等）、土地资源条件等。协作单位起着向项目提供中间产品或服务或接受产品再次加工后销往市场的作用，协作企业的存在有利于企业的专业化、提高效率和降低成本。总的来讲，近年来我国企业的规模有着增大的趋势，例如2000年啤酒行业拥有43个10万吨/年以上的企业，约占行业企业总数的8%，其产量占全国啤酒总产量的59%，大型啤酒企业的规模已达180万~260万吨/年；液体乳产量排行前10位的企业液体乳产量占全国销售总量的49%。

（三）最小经济规模

每种工业都存在着一个最低生产规模，生产规模高于这个数值，工厂才有盈余。例如，对我国而言，北方乳制品加工厂的生产规模、大城市郊区乳制品工业区新建和扩建乳粉项目日处理原料乳能力须达到300吨及以上，南方乳制品工业区新建液态乳项目日处理原料乳能力须达到200吨及以上，这就是项目的最小规模。单晶硅生产的经济规模，国外是1000吨/年，在我国仅为30吨/年。

（四）限制条件

不同行业影响生产规模的因素不同。例如乳制品加工厂的生产规模受到乳源和运输工具的限制，因此，乳制品厂的生产规模就会有上限。又如坑口电站的原料虽是选煤后留下的大量煤矸石，但它的生产规模不仅受负荷（需用电量）的约束，而且由于发电时需用大量的水，也受到水源供水量的限制。

(五) 工厂的布局

拟建项目的生产规模应当结合国内同行业已建厂的布局来考虑。例如水泥厂，国外的趋势是大型化，年产几百万吨，其单位水泥产量的投资、工艺设备重量、占地面积、建筑面积、电耗、劳力消耗、生产成本和对环境的污染等指标均远低于小型水泥厂。但是水泥产品有附加值较低、原料和成品的运量大、保存期有限、不宜远距离运输等特点，再加上我国地域广阔，因此，在全国水泥生产厂的布局上，就必须综合考虑资源、能源、环境容量等条件，合理布局，协调发展。在资源、电力供应、运输条件相对好的地区建一些大型水泥厂，大部分地区则建一批就地取材生产和就地销售的中、小型水泥厂。但从总的看来，中国水泥工业企业平均规模普遍较小。2005 年，我国水泥企业有 5078 家，企业平均规模只有 20 万吨。水泥产量 1000 万吨以上的大型企业集团只有 10 家，仅占全国的 15%。我国水泥工业产业集中度低，不仅造成了严重的环境污染和市场混乱，而且制约了企业自主创新能力和竞争力的提高。东部地区在满足水泥需求的同时也可兼顾周边地区的需要，依托老企业扩建日产 40000 吨以上的生产线，尽快形成合理的经济规模；西部地区以满足本地区需求为原则，发展建设日产 2000 吨以上的新型干法水泥，加快淘汰落后，促进西部地区水泥工业结构升级。

第三节　提升规模经济的途径与方法

一、企业获取规模经济的措施

企业为了获取规模经济可以采取一些措施：

（一）扩大产销量

企业要加强内部管理，根据市场需求，充分挖掘企业内部资源，扩大产销量，降低单位固定成本，提高单位利润。由于固定成本在一定的产销量范围内保持不变，因此，增加产品的产销量会使单位固定成本降低，从而，提高单位产品的利润，并使利润的增长率大于业务量的增长率，即出现财务管理称之为"经营杠杆"（Operating Leverage）的效应，获取现有规模的规模经济效益。

（二）利用负债经营扩大规模

利用负债经营扩大规模对企业来讲是可取的，但首先要考虑投资所获得的预期利润率一定要高于借入资金利息率,其次要考虑企业的财务弹性不能太小,以免使得企业财务风险加大。

由表6-4可以看出,当企业投资利润率(20%)高于借入资金利息率(6%)时,采用负债经营所获取的投资利润率(34%)远高于采用自有资金获取的投资利润率(20%)。因此,企业可采用负债的方式扩大规模,以实现规模经济。

表6-4 投资利润率计算表

项目	投资	负债	净投资	利润（20%）	利息（6%）	净利润	投资利润率
A	100	0	100	20	0	20	20%
B	100	50	50	20	3	17	34%

(三) 通过并购扩大企业规模

美国著名经济学家乔治·施蒂格勒说:"没有一个美国的大公司不是通过某种程度、某种方式的兼并成长起来的,几乎没有一个美国的大公司是靠内部扩张成长起来的。"兼并和收购是实现企业规模经济的主要方法之一。其根本的动因是并购可以提高其市场占有率,从而使企业提高控制市场的能力,促进垄断竞争性的结构,产生垄断竞争效应。此外,通过并购实现规模经济,可以使企业长期平均成本降低,达到规模经济效应。

(四) 通过对外协作,形成规模

企业要获取规模经济效益,除了要处理好企业内部各种经营要素的集聚及相互关系外,还要加强与企业外部的各有关企业之间的经济联系。要通过各种途径,包括生产分工协作、联产联销、技术开发、人员培训、承包转包、项目投资、资金融通以及其他有效方式,把更多的有关企业联系在企业的周围,以扩大企业的经营成果。

二、项目规模的决策方法

下面从项目本身的微观角度出发来研究如何取得规模效益。

【例6-3】某厂生产产品A,已知固定成本为66000元/年,单位变动成本为28元/件,产品单价为54元/件。由于成批采购材料,单位产品变动成本可减少1‰;由于成批销售产品,单价会降低3‰。求最小生产规模及利润最大时的生产量。

解:首先考虑最小生产规模的确定。

总成本C:

$$C = 66000 + (28 - 0.001Q)Q$$

总销售收入 S：

$$S = (54 - 0.003Q)Q$$

式中：Q 为产量。

由 S = C 得盈亏平衡点产量，化简后得到的方程式为：

$$66000 - 26Q + 0.002Q^2 = 0$$

用代数法解此一元二次方程式，可以解得两个盈亏平衡点，产量分别为 3459 件和 9541 件。结果表明工厂为了不致亏损，其产量（销售量）应保持在 3459 件到 9541 件之间。

为了求利润最大时的产量，也可用解析法，即把上式对 Q 求导并使其等于零，即：

$$-26 + 0.004Q = 0$$

Q = 6500（件）

上述问题也可用 Excel 电子计算表来计算求解，如表 6-5 所示。

表 6-5　　　　　　　　　　用 Excel 电子计算表求解

	A	B	C	D	E	F	G	H	I
1	产量	成本	销售收入	利润					
2	0.00	66000.00	0.00	-66000.00					
3	1000.00	93000.00	51000.00	-42000.00	B2:=66000+(28-0.001*A2)*A2拷贝到B3：B12
4	2000.00	118000.00	96000.00	-22000.00	C2:=(54-0.003*A2)*A2拷贝到C3：C12
5	3000.00	141000.00	135000.00	-6000.00	D2:=C2-B2拷贝到D3：D12
6	4000.00	162000.00	168000.00	6000.00					
7	5000.00	181000.00	195000.00	14000.00					
8	6000.00	198000.00	216000.00	18000.00					
9	7000.00	213000.00	231000.00	18000.00					
10	8000.00	226000.00	240000.00	14000.00					
11	9000.00	237000.00	243000.00	6000.00					
12	10000.00	246000.00	240000.00	-6000.00					

为了求得该厂的盈亏平衡产量，用 Excel 的单变量求解，单变量求解相当于数学上的解反函数，即对于 y = f(x)，在给定 y 值条件下求解 x。具体做法是：把某变量存放在可变单元格中，把含有这个变量的方程式放在目标单元格中，Excel 通过不断改变可变单元格的数值，使最后目标单元格达到目标值，从而求解得出该变量值。对于上例，可变单元格为产量，目标单元格为利润，要解的问题是求利润等于零时的产量，为此，可打开工具，单击"单变量求解"，得到"单变量求解"对话框如图 6-8 所示。

在目标单元格中输入 D6，目标值输入"0"，可变单元格中输入 A6，最后按"确定"，则在 A6 格中得到盈亏平衡点产量 3458.62 件，即最小生产规模为 3459 件，这时的成本和销售收入均为 150879.28 元，利润为 0，见表 6-6。

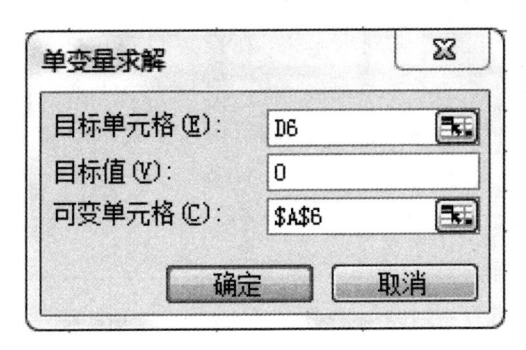

图 6-8 单变量求解对话框

表 6-6　　　　　　　　　　　单变量求解结果

	A	B	C	D	E	F	G	H	I
1	产量	成本	销售收入	利润					
2	0.00	66000.00	0.00	-66000.00					
3	1000.00	93000.00	51000.00	-42000.00	B2:=66000+(28-0.001*A2)*A2拷贝到B3：B12
4	2000.00	118000.00	96000.00	-22000.00	C2:=(54-0.003*A2)*A2拷贝到C3：C12
5	3000.00	141000.00	135000.00	-6000.00	D2:=C2-B2拷贝到D3：D12
6	3458.62	150879.28	150879.28	0.00					
7	5000.00	181000.00	195000.00	14000.00					
8	6000.00	198000.00	216000.00	18000.00					
9	7000.00	213000.00	231000.00	18000.00					
10	8000.00	226000.00	240000.00	14000.00					
11	9000.00	237000.00	243000.00	6000.00					
12	10000.00	246000.00	240000.00	-6000.00					

同样的道理，A11、D11 如法炮制，可求得另一个盈亏平衡点产量为 9541 件，此时的成本和销售收入均为 242120.72 元，利润为 0，见表 6-7。

表 6-7　　　　　　　　　　　单变量求解结果

	A	B	C	D	E	F	G	H	I
1	产量	成本	销售收入	利润					
2	0.00	66000.00	0.00	-66000.00					
3	1000.00	93000.00	51000.00	-42000.00	B2:=66000+(28-0.001*A2)*A2拷贝到B3：B12
4	2000.00	118000.00	96000.00	-22000.00	C2:=(54-0.003*A2)*A2拷贝到C3：C12
5	3000.00	141000.00	135000.00	-6000.00	D2:=C2-B2拷贝到D3：D12
6	3458.62	150879.28	150879.28	0.00					
7	5000.00	181000.00	195000.00	14000.00					
8	6000.00	198000.00	216000.00	18000.00					
9	7000.00	213000.00	231000.00	18000.00					
10	8000.00	226000.00	240000.00	14000.00					
11	9541.38	242120.72	242120.72	0.00					
12	10000.00	246000.00	240000.00	-6000.00					

为了求利润最大时的产量（必然介于 3459 件到 9541 件之间），可用 Excel 的规划求解。规划求解不仅有以上介绍的单变量求解的功能，而且可以在不止一个变量的条件下，在给定变量约束条件下求值，包括求极值（最大值或最小值）。

▶公共项目评估导引与案例

为此可打开工具，单击"规划求解"，在设置目标单元格中选 A6 到 A11 之间任一行，设选 A9（产量）为可变单元格，D9（利润）为目标单元格，等于最大值。约束条件添加 A9 = 整数和 A9≥0，参见图 6－9 规划求解对话框。

图 6－9　规划求解对话框

按"求解"后弹出"规划求解结果"框，说明规划求解找到一个解，可满足所有的约束及最优状况。点击"保存规划求解"的结果选项，再单击"确定"则可在 A9 可变单元格中读得 6500 件产量，在目标单元格 D9（利润）读得求解的结果 18500 元利润。即最大的利润是在生产（或出售）6500 件产品时，此时销售收入为 224250 元，成本是 205750 元，因此，最大的利润是 18500 元，参见表 6－8 规划求解结果。

表 6－8　　　　　　　　　　　　规划求解结果

	A	B	C	D	E	F	G	H	I
1	产量	成本	销售收入	利润					
2	0.00	66000.00	0.00	-66000.00					
3	1000.00	93000.00	51000.00	-42000.00	B2:=66000+(28-0.001*A2)*A2拷贝到B3：B12				
4	2000.00	118000.00	96000.00	-22000.00	C2:=(54-0.003*A2)*A2拷贝到C3：C12				
5	3000.00	141000.00	135000.00	-6000.00	D2:=C2-B2拷贝到D3：D12				
6	3458.62	150879.28	150879.28	0.00					
7	5000.00	181000.00	195000.00	14000.00					
8	6000.00	198000.00	216000.00	18000.00					
9	6500.00	205750.00	224250.00	18500.00					
10	8000.00	226000.00	240000.00	14000.00					
11	9541.38	242120.72	242120.72	0.00					
12	10000.00	246000.00	240000.00	-6000.00					
13									

【思考题】

1. 什么是短期平均成本曲线？什么是长期平均成本曲线？两者有什么关系？
2. 什么是规模经济？规模经济与哪些因素相关？
3. 确定项目合理经济规模有哪些方法？它们的适用性和优缺点是什么？
4. 确定项目的规模时要着重考虑的因素有哪些？
5. 现存企业为了获取规模经济应当采取的措施有哪些？
6. 某项目产品的售价为 50 元/台，固定成本为 10000 元/年，可变成本为 15 元/台，设计产量（销售量）为 3000 件/年，对该项目而言，最小的经济规模是生产多少台/年？
7. 某企业生产一种产品，已知固定成本为 66000 元/年，单位变动成本为 28 元/件，产品单价为 54 元/件。由于成批采购材料，单位产品变动成本可减少 1.5‰；由于成批销售产品，单价会降低 3.5‰。试用 Excel 的单变量求解法和更好求解法求最小生产规模及利润最大时的生产量，并比较两种方法的异同点。

第七章

公共项目投资估算

本章应了解和掌握：
1. 公共项目投资的构成。
2. 公共项目建设投资估算。
3. 公共项目流动资金估算。
4. 公共项目融资的选择。
5. 公共项目融资方案分析。

第一节 投资估算概述

一、投资估算的作用

投资估算是指在整个投资决策过程中，依据现有的资料和一定的方法，对建设项目的投资额（包括工程造价和流动资金）进行的估计。投资估算的作用如下：

1. 项目建设书、可行性研究报告文件中投资估算是研究、分析、计算项目投资经济效益的重要条件，是项目经济评价的基础。

2. 项目建议书阶段的投资估算是多方案比选，优化设计，合理确定项目投资的基础。它是项目主管部门审批项目的依据之一，并对项目的规划、规模起参考作用，从经济上判断项目是否应列入投资计划。

3. 项目可行性研究阶段的投资估算是方案选择和投资决策的重要依据,是确定项目投资水平的依据,是正确评价建设项目投资合理性的基础。

4. 项目投资估算对工程设计概算起控制作用。可行性研究报告被批准之后,其投资估算额作为设计任务书中下达的投资限额,即作为建设项目投资的最高限额,一般不得随意突破,用以对各设计专业实行投资切块分配,作为控制和指导设计的尺度或标准。

5. 项目投资估算是项目资金筹措及制定建设贷款计划的依据,建设单位可根据批准的项目投资估算额,进行资金筹措和向银行申请贷款。

6. 项目投资估算是核算建设项目固定资产投资需要额和编制固定资产投资计划的重要依据。

二、投资估算阶段

投资估算贯穿于整个建设项目投资决策过程之中,投资决策过程可划分为项目的投资机会研究或项目建议书阶段,初步可行性研究阶段及详细可行性研究阶段,因此投资估算工作也相应地分为三个阶段。不同阶段所具备的条件和掌握的资料不同,对投资估算的要求也各不相同,因而投资估算的准确程度在不同阶段也不同,进而每个阶段投资估算所起的作用也不同。

(一) 投资机会研究或项目建议书阶段

这一阶段主要是选择有利的投资机会,明确投资方向,提出概略的项目投资建议,并编制项目建议书。该阶段工作比较粗略,投资额的估计一般是通过与已建类似项目的对比得来的,因而投资估算的误差率可在30%左右。这一阶段的投资估算是作为相关管理部门审批项目建议书,初步选择投资项目的主要依据之一,对初步可行性研究及投资估算起指导作用,决定一个项目是否真正可行。

(二) 初步可行性研究阶段

这一阶段主要是在投资机会研究结论的基础上,弄清项目的投资规模,原材料来源、工艺技术、厂址、组织机构和建设进度等情况,进行经济效益评价,判断项目的可行性,作出初步投资评价。该阶段是介于项目建议书和详细可行性研究之间的中间阶段,误差率一般要求控制在20%左右。这一阶段是作为决定是否进行详细可行性研究的依据之一,同时也是确定某些关键问题需要进行辅助性专题研究的依据之一,这个阶段可对项目是否真正可行作出初步的决定。

(三) 详细可行性研究阶段

详细可行性研究阶段也称为最终可行性研究阶段,主要是进行全面、详细、深入的技术经济分析论证阶段,要评价选择拟建项目的最佳投资方案,对项目的可行性提出结论性意见。该阶段研究内容详尽,投资估算的误差率应控制在10%以内。这一阶段的投资估算是进行详尽经济评价,决定项目可行性,选择最佳投资方案的主要依据,也是编制设计文件,控制初步设计及概算的主要依据。

三、投资估算的原则

投资估算是拟建项目前期可行性研究的重要内容,是经济效益评价的基础,是项目决策的重要依据。估算质量如何,将决定着项目能否纳入投资建设计划。因此,在编制投资估算时应符合下列原则:

1. 实事求是的原则。
2. 从实际出发,深入开展调查研究,掌握第一手资料,不能弄虚作假。
3. 合理利用资源,效益最高的原则。市场经济环境中,利用有限经费、有限的资源,尽可能满足需要。
4. 尽量做到快、准的原则。一般投资估算误差都比较大。通过艰苦细致的工作,加强研究,积累的资料,尽量做到又快、又准拿出项目的投资估算。
5. 适应高科技发展的原则。从编制投资估算角度出发,在资料收集,信息储存、处理、使用以及编制方法选择和编制过程应逐步实现计算机化、网络化。

四、投资估算的程序

不同类型的工程项目可选用不同的投资估算方法,不同的投资估算方法有不同的投资估算编制程序。现从工程项目费用组成考虑,介绍一般较为常用的投资估算编制程序:

1. 熟悉工程项目的特点、组成、内容和规模等;
2. 收集有关资料、数据和估算指标等;
3. 选择相应的投资估算方法;
4. 估算工程项目各单位工程的建筑面积及工程量;
5. 进行单项工程的投资估算;
6. 进行附属工程的投资估算;

7. 进行工程建设其他费用的估算；
8. 进行预备费用的估算；
9. 计算固定资产投资方向调节税；
10. 计算贷款利息；
11. 汇总工程项目投资估算总额；
12. 检查，调整不适当的费用，确定工程项目的投资估算总额；
13. 估算工程项目主要材料、设备及需用量。

第二节 公共项目投资的构成

对一个企业而言，投资可分为直接投资（新建、改扩建和恢复各种生产性固定资产和流动资产的资金）和间接投资（证券、股票、基金和债券等）。这里指的是公共项目的直接投资。

一、公共项目总投资及其构成

（一）项目总投资的含义及其构成

公共项目总投资包括从项目筹建期间开始到项目全部建成投产为止所发生的全部投资费用。新建项目的总投资由建设期间投入的建设投资和项目建成投产后所需的营运资金投资两大部分组成。

建设投资主要是用于固定资产的投资（还包括用于支付无形资产和递延资产），包括建筑工程费、设备购置费、安装工程费及有关税费。一般地，项目的资金来源中包括外部借款，按照我国现行的资金管理体制和项目的概预算编制办法，应将建设期借款利息计入总投资中，因此，建设投资中还应包括建设期借款利息。我国建设项目总投资构成见图7-1。

营运资金投资是企业在生产活动中，在固定资产运行初期和正常运行期内多次的、不断循环周转和使用的，并在运行期末回收的那部分资金，因此，又称为流动资金。从项目审批控制的角度考虑，流动资金必须符合铺底流动资金的最低要求，铺底流动资金等于项目投产后所需流动资金的30%。根据国家现行规定，新建，扩建和技术改造项目，必须将项目建成投产后所需的铺底流动资金列入投资计划，铺底流动资金不落实的，国家不予批准立项，银行不予贷款。

```
建设项目总投资
├── 建设投资
│   ├── 固定资产投资
│   │   ├── 工程费用
│   │   │   ├── 建筑工程费
│   │   │   ├── 设备购置费
│   │   │   └── 安装工程费
│   │   ├── 工程建设其他费用
│   │   └── 预备费用
│   │       ├── 基本预备费
│   │       └── 涨价预备费
│   ├── 固定资产投资方向调节税
│   ├── 无形资产投资
│   ├── 递延资产投资
│   └── 建设期借款利息
└── 营运资金投资
    └── 流动资金投资
```

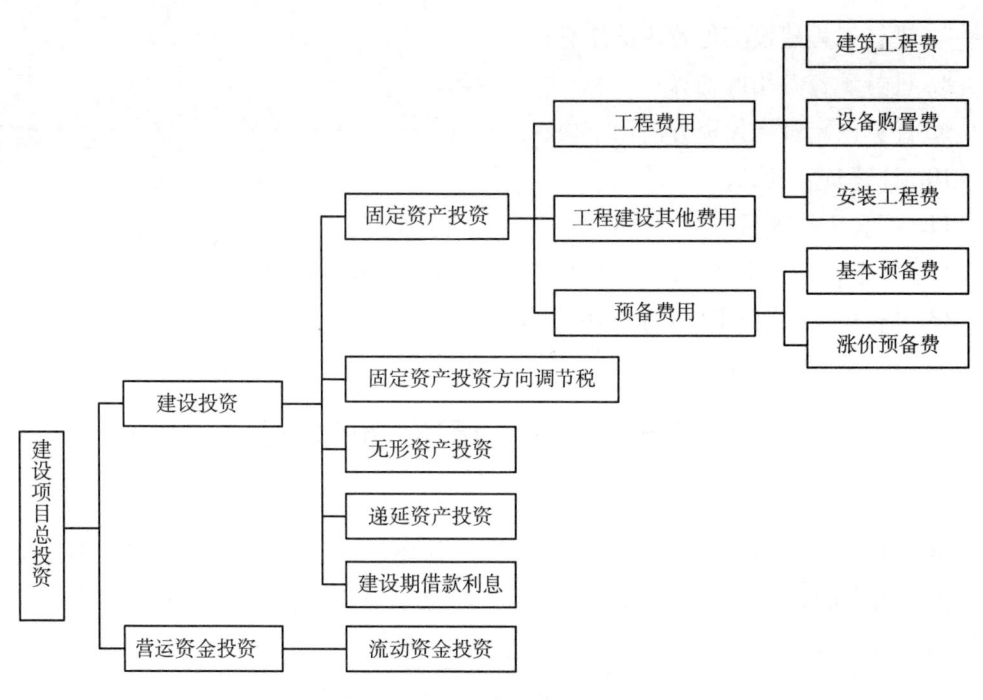

图 7-1　建设项目总投资构成

(二) 项目总投资构成与资产形成

如上所述，项目的总投资包括建设投资和流动资金。根据资本保全的原则和企业资产划分的有关规定，工程项目在建成交付使用时，项目投入的全部资金分别形成固定资产、无形资产、递延资产和流动资产。

固定资产是指使用期在一年以上，单位价值在国家规定的限额标准内的，并在使用过程中保持原有实物形态的资产，包括房屋及建筑物、机器设备、运输设备，以及其他与生产经营活动有关的工具、器具等。在工程项目可行性研究中可将工程费用、预备费和工程建设其他费用中除应计入无形资产和递延资产以外的全部待摊投资费用计入固定资产原值，并将固定资产投资方向调节税和建设期借款利息全部计入固定资产原值。

无形资产是指企业能长期使用而没有实物形态的有偿使用的资产，包括专利权、商标权、土地使用权、非专利技术、商誉和版权等。它们通常代表企业所拥有的一种法定权或优先权，或者是企业所具有高于平均水平的获利能力。无形资产是有偿取得的资产，对于购入或者按法律取得的无形资产的支出，一般都予以资本化，并在其受益期内分期摊销。在工程项目可行性研究中可将工程建设其他费用中的土地使用费（即土地使用权）及技术转让费等作为企业形成无形资产的初始投资计入无形资产价值中。

递延资产是指不能计入工程成本，应当在生产经营期内一次摊销的各项递延费用。包括开办费和以经营租赁方式租入的固定资产改良工程支出等。在工程项目可行性研究中可将工程建设其他费用中的生产职工培训费、样品样机购置费等也计入递延资产价值。

流动资产是指可以在一年内或超过一年的一个营业周期内变现或运用的资产，包括现金及各种存款、存货、应收及预付款等。

二、公共项目建设投资及其构成

建设投资是指建设单位在项目建设期与筹建期间所花的全部费用。按我国现行的项目投资管理规定，建设投资由建筑工程费、设备及工器具购置费、安装工程费、工程建设其他费用、基本预备费、涨价预备费、固定资产投资方向调节税及建设期利息构成。其中，建筑工程费、设备及工器具购置费、安装工程费形成固定资产；工程建设其他费用分别形成固定资产、无形资产、递延资产。在可行性研究阶段，为简化计算方法，可一并将基本预备费、涨价预备费、固定资产投资方向调节税及建设期利息计入固定资产。

建设投资可分为静态投资和动态投资两部分。静态投资部分由建筑工程费、设备及工器具购置费、安装工程费、工程建设其他费用、基本预备费构成；动态投资部分由涨价预备费、固定资产投资方向调节税和建设期利息构成。

（一）工程费用

工程费用是指直接构成固定资产实体的各种费用，包括建筑工程费、设备及工器具购置费、安装工程费等。

（二）工程建设其他费用

工程建设其他费用是按规定应在项目投资中支付，并列入工程项目总造价的费用。主要包括土地征用与补偿费（或土地使用权出让金）、建设单位管理费（含建设单位开办费和经费）、研究试验费、生产人员培训费、办公及生活家具购置费、联合试运转费、勘察设计费、工程监理费、施工单位迁移费、引进技术和设备的其他费用、专利权、商标权费用、供电贴费（电增容费）和供水贴费（水增容费）等。

（三）预备费

预备费是指在投资估算时用以处理实际与计划不相符而追加的费用，包括基本预备费和涨价预备费两部分。前者是因自然灾害造成的损失和设计、施工阶段必须增加的工程和费用;后者是因在建设期物价上涨而引起的投资费用的增加。

(四) 固定资产投资方向调节税

公共项目需要执行《中华人民共和国固定资产投资方向调节税暂行条例》。在中华人民共和国境内进行固定资产投资的单位和个人是固定资产投资方向调节税的纳税义务人。中外合资企业、中外合作企业和外商独资企业不适用该条例。国家禁止发展的投资项目也不适用该条例。目前,根据经济发展的需要,国家对固定资产投资方向调节税暂缓征收。

(五) 建设期利息

建设期利息是指项目在建设期内因使用外部资金而支付的利息。建设投资借款的资金来源不同,其建设期利息的计算方法也不同。国内借款利息的计算比较简单,国外借款利息中还要包括承诺费、管理费等。西方学者一般将建设期利息称为资本化利息。为简化计算承诺费等一般不单独计算,而是采用适当提高利息率的方法处理。

三、公共项目流动资金及其构成

流动资金是企业为了维持正常生产经营活动所需的一定数量的周转资金,包括储备资金、生产资金、成品资金和结算与货币资金等占用形态,也分为生产性流动资金和流通领域内流动资金。流动资金的构成见图 7-2。

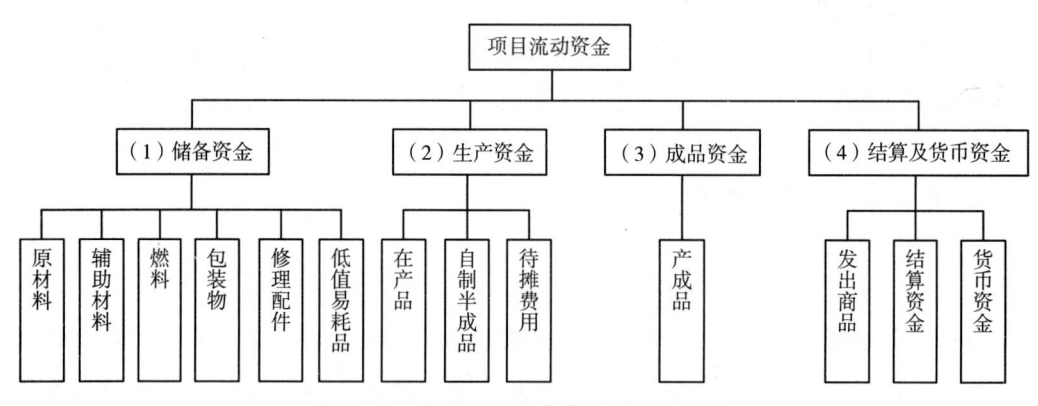

图 7-2 建设项目流动资金构成示意图

在流动资金的构成中,储备资金、生产资金和成品资金的需用量能按规定的消耗定额计算出来,在正常情况下是比较稳定的,可实行严格的定额管理,因此,储备资金、生产资金和成品资金也统称为定额流动资金。

结算与货币资金的需要量经常发生变化，而且变化幅度也较大，很难估算出一个确定的数值，故称为非定额流动资金。非定额流动资金占流动资金总额的比重因行业而异，对工业工程来说一般在15%左右。

第三节 公共项目建设投资的估算

一、投资估算依据

投资估算应做到方法科学，依据充分。主要依据有：

1. 项目建议书（或建设规划）、可行性研究报告（或设计任务书）。

2. 专门机构发布的建设工程造价费用构成、估算指标、概算指标、技术经济指标、造价指标（包括单项工程和单位工程造价指标）、计算方法以及其他有关计算工程造价的文件。

3. 专门机构发布的工程建设其他费用计算办法和费用标准（包括相关定额及其定额单价），以及政府部门发布的物价指数。

4. 拟建项目方案设计（包括各单项工程的建设内容及工程量，其中包括设计参数，即各种建筑面积指标、能源消耗指标等，以及文字说明和图纸）。

5. 当地材料、设备预算价格及市场价格（包括设备、材料价格、专业分包报价等）。

6. 当地建筑工程取费标准，如措施费、企业管理费、规费、利润、税金以及与建设有关的其他费用标准等。

7. 当地历年、历季调价系数及材料差价计算办法等。

8. 现场情况，如地理位置、地质条件、交通、供水、供电条件等。

9. 其他经验参考数据，如材料、设备运杂费率、设备安装费率、零星工程及辅材的比率等。

二、建设投资估算步骤与方法

（一）建设投资估算步骤

1. 分别估算各单项工程所需的建筑工程费、设备及工器具购置费、安装工程费。

2. 在汇总各单项工程费用基础上，估算工程建设其他费用和基本预备费。

3. 估算涨价预备费、固定资产投资方向调节税和建设期利息。

4. 汇总，即求建筑工程费、设备及工器具购置费、安装工程费、工程建设其他费用、基本预备费、涨价预备费、固定资产投资方向调节税和建设期利息之和。

（二）建设投资估算方法

由于不同研究阶段的要求不同，相应的投资估算方法也不同，具体有概略估算法和详细估算法。但在最终决策阶段概略估算法的估计误差大，已不适用，因此，这里主要介绍以设计方案为依据的详细估算法。

1. 建筑工程费估算。建筑工程费是指为建造永久性建筑物和构筑物所需要的费用，如场地平整、厂房、仓库、电站、设备基础、工业窑炉、矿井开拓、露天剥离、桥梁、码头、堤坝、隧道、涵洞、铁路、公路、管线敷设、水库、水坝和灌区等项工程的费用。建筑工程投资估算一般采用以下方法：

（1）单位建筑工程投资估算法，以单位建筑工程量投资乘以建筑工程总量计算。一般地，工业与民用建筑以单位建筑面积（平方米）的投资，工业窑炉砌筑以单位容积（立方米）的投资，水库以水坝单位长度（米）的投资，铁路路基以单位长度（公里）的投资，矿山掘进以单位长度（米）的投资，乘以相应的建筑工程总量计算建筑工程费。

（2）单位实物工程量投资估算法，以单位实物工程量的投资乘以实物工程总量计算。土石方工程按每立方米投资，矿井巷道衬砌工程按每延米投资，路面铺设工程按每平方米投资，乘以相应的实物工程总量计算建筑工程费。

（3）概算指标投资估算法，对于没有上述估算指标且建筑工程费占总投资比例较大的项目，可采用概算指标估算法。采用这种估算法，应具有较为详细的工程资料、建筑材料价格和工程费用指标，投入的时间和工作量较大。具体估算方法见有关专门机构发布的概算编制办法。

2. 设备及工器具购置费估算。设备购置费估算应根据项目主要设备表及价格、费用资料编制。工器具购置费一般按占设备费的一定比例计取。

设备及工器具购置费，包括设备购置费、工器具购置费、现场制作非标准设备费、生产用家具购置费和相应的运杂费。对于价值高的设备应按单台（套）估算购置费；价值较小的设备可按类估算。国内设备和进口设备的设备购置费应分别计算。

（1）国内设备估算。

$$国内设备购置费 = 设备出厂价 + 运杂费$$
$$运杂费 = 运输费 + 装卸费 + 仓库保管费 + 保险费 + \cdots$$

（2）进口设备估算。

$$进口设备购置费 = 进口设备货价 + 进口从属费用 + 国内运杂费$$

其中:

进口设备货价按交货地点和方式不同,分为离岸价(FOB)和到岸价(CIF)两种价格。

进口从属费用 = 国外运费 + 国外运输保险费 + 进口关税 + 进口环节增值税
　　　　　　　+ 外贸手续费 + 银行财务费用 + 海关监管手续费 + …

国内运杂费 = 国内运输费 + 国内装卸费 + 国内运输保险费

进口设备按离岸价计价时,应计算设备运抵我国口岸的国外运费和国外运输保险费,得出到岸价。计算公式为:

进口设备到岸价 = 离岸价 + 国外运费 + 国外运输保险费

其中:

国外运费 = 离岸价 × 运费率 = 单位运价 × 运量

国外运输保险费 = (离岸价 + 国外运费) × 国外保险费率

进口设备的其他几项从属费用的计算公式:

进口关税 = 进口设备到岸价 × 人民币外汇牌价 × 进口关税率

进口环节增值税 = (进口设备到岸价 × 人民币外汇牌价 + 进口关税 + 消费税)
　　　　　　　　× 增值税税率

外贸手续费 = 进口设备到岸价 × 人民币外汇牌价 × 外贸手续费率

银行财务费 = 进口设备到岸价 × 人民币外汇牌价 × 银行财务费率

海关监管手续费 = 进口设备到岸价 × 人民币外汇牌价 × 海关监管手续费率

注:海关监管手续费是指海关对发生减免进口关税或实行保税的进口设备,实施监管和提供服务收取的手续费。全额征收关税的设备,不收取海关监管手续费。

国内运杂费 = 进口设备到岸价 × 运费率 = 单位运价 × 运量

现场制作非标准设备费 = 材料费 + 人工费 + 管理费(或按设备总价 × 占设备费比例估算)

【例7-1】某设备的重量为100吨,FOB价为10万美元,人民币与美元的外汇比率为1:6元人民币,国外设备运费率为40美元/吨,运输保险费率按2‰,进口关税税率为10%,增值税率为20%,银行财务费为4‰,外贸手续费1%,设备运杂费率2%。请对该生产设备进行估价。

解:(1) 设备到岸价 = (离岸价 + 国外运费 + 国外运输保险费)
　　　　　　　　 = (10 × 6 + 100 × 40 × 6 ÷ 10000)(1 + 2‰) = 62.53 (万元)

(2) 进口关税 = 到岸价 × 人民币外汇牌价 × 进口关税率
　　　　　　 = 62.53 × 10% = 6.25 (万元)

(3) 进口增值税 = (到岸价 + 进口关税 + 消费税) × 增值税率
　　　　　　　 = (62.53 + 6.25) × 20% = 13.76 (万元)

（4）外贸手续费 = 到岸价 × 人民币外汇牌价 × 外贸手续费率
= 62.53 × 1% = 0.63（万元）

（5）银行财务费 = 进口设备货价 × 人民币外汇牌价 × 银行财务费率
= 62.53 × 4‰ = 0.25（万元）

（6）国内运杂费 = 到岸价 × 国内运杂费率
= 62.53 × 2% = 1.25（万元）

（7）进口设备价格 =（1）+（2）+（3）+（4）+（5）+（6）
= 62.53 + 6.25 + 13.76 + 0.63 + 0.25 + 1.25 = 84.67（万元）

所以，该生产设备的进口价格为 84.67 万元。

3. 安装工程费估算。需要安装的设备应估算安装工程费，包括各种机电设备装配和安装工程费用，与设备相连的工作台、梯子及其装设工程费用，附属于被安装设备的管线敷设工程费用；安装设备的绝缘、保温、防腐等工程费用；单体试运转和联动无负荷试运转费用等。

安装工程费通常按行业或专门机构发布的安装工程定额、取费标准和指标估算投资。具体计算可按安装费率、每吨设备安装费或者每单位安装实物工程量的费用估算，即：

（1）安装工程费 = 设备原价 × 安装费率

（2）安装工程费 = 设备吨位 × 每吨安装费

（3）安装工程费 = 安装工程实物量 × 安装费用指标

4. 工程建设其他费用估算。工程建设其他费用按各项费用科目的费率或取费标准估算。如：地勘、设计，一般按取费标准估算，实验费、监理费按费率估算。

5. 基本预备费估算。基本预备费是指在项目实施中可能发生难以预料的支出，需要事先预留的费用，又称工程建设不可预见费，主要指因设计变更及施工过程中可能增加工程量的费用。基本预备费计算公式为：

$$\text{基本预备费} = \left(\text{建筑工程费} + \text{设备及工器具购置费} + \text{安装工程费} + \text{工程建设其他费用} \right) \times \text{基本预备费率}$$

6. 涨价预备费估算。涨价预备费是指建设工期较长的项目，由于在建设期内可能发生材料、设备、人工等价格上涨引起投资增加，需要事先预留的费用，也称价格变动不可预见费。

涨价预备费以建筑工程费、设备及工器具购置费、安装工程费之和为计算基数。计算公式为：

$$PC = \sum_{t=1}^{n} I_t [(1+f)^t - 1]$$

式中：PC——涨价预备费；

I_t——第 t 年的建筑工程费、设备及工器具购置费、安装工程费之和；

f——建设期价格上涨指数；

n——建设期。

建设期价格上涨指数，政府部门有规定的按规定执行，没有规定的由可行性研究人员预测。

【例7-2】某工程项目的静态投资为2000万元，按实施进度规划，3年的投资分年使用金额为第一年1000万元，第二年500万元，第三年500万元，平均每年的价格指数为10%。求该项目建设期的涨价预备费。

解：涨价预备费 = $1000 \times [(1+10\%)^1 - 1] + 500 \times [(1+10\%)^2 - 1]$
$+ 500 \times [(1+10\%)^3 - 1]$
$= 100 + 105 + 165.5 = 370.5$（万元）

答：该项目建设期的涨价预备费为370.5万元。

7. 固定资产投资方向调节税估算。固定资产投资方向调节税计税依据为固定资产投资项目实际完成的投资额，其中，基本建设项目按实际完成的投资总额计税，更新改造项目按其建筑工程实际完成的投资额计税。

工程项目可行性研究中，固定资产投资方向调节税可根据建筑工程费、设备购置费、安装工程费、工程建设其他费用和预备费的合计数作为计税依据，按照适用税率计算。其计算公式为：

固定资产投资方向调节税 = (建筑工程费 + 设备购置费 + 安装工程费 + 工程建设其他费用 + 基本预备费 + 涨价预备费) × 适用税率

固定资产投资方向调节税计入固定资产价值。目前，由于经济形势的需要，国家有关部门已经暂缓征收固定资产投资方向调节税。

8. 建设期利息估算。建设期利息是项目借款在建设期内发生并计入固定资产的利息。在工程项目的可行性研究中，无论各种外部借款是按年计息，还是按季、月计息，均可简化为按年计息，即将名义利率折算为有效年利率，其计算公式如下：

$$i = \left(1 + \frac{r}{m}\right)^m - 1$$

式中：i——有效年利率；

r——名义年利率；

m——每年计息次数。

计算建设期利息时，为了简化计算，通常假定借款均在每年年中支用，因此，借款当年按半年计息，其余各年按全年计息。其计算公式为：

各年应计利息 = (年初借款本息累计 + 本年借款额/2) × 年利率

有多种借款资金来源，每笔借款的年利率各不相同的项目，既可分别计算每笔借款的利息，也可先计算出各笔借款加权平均的年利率，并以此利率计算全部借款的利息。

完成了建设投资估算后,可以编制"项目投资估算表"(见表7－1)。

表7－1　　　　　　　　　　项目投资估算表　　　　　　　　　　单位:万元

序号	项目费用	估算金额					所占比例	备注
		建筑工程	设备购置	安装工程	其他费用	合计	其中外币		
1	项目投资静态部分								
1.1	建筑工程投资								
1.2	设备购置费								
1.3	安装工程费								
1.4	工程建设其他费用								
1.5	基本预备费								
2	项目投资动态部分								
2.1	涨价预备费								
2.2	固定资产投资方向调节税								
2.3	建设期利息								
	合计								

【例7－3】某项目的建筑面积为3400平方米,每平方米造价850元,标准与非标准设备的购置费共450万元,安装费率为25%,工程建设其他费用为100万元,固定资产贷款600万元,已知建设期为2年,贷款利息为6.85%,基本预备费率为4%,建设期第1、2年通货膨胀率分别为3%、3.5%,投资方向调节税为15%,问建设期末的固定资产投资总额是多少?

解:(1) 建筑工程费、设备购置费、安装工程费、其他费用
$$= 3400 \times 850/10000 + 450 \times (1+25\%) + 100 = 951.5（万元）$$

(2) 基本预备费 $= 951.5 \times 4\% = 38.06$（万元）

(3) 涨价预备费 $= 951.5 \times [(1+3\%) \times (1+3.5\%) - 1]$
$$= 62.85（万元）$$

(4) 投资方向调节税 $= (951.5 + 38.06 + 62.85) \times 15\%$
$$= 157.86（万元）$$

(5) 建设期贷款利息计算:

第一年末本息 $= (0 + 600/2) \times (1 + 6.85\%) = 620.55$（万元）

第二年末本息 $= 620.55 \times (1 + 6.85\%) = 663.06$（万元）

建设期贷款利息 $= 663.06 - 600 = 63.06$（万元）

(6) 建设期末固定资产投资总金额
$$= 951.5 + 38.06 + 62.85 + 157.86 + 63.06 = 1273.33（万元）$$

第四节 公共项目流动资金的估算

一、流动资金

流动资金（Floating Capital）是指项目建成后企业在生产过程中处于生产和流通领域、供周转使用的资金，它是流动资产与流动负债的差额。项目建成后，为保证企业正常生产经营的需要，必须有一定量的流动资金维持其周转，如用以购置企业生产经营过程中所需的原材料、燃料、动力等劳动对象和支付职工工资，以及生产中以周转资金形式被占用于在制品、半成品、产成品上的，在项目投产前预先垫支的流动资金。在周转过程中流动资金不断地改变其自身的实物形态，其价值也随着实物形态的变化而转移到新产品中，并随着产品销售的实现而回收。流动资金属于企业在生产经营中长期占用和用于周转的永久性流动资金。

在工程项目经济分析和评价中所考虑的流动资金，是伴随固定资产投资而发生的永久性流动资产投资，它等于项目投产后所需全部流动资产扣除流动负债后的余额。即：

$$流动资金 = 流动资产 - 流动负债$$

按照新的财务制度规定，对流动资金构成及用途的划分突出了流动资产核算的重要性，强化了对流通领域中流动资金的核算，因此，流动资金结构按变现速度快慢顺序划分为货币资金、应收及预付款项和存货三大块，并与流动负债（即应付、预收账款）相加形成企业的流动资产。其计算公式为：

$$流动资金 = 现金 + 应收账款 + 存货 - 应付账款$$

二、流动资金估算

不同类型的项目，其流动资金的需要量差异较大，一般可根据项目的类型及同类项目的经验数据加以估算。建设项目流动资金常用的估算方法主要有扩大指标估算法以及分项详细估算法。

（一）扩大指标估算法

扩大指标估算法是一种简化的流动资金估算方法，它是参照同类企业流动资金占销售收入、经营成本和固定成本的比例，或单位产量占用流动资金的数额求出，如化工项目流动资金占基建投资的15%~20%。该方法简便易行，但由于不同项目的规模、加工深度、原料的供应和产品的销售渠道各不相同，用上述估算常常会有较大的误差，最好的办法还是用分项详细估算法。

1. 销售收入资金率法。销售收入资金率是指项目流动资金需要量与其一定时期内（通常为一年）的销售收入的比率。销售收入资金率法的计算公式如下：

$$流动资金需要量 = 项目年销售收入 \times 销售收入资金率$$

式中，项目年销售收入取项目正常生产年份的数值，销售收入资金率根据同类项目的经验数据加以确定。

一般加工工业和销售行业项目多采用该法进行流动资金估算，如百货零售商店可按年销售收入的10%~15%来估算。

2. 总成本（或经营成本）资金率法。总成本（或经营成本）资金率是指项目流动资金需要量与其一定时期（通常为一年）内总成本（或经营成本）的比率。总成本（或经营成本）资金率法的计算公式如下：

$$流动资金需要量 = 项目年总成本(或经营成本) \times 总成本(或经营成本)资金率$$

式中，项目年总成本（或经营成本）取正常生产年份的数值，总成本（或经营成本）资金率根据同类项目的经验数据加以确定。

一般采掘和机械制造项目多采用该法进行流动资金估算，如机械制造项目可按经营成本的15%~20%进行估算。

3. 固定资产价值资金率法。固定资产价值资金率是指项目流动资金需要量与固定资产价值的比率。其固定资产价值资金率法的计算公式如下：

$$流动资金需要量 = 固定资产价值 \times 固定资产价值资金率$$

式中，固定资产价值根据前述方法得出，固定资产价值资金率根据同类项目的经验数据加以确定。

某些特定的项目（如火力发电厂、港口项目等）可采用该法进行流动资金估算，一般其流动资金占固定资产投资的5%~12%。

4. 单位产量资金率法。单位产量资金率是指项目单位产量所需的流动资金金额。单位产量资金率法的计算公式如下：

$$流动资金需要量 = 达产期年产量 \times 单位产量资金率$$

式中，单位产量资金率根据同类项目的经验数据加以确定。

某些特定的项目（如煤矿项目）可采用该法进行流动资金估算，如采煤项目单位产量每吨原煤所需流动资金为4.5元。

（二）分项详细估算法

1. 概念。分项详细估算法是按各类流动资金分项估算，然后加总获得企业总流动资金需要量。它是国际上通行的流动资金估算方法。运用此法计算的流动资金数额大小，主要取决于企业每日平均生产消耗量和定额最低周转天数或周转次数。为此，必须事先计算出产品的生产成本和各项成本年费用消耗量，然后分别估算出流动资产和流动负债的各项费用构成，据此求得项目所需年流动资金额。可以根据"流动资金估算表"（见表7-2）进行估算。

表7-2　　　　　　　　　　　　流动资金估算表　　　　　　　　　　　　单位：万元

序号	资金项目	最低周转天数	周转次数	投产期 k+1	…	m	达到设计能力生产期 m+1	…	n	合计
1	流动资产									
1.1	应收账款									
1.2	存货									
1.2.1	原材料									
1.2.2	燃料									
1.2.3	在产品									
1.2.4	产成品									
1.2.5	其他									
2	流动负债									
2.1	应付账款									
3	流动资金									
4	流动资金本年增加额									

计算公式如下：

$$流动资金 = 流动资产 - 流动负债$$

其中：

$$流动资产 = 现金 + 应收账款 + 存货$$

$$存货 = 原材料存货 + 燃料存货 + 在产品存货 + 产成品存货 + \cdots$$

$$流动负债 = 应付账款$$

$$流动资金本年增加额 = 本年流动资金 - 上年流动资金$$

2. 流动资产和流动负债的各项构成估算。流动资产和流动负债估算的具体步骤，首先计算存货、现金、应收账款和流动负债的年周转次数，然后再分项估算占用资金额。

（1）周转次数计算。周转次数等于365天除以最低周转天数。现金、应收账款、存货和应付账款的最低周转天数，可参考同类企业的平均周转天数并结合项目特点来确定。

（2）应收账款估算。应收账款是指企业已对外销售商品和提供劳务尚未收回的资金，包括若干科目。在可行性研究时，一般只计算应收销售款。计算公式为：

$$应收账款 = \frac{年经营成本}{应收账款周转次数}$$

值得注意的是，国家发改委在《投资项目可行性研究指南》中主张用年销售收入除以应收账款最低周转次数。理由是用年经营成本做分子时估算的流动资金偏低，不足以满足项目未来的实际需要。

（3）存货估算。存货是指企业为销售或生产耗用而储备的各种货物，主要有原材料、辅助材料、燃料、低值易耗品、维修备件、包装物、在产品、自制半成品和产成品等。为简化计算，仅考虑外购原材料、外购燃料、在产品和产成品，并分项进行计算。计算公式为：

$$存货 = 外购原材料 + 外购燃料 + 在产品 + 产成品$$

$$外购原材料 = \frac{年外购原材料}{按种类分项周转次数}$$

$$外购燃料 = \frac{年外购燃料}{按种类分项周转次数}$$

$$在产品 = (年外购原材料 + 年外购燃料动力 + 年工资及福利费 + 年修理费 + 年其他制造费用) / 在产品周转次数$$

$$产成品 = \frac{年经营成本}{产成品周转次数}$$

（4）现金需要量估算。项目流动资金中的现金是指货币资金，即企业生产运营中停留于货币形态的那部分资金，包括库存现金和银行存款。其计算公式为：

$$现金需要量 = \frac{年工资及福利费 + 年其他费用}{现金周转次数}$$

$$年其他费用 = 制造费用 + 管理费用 + 销售费用 - \begin{pmatrix} 以上三项费用中所含的工资及福利费、\\ 折旧费、维检费、摊销费、修理费 \end{pmatrix}$$

（5）流动负债估算。流动负债是指在一年或者超过一年的一个营业周期内，需要偿还的各种债务。在可行性研究中，一般流动负债的估算只考虑应付账款一项。其计算公式如下：

$$应付账款 = \frac{年外购原材料 + 年外购燃料}{应付账款周转次数}$$

根据我国各家商业银行的有关规定，新建、扩建项目要有30%的自有铺底流动资金，其余部分为银行贷款。对于自有铺底流动资金不足30%的项目，如补充计划落实，并能在一两年内补足，经济效益好的，可由银行发放特种贷款（利率上浮）。项目借入的流动资金长期占用，全年计息，流动资金利息应计入总成本费用的财务费用中，在项目计算期末收回全部流动资金时，再偿还流动资金借款。

为简化计算起见，流动资金一般根据生产负荷投入，或在投产期按高于生产负荷10个百分点来考虑投入量。

三、项目投入总资金及分年投入计划

按投资估算内容和方法估算出各项投资,并经汇总得到项目投入总资金后,应根据项目实施进度的安排,编制项目资金投入计划与资金筹措表(见表7-3),并对项目投入总资金构成和资金来源进行分析。

表7-3 资金投入计划与资金筹措表 单位:万元

序号	资金项目	建设期 1	…	k	投产期 k+1	…	m	达产期 m+1	合计
1	总投资								
1.1	建设投资								
1.2	建设期利息								
1.3	流动资金								
2	资金筹措								
2.1	自有资金								
	其中:用于流动资金								
2.2	借款								
2.2.1	长期借款								
2.2.2	流动资金借款								
2.2.3	其他借款								
2.3	其他								

四、投资估算的综合案例分析

【例7-4】现拟投资建设一个社会公共项目,该工程项目的基础数据如下:

1. 项目实施计划。该项目建设期为3年,实施计划进度为:第一年完成项目全部投资的20%,第二年完成项目全部投资的55%,第三年完成项目全部投资的25%,第四年全部投产,投产当年项目实现设计能力的70%,第五年项目实现设计能力的90%,第六年项目实现设计能力的100%,项目运营期总计为15年。

2. 建设投资估算。该项目工程费与工程建设其他费用的估算额为52180万元,预备费为5000元。投资方向调节税率为5%。

投资方向调节税=(工程费+工程建设其他费用+预备费)×投资方向调节税率

3. 建设资金来源。本项目的资金来源为自有资金和贷款。贷款总额为40000万元,其中外汇贷款为2300万美元。外汇牌价为1美元兑换8.3元人民币。人民币贷款的年利率为12.48%(按季计息)。外汇贷款年利率为8%(按年计息)。

4. 生产经营费用估计。工程项目达到设计生产能力以后，经营单位定员为1100人，工资和福利费按照每人每年7200元估算。每年的其他费用为860万元。年外购原材料、燃料及动力费估算为19200万元。年经营成本为21000万元，年修理费占年经营成本10%。各项流动资金的最低周转天数分别为：应收账款30天，现金40天，应付账款30天，存货40天。

要求：

（1）估算建设期利息。

（2）用分项详细估算法估算项目的流动资金。

（3）估算项目的总投资。

解：要点分析：

本案例所考核的内容涉及了工程项目投资估算类问题的主要内容和基本知识点。对于这类案例分析题的解答，首先要注意充分阅读背景所给的各项基本条件和数据，分析这些条件和数据之间的内在联系。

（1）在固定资产投资估算中，应弄清名义利率和实际利率的概念与换算方法。在计算建设期贷款利息前，首先要将名义利率换算为实际利率后，才能计算。

（2）流动资金估算时，要掌握分项详细估算流动资金的方法。

（3）要求根据工程项目总投资的构成内容，计算工程项目总投资。

解答过程：

（1）估算建设期利息：

①建设期人民币贷款年实际利率计算：

$i = (1 + r/m)^m - 1$

$= (1 + 12.48\%/4)^4 - 1 = 13.08\%$

（建设期外币贷款年实际利率 = 8%）

②每年投资的本金数额计算：

人民币部分：

贷款总额为：$40000 - 2300 \times 8.3 = 20910$（万元）

第1年为：$20910 \times 20\% = 4182$（万元）

第2年为：$20910 \times 55\% = 11500.50$（万元）

第3年为：$20910 \times 25\% = 5227.50$（万元）

美元部分：贷款总额为：2300（万美元）

第1年为：$2300 \times 20\% = 460$（万美元）

第2年为：$2300 \times 55\% = 1265$（万美元）

第3年为：$2300 \times 25\% = 575$（万美元）

③每年应计利息计算：

每年应计利息 =（年初借款本利累计额 + 本年借款额 ÷ 2）× 年实际利率

a. 人民币建设期贷款利息计算：

第 1 年贷款利息 =（0 + 4182 ÷ 2）× 13.08% = 273.50（万元）

第 2 年贷款利息 =（4182 + 273.50 + 11500.50 ÷ 2）× 13.08%
　　　　　　　= 1334.91（万元）

第 3 年贷款利息 =（4182 + 273.50 + 11500.50 + 1334.91
　　　　　　　　+ 5227.50 ÷ 2）× 13.08%
　　　　　　　= 2603.53（万元）

人民币贷款利息合计 = 273.50 + 1334.91 + 2603.5
　　　　　　　　　= 4211.94（万元）

b. 外币贷款利息计算：

第 1 年外币贷款利息 =（0 + 460 ÷ 2）× 8% = 18.40（万美元）

第 2 年外币贷款利息 =（460 + 18.40 + 1265 ÷ 2）× 8%
　　　　　　　　　= 88.87（万美元）

第 3 年外币贷款利息 =（460 + 18.40 + 1265 + 88.87 + 575 ÷ 2）× 8%
　　　　　　　　　= 169.58（万美元）

外币贷款利息合计 = 18.40 + 88.87 + 169.58
　　　　　　　　= 276.85（万美元）

c. 建设期贷款利息总计 = 4211.94 + 276.85 × 8.3
　　　　　　　　　　= 6509.80（万元）

（2）估算项目的流动资金：

（用分项详细估算法估算流动资金）

①应收账款 = 年经营成本 ÷ 年周转次数
　　　　　= 21000 ÷（360 ÷ 30）= 1750（万元）

②现金 =（年工资福利费 + 年其他费用）÷ 年周转次数
　　　=（1100 × 0.72 + 860）÷（360 ÷ 40）
　　　= 183.56（万元）

③存货：

外购原材料、燃料 = 年外购原材料、燃料动力费 ÷ 年周转次数
　　　　　　　　= 19200 ÷（360 ÷ 40）= 2133.33（万元）

在产品 =（年工资福利费 + 年其他制造费用 + 年外购原材料、燃料动力费
　　　　+ 年修理费）÷ 年周转次数
　　　=（1100 × 0.72 + 860 + 19200 + 21000 × 10%）÷（360 ÷ 40）
　　　= 2528（万元）

产成品 = 年经营成本 ÷ 年周转次数
      = 21000 ÷ (360 ÷ 40) = 2333.33（万元）

存货 = 2133.33 + 2528 + 2333.33 = 6994.66（万元）

④流动资产 = 应收账款 + 现金 + 存货
          = 1750 + 183.56 + 6994.66 = 8928.22（万元）

⑤应付账款 = 年外购原材料、燃料动力费 ÷ 年周转次数
          = 19200 ÷ (360 ÷ 30) = 1600（万元）

⑥流动负债 = 应付账款 = 1600（万元）

流动资金 = 流动资产 − 流动负债
        = 8928.22 − 1600 = 7328.22（万元）

(3) 估算项目的总投资：

根据工程项目总投资的构成内容，计算拟建项目的总投资。

项目总投资估算额 = 固定资产投资总额 + 流动资金
               = (工程费 + 工程建设其他费用 + 预备费 + 投资方向调节税
                 + 建设期利息) + 流动资金
               = [52180 + 5000 + (52180 + 5000) × 5% + 4211.94
                 + 276.85 × 8.3] + 7328.22 = 66548.80 + 7328.22
               = 73877.02（万元）

第五节　公共项目融资的选择

融资方案是在投资估算的基础上，分析拟建项目的资金渠道、融资形式、融资结构、融资成本和融资风险，比选推荐项目的融资方案，并以此分析资金筹措方案和进行财务分析。

一、融资主体

分析融资方案，首先应明确融资主体，由融资主体进行融资活动，并承当融资责任和风险。项目融资主体主要有既有法人融资和新设法人融资。

(一) 既有法人融资

这是指依托现有法人进行的融资活动。基建项目可以是改扩建项目和新建项目，由既有法人发起、组织融资活动并负担责任和风险。所需资金来源于既有法人

的内部融资、新增资本金和新增债务资金。新增债务资金依靠既有法人整体（包括拟建项目）的赢利来偿还，并用既有法人整体的资产和信用承担债务担保。因此，债务人的风险较小。采用这种融资方式，要考虑既有法人整体的赢利能力和信誉。分析偿还债务能力时，可用既有法人整体的未来现金流量进行。可见，既有法人融资有如下特点：

1. 拟建项目不组建新的项目法人，由既有法人统一组织融资活动并承担融资责任和风险；

2. 拟建项目一般是在既有法人资产和信用的基础上进行，并形成增量资产；

3. 从既有法人的财务整体状况考察融资后的偿债能力。

（二）新设法人融资

这是指新组建项目法人进行的融资活动。项目的法人大多是企业或新的事业的法人。项目一般是新建项目，也包括从已有企业分出的一部分重组法人的改扩建项目。

新设法人融资是项目发起人发起组织独立法人资格的项目公司，负担融资责任和风险。资金来自项目公司股东投入的资本金和借贷的债务资金。债务要依靠项目本身的赢利，一般以项目投资形成的资产、未来收益或权益作为融资的担保。分析偿还债务能力时，则用项目的未来现金流量进行。其特点是：

1. 项目投资由新设项目法人筹集的资本金和债务资金构成；

2. 由新设项目法人承担融资责任和风险；

3. 从项目投产后的经济效益情况考察偿债能力。

二、资金来源

在估算出项目所需要的资金量后，其来源可以有多种渠道，一般可从国内和国外筹集，应根据资金的可得性、供应的充足性和融资成本的高低，选择合理的资金筹集渠道。资金来源渠道主要有：

1. 项目法人自有资金。

2. 政府财政性资金。

3. 国内外银行等金融机构的信贷资金。

4. 国内外证券市场资金。

5. 国内外非银行金融机构的资金，如信托投资公司、投资基金公司、风险投资公司、保险公司和租赁公司等机构的资金。

6. 外国政府、企业、团体和个人等的资金。

7. 国内企业、团体和个人的资金。

资金来源一般分为直接融资和间接融资两种方式。直接融资方式是指投资者对拟建项目的直接投资，以及项目法人通过发行（增发）股票、债券等直接筹集的资金。间接融资是指从银行及非银行金融机构借入的资金。

三、资本金筹措

资本金是指项目投资中由投资者提供的资金，对项目来说是非债务资金，也是获得债务资金的基础。国家对经营性项目试行资本金制度，规定了经营性项目的建设都要有一定数额的资本金，并提出了各行业项目资本金的最低比例要求。在可行性研究阶段，应根据新设项目法人融资或是既有项目法人融资的特点，分析资本金筹措方案。

（一）新设项目法人项目资本金筹措

新设项目法人的资本金，是项目发起人和投资者为拟建项目所投入的资金。项目资本金来源主要有：

1. 政府财政性资金；
2. 国家授权投资结构入股的资金；
3. 国内外企业入股的资金；
4. 社会团体和个人入股的资金；
5. 受赠予资金。

资本金出资形态可以是现金，也可以是实物、工业产权、非专利技术、土地使用权和资源开采权作价出资。用作资本金的实物、工业产权、非专利技术、土地使用权和资源开采权作价的资金，必须经过有资格的资产评估机构评估作价，并只能在资本金中占有一定比例。可行性研究中应说明资本金的出资人、出资方式、资本金来源及数额、资本金认缴进度等。

（二）既有项目法人项目资本金筹措

资本金来源主要有：

1. 项目法人可用于项目的现金，即库存现金和银行存款等可用于项目投资的资金；
2. 资产变现的资金，即变卖现有资产获得的资金；
3. 发行股票筹集的资金，原有股东增资扩股资金，吸收新股东的资金；
4. 政府财政性资金；
5. 国内外企业法人入股资金；

6. 盈余公积金和未分配利润。

在可行性研究报告中，应说明资本金的各种来源和数量，应考察主要投资方的出资能力。

四、债务资金筹措

债务资金是项目投资中除资本金外，需要从金融市场借入的资金。债务资金来源主要有：

（一）信贷融资

国内信贷资金主要有政策性银行和商业银行等提供的贷款；国外信贷资金主要有商业银行的贷款，以及世界银行、亚洲开发银行等国际金融机构贷款；外国政府贷款；出口信贷以及信托投资公司等非银行金融机构提供的贷款。信贷融资方案应说明拟提供贷款的机构及其贷款条件，包括支付方式、贷款期限、贷款利率、还本付息方式及其他附加条件等。

（二）债券融资

债券融资是指项目法人以自身的财务状况和信用条件为基础，通过发行企业债券筹集资金用于项目建设的融资方式。除了一般债券融资外，还有可转换债券融资，这种债券在有效期限内，只需支付利息，债券持有人有权按照约定将债券转换成公司的普通股，如果债券持有人放弃这一选择，融资企业需要在债券到期日兑付本金。可转换债券的发行无需以项目资产或其他公司的资产作为担保。在可行性研究阶段，应对拟采用的债券融资方式进行分析、论证。

（三）融资租赁

融资租赁是资产拥有者将资产租给承租人，在一定时期内使用，由承租人支付租赁费的融资方式。采用这种方式，一般是由承租人选定设备，由出租人购置后租给承租人使用，承租人按期交付租金。租赁期满后，出租人可以将设备作价售让给承租人。

第六节　公共项目融资方案分析

在初步确定项目的资金筹措方式和资金来源后，应进一步对融资方案进行分析，比选并推荐资金来源可靠、资金结构合理、融资成本低、融资风险小的方案。

一、资金来源可靠性分析

主要是分析项目建设所需总投资和分年所需投资能否得到足够的、持续的资金供应，即资本金和债务资金供应是否落实可靠。应力求使筹措的资金、币种及投入时序与项目建设进度和投资使用计划相匹配，确保项目建设顺利进行。

二、融资结构分析

主要分析项目融资方案中的资本金与债务资金的比例，股本结构比例和债务结构比例是否合理，并分析其实现条件。

1. 资本金与债务资金的比例，在一般情况下，项目资本金比例过低，债务资金比例过高，将给项目建设和生产经营带来潜在的财务风险。进行融资结构分析，应根据项目特点，合理确定项目资本金与债务资金的比例。

2. 股本结构分析，股本结构反映项目股东各方出资额和相应的权益，在融资结构分析中，应根据项目特点和主要股东参股意愿，合理确定参股各方的出资比例。

3. 债务结构分析，债务结构反映项目债权各方为项目提供的债务资金的比例，在融资结构分析中，应根据债权人提供债务资金的方式，附加条件，以及利率、汇率、还款方式的不同，合理确定内债与外债比例，政策性银行与商业性银行的贷款比例，以及信贷资金与债券资金的比例。

三、融资成本分析

融资成本是指项目为筹集和使用资金而支付的费用。融资成本的高低是判断项目融资方案是否合理的重要因素之一。对企业投资而言，资金成本是评价投资项目、决定投资取舍的重要标准，只有项目的收益率大于资金成本率时，项目才有利可图。

企业的资金成本高低与企业的资本结构有关，一般地，企业的资本结构如图7-3所示。

由此可见，企业的总资本成本是由债务资本成本和自有资本成本两大类组成，不同来源的资金其资金成本是不同的，现分述如下：

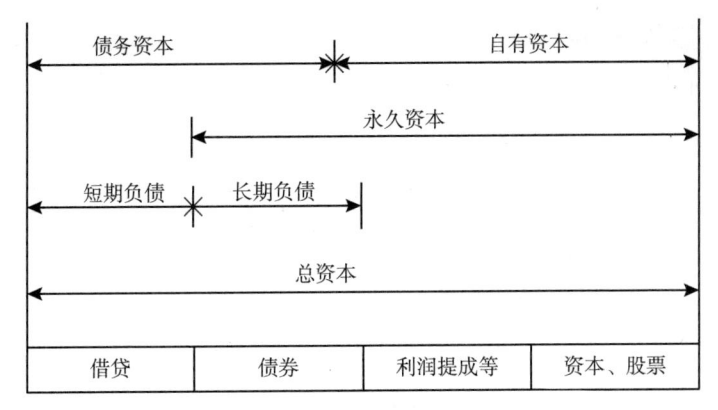

图 7-3 企业的资本结构

（一）债务资金融资成本分析

债务资金融资成本由资金筹集费和资金占用费组成。资金筹集费是指资金筹集过程中支付的一次性费用，如手续费、担保费、代理费等；资金占用费是指使用资金过程中发生的经常性费用，如利息。在比选融资方案时，应分析各种债务资金融资方式的利率水平、利率计算方式（固定利率或者浮动利率）、计息（单利、复利）和付息方式，以及偿还期和宽限期，计算债务资金的综合利率，并进行不同方案比选。

为了便于分析比较，债务资金融资成本通常不用绝对金额表示，而是用资金成本率这种相对数表示。

资金成本率是资金占用费与实际筹资额的比率，其计算公式为：

$$K = \frac{D}{P - F}$$

或

$$K = \frac{D}{P(1 - f)}$$

式中：K——资金成本率；

D——资金占用费；

P——筹资额；

F——资金筹资费；

f——筹资费率，即资金筹集费占筹资金额的比率。

在实际工作中，由于运用的场合不同，资金融资成本可有多种不同的形式。

【例 7-5】某企业从银行取得一笔长期借款 1000 万元，手续费为 0.1%，年利率 5%，期限为 3 年，每年结息一次，到期一次还本，企业所得税率为 33%。问这笔借款的融资成本率是多少？

解：（1）筹资额 P = 1000 × (1 - 0.1%) = 999（万元）

(2) 每年付息额 = 1000 × 5% = 50（万元）

(3) 计算内部收益率 IRR。该笔借款的现金流量见表 7-4。

表 7-4　　　　　　　　　　　　现金流量表

年份	0	1	2	3
现金流（万元）	-999	50	50	1050

据表 7-4 列出计算内部收益率的如下方程：

-999 + 50(F/P, IRR, 1) + 50(F/P, IRR, 2) + 1050(F/P, IRR, 1) = 0

解得，IRR = 5.0367%

(4) 计算借款的成本率。因所得税可用来抵扣利息，因此，

税后的借款成本率 = 5.0367% × (1 - 33%) = 3.37%

值得注意的是，银行及金融机构贷款分为抵押贷款和无抵押贷款两种，无抵押贷款通常比抵押贷款资金成本高。对无抵押贷款，银行会承诺提供给企业以信用贷款和一个最高限额（即信用额度）。银行对企业未使用的贷款额度不收取利息，但收取承诺费。承诺费是对银行闲置资金的补偿，一般为 0.125% ~ 0.25%。

【例 7-6】某企业以年利率 10% 向银行借款 200 万元，银行同意的最高信贷额为 250 万元。已知承诺费率为 0.2%，问企业所支付的实际年利率是多少？

解：向银行所支付的实际融资成本应该是资金占用费和承诺费之和。因此，

实际年利率 = (200 × 10% + 50 × 0.2%)/200 = 10.05%

（二）资本金融资成本分析

资本金融资成本由资本金筹集费和资本金占用费组成。资本金占用费一般应按机会成本的原则计算，当机会成本难以计算时，可参照银行存款利率计算。如发行股票的资本成本率 K_C 与企业发放股利 D 与股票价格 P_0 有关，其计算公式为：

$$K_C = \frac{D}{P_0}$$

式中：K_C——发行股票的资金成本率；

　　　D——企业每年发放的股利；

　　　P_0——发行股票的价格。

【例 7-7】某上市公司拟发行一批普通股，发行价格每股 12 元，每股发行费用 1.5 元，预定每年分派，现每股分配股利 1.2 元。问其资本成本率为多少？

解：发行普通股的资本成本率：

K_C = D/P_0 = 1.2/(12 - 1.5) = 0.1143 = 11.43%

也可以是股利 D 逐年以一定的幅度 g% 增加，则其计算公式为：

$$K_C = \frac{D}{P_0} + g$$

式中：g——股利的增长幅度（%）。

【例 7-8】某企业每股股票的市场价格（扣除交易费用后的价格）为 4.85 元（P_0），股利为 0.40 元/股（上年为 0.38 元/股）。（1）根据赢利预测今后企业可以保持以此金额派发股利；（2）企业能保持最近两年的增长趋势派股利。试分别计算企业的普通股票的资本成本。

解：（1）各年发放股利 D 保持不变时，资本成本率：
K_C = D/P_0 = 0.4/4.85 = 8.25%

（2）各年发放股利 D 以 g =（0.4 - 0.38）/0.38 = 5.26% 幅度逐年增加时，资本成本率：K_C = D/P_0 + g = 0.4/4.85 + 5.26% = 13.51%

四、融资风险分析

融资风险是融资活动引起的风险，它会影响融资方案的实施，使投资者、项目法人、债权人蒙受损失。因此，融资时要进行多方案的比较，要对风险进行识别、比较，并对最终推荐的方案提出防范对策。为了使融资方案稳妥可靠，需要对下列可能发生的风险因素进行识别和预测。

（一）资金供应风险

资金供应风险是指融资方案在实施过程中，可能出现资金不落实，导致建设工期拖长，工程造价升高，原定投资效益目标难以实现的风险。主要风险有：

1. 原定筹资额全部或部分落空。例如，已承诺出资的投资者中途变故，不能兑现承诺；
2. 原定发行股票、债券计划不能实现；
3. 既有项目法人融资项目由于企业经营状况恶化，无力按原定计划出资；
4. 其他资金不能按建设进度足额及时到位。

因此，在选择出资者时，要选择资金实力强、既往信用好、风险承受能力强的单位。

（二）利率风险

利率水平随着金融市场情况而变动，如果融资方案中采用浮动利率计息，则应分析贷款利率变动的可能性及其对项目造成的经济损失和风险，以决定采用固定利率还是浮动利率。如对贷款期间市场利率看涨的则尽量采用固定利率，对今后利率走势看跌的则宜采用浮动利率。

(三) 汇率风险

汇率风险是指国际金融市场外汇交易结算产生的风险，包括人民币对各种外币币值的变动风险和各外币之间比价变动的风险。利用外资数额较大的投资项目应对外汇汇率的走势进行分析，估测汇率发生较大变动时，对项目造成的风险和损失，决定以何种外汇币种借款和用何种外汇币种结算。

【思考题】

1. 固定资产与流动资产的主要区别是什么？
2. 建设投资的构成与主要的估算方法是什么？
3. 资金筹集主要有哪些方式？各自的特点是什么？
4. 分析影响公共项目筹资决策的主要因素。
5. 分析不同资金来源对公共项目收益与风险的影响。
6. 某基建项目年产某种产品40万件。调查研究表明，本地区年产该种产品20万件的同类项目的固定资产投资额为1000万元，假定不考虑物价因素的变动，试估算拟建项目的固定资产投资额。
7. 上海一个医院计划从日本引进医疗设备若干台，每台设备重量为82吨，FOB价为8.6万美元，人民币与美元的外汇比率为1：8.3元人民币，医疗设备运费率为103美元/吨，运输保险费率按2.66‰，进口关税执行最低优惠税率，优惠税率为10%，增值税率为17%，银行财务费为5‰，外贸手续费1.5%，设备运杂费率2%。请对该医疗设备进行估价？（FOB为离岸价）
8. 某个工程项目的静态投资为22310万元，按本项目实施进度规划，项目建设期为3年，3年的投资分年使用比例为第一年20%，第二年55%，第三年25%，建设期内年平均价格变动率预测为6%。求该项目建设期的涨价预备费。
9. 一个新建学校，建设期为3年，在建设期第一年贷款300万元，第二年600万元，第三年400万元，年利率为12%。用复利法计算建设期贷款利息。
10. 某项目建成投产后的年经营成本为14000万元；存货资金占用估算为4700万元；全部职工人数为1000人，每人每年工资及福利费估算为9600元；年其他费用估算为3500万元；年外购原材料、燃料及动力费为15000万元。各项资金的周转天数为：应收账款为30天，现金为15天，应付账款为30天。请估算流动资金额。

第八章

公共项目的财务评价

本章应了解和掌握：

1. 公共项目经济评价的概念与内容。
2. 公共项目财务评价与国民经济评价的区别。
3. 财务评价中收益与成本识别。
4. 财务评价基本报表、评价指标和项目财务评价方法。

第一节 公共项目经济评价的概述

一、公共项目经济评价

公共项目经济评价是在完成市场调查与预测、拟建规模、资源优化、技术方案论证、投资估算与资金筹措等可行性分析的基础上，通过对拟建公共项目各方案的评价和选优后，作出的经济测算和分析，是投资主体决策的重要依据。

公共项目的经济评价是指采用一定的方法和经济参数，对项目投入产出的各种因素进行研究、分析计算和对比论证的工作。

我国的公共项目评价方法，是从研究公共投资项目评价发展起来的。从内容上看，公共投资项目的评价包括反映微观经济效益的财务评价、宏观经济效益的国民经济评价和非经济效益的社会影响评价等。因此，可以讲，公共项目经济评价主要分为财务评价（也称财务分析）和国民经济评价（也称经济分析）。

建设项目经济评价内容的选择根据项目的性质、目标、投资、财务主体以及项目对经济和社会影响的大小不同而异。一般的建设项目，当不涉及公共利益、国家安全以及市场能有效配置资源时，如果财务评价的结果能够满足投资决策的要求，则一般不需再进行国民经济评价，反之，则要求在财务评价的基础上再进行国民经济评价。对于特别重大的项目，除了财务评价和国民经济评价外，还应辅以区域经济以宏观经济的分析。因此，建设项目经济评价的工作程序是：首先进行建设项目的财务评价，在这个基础上根据项目的情况考虑是否有必要进行国民经济评价甚至区域经济及宏观经济的分析。

总之，一般的建设项目主要依据财务评价的结果进行决策，而公共项目的决策主要依据国民经济评价的结果，但也需要先作财务评价，因为国民经济评价是在财务评价的基础上进行的。

二、公共项目的财务评价与国民经济评价的差异

公共项目的财务评价是指在国家现行财税制度和价格体系的条件下，从项目财务角度分析，根据项目直接发生的财务效益和费用，编制有关财务报表，计算评价指标，考察项目的财务赢利能力、清偿能力和外汇平衡能力，据此判断项目的财务可行性的一种分析评价办法。

公共项目的国民经济评价是从国家经济整体利益的角度出发，计算项目对国民经济的净贡献以及国民经济为之付出的代价，分析项目的经济效果和对社会的影响，据以判断项目在宏观经济上的合理性。

财务评价和国民经济评价作为项目经济评价的两个层次，因其作用与任务的不同，二者之间存在着如下差异：

（一）评价角度不同

财务评价是从项目财务角度（或称为微观角度）考察项目的赢利状况及偿还能力，以确定项目投资行为的财务可行性。

国民经济评价是从国家整体角度考察项目对国民经济的贡献以及需要国民经济付出的代价，借以确定项目投资行为的经济合理性。

（二）效益与费用的含义与划分范围不同

财务评价是根据项目自身的实际收支确定项目的效益与费用。

国民经济评价着眼于项目对社会提供的有用产品和服务及项目所消耗的社会资源，来考察项目的效益与费用，不计国内转移支付部分，即补贴不能计为项目的收益，税金和国内借款利息不作为项目的费用。财务评价只计算项目直接发生的效益与费用，而国民经济评价对项目引起的间接效益与费用即外部效果也要进行计算与

分析。

(三) 评价采用的价格不同

财务评价对投入物和产出物均采用财务价格，是以现行价格为基础的预测价格，它要考虑价格的变动因素。

国民经济评价采用影子价格，在计算期内各年均不考虑物价水平上涨因素（即通货膨胀）。

(四) 评价所采用的参数不同

财务评价使用的是行业基准投资收益率、基准投资回收期等财务评价参数；而国民经济评价则是采用影子汇率、影子工资、社会折现率等经济评价参数。

(五) 在项目投资决策中的地位不同

因上述的差别，二者的评价结论也会产生差异，从而决定它们在项目投资决策中的地位也不同。一般地，在同时进行财务评价和国民经济评价时，应以项目的国民经济评价结论为项目的最终决策的主要依据。即财务评价与国民经济评价均可行的项目，予以通过；国民经济评价结论不可行的项目，一般应予以否定。对某些影响国计民生的重要项目，如国民经济效益可行，但财务评价不可行，可重新考虑，并可提出某些优惠措施建议，使项目具有财务可行性。

公共投资项目的主要目的是为了满足社会大众日益增长的物质文化生活的需要，这决定了其投资活动主要是为社会提供使用价值和其他有用效果（即其中有可以用货币计量的部分，也有不能用货币计量而只能以效用来表示的部分），而不是为了获取价值。因此，公共项目投资经济效益主要不是体现在它的赢利性上，而是体现在其社会效果上。从质的规定性来看，它是指资源消耗与社会需要的满足之间的关系；从量的规定性来看，就是用一定的资源消耗获取满足社会需要的实用价值和其他有用效果或是用最小的资源消耗获取满足社会需要的实用价值和其他有用效果来表示，只要二者之间的对比关系是有效的（即以一定的代价获取最大的社会效益）、经济的（即在获取一定的社会收益下所付出的代价最小），公共投资项目就值得投资建设；否则，就要予以否定。因而，从20世纪50年代开始，西方公共项目的经济评价，形成了一种评价公共项目的方法，那就是成本效益分析法。成本效益分析法是一种国内外通常应用的技术经济分析方法，主要用于公共项目和一般工程项目的社会经济效果评价。根据项目的成本和效益是否可用货币衡量来区分，它主要可分为"费用—效益分析法"和"费用—效果分析法"。即凡是项目的受益收入（包括直接受益收入、间接受益收入）可用货币计量、计算的，能求出受益总额的，可采用"费用—效益分析法"；凡受益内容不能或无法用货币计量，不能求出受益收入，而只能以受益效用来计量的，可采用"费用—效果分析法"。

第二节 公共项目的财务评价中收益与成本识别

一、项目财务评价的目的

从原则上说，为了在全国范围内合理地分配资源，项目的取舍应当考虑国民经济分析的结果。但企业是独立的经营单位，是投资后果的直接承担者，因此，财务评价是企业投资决策的基础。

财务评价的主要目的有：
1. 从企业或项目的角度出发，分析投资效果，判明企业投资所获得的实际利益。
2. 为企业制定资金规划。
3. 为协调企业利益和国家利益提供依据。

当项目的财务效果和国民经济效果发生矛盾时，国家需要用经济手段予以调节。财务评价可以通过考察有关经济参数（如价格、税收、利率等）的变动对分析结果的影响，寻找经济调节的方式和幅度，使企业利益和国家利益趋于一致。

对于有经营收入的公共项目，如电厂与电站、煤矿、城市供气、供暖、供水等能源项目；铁路、港口、收费公路、管道、机场等运输项目；邮电、通信项目；影剧院、俱乐部、体育馆等公益性项目，应按企业或集团承担的投资项目做好财务评价，分析和计算项目的财务赢利能力和清偿能力。

二、财务评价中收益与成本识别

项目的财务评价是站在项目投资主体的立场上进行的，一般建设项目的评价目标是追求项目投资给企业（投资主体）带来的财务收益（利润）最大化。公共项目的财务评价目标则不同，它主要用于判别项目在财务上的可行性，为国家财政拨款及优惠政策提供依据。一般建设项目财务评价中的费用和效益是指由于项目的实施给项目投资主体带来的直接的支出和收益，这些费用和效益是以评价目标来定义的，计算时均采用市场价格，其他参数（如利率、汇率、税收和折旧）均按国家现行财税制度规定执行。但公共项目的财务评价则不同，除了直接的费用和效益外，还必须考虑无形的费用和效益。

因此，识别财务评价中的成本、收益是编制财务报表的前提。而要识别成本和收益，首先必须明确计算成本、收益的范围。一个项目的投资可能不仅涉及所在的厂区，而且牵涉厂外运输、能源等公共设施；除了用于直接生产的厂房、设备，还可能用于辅助设施；除了有物料、燃料的直接消耗，还可能有其他间接消耗或损失；项目建成后，除了为本企业提供收益外，还可能对社会有利等。由于财务分析以企业盈利性为标准，所以，在判断成本、收益的计算范围时只计入企业的支出和收入。对于那些虽由项目实施所引起但不为企业所支付或获取的成本及收益，则不予计算。

进行财务分析时，必须逐一识别成本项和收益项，对每一个投资项目的成本、收益必须进行具体分析。这里只对工业投资项目常见的成本和收益项作一分析。

（一）建设项目的收益与成本

根据现行财会制度，工业企业在生产经营期的收入和利润间的关系如下：

$$销售利润 = 销售收入 - 总成本费用 - 销售税金及附加$$

$$总成本费用 = 经营(生产)成本 + 折旧费 + 摊销费 + 利息支出$$

1. 收益。企业收益主要由以下几部分组成：

（1）销售收入。销售（营业）收入是项目效益的主体形式，是指企业在销售商品或提供劳务包括销售副产品、边角料以及让渡资产使用权等日常活动中所形成的经济利益的总流入。收入可能表现为企业资产的增加，如增加银行存款、应收账款等；也可能表现为企业负责的减少，如以商品或劳务抵偿债务；或者二者兼而有之，如销售货款部分抵偿债务、部分收取现金。

对于增加产量的项目，如果价格不变，会直接导致销售收入的增加，但如果销售量增加后价格下降，则须按降价后的价格计算。当投资的目的在于提高质量时，如果价格随之提高，则按提价后的价格计算收入，如果不提价，则没有收入的增加。

（2）资产回收。寿命期末可回收的固定资产残值和回收的流动资金应视为收入。

（3）补贴。国家为鼓励和扶持某些行业的项目开发所给予的补贴应视为收入。在价格、汇率、税收上的优惠已体现在收入的增加和支出的减少上，不再另计。

2. 成本。

（1）建设项目的投资。建设项目的投资是项目费用的重要组成部分，也是项目财务评价的基础数据。根据我国的财会制度，建设项目的总投资由建设投资和营运所需的流动资金投资两项构成。而建设投资包括建筑工程费、设备及工器具购置费、安装工程费、工程建设其他费用、基本预备费、涨价预备费、固定资产投资方向调节税以及建设期借款利息等。

把项目投资的建设投资和流动资金投资的相关数据输入 Excel 电子计算（见表 8-1），计算得到项目投入的总资金。表中：C13 = C2 + C12，C3 = SUM(C4：C8)，C9 =

SUM(C10：C11)，C2 = C3 + C9。

表 8－1　　　　　　　　　　　项目投入总资金计算　　　　　　　　　单位：万元

A	B	C	D	E
序号	费用名称	投资额合计	其中外币	估算说明
1	建设投资			
1.1	建设投资，静态部分			
1.1.1	建筑工程费			
1.1.2	设备及工器具购置费			
1.1.3	安装工程费			
1.1.4	工程建设其他费用			
1.1.5	基本预备费			
1.2	建设投资，动态部分			
1.2.1	涨价预备费			
1.2.2	建设期利息			
2	流动资金			
3	项目投入总资金（1＋2）			

（2）总成本费用。总成本费用是指项目在一定时期内（一般为一年）为生产和销售产品而花费的全部成本和费用。总成本费用由生产成本、管理费用、财务费用和销售费用（后三者构成期间费用）组成。它综合地反映了企业的技术水平、工艺完善程度、固定资产及流动资金的利用状况、生产组织的完善程度、劳动生产率水平、产品销售条件、物资供应条件以及生产组织管理水平等，是企业生产经营活动的综合性指标之一。成本的估算应与销售收入的口径相一致，各项费用应划分清楚，防止低估或重复计算。总成本费用估算见表 8－2。

表 8－2　　　　　　　　　　　　总成本费用估算　　　　　　　　　　　单位：万元

序号	项目	合计	计算期 1	2	3	…	n
1	生产成本						
1.1	直接材料费						
1.2	直接燃料及动力费						
1.3	直接工资福利费						
1.4	制造费用						
1.4.1	折旧费						
1.4.2	修理费						
1.4.3	其他制造费						

续表

序号	项目	合计	计算期				
			1	2	3	…	n
2	管理费用						
2.1	无形资产摊销						
2.2	其他资产摊销						
2.3	其他管理费用						
3	财务费用						
3.1	利息支出						
3.1.1	长期借款利息						
3.1.2	流动资金借款利息						
3.1.3	短期借款利息						
4	营业费用						
5	总成本费用合计（1+2+3+4）						
5.1	可变成本						
5.2	固定成本						
6	经营成本（5-1.4.1-2.1-2.2-3.1）						

（3）外购原材料、辅助材料、燃料及动力费用。外购原材料、辅助材料、燃料及动力费用可按各年的生产负荷算出相应的耗用量再乘以单价计算得出，见表8-3及表8-4。

表8-3　　　　　　　　　外购原材料及辅助材料费用估算　　　　　　　　单位：万元

	A	B	C	D	E	F	G	H	I	J	K
1					投产期		达产期				
2	序号		单价	数量	3	4	5	6	7	…	n
3		生产负荷（%）			60	90	100	100	100	…	100
4	1	主要原材料费									
5	1.1	A									
6		进项税额									
7	1.2	B									
8		进项税额									
9	1.3										
10											
11	2	辅助材料费									
12		进项税额									
13	3	其他									
14		进项税额									
15	4	外购原材料等费用合计									
16	5	进项税额合计									

表 8-4　　　　　　　　　　　外购燃料及动力费用估算　　　　　　　　　单位：万元

	A	B	C	D	E	F	G	H	I	J	K
1					投产期		达产期				
2	序号		单价	数量	3	4	5	6	7	…	n
3		生产负荷（%）			60	90	100	100	100	…	100
4	1	燃料费									
5	1.1	煤									
6		进项税额									
7	1.2	煤气									
8		进项税额									
9	2	蒸气费									
10		进项税额									
11	3	动力费									
12		进项税额									
13	3	水费									
14		进项税额									
15	4	其他									
16	5	外购燃料动力费用合计									
17		进项税额合计									

（4）工资及福利费。工资总额是指企业实际发放的工资薪金总和，不包括企业的职工福利费、社会保险费和住房公积金。外资企业的福利费按实际发生额列支，内资则按工资总额的14%内计提。工资及福利费估算见表8-5。

表 8-5　　　　　　　　　　　工资及福利费估算　　　　　　　　　　　单位：万元

序号	项目	合计	计算期				
			1	2	3	…	n
1	工人 　人数 　人均年工资 　工资额						
2	技术人员 　人数 　人均年工资 　工资额						
3	管理人员 　人数 　人均年工资 　工资额						

续表

序号	项目	合计	计算期				
			1	2	3	…	n
4	工资总额（1+2+3）						
5	福利费						
6	合计（4+5）						

（5）修理费。修理费是指为保证固定资产的正常运营，充分发挥其效用而进行必要的维修所发生的费用，它一般取固定资产原值（不含建设期利息）的1%~5%。

（6）其他费用。其他费用包括制造、管理和销售费用中的办公费、差旅费、运输费、保险费、工会经费、职工教育费、土地使用费、技术转让费、咨询费、业务招待费、坏账损失费，在成本费中列支的税金、租赁费、广告费和销售服务费等。它可参照同类企业的经验数据，采用其他费用占总成本费用的百分比计算，或分项列算后加总。例如：工会经费 = 职工工资总额×2%，职工教育费 = 职工工资总额×1.5%，业务招待费 = 销售净金额×（0.5% - 1%），等等。

（7）折旧费。折旧是固定资产价值转移到产品中的部分，是成本的组成部分，应作为费用，但由于设备和原材料等不同，不是一次随产品出售而消失，而是随产品一次次销售而将其补偿基金储存起来，到折旧期满，原投资得到回收。可见，折旧并没有从项目系统中流出，而是保留在系统内。我们已将投资当作支出，如果再将折旧作为支出，就重复计算了成本。在项目寿命期内，如果初期投入的固定资产需要更新，其费用应由折旧基金支出，但一般说来更新投资与折旧额并不相等，为准确起见，仍将投资和折旧分开处理。总之，折旧不作为成本。有人按照财务习惯，在现金流量表中将成本列入"流出"项，此时在"流入"项内应补回折旧。

项目按税法规定折旧，当为采掘、采伐项目时则按规定提取矿山维简费。固定资产折旧的计算如表8-6所示。

表8-6　　　　　　　　固定资产折旧计算表　　　　　　　　单位：万元

序号	项目	合计	计算期				
			1	2	3	…	n
1	房屋、建筑物 　原值 　当期折旧费 　净值						

续表

序号	项目	合计	计算期				
			1	2	3	…	n
2	机器设备 　原值 　当期折旧费 　净值 　…						
3	合计 　原值 　当期折旧费 　净值						

（8）摊销费。摊销费包括无形资产摊销和其他资产摊销两部分。无形资产和其他资产摊销的计算见表8-7。

表8-7　　　　　　　　　无形资产和其他资产摊销计算表　　　　　　　单位：万元

序号	项目	合计	计算期				
			1	2	3	…	n
1	无形资产 　原值 　当年摊销费 　净值						
2	其他资产 　原值 　当年摊销费 　净值 　…						
3	合计 　原值 　当年摊销费 　净值						

（9）财务费用。项目的财务费用包括筹集资金而发生的各项费用、生产经营期间发生的利息净支出及其他财务费用（汇兑净损失等）、手续费等。在项目的财务评价中，一般只考虑利息的支出。按照国家财政部门的规定，利息支出可以列入成本费用，但在国民经济评价中，则将其单列。

利息支出则是由长期借款利息、流动资金借款利息、短期借款利息和债券利息四者构成。

①长期借款利息，是指建设期间借款余额（含未支付的建设期利息）应在生产期支付的利息，计算式是：

$$长期借款利息 = 年初借款余额 \times 年利率$$

②流动资金借款利息，从投产第一年开始用于安排生产（按生产负荷计算），其借款部分按全年计算利息。

$$流动资金借款利息 = 流动资金借款累计金额 \times 年利率$$

流动资金借款的偿还通常会安排在还完长期借款后进行，或在项目终止时。

③短期借款利息，是在项目生产期间由于资金的临时需求而引起，它的利率按银行规定的短期贷款利率（三个月或半年期）计算，并按照随借随还的原则处理还款。

④债券利息，企业发行的债券需根据债券的利率按期支付利息。

建设期利息估算见表8-8。

表8-8   建设期利息估算表   单位：万元

序号	项目	合计	计算期 1	2	3	…	n
1	借款						
1.1	建设期利息						
	期初借款余额						
	当期借款						
	当期应计利息						
	期末借款余额						
1.2	其他融资费用						
1.3	小计（1.1+1.2）						
2	债券						
2.1	建设期利息						
	期初债务余额						
	当期债务金额						
	当期应计利息						
	期末债务余额						
2.2	其他融资费用						
2.3	小计（2.1+2.2）						
3	合计（1.3+2.3）						
3.1	建设期利息合计						
3.2	其他融资费用合计						

（10）经营成本。经营成本是经营性实际支出，它与总成本费用不同，按规定经营成本中不包括折旧费、矿山维简费、摊销费和借款利息。因此，可把总成本费用中剔除折旧费、摊销费和利息支出后留存的经营性实际支出定义为生产（经营）

成本，即：

$$经营成本 = 总成本费用 - 折旧费 - 摊销费 - 维简费 - 利息支出$$

$$经营成本 = 外购原材料、燃料动力费 + 工资及福利费 + 修理费 + 其他费用$$

经营成本与总成本费用的关系见图 8-1。

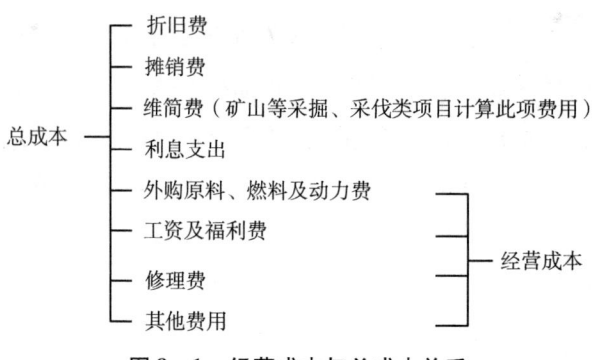

图 8-1 经营成本与总成本关系

值得注意的是，经营成本是为进行经济分析从总成本费用中分离出来的一种成本。此外，在计算总成本费用时，要注意扣除原材料消耗中自产自用部分，以免重复。

（二）项目的利润及税金

利润是所得税前企业在一定时期内经营活动的总成果。考虑项目在运营过程中的营业外和其他投资的收入和支出，项目的年利润总额为：

$$项目的年利润总额 = 年销售收入 - 总成本费用 - 销售税金及附加 - 营业外净支出$$

其中：

销售税金及附加，其计算口径应与销售收入口径相对应，即凡需从销售收入中支付的税金均需列入；凡不由销售收入支付的税金均不列入。

$$企业的利润总额 = 产品销售利润 + 其他业务利润 + 投资净收益 + 营业外净收入$$

其中：

$$产品销售利润 = 产品销售收入 - (产品销售成本 + 产品销售费用 + 产品销售税金及附加)$$

$$其他业务利润 = 其他业务收入 - 其他业务支出$$

$$投资净收益 = 投资收益 - 投资损失$$

投资收益包括对外投资分得的利润、股利和债券的利息等，投资损失包括投资的作价损失、投资到期回收或中途转让取得款项低于账面净值的差额等。

$$营业外净收入 = 营业外收入 - 营业外支出$$

营业外收支是指与企业生产经营没有直接关系的收入和支出。营业外收入包括固定资产盘盈、处理固定资产净收益、罚没收入、确定无法支付的应付款项等。营业外支出包括固定资产盘亏、报废损坏、附设学校经费、研究开发失败损失、非常损失、公益救济性捐赠、赔偿金、违约金等。

在项目可行性研究的财务分析中，使用的产品的价格是以现行价格体系为基础的预测价格。在进行项目的赢利性分析时，计算期内各年采用的是在基年或建设期初物价总水平基础上预测的价格，不考虑物价总水平上涨的因素。在进行清偿能力的分析时，在建设期内一般采用时价（即考虑物价相对变化和物价总水平的变动）。表8-9是项目财务评价时的辅助报表之一。

表8-9　　　　　　　　　　　项目的损益表　　　　　　　　　　单位：万元

A	B	C	D	E	F	G	H	I	J	K
		建设期		投产期		生产期				
序号	项目	1	2	3	4	5	6	…	n	合计
	生产负荷（%）									
1	产品销售（营业）收入									
2	销售税金及附加									
3	总成本费用									
4	利润总额（1-2-3）									
5	所得税（33%）									
6	税后利润（4-5）									
7	可供分配利润									
7.1	盈余公积金									
7.2	应付利润									
7.3	未分配利润									
	累计未分配利润									

通过损益表，根据项目总投资、资本金及股东实际出资额可计算投资利润率、投资利税率、资本金利润率以及实出资本利润率等财务评价指标。

第三节　项目的现金流量

现金流量是反映企业一定会计期间（一般为一年）的现金和现金等价物流入和流出的数量。现金流量包括现金流入量、现金流出量和净现金流量三种。

当不考虑资金的来源时，可以编制全部投资的现金流量表，计算得出项目在税后的财务评价指标。在确定了初步融资方案后，以融资后项目的收益及费用编制权益投资的现金流量表及财务计划现金流量表,判断项目在融资条件下的合理性(赢利性、清偿能力分析)。

一、全部投资现金流量表

从项目投资者角度出发编制的项目计算期各年的现金流入和流出的汇总表称为全部投资现金流量表。投资的资金中包括投资者的出资和负债资金。通过各年的现金流入减现金流出计算得出的净现金流的数组,可以计算得出项目的内部收益率和在要求基准收益率下的净现值,借以判定项目的财务可行性。

现金流入量是指在整个计算期内所发生的实际现金流入,包括销售收入、固定资产报废时的残值收入以及项目结束时回收的流动资金。

现金流出量是指在整个计算期内所发生的实际现金支出,包括企业投入的全部资金(固定资产、流动资金和经营成本)、销售税金及附加、所得税等。其中固定资产投资和流动资金的数额分别取自固定资产投资估算表及流动资金估算表。

项目计算期各年的净现金流量为各年现金流入量减对应年份的现金流出量,各年累计净现金流量为本年及以前各年净现金流量之和。

所得税前净现金流量为现金流入与流出之差,其中未计入所得税时的净现金流量。

表8-10是用Excel编写的一张全部投资现金流量表。

表8-10　　　　　　　　　　全部投资现金流量表　　　　　　　　　　单位:万元

	A	B	C	D	E	F	G	H	I	J
1			建设期		投产期		生产期			
2	序号	项目	1	2	3	4	5	…	n	合计
3		生产负荷(%)								
4	1	现金流入								
5	1.1	产品销售(营业)收入								
6	1.2	回收固定资产余值								
7	1.3	回收流动资金								
8	2	现金流出								
9	2.1	固定资产投资(含调节税)								
10	2.2	净营运资金								
11	2.3	经营成本								
12	2.4	销售税金及附加								
13	2.5	设备更新投资								
14	3	所得税前净现金流量(1-2)								
15	4	所得税前累计净现金流量								

续表

	A	B	C	D	E	F	G	H	I	J
16	5	所得税								
17	6	所得税后净现金流量（3-5）								
18	7	所得税后累计净现金流量								
19		计算指标：i₀ =			所得税前			所得税后		
20		财务内部收益率：								
21		财务净现值：								
22		投资回收期（年）：								

表中的指标计算：E20：= IRR（C14：I14）；I20：= IRR（C17：I17）；在C19单元格中填入要求的基准收益率值后，则在相应的E21和I21单元格中得NPV（）值；即E21：= C14 + NPV（C19，D14：I14）；I21：= C17 + NPV（C19，D17：I17）。

具体的计算过程是：在C5：I7中填入各年的现金流入数据，在C9：I13中填入各年的现金流出数据，在C19单元格中写入基准收益率，则可在E20、I20单元格得出项目的税前和税后的IRR值，在E21、I21单元格中得到项目的税前和税后的NPV值。项目投资回收期可借助项目现金流量表计算，项目现金流量表中累计净现金流量由负值变为零的时点，即为项目的投资回收期，这是一项静态指标。其计算公式为：

$$T_p = \left[\begin{array}{c}\text{累计净现金流量开}\\ \text{始出现正值的年份}\end{array}\right] - 1 + \left[\frac{\text{上年累计净现金流量的绝对值}}{\text{当年净现金流量}}\right]$$

投资回收期越短，表明项目的赢利能力和抗风险能力越强。投资回收期的判别基准是基准投资回收期，其取值可根据行业水平或投资者的要求确定。

按惯例，表8-10中的年份是指年末，项目在建设期只有现金的流出（投资）而没有现金的流入，净现金流为负值。项目期末（n年）则有资产的回收（残值）和项目投入的全部流动资金的回收。

当固定资产的使用年限等于项目的计算期时，固定资产的折旧已经提完，回收固定资产的余值＝固定资产原值×预计净残值率。此外，表8-10中固定资产的投资包括固定、无形和递延资产的投资等，但不含建设期借款的利息。净营运资金（流动资金）的投入，一般自项目的投产年份开始，按计划分批投入。

由于现金流量表是按照收付实现制原则编制的，它与资产负债表、损益表不同，后者是按照权责发生制的原则编制的，有一定的主观性，因而现金流量表揭示的现金净流量比损益表揭示的净利润更客观、更真实、更能说明问题。

二、权益投资现金流量表

为了了解投资者出资部分的投资效益，有必要编制一张权益投资现金流量表，也称自有资金现金流量表。权益投资是指项目投资者的出资额，是建设投资（含建设期利息）与债务资金（包括融资租赁的固定资产投资）之差。权益投资现金流量表与全部投资现金流量表的不同之处是后者的现金流出中的固定资产投资为权益投资，此外，另增加借款的本金偿还和借款利息支付两项，即表中投资只计自有资金。另外，由于现金流入又是因项目全部投资所获得，故应将借款本金的偿还及利息支付计入现金流出。

表 8-11 是用 Excel 编写的一张权益投资现金流量表。

表 8-11　　　　　　　　　　　权益投资现金流量表　　　　　　　　　　单位：万元

	A	B	C	D	E	F	G	H	I	J
1			建设期		投产期		生产期			
2	序号	项目	1	2	3	4	5	…	n	合计
3		生产负荷（%）								
4	1	现金流入								
5	1.1	产品销售（营业）收入								
6	1.2	回收固定资产余值								
7	1.3	回收流动资金								
8	1.4	其他现金流入								
9	2	现金流出								
10	2.1	权益投资								
11	2.2	借款本金偿还								
12	2.3	借款利息支付								
13	2.4	经营成本								
14	2.5	销售（营业）税金及附加								
15	2.6	所得税（融资后）								
16	2.7	设备更新投资中权益资金								
17	3	净现金流量（1-2）								
18		计算指标：i_0 =			所得税前		所得税后			
19		财务内部收益率：								
20		财务净现值：								
21		投资回收期（年）：								

应当指出两点：一是现金流入各项的数据来源与全部投资现金流量表相同；二是现金流出项目包括自有资金、借款本金偿还、借款利息支出、经营成本及税金。

借款偿还由两部分组成：一部分为借款还本付息计算表中的本年还本额；另一部分为流动资金借款本金偿还（一般发生在计算期最后一年）。借款利息支付数额来自总成本费用估算表中的利息支出项。现金流出中其他各项与全部投资现金流量表中相同，在这里不再赘述。

三、财务计划现金流量表

财务计划现金流量表反映项目计算期各年的投资、融资及经营活动的现金流入和流出,用于计算累计盈余资金,分析项目的财务生存能力。

第四节　财务评价中的基本报表和评价指标

项目财务评价的主要内容有:评价项目在建成后的获利能力;估算项目偿还投资借款的能力。表 8-12 展示了项目财务评价所采用指标与基本报表。

表 8-12　　　　　　　　项目经济评价的主要指标和基本报表

评价内容	基本报表	财务评价指标 静态指标	财务评价指标 动态指标
赢利能力分析	全部投资现金流量表	全部投资回收期	财务内部收益率 财务净现值
赢利能力分析	权益投资现金流量表	—	财务内部收益率 财务净现值
赢利能力分析	损益表 利润与利润分配估算表	投资利润率 投资利税率 资本金利润率 实出资本利润率	—
清偿能力分析	资金来源与运用表	借款偿还期	—
清偿能力分析	资产负债表 借款还本付息表	资产负债率 流动比率 速动比率	—
其他	—	价值指标或实物指标	—

一、财务评价中的基本报表

除上面的损益表、全部投资现金流量表和权益投资现金流量表外,财务评价中还涉及的其他报表介绍如下:

(一) 借款还本付息估算表

借款还本付息估算表(见表 8-13)用来反映项目借款偿还期内,借款支用、还本付息和可用于偿还借款的资金来源情况。它是用以计算借款偿还期指标,进行清偿能力分析的表格。

表 8-13　　　　　　　　　　借款还本付息表　　　　　　　　　单位：万元

A	B	C	D	E	F	G	H	I	J	K
			建设期		投产期		生产期			
序号	项目	利率（％）	1	2	3	4	5	6	…	n
1	借款还本付息									
1.1	年初本息累计									
1.1.1	本金									
1.1.2	建设期利息									
1.2	本年借款									
1.3	本年应计利息									
1.4	本年还本									
1.5	本年付息		1.1							
2	偿还本息资金来源									
2.1	利润									
2.2	折旧									
2.3	摊销									
2.4	其他资金									
	合计（2.1~2.4）									

根据现行财务制度规定，归还建设投资借款的资金主要来自项目投产后的折旧、摊销费和未分配利润。建设借款及其建设期利息的还本付息方式是多种多样的，在理想情况下，应该按项目实际的方式进行计算分析。但在实际的可行性研究中，通常选择下列几种基本的方式进行计算分析。

1. 建设期某年的建设借款的初始本金＝该年建设需要金额－该年自有出资金额，其中该年建设需要金额不包括建设期利息。

2. 建设期内建设借款的利息以年复利形式只计算但不支付，即某年计算得出的利息合并到其下一年的本金。

3. 各年的建设期利息与各年建设借款初始本金之和或者投产年初的建设借款本息之和作为投产年初的借款总本金，自投产年开始，按照约定的年限，在每年的税后利润中等额还本，按每年初的本金余额计算得的利息（列入成本费用）一并偿还支付。

借款还本付息估算表的结构分成两大部分，即借款及还本付息和偿还借款的资金来源。在借款尚未还清的年份，当年偿还本金的资金来源等于本年还本的金额；在借款还清的年份，当年偿还本金的资金来源大于或等于本年还本的金额。

借款还本付息估算表的填列如下：

在项目的建设初期：
$$年初借款本息累计 = 上年借款本金 + 建设期利息$$
在项目的生产期：
$$年初借款本息累计 = 上年尚未还清的借款本金$$
本年借款、本年应计利息按投资总额与资金筹措表填列。
$$本年应计利息 = 当年的年初借款本息累计 \times 贷款年利率$$
本年还本可以根据当年偿还借款本金的资金来源填列。利润根据损益表填列，折旧和摊销根据总成本估算表填列。

（二）利润与利润分配表

利润与利润分配表（见表8-14）是反映在项目计算期内各年的经营成果（销售收入、总成本费用、利润总额）以及利润分配的情况和年末未分配利润的结余情况的财务报表。通过它可计算总投资收益率、权益投资净利润等指标。利润总额是衡量企业经营业绩的重要指标。在损益表中，一般在计算利润总额（或会计收益）之前，将企业生产经营活动所产生和实现的利润，包括企业从事生产、销售、投资活动所实现的利润（正常利润）和其他与企业生产经营活动无关的收支（营业外收支）分开列示。

表8-14　　　　　　　利润与利润分配估算表　　　　　　　单位：万元

序号	项目	合计	1	2	3	…	n
			计算期				
1	营业收入						
2	营业税金及附加						
3	总成本费用						
4	补贴收入						
5	利润总额（1-2-3+4）						
6	弥补以前年度亏损						
7	应纳税所得额（5-6）						
8	所得税						
9	净利润（5-8）						
10	期初未分配利润						
11	可供分配的利润（9+10）						
12	法定盈余公积金						
13	可供投资者分配的利润（11-12）						
14	应付优先股股利						
15	提取任意盈余公积金						
16	应付普通股股利（13-14-15）						

续表

序号	项目	合计	1	2	3	...	n
17	各投资方利润分配 其中：甲方 　　　乙方						
18	未分配利润（13 – 14 – 15 – 17）						
19	息税前利润（利润 + 利息支出）						
20	息税折旧摊销前利润（19 + 折旧摊销）						

利润总额是一家公司在营业收入中扣除成本消耗及营业税金后的剩余，就是人们通常所说的赢利，企业应缴纳的税种有销售税金及附加和增值税。利润总额与营业收入、成本和营业税间的关系为：

$$利润总额 = 营业收入 - 成本 - 营业税$$

年利润总额按国家税法规定在作相应调整后，按规定税率计算所得税，一般为 25%，即：

$$应纳税所得额 = 年利润总额 - 准予扣除项目金额$$

$$应纳税额 = 应纳税所得额 \times 税率$$

准予扣除项目金额包括上年度的亏损，当不足弥补时可在 5 年内延续弥补。

缴纳所得税后的利润在扣减以下各项后才归投资者所有：

1. 弥补企业以往年度的亏损（5 年内税前利润不足弥补亏损额时）；
2. 提取法定盈余公积金和公益金；
3. 被没收的财物损失及支付的各种罚金。

在借款本金尚未还清前，必要时也可用税后利润来还款。

编制完利润表后，才能根据利润表及资产负债表中的未分配利润等资料编制年末的资产负债表。通过资产负债表可以考察项目的清偿能力和资金流动性。

（三）资产负债表

表 8 – 15 为资产负债估算表。

在资产负债表中，企业通常按资产、负债、所有者权益分类分项反映。编制依据是"资产 = 负债 + 所有者权益"。表中资产和负债按流动性大小进行列示，资产具体分为流动资产、长期投资、固定资产、无形资产及其他资产；负债具体分为流动负债、长期负债等；所有者权益则按实收资本、资本公积、盈余公积、未分配利润等项目分项列示。资产负债表综合反映项目计算期内各年末资产、负债和所有者权益的增减变化及对应关系，用以考察项目资产、负债、所有者权益的结构是否合理以及清偿能力分析。

表 8-15　　资产负债估算表　　单位：万元

A	B		C	D	E	F	G	H	I	J
			建设期		投产期		生产期			
1	序号	项目	1	2	3	4	5	6	…	n
2	1	资产								
3	1.1	流动资产总额								
4	1.1.1	货币资金								
5	1.1.2	应收账款								
6	1.1.3	预付账款								
7	1.1.4	存货								
8	1.1.5	其他								
9	1.2	在建工程								
10	1.3	固定资产净值								
11	1.4	无形及递延资产净值								
12	2	负债及所有者权益（2.4+2.5）								
13	2.1	流动负债总额								
14	2.1.1	短期借款								
15	2.1.2	应付账款								
16	2.1.3	预收账款								
17	2.1.4	其他								
18	2.2	建设投资借款								
19	2.3	流动资金借款								
20	2.4	负债小计（2.1+2.2+2.3）								
21	2.5	所有者权益								
22	2.5.1	权益资金投资								
23	2.5.2	资本公积金								
24	2.5.3	累计盈余公积和公益金								
25	2.5.4	累计未分配利润								

（四）资金来源与运用表

资金来源与运用表由资金来源、资金运用、盈余资金和累积盈余资金四部分组成，它全面反映了项目计算期内资金盈余或短缺的全貌，借以选择资金筹措方案，制定适宜的借款及偿还计划。资金来源与运用表反映了项目资金的平衡能力和清偿能力，并为编制资产负债表提供依据。编制资金来源与运用表时，首先要计算出项目计算期间各年的资金来源与资金运用，然后通过资金来源与运用的差额反映项目各年的资金盈余或短缺情况。

项目资金来源包括利润、折旧、摊销、长期借款、短期借款、自有资金、其他资金、回收固定资产余值、回收流动资金等；项目资金运用包括固定资产投资、建设期利息、流动资金投资、所得税、应付利润、长期借款还本、短期借款还本等。项目的资金筹措方案和借款及偿还计划应能使表中各年度的累计盈余资金额始终大于或等于零，否则项目将因资金短缺而不能按计划顺利运行。资金来源与运用表中的盈余资金＝资金来源－资金运用，盈余资金的逐年累计计入累计盈余资金项内，作为资产负债表中累计盈余资金的数据。

用 Excel 编写的资金来源与运用估算表见表 8-16。

表 8-16　　　　　　　　资金来源与运用估算表　　　　　　　　单位：万元

	A	B	C	D	E	F	G	H	I	J
	序号	项目	建设期		投产期		生产期			
1										
2		生产负荷（%）	1	2	3	4	5	…	n	合计
3	1	资金来源								
4	1.1	利润总额								
5	1.2	折旧费								
6	1.3	摊销费								
7	1.4	长期借款								
8	1.5	流动资金借款								
9	1.6	其他短期借款								
10	1.7	自有资金								
11	1.8	其他								
12	1.9	回收固定资产余值								
13	1.10	回收流动资金								
14	2	资金运用								
15	2.1	固定资产投资								
16		（含投资方向调节税）								
17	2.2	建设期利息								
18	2.3	流动资金								
19	2.4	所得税								
20	2.5	特种基金								
21	2.6	应付利润								
22	2.7	长期借款本金偿还								
23	2.8	流动资金借款本金偿还								
24	2.9	其他短期借款本金偿还								
25	3	盈余资金								
26	4	累计盈余资金								

当盈余资金为负值时，生产期发生资金短缺，需要借短期贷款来平衡资金的需

要，应借的短期贷款金额 S，贷款利率为 i_s，资金不足金额为 C，则由 $S - S \times 1/2 \times i_s = C$ 可以计算得到：

$$S = C/(1 - i_s/2)$$

当年发生的贷款利息 $S \times 1/2 \times i_s$ 则计入总成本费用表中的利息支出项内。

资金来源与运用表中各项的数据来源如下：

1. 利润总额、所得税和应付利润取自损益表，折旧费、摊销费等数据分别取自固定资产折旧费估算表、无形及递延资产摊销估算表。

2. 长期借款、流动资金借款、其他短期借款、自有资金及"其他"项的数据均取自投资计划与资金筹措表。

3. 回收固定资产余值及回收流动资金见全部投资现金流量表编制中的有关说明。

4. 固定资产投资、建设期利息及流动资金数据取自投资计划与资金筹措表。

5. 长期借款本金偿还额为借款还本付息计算表中本年还本数，流动资金借款本金一般在项目计算期末一次偿还，其他短期借款本金偿还额为上年度其他短期借款额。

6. 盈余资金等于资金来源减去资金运用。

7. 累计盈余资金各年数额为当年及以前各年盈余资金之和。

由于生产经营发生的借款利息计入产品总成本费用的利息支出科目，因此，在资金来源与运用表中只列借款本金偿还，不列借款利息支出。

投资项目的资金来源一般可分为借入资金和自有资金。自有资金可长期使用，而借入资金必须按期偿还。项目的投资者自然要关心项目偿债能力，借入资金的所有者——债权人也非常关心贷出资金能否按期收回本息。项目偿债能力分析可在编制贷款偿还表的基础上进行。为了表明项目的偿债能力，可按贷款时规定的还款计划来计算。在计算中，贷款利息一般做如下假设：长期借款、当年贷款按半年计息，当年还款按全年计息。

二、财务评价中的指标计算

项目财务评价中的主要涉及两类评价指标的计算：一是项目建成后的获利能力；二是项目偿还投资借款的能力。

（一）偿债能力指标计算

1. 还款方式及其计算。国内外贷款的还款方式有多种，其中主要有：

（1）等额利息法。每期付息额相等，期中不还本金，最后一期归还本金和当期利息。

(2) 等额本金法。每期还相等的本金和相应的利息。

(3) 等额摊还法。每期偿还本利额相等。

(4) 气球法。期中任意偿还本利，到期末全部还清。

(5) 一次性偿付法。最后一期偿还本利。

(6) 偿债基金法。每期偿还贷款利息，同时向银行存入一笔等额现金，到期末存款正好偿付贷款本金。

不同还款方式每期还本付息额的计算公式如表 8-17 所示（借款期为第 0 期）。

表 8-17　　　　　　　　各种还款方式的计算公式

还款方式	偿还利息额	偿还本金额
(1) 等额利息法	$INT_t = L_a \times i$ $t = 1, 2, \cdots, n$	$CP_t = \begin{cases} 0 & t = 1, 2, \cdots, n-1 \\ L_a & t = n \end{cases}$
(2) 等额本金法	$INT_t = i\left[L_a - \dfrac{L_a}{n}(t-1)\right]$ $t = 1, 2, \cdots, n$	$CP_t = \dfrac{L_a}{n}$ $t = 1, 2, \cdots, n$
(6) 偿债基金法	$INT_t = L_a \times i$ $t = 1, 2, \cdots, n$	$CP_t = L_a \dfrac{i_s}{(1+i_s)^n - 1}$ $t = 1, 2, \cdots, n$
(3) 等额摊还法	$INT_t + CP_t = L_a \dfrac{i(1+i)^n}{(1+i)^n - 1}$ $t = 1, 2, \cdots, n$	
(5) 一次性偿付法	$INT_t + CP_t = \begin{cases} 0 & t = 1, 2, \cdots, n-1 \\ L_a(1+i)^n & t = n \end{cases}$	

注：INT_t——第 t 期付息额；CP_t——第 t 期还款额；n——贷款期限；i——银行贷款利率；i_s——银行存款利率；L_a——贷款总额。

不同还款方式对企业经济效益会产生不同的影响，企业要通过分析，选择有利的还款方式。

【例 8-1】 某人现在借款 1000 元，在 5 年内以年利率 6% 还清全部本金和利息，则有表 8-18 中的四种偿付方案。

第 1 方案：在五年中每年年底仅偿付利息 60 元，最后第五年末在付息同时将本金一并归还。

第 2 方案：在五年中对本金、利息均不作任何偿还，只在最后一年年末将本利一次付清。

第 3 方案：将所借本金作分期均匀摊还，每年年末偿还本金 200 元，同时偿还到期利息。由于所欠本金逐年递减，故利息也随之递减，至第五年末全部还清。

表 8-18　　　　　　　　　　四种典型的等值形式　　　　　　　　　　单位：元

偿还方案	年数 1	年初所欠金额 2	年利息额 3 = 2×6%	年终所欠金额 4 = 2+3	偿还本金 5	年终付款总额 6 = 3+5
1	1	1000	60	1060	0	60
	2	1000	60	1060	0	60
	3	1000	60	1060	0	60
	4	1000	60	1060	0	60
	5	1000	60	1060	1000	1060
	∑		300			1300
2	1	1000	60	1060	0	0
	2	1060	63.6	1123.6	0	0
	3	1123.6	67.4	1191.0	0	0
	4	1191.0	71.5	1262.5	0	0
	5	1262.5	75.7	1338.2	1000	1338.2
	∑		338.2			1338.2
3	1	1000	60	1060	200	260
	2	800	48	848	200	248
	3	600	36	636	200	236
	4	400	24	424	200	224
	5	200	12	212	200	212
	∑		180			1180
4	1	1000	60	1060	177.4	237.4
	2	822.6	49.4	872	188.0	237.4
	3	634.6	38.1	672.7	199.3	237.4
	4	435.3	26.1	461.4	211.3	237.4
	5	224.0	13.4	237.4	224.0	237.4
	∑		187			1187

第 4 方案：也将本金作为分期摊还，每年偿付的本金额不等，但每年偿还的本金加利息总额却相等，即所谓等额分付。

从上面的例子可以看出，如果年利率为 6% 不变，上述四种不同偿还方式与原来的 1000 元本金是等值的。从贷款人立场来看，今后以四种方案中任何一种都可以抵偿他现在所贷出的 1000 元，因此，现在他愿意提供 1000 元贷款。从借款人立场来看，他如果同意今后以四种方案中任何一种来偿付借款，他今天就可以得到这 1000 元的使用权。

2. 借款偿还期计算。偿债能力分析可在编制借款还本付息估算表的基础上进行。为了显示出企业偿债能力，可按尽早还款的"气球法"计算。"气球法"的利息计算不能采用上面介绍的还款计算公式，必须逐年计算。借款利息如果按实际提款、还款日期计算将十分复杂，一般可作如下简化：长期借款当年贷款按半年计息，当年归还的贷款计全年利息。计息公式如下：

$$建设期年利息额(纯借款期) = \left(年初借款累计 + \frac{本年借款额}{2}\right) \times 年利率$$

$$生产期年利息额(还款期) = 年初借款累计 \times 年利率$$

流动资金借款及其他短期借款的借款当年均计全年利息。

根据借款还本付息估算表，可计算出借款偿还期（即企业偿清债务所需要的时间）。计算出的借款偿还期如果小于银行所规定的期限，则表明企业有足够的偿还能力。如果计算出的借款偿还期大于银行规定的还款期限，则说明企业还款能力不足，当这种情况出现时，要进行分析，并在财务上甚至在技术方案及投资计划上采取措施，直至偿债能力与银行的限定期一致。

借款偿还期计算公式与投资回收期计算公式相似，公式为：

$$借款偿还期 = 偿清债务年份数 - 1 + \frac{偿清债务当年应付的本息}{当年可用于偿债的资金总额}$$

3. 资产负债比率计算。企业拥有的资产是偿还债务的基础和后盾，通过分析债务占资产的比例，可反映企业偿还债务的能力。一般通过编制资产负债估算表来进行，用以计算资产负债率、流动比率和速动比率等指标，进行清偿能力分析。

（1）资产负债比率。

$$资产负债比率 = \frac{负债总额}{资产总额}$$

资产负债比率反映企业总体偿债能力，这一比率越高，则偿债能力越低，相反，则偿债能力越强。一般以 0.5~0.8 为宜。

（2）流动比率。

$$流动比率 = \frac{流动资产总额}{流动负债总额}$$

流动比率反映企业在短期内（通常指一年）偿还债务的能力。该比率越高，则偿还短期负债的能力越强。一般以 1.2~2.0 为宜。

（3）速动比率。

$$速动比率 = \frac{速动资产总额}{速动负债总额}$$

速动比率反映企业在很短时间内偿还短期负债的能力。速动资产指流动资产中变现最快的部分，通常以流动资产总额减去存货后的余额计算。速动比率越高，则在很短时间内偿还短期负债的能力越强。一般以 1.0~1.2 为宜。

一般地，为了衡量企业偿还债务的能力，需将上述指标与基准值比较。基准值根据行业平均水平、银行信贷政策及有关法规等因素确定。各年的资产负债率、流动比率和速动比率可根据资产负债表计算得出。

（二）财务赢利能力指标计算

在进行财务分析时，须分两步考察经济效果。第一步，排除财务条件的影响，把全部资金都看作自有资金，这种分析称为"全投资"财务效果评价；第二步，分析包括财务条件在内的全部因素影响的结果，称为"权益投资"（或自有资金）财务效果评价。"全投资"评价是在企业范围内考察项目的经济效果，"权益投资"评价则是考察企业投资的获利条件，反映企业的利益。

1. 全投资财务效果评价。首先要编制出全投资现金流量表，然后根据此表进行有关指标计算。

（1）全投资现金流量表。全投资不考虑资金借贷、偿还；投入项目的资金一律视为自有资金。其净现金流计算公式为：

$$年净现金流 = 销售收入 + 资产回收 - 投资 - 经营成本 - 销售税金$$

式中：各项数据可由基础财务报表得到。

（2）全投资经济效果指标计算。通过全投资现金流量表，根据项目销售收入、投资总额以及各年的净现金流可计算得下列财务评价指标：

①销售利税率与销售利润率。销售利税率也称销售税前利润率，一般是指正常年份的年度税前利润与项目的年销售收入之比，并以此来说明销售的赢利程度。其计算公式为：

$$销售利税率 = \frac{税前利润}{销售收入} \times 100\%$$

销售利润率也称销售税后利润率（或叫销售净利润率），一般用正常年份的净利润与项目的年销售收入之比来表示，说明销售收入所获净利润的程度。它比销售利税率更能说明项目生产经营的获利能力，这是因为根据现行所得税制，真正留归项目支配的只是税后利润，而不是税前利润。销售利润率的计算公式为：

$$销售利润率 = \frac{税后利润}{销售收入} \times 100\%$$

②投资利税率与投资利润率。投资利税率和投资利润率也是将项目正常年份的税前利润和税后利润分别与项目的总投资额进行比较，以说明项目投资的获利能力。其计算公式分别为：

$$投资利税率 = \frac{税前利润}{项目的投资总额} \times 100\%$$

$$投资利润率 = \frac{税后利润}{项目的投资总额} \times 100\%$$

③静态和动态投资回收期。静态投资回收期是指项目的净收益回收项目的全部投资所需的时间（年）。其具体计算可根据全投资现金流量表的"累计净现金流"数据

进行。

动态投资回收期（即考虑资金时间价值的回收期）是以项目的净收益现值回收项目的全部投资现值所需的时间（年）。其具体计算也可根据全投资现金流量表进行。

④财务净现值（FNPV）。财务净现值的计算公式为：

$$FNPV(i) = \sum_{t=0}^{n}(CI-CO)_t(1+i)^{-t}$$

式中：CI——现金流入；

CO——现金流出；

i——基准收益率；

n——计算期；

t 的取值为 0~n。

根据现金流量表，只要按标准折现率折算净现金就可得到净现值。当 FNPV(i) ≥ 0 时，可考虑接受该项目；当 FNPV(i) < 0 时，不接受该项目。

⑤财务内部收益率（FIRR）。一般来说，投资项目会存在着唯一使 FNPV = 0 的折现率，即内部收益率，可通过下列方程式求得：

$$\sum_{t=0}^{n}(CI-CO)_t(1+FIRR)^{-t} = 0$$

取不同的折现率试算，用线性内插法可算出内部收益率。当 FIRR ≥ i_0 时，该项目可接受，反之应予以拒绝。

2. 权益投资财务效果评价。为显示财务条件对企业经济效果的影响，必须分析资金结构因素，具体方法是编制"权益投资（自有资金）现金流量表"。该表与"全投资现金流量表"的主要区别在于对借贷资金的处理上，其编制原则是：站在企业财务的角度考察各项资金的收入和支出。对于贷款来说，企业从银行取得贷款是资金收入，用于项目建设是资金支出，偿还贷款本利也是资金支出。不难看出，企业对贷款的真正支出只是偿还贷款本利。

权益投资现金流量表可在全投资现金流量表和资金来源与运用表基础上编制。

还款方式不同，权益投资现金流量表也不同，因而，权益投资效果指标不同。当全投资内部收益率大于贷款利率时，晚还款的内部收益率比早还款的内部收益率大。

权益投资财务效果与全投资财务效果的区别表现在：当全投资内部收益率大于贷款利率时，权益投资（自有资金）内部收益率大于全投资内部收益率，且若贷款比例越高，则权益投资（自有资金）内部收益率越高；当全投资内部收益率大于基准折现率，且基准折现率大于借款利率时，权益投资（自有资金）净现值大于全投资净现值。

（三）财务生存能力分析计算

在项目（企业）运营期间，要确保各年有足够的净现金流量。为此，财务生存能力分析也称为资金平衡分析,应结合偿债能力分析来进行,通常运营期前期的还本付息负担较重,故应特别注重运营期前期的财务生存能力分析。一个具有较大的经营净现金流量的项目,表明项目方案比较合理,实行自身资金平衡的可能性较大,不会过分依赖短期融资来维持运营。

在整个运营期间,允许个别年份的净现金流量出现负值,但不能容许任一年份的累计盈余资金出现负值。一旦出现负值时应适时进行短期融资,该短期融资应列入财务现金流量表中,同时短期融资的利息也应纳入成本费用的计算。一般来讲,较大的或较频繁的短期融资,有可能导致以后的累计盈余资金无法实现正值,致使项目难以持续运营。

财务计划现金流量表是项目财务生存能力分析的基本报表,它由财务分析辅助报表、利润和利润分配表编制而得。

(四) 外汇平衡能力分析计算

财务外汇平衡表用于有外汇收支的项目,反映项目计算期内外汇的余缺程度,进行外汇平衡分析。

外汇平衡表由外汇来源和外汇运用两部分构成。外汇来源包括产品外销的外汇收入、外汇贷款和自筹外汇等,外汇运用包括建设投资的外汇支出、进口原材料和零部件的外汇支出、在生产期用外汇支付的技术转让费、偿付外汇借款本息及其他外汇支出。表8-19是项目的外汇平衡表。

表8-19　　　　　　　　　　外汇平衡表　　　　　　　　　　单位:万元

	A	B	C	D	E	F	G	H	I	J
1			建设期		投产期		生产期			
2	序号	项目	1	2	3	4	5	…	n	合计
3		生产负荷(%)								
4	1	外汇来源								
5	1.1	产品销售外汇收入								
6	1.2	外汇借款								
7	1.3	其他外汇收入								
8	2	外汇运用								
9	2.1	建设投资中外汇支出								
10	2.2	进口原材料								
11	2.3	进口零部件								
12	2.4	技术转让费								
13	2.5	偿付外汇借款本息								
14	2.6	其他外汇支出								
15	2.7	外汇余缺								

当表中出现外汇缺额的年份时，即表中 2.7 项外汇余缺的行中出现负值时，应当采取必要的措施予以补救。

第五节 项目财务评价案例

背景资料：现拟投资建设一个铁路项目，需要对其进行财务评价。

一、案例概述

某新建铁路位于南方某省境内北部地区，横跨四条河流，经过两个地区。该铁路自 S 市到 J 市，运营里程为 260 公里，是联络我国某南北两大铁路干线的新建国家干线铁路。该铁路是一条路网性联络线。建成后，将使北煤南运更为机动便捷，对缓和南方数省能源供应，增强我国南方路网的机动性，强化路网骨架有着重要作用。

二、案例的基础数据

（一）设计年度、建设期和计算期

根据《铁路线路设计规范》规定，铁路的设计年度分近远两期，近期为交付运营后第 5 年，远期为交付运营后第 10 年。项目建设期 5 年，第 6 年交付运营。运营期 25 年，计算期为 30 年。

（二）项目总投资估算及资金筹措

1. 固定资产投资。按线路工程投资和机车车辆购置费两部分分别估算。

（1）线路工程投资。该铁路建筑里程 260.8 公里，线路工程投资为 148683 万元，其中铁道部自有资金为 89210 万元，占 60%；建设银行贷款为 59473 万元，占 40%。

（2）机车车辆购置费。机车车辆购置费价格采用铁路投入运营前一年的预测价格。按近、远期客货运量的预测，机车车辆远期的需求量及其购置费为：东方 4 型机车 45 台，投资额 9765 万元；货车 2800 辆，投资额 21000 万元；客车 90 辆，投资额 3150 万元。机车车辆总购置费为 33915 万元，使用铁道部自有资金。

2. 固定资产投资方向调节税。根据《固定资产投资方向调节税暂行条例》规定：铁路线、枢纽、客货站段的新建扩建，机车、车辆、铁路专用设备购置及机车车辆修理等投资项目，适用 0% 税率；一般民用住宅税率为 5%。

本项目房屋工程投资10000万元,其中生活用房约占40%,投资额为4000万元,按税率5%计算,固定资产投资方向调节税为200万元,由铁道部自有资金支付。

3. 建设期借款利息。本项目使用建设银行贷款59473万元,用于线路工程投资。年利率8.28%。

4. 流动资金。本项目按平均每万吨公里换算占用流动资金10.2元计算,共需流动资金827万元。其中,流动资金借款为577万元,借款年利率为8.64%。

综上所述,本项目固定资产投资为182598万元,其中线路工程投资148683万元,机车车辆购置费33915万元;固定资产投资方向调节税200万元,建设期利息11680万元;流动资金为827万元。项目总投资为195305万元。

三、财务评价

(一) 运输收入和税金估算

客运收入为8019万元,货运收入为32204万元,其他收入为2011万元。运输收入合计为42234万元。

营业税金及附加 = 运输收入 × 5% × (1 + 7%) = 运输收入 × 5.35%

本项目远期缴纳的营业税金及附加 = 42234 × 5.35% = 2260(万元)。

(二) 总成本估算

铁路的总成本包括有关成本、无关成本、折旧费、摊销费、修理费和利息支出等。

1. 有关成本。由货运有关成本和客运有关成本组成。铁路客、货运有关成本包括燃料、工资、材料消耗、机车车辆维修与管理费等机车车辆运行费,另外还包括货车中转作业和装卸作业所分摊的费用。

该铁路远期客运周转量为145800万吨公里,客运有关成本为1234万元;货运周转量为66400万吨公里,货运有关成本为3677万元;有关成本合计 = 1234 + 3677 = 4911(万元)。

2. 无关成本。包括线路、通信信号的维修费和车站的维修管理费。该铁路运营里程为260公里,无关成本为2031万元。

3. 折旧费和摊销费。线路固定资产折旧、机车车辆固定资产折旧为5311万元。摊销费,年摊销额为800万元。

4. 修理费。近期修理费为6423万元,远期修理费为7205万元。

5. 利息支出。该项目流动资金按运量增长逐年投入,第15年流动资金利息为71

万元。

(三) 利润估算

根据总成本费用估算表和运营收入及税金估算表,编制本项目的损益表。本项目所得税税率为33%,不缴纳特种基金,在还款期间不提盈余公积金。贷款还清后,提取税后利润的10%作为盈余公积金。

(四) 财务赢利能力分析

本项目设定的财务基准收益率为6%。

1. 财务内部收益率、财务净现值和投资回收期。

根据全投资财务现金流量表(见表8-20)、权益投资(自有资金)财务现金流量表(见表8-21),分别计算出下列指标。

(1) 全投资财务赢利能力指标。

财务内部收益率:用试算内插法,i 分别取 6% 和 8%,

财务净现值:$i=6\%$ 时,$NPV_1 = \sum_{t=0}^{n}(CI-CO)_t(1+i)^{-t} = 31860$

$i=8\%$ 时,$NPV_2 = \sum_{t=0}^{n}(CI-CO)_t(1+i)^{-t} = -2050$

因此,财务内部收益率 $FIRR = 6\% + (8\%-6\%) \times \dfrac{31860}{31860+2050} = 7.88\%$

投资回收期(含建设期)$= 16 - 1 + \dfrac{5118}{19773} = 15.26$(年)

(2) 自有资金财务赢利能力指标。

财务内部收益率:$FIRR = 6.98\%$;

财务净现值($i=6\%$):$FNPV = 15704$(万元)。

2. 投资利润率、投资利税率、资本金利润率。

$$投资利润率 = \dfrac{税后利润}{项目的投资总额} \times 100\% = 8.06\%$$

$$投资利税率 = \dfrac{税前利润}{项目的投资总额} \times 100\% = 9.15\%$$

$$资本金利润率 = \dfrac{税后利润}{自有资金} \times 100\% = 11.64\%$$

本项目财务评价全投资内部收益率为 7.88%,大于基准收益率 6%,所以项目可行。全投资财务净现值为 31860 万元,大于零,从净现值指标来看,项目也是可行的。投资回收期为 15.26 年。本项目中自有资金的净现值和内部收益分别为 15704 万元和 6.98%,两指标也都满足可行性要求。所以,从总体看,该项目投资效果较好。

第八章 公共项目的财务评价

表8-20 全投资财务现金流量表

单位:万元

序号	项目	年限 合计	建设期					运营期								
			1	2	3	4	5	6	7	8	9	10	11	12	13	14	15
1	现金流入	1048144	13164	34885	36978	47136	23503	28217	30012	31808	33603	35399	36766	38133	39500	40867	42234
1.1	运输收入	990049		34885	36978	47036	16620	28217	30012	31808	33603	35399	36766	38133	39500	40867	42234
1.2	回收线路固定资产余值	6988														407	
1.3	回收机车车辆余值	1346															
1.4	回收流动资金	827				100	6783										
2	现金流出	721359	13164	34885	36978	47136	23503	13684	20993	15235	23173	17525	25697	19688	27199	21077	21820
2.1	线路固定资产投资	148683	13164	34885	36978	47036	16620										
2.2	机车车辆购置费	33915					6783	6783	6783		6783		6783				
2.3	固定资产投资方向调节税	200				100	100										
2.4	流动资金	827						553	36	36	36	36	26	26	26	26	26
2.5	运营成本	338027						10944	11146	11740	11943	12536	12702	13259	13424	13981	14147
2.6	营业税金及附加	52976						1510	1606	1702	1798	1894	1967	2040	2113	2186	2260
2.7	所得税	146736						677	1422	1757	2613	3059	4219	4363	4853	4884	5387
3	净现金流量		-13164	-34885	-36978	-47136	-23503	14533	9019	16573	10430	17874	11069	18445	12301	19790	20414
4	累计净现金流量		-13164	-48049	-85027	-132063	-155566	-141033	-132014	-115441	-105011	-87137	-76068	-57623	-45322	-25532	-5118
5	所得税前净现金流量		-13164	-34885	-36978	-47136	-23503	15210	10441	18330	13043	20933	15288	22808	17154	24674	25801
6	所得税前累计净现金流量		-13164	-48049	-85027	-132063	-155566	-140356	-129915	-111585	-108542	-87607	-72321	-49513	-32359	-7685	18116

续表

序号	项目	年限 合计	运营期 16	17	18	19	20	21	22	23	24	25	26	27	28	29	30
1	现金流入		42234	42234	42234	42234	42234	42234	42234	42234	42234	42234	42234	42234	42234	42234	51395
1.1	运输收入		42234	42234	42234	42234	42234	42234	42234	42234	42234	42234	42234	42234	42234	42234	42234
1.2	回收线路固定资产余值																6988
1.3	回收机车车辆余值																1346
1.4	回收流动资金																827
2	现金流出		22461	22558	22554	22618	22725	22766	22852	22875	22946	22956	23015	23015	23154	23154	23154
2.1	线路固定资产投资																
2.2	机车车辆购置费																
2.3	固定资产投资方向调节税																
2.4	流动资金																
2.5	运营成本		14147	14147	14147	14147	14147	14147	14147	14147	14147	14147	14147	14147	14147	14147	14147
2.6	营业税金及附加		2260	2260	2260	2260	2260	2260	2260	2260	2260	2260	2260	2260	2260	2260	2260
2.7	所得税		6054	6151	6147	6211	6318	6359	6445	6468	6539	6549	6608	6608	6747	6747	6747
3	净现金流量		19773	19676	19680	19616	19509	19468	19382	19359	19288	19278	19219	19219	19080	19080	28241
4	累计净现金流量		14655	34331	54011	73627	93136	112604	131986	151345	170633	189911	209130	228349	247429	266509	294750
5	所得税前净现金流量		25827	25827	25827	25827	25827	25827	25827	25827	25827	25827	25827	25827	25827	25827	34988
6	所得税前累计净现金流量		43943	69770	95597	121424	147251	173078	198905	224732	250559	276386	302213	328040	353867	379694	414682

计算指标：
	所得税后	所得税前
财务内部收益率 FIRR（%）：	7.88	9.89
财务净现值 FNPV（i=6%）（万元）：	31860	74613
投资回收期 T_p（含建设期）（年）：	15.26	14.3

第八章 公共项目的财务评价

表 8-21 权益投资（自有资金）财务现金流量表

单位：万元

序号	项目	合计	建设期				运营期							30
	年限		1	2	3	4	5	6	7	8	9	10	11	⋯	
1	现金流入	999210	0	0	0	0	0	28217	30012	31808	33603	35399	36766	⋯	51395
1.1	运输收入	990049						28217	30012	31808	33603	35399	36766	⋯	42234
1.2	回收线路固定资产余值	6988													6988
1.3	回收机车车辆余值	1346													1346
1.4	回收流动资金	827													827
2	现金流出	744999	8334	22959	26595	35512	26153	25855	34273	29285	37860	32870	32786	⋯	23154
2.1	自有资金	135255	8116	21945	24391	31917	21504	166	6794	11	6794	11	6791		
2.2	借款本金偿还	59473						7634	9015	10529	12038	13693	6564		
2.3	借款利息支付	29336	218	1014	2204	3595	4649	4924	4292	3546	2674	1677	543		
2.4	运营成本	338027						10944	11146	11740	11943	12536	12702	⋯	14147
2.5	营业税金及附加	52976						1510	1606	1702	1798	1894	1967	⋯	2260
2.6	所得税	129932						677	1422	1757	2613	3059	4219	⋯	6747
3	净现金流量		−8334	−22959	−26595	−35512	−26153	2362	−4263	2523	−4257	2529	3980	⋯	28241

计算指标：
财务内部收益率 FIRR（%）：6.98%
财务净现值 FNPV（i=6%）（万元）：15704 万元

表 8-22 借款还本付息估算表

单位：万元

序号	项目 年限	合计	建设期 1	建设期 2	建设期 3	建设期 4	运营期 5	运营期 6	运营期 7	运营期 8	运营期 9	运营期 10	运营期 11
1	借款及还本付息												
1.1	年初借款本金累计			5266	19220	34011	52825	59473	51839	42824	32295	20257	6564
1.2	本年借款		5266	13954	14791	18814	6648						
1.3	本年应计利息		218	1014	2204	3595	4649	4924	4292	3546	2674	1677	543
1.4	本年还本付息		218	1014	2204	3595	4649	12558	13307	14075	14712	15370	7107
1.4.1	还本	59473						7634	9015	10529	12038	13693	6564
1.4.2	付息	29336	218	1014	2204	3595	4649	4924	4292	3546	2674	1677	543
2	还款资金	71153	218	1014	2204	3595		7634	9015	10529	12038	13693	6564
2.1	可用于还款的利润	19343						1373	2887	3566	5306	6211	
2.2	可用于还款的折旧摊销	40130						6261	6128	6963	6732	7482	6564
2.3	其他可用于还款的资金	11680	218	1014	2204	3595	4649						

借款偿还期：10.44 年

（五）财务清偿能力分析

本项目长期借款 59473 万元，贷款利率为 8.28%。建设银行要求建设期利息当年还清，经营期内按偿还能力先付息后还本，15 年内还清。用于本项目还款的资金来源有：利润、折旧费和摊销费及其他可用于还款的资金。

根据借款还本付息估算表（见表 8-22）计算，借款偿还期为 10.44 年，可以满足银行的贷款条件。

【思考题】

1. 什么是公共项目经济评价中的财务评价和国民经济评价？两者的区别是什么？
2. 财务评价中成本和收益如何识别？
3. 进行财务效益分析时需要利用哪些基本报表？
4. 财务效果分析包括哪些内容？具体评价指标是什么？

第九章

公共项目的国民经济评价

本章应了解和掌握：

1. 公共项目成本与收益的识别。
2. 公共项目国民经济评价的概念、步骤。
3. 国民经济评价参数及影子价格、国民经济分析与评价。
4. 公共项目的费用—效益分析的准则、方法。
5. 公共项目的费用—效果分析的概念、适用范围和方法。

第一节 公共项目的国民经济评价概论

一、公共项目与民间项目的差异

公共项目（Public Project）指的是政府以及其他公共部门（社会共同设置的、为社会公众服务的机构）筹划、出资或运行的项目。这些项目具有一个共同特性，即它们提供的产品是公共产品（Public Goods）。

公共产品的生产有一个市场失效问题，因此，在公共产品的供应中，并不存在一种类似于竞争市场中的协调刺激机制。所以，靠自发的市场机制无法实现公共产品的最佳资源配置。因此，人们最终选择强制性融资（抽税）和由政府及其他公共部门筹划、投资与参与的方式来进行生产。虽然此种非市场方式难以达到帕累托最优，但它却是人类社会目前可以运用的最好的或唯一可行的技术①。

由于公共项目也消耗一部分社会资源,为了提高稀缺资源利用效率要进行公共项目的评估。公共项目投资与民间项目投资间的主要差别见表9-1。

表9-1　　　　　　　　公共项目投资与民间项目投资间的主要差别

	民间项目投资	公共项目投资
目标	利润最大化	提供公用产品,解决就业和贫富悬殊、资源合理配置等
资金来源	投资人、债权人	税收、民间债权人
投资者	非公有实体	财政拨款、贷款贴息和债务担保等
受益者	投资的非公有实体	社会公众
效益的度量	货币	除货币外还有难以用货币表示的效益
目标间关系	基本没有矛盾	多目标间矛盾,如生产和环保
利益主体间关系	基本没有矛盾	部门和地区间矛盾

由表9-1可知,公共投资项目是指为了适应和推动国民经济或区域经济的发展,满足社会文化、生活需要,出于政治、国防等因素的考虑,由政府通过财政投资、发行国债或地方财政债券、利用外国政府赠款以及国家财政担保的国内外金融组织贷款等方式独资或合资兴建的固定资产投资项目。美国称其为"政府工程"(Government Project),将公共投资按照其最终用途分为教育投资和基础设施类公共投资(道路以及高速公路投资、污水处理设施投资和公用事业投资等)两大类。1988年,上述四项公共投资在公共投资总额中的比重分别是:教育类占20.2%,道路以及高速公路类占34.5%,污水处理类占7.5%,公用事业类占13.2%。日本公共投资项目称为"公共工程"(Public Project),分为教育类、基础设施类(包括公共房屋、污水处理、垃圾处理、水的供给、城市公园、道路、港口、机场、工业用水)、国有土地、山脉、河流和海岸的保护,农业和渔业的发展四大类。1990年,在日本,上述四项在公共投资中的比重分别为12.1%、60.7%、13.5%和13.7%。

《国务院关于投资体制改革的决定》中对政府投资项目的界定主要用于关系国家安全和市场不能有效配置资源的经济和社会领域,包括加强公益性和公共基础设施建设,保护和改善生态环境,促进欠发达地区的经济和社会发展,推进科技进步和高新技术产业化等。

公共投资对于经济增长的意义是其扩张本身就意味着总需求的扩张,按照凯恩斯的理论,在总供给大于总需求的宏观经济态势下,公共投资会促进经济的增长;其次

---

① 帕累托最优是一个建立在个人偏好基础上社会化的经济效率概念,指的是这样一种状态:如果社会资源的配置已经达到任何重新调整都不可能在不使其他任何人境况变坏的情况下,而使任何一个人的境况变得更好,那么这种资源配置就是最佳的,也就是有效率的。

有些公共投资的项目具有外部的正效应，如公共基础设施投资，它对以此为发展基础的相关产业部门的扩张提供了支持，会促进私人投资效率的提高，从而为经济增长带来累积效应；此外，投资于教育与科技，投资的效益会通过技术进步的作用而体现出来。

二、国民经济评价的含义

国民经济评价是按照资源合理配置的原则，从国家整体角度和社会需要出发，采用影子价格、影子汇率、影子工资、社会折现率等经济评价参数（或称国家参数），计算和分析国民经济为投资项目所付出的代价（费用）及投资项目对国民经济所做出的贡献（效益），以评价投资项目在经济上的合理性。

国民经济评价应根据社会发展的长远规划和战略目标、地区规划、部门及行业的要求，结合需求预测、工程技术研究及投资项目的具体情况，计算项目投入、产出的费用和效用。在多方案比较论证的情况下，对拟建投资项目在经济上的合理性及可行性进行科学计算、分析、论证，做出全面科学的经济评估。

国民经济评价是公共项目评价的关键，是经济评价的主要组成部分，公共项目经济评价以国民经济评价为主，财务评价为辅。

三、国民经济评价的步骤

在前面的投资项目的经济评价中，已经说明了项目的财务评价和国民经济评价之间的关系。其中有一点是投资项目的国民经济评价可在财务评价的基础上进行。因此，国民经济评价的步骤可从下面两个方面进行。

（一）在财务评价基础上进行国民经济评价的步骤

投资项目的国民经济评价在财务评价的基础上进行，主要是将财务评价中的财务费用和财务效益调整为经济费用和经济效益，即调整不属于国民经济效益和费用的内容；剔除国民经济内部的转移支付；计算和分析项目的间接费用和效益（即外部效果）；按投入物和产出物的影子价格及其他经济参数（如影子汇率、影子工资、社会折现率等）对有关经济数据进行调整。具体来说，可按以下步骤进行。

1. 对有关的费用和效益进行调整。

（1）剔除已计入财务效益和费用中的转移支付。包括支付给国内银行的借款利息、缴纳的各种税金（销售税金和所得税）及对项目的补贴等。

（2）识别和计算项目的间接费用和间接效益。对凡是能定量计算的应进行定量计算，对不能定量的，应作定性描述。

2. 效益和费用数据的调整。

（1）固定资产投资的调整。对固定资产投资的调整应剔除属于国民经济内部转移支付的引进设备、材料的关税、增值税等税金，然后再用影子汇率、影子运费和贸易费用对引进设备、材料价值进行调整；对于国内设备价值则用影子价格、影子运费和贸易费用进行调整。

根据建筑工程消耗的人工、三材、其他大宗材料、电力等，可用影子工资、货物和电力的影子价格调整建筑费用，或通过建筑工程影子价格换算系数直接调整建筑费用。

若安装费中的材料费占较大比例，或有进口安装材料，也应按材料的影子价格调整安装费用。

剔除涨价预备费，并调整其他有关费用。

（2）无形资产投资的调整。无形资产投资的调整主要是要求调整取得土地使用权的费用支出，即要用土地的影子费用代替占用土地的实际费用，剔除在取得土地使用权时发生的有关转移支付。

（3）流动资金的调整。流动资金的调整按流动资金构成或经营成本逐项调整。既可按影子价格对流动资金进行详细的分项调整，也可按调整后的销售收入、经营成本或固定资产价值乘以相应的流动资金占有率进行调整（但需注意剔除未造成社会资源实际消耗的流动资金部分）。

（4）经营费用的调整。对财务评价中的经营费用，可首先将其划分为可变费用和固定费用，然后再按如下方法进行：可变费用部分按原材料、燃料、动力的影子价格重新计算各项费用；固定费用部分应在剔除固定资产的折旧费、无形资产摊销及流动资金利息后对维修费和工资进行调整，其他费用则不用调整。其中，维修费可按调整后的固定资产原值（应扣除国内借款建设期的利息及投资方向调节税）和维修费率重新计算；工资则按影子工资换算系数进行调整。

（5）销售收入的调整。主要应根据产出物的类型及其影子价格来进行调整，重新计算项目的销售收入。

（6）在涉及外汇借款时，应用影子汇率计算调整外汇借款本金及利息的偿付额。

3. 编制项目的国民经济效益费用流量表（全部投资）并据此计算全部投资经济内部收益率和经济净现值等指标。对使用国外贷款的项目，还应编制国民经济效益费用流量表（国内投资）并据此计算国内投资经济内部收益率和经济净现值指标。

4. 对于产出物涉及出口或替代进口的项目，应编制经济外汇流量表、国内资源流量表，计算经济外汇净现值、经济换汇成本或经济节汇成本。

（二）直接进行国民经济评价的步骤

1. 识别和计算项目的直接效益。对那些为国民经济提供产出物的投资项目，首先应根据产出物的性质确定其是否属于外贸货物，再根据定价原则确定产出物的影子价格。在影子价格确定以后，就可以根据产出物的种类、数量及其增减情况和相应的影子价格计算项目的直接效益；而对那些为国民经济提供服务的投资项目，应根据其提供服务的数量和用户的受益程度计算项目的直接效益。

2. 直接进行项目的投资估算。用货物的影子价格、土地的影子费用、影子工资、影子汇率、社会折现率等参数直接进行项目的投资估计、估算。

3. 计算经营费用。根据项目生产经营的实物消耗，用货物的影子价格、影子工资、影子汇率计算经营费用。

4. 识别和计算项目的间接效益和费用。对项目的间接效益和费用，能定量计算的，应定量计算；难以定量的，应作定性描述。

5. 编制有关报表，并计算相应的评价指标。

第二节　公共项目成本与收益的识别

项目的评价就是对项目收益与项目成本的比较评价，要正确地评价项目，就需要对成本与收益予以正确的识别与计量。公共项目与一般的赢利性项目在成本、效益的识别与计量上，存在着很大的差异。

一、公共项目的成本与收益的分类

（一）直接的收益与成本、间接的收益与成本

1. 直接收益与成本。直接收益是指由于投资兴建某项目而直接由项目提供的货物或劳务所获得的利益，如水利灌溉而引起的农业收入的增加额。它的真实价值一般体现在消费者为此愿意付出的最大代价。

直接成本是指建造和经营某项目而必须付出的代价。它既包括项目所有的货币支出，还包括由于该项目的兴建而引起的经济损失，以及项目的受益者所承当的相关费用。相关费用是指项目的主要受益者所必须承担的或必须付出的费用，并且只有这些费用付出之后，才能实现效益的全部价值，如水利灌溉工程项目中农民为使用水利部门提供的灌溉用水所做的准备工作而必须支付的费用。处理相关费用可以用两种方

法：第一种方法是从直接效益中减去相关费用；第二种方法是将相关费用计入总的费用当中。

2. 间接收益与成本。间接收益与成本是直接收益与成本以外的收益与成本，它是由直接收益与成本引发生成的，如水利灌溉除了带来增加农业收入者的直接收益外，还能促进当地食品加工业的发展，还有助于改善当地居民的营养状况，这些都是该项目的间接收益。

公用项目的建设除能带来直接收益与成本外，还能带来间接收益与成本，这正是公用项目的基本属性。因此，在公用项目的评价中，在考察直接项目的收益与成本的同时，还必须注意考察间接收益与间接成本，特别是在该项目的间接收益与成本较大时。

（二）内部收益与成本、外部收益与成本

1. 内部收益与成本。内部收益是由项目的投资经营主体获得收益，内部成本是由项目的投资经营主体所承担的成本。如在一个收费公路建设项目中，对车辆的收费是该项目的内部收益，对公路的投资与维修等支出是该项目的内部成本。

2. 外部收益与成本。外部收益与成本是指在项目以外的，社会经济的其他部分受到的项目计划以外的收益与成本，受益者不需要付出任何代价，受损者也得不到任何的补偿。如一个免费的公路项目中，通行者通行中所获得的收益是该项目的外部收益，由工厂排放的烟尘而导致的周围居民承受的污染则是项目的外部成本。

由于公用项目产出具有很强的公共性和外部性特点，公共项目的外部收益一般来说会很大，甚至会大大超过内部收益。所以，在进行收益与成本的识别与计量时，要特别加以注意。

表9－2以政府出资修建的高速公路为例，说明项目的内部成本与收益和外部成本与收益。

表9－2　　　　　　　　　　修建高速公路项目的成本与收益

内部成本	内部收益	外部成本	外部收益
勘察、设计成本 筑路投资支出 道路养护费用 管理费用	车辆通行缴费收入	社会公众承担的外部成本 增加空气污染和邻近居民的噪声污染 给公路两侧居民互相通行增加的不便	车辆和人员通行时间的额外节省 车辆耗油和其他耗费的额外节省 增加行车安全性、减少车祸损失 增加公路沿线的房地产价值 促进邻近地区经济往来和经济发展

（三）有形收益与成本、无形收益与成本

1. 有形收益与成本。有形收益与成本是指可以采用货币计量单位或实物计量单

位予以计量的收益与成本。一般而言，公共项目投入物的货币价值容易计算，而其产出物由于缺乏市场价格而不易计量其货币价值。在货币化计量无市场价格的产出收益时，通常可以用两种方法：第一种方法是把可以获得同样收益的替代方案的最小成本费用作为该项目方案的收益，即替代方案的成本费用的节省；第二种方法是把消费者愿意为该项目的产出支付的货币作为收益的估价，而项目带来的外部损失可以用被损害者愿意接受的最低补偿收入作为外部成本的估价。第一种方案的局限性在于，对方案进行评价时要有一个替代方案，而且将替代方案的成本作为项目的收益来进行评价，其实质是把收益与成本的比较变成了两个方案之间成本与费用的比较，这样评价结果不能反映项目本身的经济性。因此，该方法只适用于互斥方案相对择优评价时使用，而且要求两种方案提供相同的产出或服务。第二种方法的目的在于能够对项目方案自身的收益成本进行货币化计量，以便通过收益与成本的比较去评价项目方案自身的经济性。局限性在于，在调查消费者的支付意愿或损害补偿时，人们可能由于不同的动机降低或夸大支付意愿或损害补偿意愿。

2. 无形收益与成本。无形收益与成本是指一些不存在市场价格而难以货币化计量且又难以采用其他计量单位度量的成本与收益。如保护古代遗产的文化价值就很难用货币或其他计量单位加以度量。对于有些项目，其无形收益与成本可能是微不足道的，但有些项目如古代文物的保护，其无形收益将是项目的根本性收益，所以，必须加以重视。在考察公共项目的无形成本与收益时，如果无法货币化，也无法采用其他计量单位来计量，就应该采用图片、音像、文字等各种形式予以描述或解释。

二、公共项目成本、收益识别应注意的问题

（一）明确项目基本目标

一般公共项目具有多种目标，而项目的成本与收益是与各个目标相关联的。因此，明确项目的基本目标是识别和计量公共项目的成本与收益的基本前提。如表9-3所示。

表9-3　　　　　　　　大型水利水电工程项目的成本与收益

目标	内部收益	外部收益	内部成本	外部成本
水力发电	电力销售收入	消费者剩余	投资与运行	土地淹没损失
防洪		减少洪涝灾害	投资与维护	土地淹没损失
灌溉	水费收入	农作物增产净收入	投资与维护	水库周围土地盐碱化
航运	航船收费	提高运量即成本节省净收入	投资与维护	减少公路运输需求
游览	开办游览服务净收益	由游览业带动的商业发展	投资与维护	原有自然景观与人文景观的破坏

从表9-3可见，只有明确了项目的基本目标，才能围绕这些目标进行必要的情景分析，进而正确地识别和计量项目的收益与成本。

（二）成本与收益识别与计量的范围要保持一致

项目的成本与收益的发生具有时间性和空间性，在识别和计量项目的成本与收益时，要遵循成本与收益在时间和空间上的一致性原则，否则就会多估或少估成本与收益，导致项目的成本与收益失去可比性。如一个主要由中央财政拨款修建的水利工程，如果仅出于对地区利益的考虑，在投资成本上仅计入地区出资而将中央的拨款视为"免费"，就会造成低估成本的后果。

（三）要将公共项目的收益与非公共项目的收益进行分解

公共项目提供的收益有时与非公共项目提供的收益融于一体，所以，在评估公共项目收益时，要将其进行分解。例如，一个灌溉项目能够增加农作物的产出，但如果没有此项目，由于其他农业技术的应用，也可能使农作物的产出增加。在这种情况下，就不能将农作物增产的整个收益归入公共项目收益当中，而是应该将农作物增产的收益进行分解，把与项目无关因素的影响作用剔除。

（四）避免对成本与收益的重复计量

由于公共项目的成本与收益常常具有内部性与外部性的双重特征，这加剧了内部效果和外部效果的非重复识别与计量的难度，不加注意的话，很容易导致对成本与收益的重复计量。如对于一个收费的高速公路建设项目来说，很容易把对过往车辆的收费视作项目的内部收益，而将因高速公路的存在而带来的对通行时间的节省、耗油和车祸的减少视作项目的外部收益。但这里忽略了这样一个事实：高速公路所带来的收益是通行时间的节省、耗油的节省和车祸损失的减少等收益的总和，这应该等于它们的支付意愿总和，计算中支付意愿等于它们从高速公路里增获的全部价值，因此，也包括了它们向高速公路的缴费部分。这样就把车辆的缴费既算作了内部收益又算进了外部收益当中，进行了重复的计算。正确的做法应该是把支付意愿扣除缴费后的余额——消费者剩余，视为高速公路项目中获得的外部收益。

三、多功能公共项目评价中的成本分摊

有些公共项目具有多种功能。如水库工程项目具有防洪、灌溉、生活供水、发展渔业等多种用途。对于大型多功能公共项目，不仅要求评价其全部功能的总成本与总收益，而且要求评价其单项功能的成本与收益，只有当总功能的成本—收益评价结果

与单项功能的成本—收益评价结果都达到了预定经济效益的评价指标时，才能认为项目在经济上是可行的。在这样的分析过程中必然会遇上项目的总投资、运行费用及受损价值的合理分摊问题，而分摊的合理与否又直接影响到对单项功能经济效益的正确评价。下面以水利工程的投资分摊为例来说明这一问题。

综合利用的水利工程项目是典型的多功能公共项目，这类工程项目一般由几个分工程项目组成，它具有防洪防涝、农田灌溉、城镇供水、航运、水生动植物养殖、水土保持以及游览等多方面的效用，会使许多地区和部门受益。所以，在项目的经济评价中，对这类项目的投资进行分摊时，要处理好以下几个问题。

（一）对工程项目的投资进行合理划分

通常可分为以下几个部分：

1. 为所有受益部门或地区服务的工程投资。
2. 主要为某一受益部门或地区服务，但对其他部门或地区也有一定效用的工程投资。
3. 为补偿某一受害部门或地区专用配套工程的投资。
4. 为某一受益部门或地区专用配套工程的投资。

除了第 4 部分投资应由个别受益部门或地区单独承担外，其余各部分投资，均应选用合理的分摊办法，在有关受益部门或地区之间进行分摊。

（二）投资分摊方法

上面划分各个部分投资的分摊方法是不完全相同的。

对第 1 部分投资可采用以下方法分摊：

1. 将工程的功能按主次进行分类，主要受益部门承担投资的大部分，次要受益部门承担投资的其余部分。
2. 按各受益部门获得同等效益时的最优替代方案的投资分摊。所谓最优替代方案是指各受益部门在单独投资条件下获得同综合工程提供的效益相等时的最优方案。
3. 按各受益部门对工程利用率进行分摊。如各有关部门按用水量分摊水库工程的投资；按用电量分摊电站工程投资。

对于第 2 部分投资可利用最优替代方案将公共项目的投资分离出来，由各受益部门按比例分摊；剩余部分由主要受益部门或地区承担。

对于第 3 部分投资，一般应由各受益部门或地区分摊。若补偿工程使受害部门或地区所得效益超过原来水平时，受害部门或地区也应承担部分投资。

（三）投资分摊合理性的检验

投资分摊是否合理，可按下列原则检验：

1. 任何一个部门或地区分摊的投资都不得大于本部门或地区单独兴建等效最优替代方案的投资；

2. 任何受益部门或地区分摊的投资都不小于综合工程为满足该部门或地区的功能或效用要求所增加的投资；

3. 各受益部门或地区分摊的投资都具有相应的效益；

4. 不论收益大小，各受益部门或地区至少应承担为该部门或地区服务的专用工程和配套工程的投资。

第三节　公共项目的国民经济评价

一、国民经济评价中收益和成本的划分

（一）国民经济评价中收益和成本识别

1. 项目的收益识别。项目的国民经济收益是指项目对国民经济所做的贡献，即项目的投资建设和投产对国民经济提供的所有经济效益，一般包括直接效益和间接效益。间接效益按项目所属的不同行业来分有很多种。

（1）城市供水、供气部门的项目为其他产业部门提供生产用水、生产用煤气等产生的间接效益。

水、煤气是社会产品再生产的重要因素。城市供水、供气等基础性投资为其他产业部门提供生产用水和生产用煤气，保证和影响着其他产业部门的生产和发展。即当地区供水、供气能力不能满足生产需要并制约着生产的增长时，供水、供气投资项目的投产就能使这些产业部门提高生产产量，带来间接效益。

（2）交通运输投资项目带来的在运输过程中发生的运输时间、运输费用的节约、拥挤程度的缓解、运输质量的提高、运输收入的增加等形成的间接效益。

交通运输投资项目主要包括铁路、水运、公路、民航、管道等基础设施项目。其特点是不生产实物产品，而是为社会提供运输服务。其经济评价一般采用"有项目"情况和"无项目"情况对比的方法（即"有无对比法"）。"有项目"是指所研究的运输系统为满足某种要求而拟建的项目在实施后将要发生的情况。"无项目"是指不实施拟建项目，现在的运输系统在计算期内将要发生的情况。

运输项目的间接效益和间接费用应根据"有项目"和"无项目"对比的原则来确定。其外部效果指计算一次性相关效果，不可重复计算或漏算。例如，道路的拓宽

能为其他部门的物资运输和居民生活带来方便，节约运输时间、增加运输量等；桥梁的建造，能为江河两岸运输提供方便，其间接效益就可表现为比原有的运输方式节约的有关费用和增加的收入；航空运输的间接效益收入则体现为因其速度快而带来的时间节约所产生的经济效益；铁路建设的间接效益则体现在，一方面它可以节约时间，提高运输效率，增加运输能力；另一方面能将经济发达地区与落后地区联结起来，带动欠发达地区的经济发展；港口的兴建则可以通过改善航道条件、增加港口码头泊位、减少货物周转时间和费用而带来间接效益。

（3）城市基础设施项目的投资建设为城市职工、居民节约生产、生活时间而带来的间接效益。

城市基础设施项目的投资兴建可使城市居民节约劳动时间和生活必需时间。对我们每一个人来说，一天的时间，总是由劳动时间（为生存所必须付出的时间）和生活时间构成。其中，劳动时间又包括正常工作时间和为工作做准备及上下班路途中乘车所花费的时间；生活时间又可包括生活必需时间（必要的吃饭时间及其准备时间、休息时间等）、娱乐时间、学习时间和用于社会交往的时间。城市基础设施投资项目的建设可节约城市居民的上下班路途中所需的时间（因交通更为方便、快捷）及生活必需时间，使城市居民有更多的时间用于学习科学知识、从事生产活动及娱乐，从而可在增加社会财富积累的同时，不断提高城市居民和职工的文化素质，丰富精神文化生活，为提高劳动生产率创造条件。

另外，城市交通运输设施的不断改善，也能为职工和居民提高乘车的舒适程度，使居民和职工在其工作过程中保持旺盛的精神状态和充沛的体力，从而可以提高职工和居民的工作效率。

（4）为农田提供灌溉用水而使农作物增产和增加农作物加工收入而获得的间接效益。

大型水利工程投资项目除了通过发电、提供农田灌溉用水以收费形式取得直接收入外，还可通过使旱地变成水浇地、每亩农作物产量提高增加农产品收入及其由增加的农产品带来的加工收入等获取间接效益。

（5）减少事故灾害等损失而带来的间接效益。

公共项目中的防洪、防风、消防、防震等防灾工程设施，沿江沿河建造的水坝、堤防等工程，保护农田和城镇安全的防护林等，都可减少灾害给城乡居民带来的生命和财产损失。

2. 项目的成本识别。项目的成本是指国民经济为项目所付出的代价，分为直接成本和间接成本。

（1）直接成本。直接成本是指由项目使用投入物所产生，并在项目范围内用影子价格计算的经济费用。一般有：其他部门为供应本项目投入物而扩大生产规模所耗用的资源费用;减少对其他项目(或最终消费者)投入物的供应而放弃的效益;增加进口(或减少出口)所耗用(或减收)的外汇等。

(2) 间接成本。间接成本是指由项目引起而在直接费用中未得到反映的那部分费用。如:项目产生的环境污染及造成的生态平衡破坏所需治理的费用;为新建投资项目的服务配套、附属工程所需的投资支出和其他费用;为新建项目配套的邮政、水、电、气、道路、港口码头等公用基础设施的投资支出和费用,以及商业、教育、文化、卫生、住宅和公共建筑等生活福利设施的投资费用。如果这些设施是专门和全部为本项目服务的,则应作为项目的组成部分,其所有费用都应包括在项目的总费用之内;如果这些设施不是全部为本项目服务的(即同时为多个项目提供服务),则应根据本项目所享受的服务量的大小、程度来进行分摊,并把这部分费用计入项目的总费用中。

(二) 对转移支付的处理

转移支付是指在国民经济内部各部门发生的、没有造成国内资源的真正增加或耗费的支付行为。即直接与项目有关的、支付的国内各种税金、国内借款利息、职工工资、补贴收入等。

1. 税金。税收是由国家凭借政治权力,强制、无偿、固定地参与企业利益分配和再分配而取得一部分收入的行为,没有造成国民经济的损失。因此,在国民经济评价时,应将其从"成本费用"中剔除。

2. 工资。工资是作为国民收入的一部分而由企业支付给职工以体现项目占用劳动力的财务代价。所以,在国民经济评价中,工资不能作为费用,作为费用的应是影子工资。

3. 利息。利息是由企业转移给国家的一种转移性支出。因此,在计算时,也应从"成本"中剔除,不应作为项目的费用。

4. 补贴。国家为了鼓励使用某些资源或某领域的投资建设,常以一定的价格补贴作为补偿。它是由国家转移给企业的,并未造成国民经济效益的增加。因此,在进行国民经济评价时,这部分补贴不能作为项目的收益。

5. 土地费用。为项目建设征用土地(主要是可耕地或已开垦土地)而支付的费用,是由项目转移给地方、集体或个人的一种支付行为,故在国民经济评价时也不列作费用,应列为费用的是被占用土地的机会成本和国家新增的资源消耗,如拆迁费用等。

二、项目国民经济评价参数及影子价格

(一) 国家参数

国家参数有:影子汇率、社会折现率。它一般由国家统一制定,供各类投资建设

项目统一使用，评估人员不得自行测定。

在项目评价中，用国家外汇牌价乘以影子汇率换算系数得到影子汇率。即
$$影子汇率 = 外汇牌价 \times 影子汇率换算系数$$

影子汇率换算系数是影子汇率与国家外汇牌价的比值，由国家根据我国现阶段的外汇供求情况、进出口结构、换汇成本等因素统一测定和发布，目前我国的影子汇率换算系数取值为 1.08。

根据我国在一定时期内的投资收益水平、资金机会成本、资金供求状况、合理的投资规模以及项目国民经济评价的实际情况，社会折现率取为 12%。

（二）通用参数

通用参数有：影子工资换算系数、贸易费用率、建筑工程和交通运输及水、电等基础设施的价格换算系数、土地的影子费用等。

现阶段，我国一般投资项目的影子工资换算系数为 1，在建设期内大量使用民工的项目，如水利、公路项目，其民工的影子工资换算系数为 0.5。

一般贸易费用率取值为 6%。建筑工程影子价格系数是按成本分解法测算的。房屋建筑工程影子价格的换算系数为 1.1，矿山井港工程影子价格的换算系数为 1.2，铁路货运影子价格换算系数为 1.84，公路货运影子价格的换算系数为 1.26，沿海货运影子价格的换算系数为 1.73，内河货运影子价格的换算系数为 2.00。动力原煤影子价格采用边际成本分解法，按照合理可行的调运方案综合测定的。电力影子价格采用长期边际成本分解法。

投资项目的实际征地费用主要可划分为三部分：

（1）属于机会成本性质的费用：土地补偿费、青苗补偿费等。

（2）新增资源消耗费用：拆迁费用、剩余劳动力安置费、养老保险费等。

（3）转移支付：粮食开发基金、耕地占用税等。

（三）普通货物的影子价格

普通货物的影子价格，供非主要投入物直接使用，一般可自行测定。需要说明的是，这些参数仅仅供投资项目评价及决策使用，并不在任何意义上暗示现行价格、汇率及利率的变动趋势，也不作为国家分配投资、企业间商品交换的依据。另外，由于在现实经济生活中，各方面的经济情况是在发展变化的，所以，从理论上讲，参数具有一定的时效性，应根据具体情况随时调整，但是从时间上来说只能做到阶段性调整。

三、国民经济分析与评价

国民经济分析主要是对国民经济盈利能力和外汇效果的分析,主要指标如表 9-4 所示。

表 9-4　　　　　　项目国民经济评价的主要指标和基本报表

评价内容	基本报表	评价指标 静态指标	评价指标 动态指标
赢利能力分析	全部投资国民经济效益费用流量表		经济内部收益率 经济净现值
赢利能力分析	国内投资国民经济效益费用流量表		经济内部收益率 经济净现值
外汇平衡分析或效果分析	经济外汇流量表		经济外汇净现值 经济换汇成本 经济节汇成本
其他		价值指标或实物指标	

(一) 国民经济赢利能力分析

投资项目国民经济赢利能力的分析,主要是计算经济内部收益率和经济净现值等指标。另外,也可根据项目的特点和具体情况的需要适当增加某些指标的计算。

1. 经济内部收益率。经济内部收益率(Economic Internal Rate of Return,EIRR)是指在项目寿命期(或计算期)内各年累计的经济净现值等于零时的折现率。它是反映项目对国民经济贡献的一个相对指标,是项目进行国民经济评价的主要判别依据。其表达式为:

$$\sum_{t=1}^{n}(B-C)_t(1+EIRR)^{-t}=0$$

式中:B——效益流入量;
　　　C——费用流出量;
　　　$(B-C)_t$——第 t 年的净效益流量;
　　　n——计算期。

当然,与投资项目的财务评价中财务内部收益率的计算方法一样,经济内部收益率的计算也是采用试算内插法来进行。

采用线性内插法，得：

$$\text{EIRR} = I_1 + \frac{(I_2 - I_1) \times \text{ENPV}_1}{\text{ENPV}_1 + \text{ENPV}_2}$$

为了保证经济内部收益率数值的准确性，在计算时需注意选择计算的两个折现率的差值不能超过5%。

一般情况下，如果项目的经济内部收益率等于或大于社会折现率，则表明项目占用投资对国民经济的净贡献达到或超过了要求的水平，这时应认为项目是可以考虑接受的；反之，则项目在经济上是不合理的，应给予拒绝。

2. 经济净现值。经济净现值（Economic Net Present Value，ENPV）是指用社会折现率将项目计算期内各年的净效益流量折算到建设期初的现值之和。它是反映项目对国民经济净贡献的绝对指标。其表达式：

$$\text{ENPV} = \sum_{t=1}^{n} (B - C)_t \times (1 + i_s)^{-t}$$

式中：i_s——社会折现率。

经济净现值等于或大于零，表示国家为拟建项目付出代价后，可以得到符合社会折现率的社会盈余，或除得到符合社会折现率的社会盈余外，还可得到以现值计算的超额社会盈余，这时应认为项目是可以考虑接受的。

（二）国民经济外汇效果分析

对于涉及产品出口创汇及替代进口节汇的投资项目，还需进行外汇效果的分析。外汇效果主要是通过经济外汇净现值、经济换汇成本、经济节汇成本等指标来反映。

1. 经济外汇净现值。本指标可用来分析评价拟建项目实施后对国家的外汇净贡献程度。一般可通过经济外汇流量表直接求得。其表达式为：

$$\text{ENPV}_F = \sum_{t=1}^{n} (FI - FO)_t (1 + i_s)^{-t}$$

式中：ENPV_F——项目的经济外汇净现值（在整个寿命期内）；

FI——生产出口产品的外汇流入（包括外汇贷款、出口产品的收入、替代进口的价值）；

FO——生产出口产品的外汇流出（包括以外汇形式支付的原材料、设备、外籍人员工资、技术转让费、外汇借款本息等）；

$(FI - FO)_t$——第 t 年的净外汇流量；

I_s——社会折现率；

n——计算期。

一般情况下，要求经济外汇净现值指标大于零。

2. 经济换汇成本。本指标是分析评价项目实施后生产的出口产品在国际上的竞争能力和判断产品能否出口的一项重要指标。其表达式为：

$$经济换汇成本 = \frac{\sum_{t=1}^{n} DR_t(1+i_s)^{-t}}{\sum_{t=1}^{n}(FI-FO)_t(1+i_s)^{-t}}$$

或

$$经济换汇成本 = \frac{生产出口产品的国内资源投入现值}{生产出口产品的经济外汇净现值} \leq 影子汇率$$

式中：DR_t——在第 t 年为生产出口产品投入的国内资源（包括国内投资、原材料投入和劳务工资、其他投入和贸易费用），可从"国内资源流量表"求得；

FI——生产出口产品的外汇流入（美元）；

FO——生产出口产品的外汇流出（美元）。

3. 经济节汇成本。本指标主要用于生产替代进口产品的项目的外汇效果评价。其表达式为：

$$经济节汇成本 = \frac{\sum_{t=1}^{n} DR'_t(1+i_s)^{-t}}{\sum_{t=1}^{n}(FI'-FO')_t(1+i_s)^{-t}} \leq 影子汇率$$

式中：DR'_t——项目在第 t 年为生产替代进口产品投入的国内资源（元）；

FI'——生产替代进口产品所节约的外汇（美元）；

FO'——生产替代进口产品的外汇流出（美元）。

经济换汇成本（元/美元）或经济节汇成本都应小于或等于影子汇率，此时才表明该拟建投资项目产品出口或替代进口是有利的、可以考虑接受的。

四、国民经济评价案例

【例 9－1】以第八章第五节的财务评价案例项目进行国民经济评价。

1. 国民经济评价费用和效益范围。本项目的国民经济费用包括线路工程投资、机车车辆购置费、流动资金；国民经济效益主要有运输费用节约效益、旅客时间节约效益、缩短货物在途时间效益、提高运输质量的效益。另外，由于运输工具的时间节约效益、较少拥挤的效益、提高交通安全的效益、包装费用节约的效益等数额较小，本项目没有考虑。

2. 国民经济费用的计算。

（1）线路工程费用的计算。

①土地影子费用的调整。该铁路地处长江中下游地区，征用土地 12000 亩，其中耕地 4000 亩，荒地 8000 亩。耕地现行用途为种植水稻，该耕地也可用来种植小麦。

其最好可行替代用途为种植水稻。荒地的费用为零。

土地影子费用总额 = 土地机会成本 + 新增资源消耗费用
= 9032（万元）

②路基、桥涵、隧道及明洞工程费用的计算。由于路基、桥涵、隧道及明洞工程要大量使用民工，人工费用较大，所以，仅对这几项工程中的人工费用进行调整。民工的影子价格换算系数为0.5。

路基工程的投资为17000万元，其中人工费占50%，为8500万元。

桥涵工程的投资为26000万元，其中人工费占25%，为6500万元。

隧道及明洞工程的投资为5000万元，其中人工费占30%，为1500万元。

③轨道工程费用的计算。轨道工程投资为12000万元，钢轨、铁件的影子价格换算系数为1.67。

④房屋工程费用的计算。该项目房屋工程的投资为10000万元，房屋建筑工程影子价格换算系数为1.1。

以上各项调整后的线路工程费用为127030万元。

（2）机车车辆购置费用的计算。机车车辆的影子价格，根据铁路有关部门测算，东方4型机车影子价格为430万元/台，其购置费为19350万元；货车为14万元/辆，其购置费为39200万元；客车为80万元/辆，其购置费为7200万元。因此，机车车辆购置费 = 19350 + 39200 + 7200 = 65750（万元）。

（3）国民经济运营费用包括有关费用、无关费用和修理费。根据所包含的费用内容，按照分解成本计算的影子价格为：客运有关费用支出率为106.65元/万人公里；货运有关费用支出率为69.77元/万吨公里；无关费用支出率为9.84万元/正线公里。

本项目远期客运有关成本为1555万元，货运有关成本为4633万元，无关成本为2558万元，修理费为7668万元。运营费用合计为16425万元，单位运营费用为203元/万换算吨公里。

3. 国民经济效益的计算。本项目的净效益根据"有项目"和"无项目"对比的原则来确定。无项目时预测运量由现有公路和铁路来承担；有项目时预测运量由新建铁路承担。现有公路的单位运输费用为1800元/万换算吨公里，运输距离为300公里；既有铁路的单位运输费用为250元/万换算吨公里，运输距离为400公里。拟建铁路的第15年的单位运营费用为203元/万换算吨公里，运输距离为260公里。

（1）运输费用节约效益（B_1）。

①按正常运输量计算的节约效益（B_{11}）。正常运输量，无项目按由现有公路和铁路各运输一半考虑；有项目时全部由新建铁路承担。

②按照现有公路转移运量计算的节约效益（B_{12}）。公路转移运量为100万人，转

移货运量为 200 万吨。

③按照既有铁路转移运量计算的节约效益（B_{13}）。现有铁路客运转移量为 150 万人，货运转移量为 500 万吨。

④按照诱发运量计算的节约效益（B_{14}）为 779 万元。

运输费用节约效益为：

$$B_1 = B_{11} + B_{12} + B_{13} + B_{14} = 49025 + 14617 + 3069 + 779$$
$$= 67490（万元）$$

（2）旅客时间节约效益（B_2）。

①按正常运输量计算的节约效益（B_{21}）= 303（万元）。

②按现有公路转移客运量计算的节约效益（B_{22}）= 119（万元）。

③按照既有铁路转移客运量计算的节约效益（B_{23}）= 146（万元）。

所以，旅客时间节约效益为：

$$B_2 = B_{21} + B_{22} + B_{23} = 303 + 119 + 146 = 568（万元）$$

（3）缩短货物在途时间效益（B_3）。

在预测的货运量中，煤炭占 60%。平均每吨货物的影子价格（P）按 3000 元/吨计算；社会折现率（i_s）为 12%。

①按正常运输量计算的时间效益（B_{31}）= 92（万元）。

③按照公路转移客运量计算的时间效益（B_{32}）= 13（万元）。

④按照既有铁路转移客运量计算的时间效益（B_{33}）= 27（万元）。

所以，缩短货物在途时间效益为：

$$B_3 = B_{31} + B_{32} + B_{33} = 92 + 13 + 27 = 132（万元）$$

（4）提高运输质量的效益（B_4）。

在该项目中，仅计算由公路转移来的货运量部分的效益。公路转移货运量（Q_z）为 200 万吨/年，全部为煤炭。铁路运输比公路运输的平均货损降低率（a）为 2%；煤炭的影子价格（P）按 155 元/吨计算。达到设计运量时，提高运输质量的效益为 620 万元。

4. 国民经济赢利能力分析。

项目国民经济评价，按照以上效益和费用数据，编制全部投资国民经济效益费用流量表（参考表 9-5），计算出经济内部收益率、经济净现值指标如下：

（1）经济内部收益率：22.92%。

（2）经济净现值（i = 12%）：140162.92（万元）。

从计算结果可见，该项目经济内部收益率大于社会折现率 12%，经济净现值大于零，说明该项目从国民经济角度看是可以考虑接受的。

表 9-5　国民经济效益费用流量表

单位：万元

序号	项目	合计	建设期 1	2	3	4	5	运营期 6	7	8	9	10	…	30
1	效益流量	1608302						40678	44633	48086	51887	55339	…	72415
1.1	运输费用节约效益	1576790						39625	43559	46991	50771	54202	…	71095
1.1.1	按正常运量计算	1108349						21460	25036	28613	32190	35766	…	51267
1.1.2	按公路转移运量计算	357252						14570	14623	14593	14648	14609	…	14983
1.1.3	按铁路转移运量计算	80704						2968	3103	3019	3137	3052	…	3864
1.1.4	按诱发运量计算	20485						753	788	766	796	775	…	981
1.2	旅客时间节约效益	12927						350	364	378	392	406	…	568
1.2.1	按正常运量计算	6302						85	99	113	127	141	…	303
1.2.2	按公路转移运量计算	2975						119	119	119	119	119	…	119
1.2.3	按铁路转移运量计算	3650						146	146	146	146	146	…	146
1.3	缩短货物在途时间效益	3085						83	90	97	104	111	…	132
1.3.1	按正常运量计算	2085						43	50	57	64	71	…	92
1.3.2	按公路转移运量计算	325						13	13	13	13	13	…	13
1.3.3	按铁路转移运量计算	675						27	27	27	27	27	…	27
1.4	提高运输质量效益	15500						620	620	620	620	620	…	620
2	费用流量	193608	12703	31758	31758	38109	25853	553	13186	36	13186	36		
2.1	线路固定资产投资	127031	12703	31758	31758	38109	12703							
2.2	机车车辆购置费	65750					13150		13150		13150			
2.3	流动资金	827						553	36	36	36	36		
3	净效益流量		−12703	−31758	−31758	−38109	−25853	40125	31447	48050	38701	55303		72415

第四节　公共项目的费用—效益分析

一、基本概念及其评价指标

费用—效益分析（Cost Benefit Analysis）的概念是法国 Jules Dupuit 在 1844 年提出，其实际应用始于 1936 年美国的洪水控制法令。由于市场经济国家对私人投资很少进行直接干预，因此，费用—效益分析在西方国家仅适用于公共项目或准公共项目。

费用—效益分析是从国家和社会角度出发，考察和分析项目向社会提供的有益效果，并与其所消耗的社会劳动进行全面的比较，以此作为项目的主要判别标准。这种项目分析方法要求运用影子价格计算项目投入、产出的费用及效益，并通过比较用社会折现率折现后的费用和效益值的大小或通过比较项目经济内部收益率（EIRR）和社会折现率来判断公共部门和非盈利部门的项目可行性和投资的资源配置效率。

公共项目的经济评价中常常采用费用—效益分析，由于习惯还保留着用效益—费用比（B/C）这个指标来评价公共项目的可行性，其计算公式如下：

$$B/C = \frac{\sum_{t=0}^{n} B_t (1+i)^{-t}}{\sum_{t=0}^{n} C_t (1+i)^{-t}}$$

式中：B/C——项目的效益—费用比；

B_t——项目第 t 年的收益值（t = 0, 1, 2, …, n）；

C_t——项目第 t 年的成本值（t = 0, 1, 2, …, n）；

i——基准折现率；

n——项目的寿命年限或计算年限。

评判准则：

如果 B/C ≥ 1，项目可以接受；

如果 B/C < 1，项目不可接受。

当对公共项目的选择不是对一个单方案的评价，而是对多个互斥方案间进行相对比优时，就不能用效益—费用比这一指标来进行比较了。也就是说，不能认为效益—费用比最大的方案就是最好的方案。这个时候应采用增量效益—费用比来进行计算。其计算公式如下：

$$\Delta B / \Delta C = \frac{\sum_{t=0}^{n} B_{kt}(1+i)^{-t} - \sum_{t=0}^{n} B_{jt}(1+i)^{-t}}{\sum_{t=0}^{n} C_{kt}(1+i)^{-t} - \sum_{t=0}^{n} C_{jt}(1+i)^{-t}}$$

式中：$\Delta B / \Delta C$——增量效益—费用比；

B_{kt}，C_{kt}——第 k 方案第 t 年的收益和成本（t = 0，1，2，…，n）；

B_{jt}，C_{jt}——第 j 方案第 t 年的收益和成本（t = 0，1，2，…，n）；

$$\Delta B = \sum_{t=0}^{n} B_{kt}(1+i)^{-t} - \sum_{t=0}^{n} B_{jt}(1+i)^{-t} \text{——增量收益现值；}$$

$$\Delta C = \sum_{t=0}^{n} C_{kt}(1+i)^{-t} - \sum_{t=0}^{n} C_{jt}(1+i)^{-t} \text{——增量成本现值。}$$

评判准则：设 $\Delta B > 0$，$\Delta C > 0$，

如果 $\Delta B / \Delta C > 1$，则收益现值大的方案好；

如果 $\Delta B / \Delta C < 1$，则收益现值小的方案好。

二、费用—效益分析法案例

（一）单方案的费用—效益分析

【例 9 - 2】 某市内有 A、B 两条公路在某处交叉，十字路口设有红绿信号灯控制系统，指挥车辆通行，此信号系统年运行成本为 1000 元；此外，还有负责指挥的交通民警 1 人，每日执勤 2 小时，每小时工资为 3 元。据统计，公路 A 日平均车辆通行数为 5000 辆，公路 B 为 4000 辆，其中 20% 为商业性货车，80% 为普通客车。由于车辆通行量大，约有 50% 的车辆在十字路口要停车等候，每次停车公路 A 为 1 分钟，公路 B 为 1.2 分钟。如果将停车时间折算成金额，则货车停车每小时损失 5 元，客车停车每小时损失 2 元；车辆每起动一次的费用，货车为 0.06 元，客车为 0.04 元。另据前 4 年的统计资料，因车辆违反信号控制，发生死亡事故两件，每件付赔偿费用 50000 元；伤残事故 40 件，每件付赔偿费用 1500 元。现设想用立交公路桥需投资 750000 元，项目使用寿命为 25 年，年维修费为 2500 元，残值为零。预计立交桥投入使用后，停车现象与交通事故可基本消除，但通行车辆的 15% 需要增加行驶路程 0.25 公里，货车与客车每公里行驶成本分别为 0.25 元和 0.06 元。设投资的最低期望值收益率 i = 7%，试用费用—效益分析法评价立交桥工程项目的经济效益。

1. 收益与成本的识别与计算。

项目受益者的收入计算：

（1）消除车辆等待时间所获节约额：

公路 A 行驶车辆节约额

$= [(5 \times 20\% + 2 \times 80\%)(5000 \times 365 \times 50\% \times 1/60)](P/A, 7\%, 25)$

$= 39541.667 \times 11.653 = 460779.04$（元）

公路 B 行驶车辆节约额

$= [(5 \times 20\% + 2 \times 80\%)(4000 \times 365 \times 50\% \times 1.2/60)](P/A, 7\%, 25)$

$= 37960 \times 11.653 = 442347.88$（元）

（2）减少车辆起动次数所获节约额

$= (0.06 \times 20\% + 0.04 \times 80\%) \times [(5000 + 4000) \times 365 \times 50\%](P/A, 7\%, 25)$

$= 72270 \times 11.653 = 842162.31$（元）

（3）消除交通事故所获节约额

$= (2/4 \times 5000 + 40/4 \times 1500)(P/A, 7\%, 25)$

$= 40000 \times 11.653 = 466120$（元）

（4）行驶路程延长导致的车辆运行成本增加额

$= (0.25 \times 20\% + 0.06 \times 80\%)[(5000 + 4000) \times 365 \times 15\% \times 0.25]$

$(P/A, 7\%, 25)$

$= 0.098 \times 123187.5 \times 11.653 = 140679.39$（元）

（5）受益者总收入现值为（1）+（2）+（3）-（4）

$= 460779.04 + 442347.88 + 842162.31 + 466120 - 140679.39$

$= 2070729.84$（元）

兴办者成本费用计算：

（1）投资额为 750000 元。

（2）立交桥维修费用支出额

$= 2500(P/A, 7\%, 25) = 2500 \times 11.653 = 29132.5$（元）

（3）取消信号系统与指挥交通民警节约额

$= (1000 + 3 \times 2 \times 365)(P/A, 7\%, 25)$

$= 3190 \times 11.653 = 37173.07$（元）

（4）兴办者总成本费用现值（1）+（2）-（3）

$= 750000 + 29132.5 - 37173.07 = 741959.43$（元）

2. 费用—效益分析及结论。

B/C $= 2070729.84/741959.43 = 2.79$

B - C $= 2070729.84 - 741959.43 = 1328770.41$（元）

通过以上效益—费用分析，其结果表明立交桥投资项目经济效益相对值 B/C>1，经济效益绝对值（B-C）>0，所以，该投资在经济上是可行的。

(二) 互斥方案的增量费用—效益分析

【例 9-3】 某地区因洪水灾害平均每年损失 2000 万元，为防治洪水泛滥，当地政府提出三个防洪工程方案，这些方案实施后可以不同程度地减少受灾面积和洪水造成的损失。为计算方便现给出各方案投资及运行成本的年值，有关数据如表 9-6 所示。试从方案总成本与追加成本两个方面进行费用—效益分析。

表 9-6　　　　　　　　　　备选方案数据　　　　　　　　　　单位：万元

方案	投资与运行成本年值	水灾损失年值	方案收入年值
1. 维持现状	0	2000	0
2. 筑堤	400	1300	700
3. 建小水库	1200	400	1600
4. 建大水库	1600	100	1900

解：各方案的费用—效益分析的计算结果汇总于表 9-7 中，表中收入差值（ΔB）与成本差值（ΔC）是上下两方案的收入年值之差与成本年值之差。

表 9-7　　　　　　　　　　备选方案计算结果　　　　　　　　　　单位：万元

方案	收入年值	成本年值	总成本收益—成本分析 B/C	总成本收益—成本分析 B-C	ΔB	ΔC	追加成本收益—成本分析 $\Delta B/\Delta C$	追加成本收益—成本分析 $\Delta B - \Delta C$
1. 维持现状	0	0	0					
2. 筑堤	700	400	1.75	300	700	400	1.75	300
3. 建小水库	1600	1200	1.33	400	900	800	1.125	100
4. 建大水库	1900	1600	1.19	300	300	400	0.75	-100

由计算结果可知：

(1) 由总成本的费用—效益分析结果表明，除了不进行投资的方案 1 外，方案 2、3、4 的相对评价指标 B/C 值均大于 1，故均可列为备选方案。

(2) 由追加成本的费用—效益法分析结果表明，只有方案 4 的相对评价指标 $\Delta B/\Delta C$ 之值为 0.75，小于 1，而且其绝对评价指标 $\Delta B - \Delta C$ 之值为负值，说明其收入的增加不足以补偿追加的成本费用，所以，尽管前面总成本的费用—效益分析中，其评价指标值都符合要求，但也应该舍去。

(3) 方案 3 与方案 2 相比，其相对评价指标 $\Delta B/\Delta C$ 为 1.125，大于 1，说明其收入增加超过了追加的成本费用，且方案 3 的绝对评价指标（B-C）在各方案中数量最大（400），所以，只要不受资金限制，选择方案 3 可获得最大净年值。

由前面的论述和计算可知，费用—效益分析法，反映了资金的时间价值，是动态评价方法中的一种，由于它体现了公用事业投资项目的某些特点，所以，在公用事业项目经济评价中得到了广泛的应用。但就其实质来说，同其他各种贴现法如现值法、年值法是相同的，计算的结果也是完全一致的。

第五节 公共项目的费用—效果分析

费用—效果分析法是另一种在公共项目经济评价上常用的一种方法，它在国防工程、学校、医疗、政府机构、环境保护等公共项目评价上获得广泛的应用。

一、基本概念与应用范围

费用—效果分析法与费用—效益分析法在原理上有相通之处，但又有自身的不同特点，其不同点在于费用—效益分析法适用于方案收益可用货币计量时的评价，而费用—效果分析法适用于方案收益不能用货币计量时的评价，如投资项目的质量、可靠性、效能等的评价。

费用—效果分析（Cost-Effectiveness Analysis，CEA）放弃了效益的货币化，直接用能代表项目的目标及其实现的程度的一些指标，然后通过比较项目预期的效果与支付的费用，判断项目的费用的经济合理性，从而选择最优的方法。该方法的实际应用始于美国国家防御规划的分析，之后被迅速地推广到其他公共投资项目的分析中。

在公共项目上，其成本常常表现为货币性成本，而收益常常表现为非货币性收益，或者由于伦理、技术等困难而无法将其货币化。比如一个医疗项目的评价中，该项目挽救生命这一收益便很难或不宜进行货币化处理，因为这将涉及生命能否用金钱衡量这一伦理道德命题。所以，在费用—效果分析中，费用是指为实现项目预定目标所付出的用货币单位计量的财务代价或经济代价，而效果则是指实现项目所起的作用、效应或效能，是项目要实现的目标，一个项目可以有一个或几个效果指标。由于不同形式的效果一般有各自不同的实物计量单位，不具有统一的量纲，所以，费用—效果分析法就无法像费用—效益分析法那样用于项目的绝对效果评价，即不能以项目的经济性为评价准则来判定项目可否接受。

在公共项目上使用费用—效果分析法要满足下列三个基本条件：

1. 项目方案不少于两个，而且各方案必须相互排斥；
2. 各方案要有共同的目标或目的；
3. 各方案的成本费用采用货币计量单位，收益采用非货币的统一计量单位。

二、费用—效果分析法的应用步骤

（一）明确项目所要实现的预期目标或目的

如：交通信号指挥系统的目标是运行可靠；军事后勤运输系统的目标是在规定的时间内，将一定数量的人员和武器装备运到指定的地点等。对预期的目标要进行合理的确定，防止对目标的过多过滥的追求。一般单一目标的项目评价简单容易，多目标的项目评价相对复杂和困难。

（二）构想并提出完成预定目标的供选方案

供选方案的构想与提出，不仅取决于技术实现的可能性，而且也取决于相关人员的知识、经验和创造性思维的发挥。在项目的初级阶段要尽可能地发挥创新精神，集思广益，多提供可选方案，不要把方案的构思限制在一个狭窄的思路上。

（三）对项目的费用与效果进行正确的识别与计量

由于不同的项目有不同的目标，所以，收益的性质也是千差万别，在效用计量单位的选择上，既要方便计量，又要能够切实度量项目目标的实现程度。比如交通信号指挥系统的运行可靠性可采用可靠度指标，又如军用后勤运输系统的运载能力可用日运载吨位指标来度量等。

（四）在方案间进行比较评价

采用费用—效果分析法，其基本的做法是计算效果费用比，按效果费用比最大准则进行选择。在项目的不同目标的要求和约束下可以采用三种不同的方式：

1. 最大效果费用比法。就是指直接按效果费用比最大准则来比选方案。也就是说，单位费用效果最大的方案为最优方案。这一方法通常适用于各供选方案的目标要求和成本要求没有严格的限制，允许有一定变动范围的情况下。

2. 固定费用法。就是指被评价项目可利用的资金或成本支出是固定有限的，以一定的资金或成本为条件，根据效果的高低来评选方案。固定成本法通常适用于项目费用有严格限定的情况。

3. 固定效果法。就是指对被评价项目必须达到的最低效果水平做出规定之后，以一定的效果水平为条件，根据成本高低来评选方案。固定效果法通常适用于有固定目标要求的情况。

有些情况下，项目的目标不是一个而是多个，且各目标的效果计量不具有同一的物理或者其他量纲，无法使用同一的计量单位来计量效果。这个时候，可以在专家调查的基础上对项目的不同目标赋予不同的权重，对方案的实现各自目标的满意程度给予不同的分值，再将方案取得的各目标分值分别乘一个目标权重后求和，即为方案预期获得的总效果，然后就可以进行费用—效果评价了。在进行多目标项目方案时，主观效果的最终计量常用的方法有模糊矩阵法、层次分析法等。

（五）保留两个或三个相对较优的方案，进行进一步的分析比较

在这一阶段，可以对项目的目标及必要性进行进一步的修正和认定，对保留下来的候选方案，进行必要的补充研究，加深关键问题的研究，提高数据质量，然后进行方案的比较评价。

（六）进行敏感性分析或其他不确定性分析

在敏感性分析中，在对原有的基础做出修正的基础上，计算因素变动下项目评价指标值，以确定各因素的变动对项目目标的影响程度，对可以控制的因素制定控制措施，对无法独自控制的因素，寻找防范措施或对策。

（七）撰写分析或研究报告

其中包括项目背景；问题与任务的提出；目标的确定及依据；推荐方案与候选方案的技术特征与可行性；资源的可得性及资金来源与筹集；项目的组织与管理；成本、收益的识别与计量及其有关假设与依据；不确定性分析的有关结论；比较评价分析，提出推荐方案或少数候选方案，分析评述有关方案优点与短处，供最终决策参考。

三、费用—效果分析法案例

【例9-4】 某城市近年来火灾事故呈上升趋势，火灾造成的财产损失和人员伤亡增加。为能有效控制火灾发生，减少火灾损失，当地政府决定增加日显不足的消防能力，增加消防车及相应配备，为此提出了增加消防能力的集中供选方案。

0方案：维持现有的消防能力不变。

A方案：原有6个消防站，每站增加2辆消防车，增配相应设施、器材和人员。

B方案：在消防力量薄弱的两个市区增建两座新消防站，每站配备3辆消防车及相应设施、器材和人员；原有6个消防站，每站增加2辆消防车，增添相应设施、器材和人员。

C方案：增建6个新的消防站，以改善消防站地理分布，每个新站配备2辆消防车及相应设施、器材和人员；原有的消防站维持不变。

(1) 各方案费用估算。各方案的费用，包括购置消防车、器材工具、车库及办公设施的扩建或新建物料消耗及人员费用等，如表9-8、表9-9、表9-10所示（计算期11年，所列各项费用是比0方案所增加的费用支出）。

表9-8　　　　　　　　　　　A方案费用估算　　　　　　　　　　单位：万元

	1	2~10	11
1. 购置消防车及其他设备器材	360		
2. 车库改扩建及其他设施费	120		
3. 物料消耗		48	48
4. 人员开支及其他支出	160	240	240
5. 资产期末残值			96
6. 费用合计（1+2+3+4-5）	640	288	192
费用现值（i=10%）	640(P/F, 10%, 1) + 288(P/A, 10%, 9)(P/F, 10%, 1) + 192(P/F, 10%, 11) = 2157		
费用年值（i=10%）	2157(A/P, 10%, 11) = 332		

表9-9　　　　　　　　　　　B方案费用估算　　　　　　　　　　单位：万元

	1	2~10	11
1. 购置消防车及其他设备器材	560		
2. 车库改扩建及其他设施费	420		
3. 物料消耗		72	72
4. 人员开支及其他支出	400	560	560
5. 资产期末残值			262
6. 费用合计（1+2+3+4-5）	1380	632	370
费用现值（i=10%）	1380(P/F, 10%, 1) + 632(P/A, 10%, 9)(P/F, 10%, 1) + 370(P/F, 10%, 11) = 4693		
费用年值（i=10%）	4693(A/P, 10%, 11) = 723		

表9-10　　　　　　　　　　C方案费用估算　　　　　　　　　　单位：万元

	1	2~10	11
1. 购置消防车及其他设备器材	420		
2. 车库改扩建及其他设施费	900		
3. 物料消耗		48	48
4. 人员开支及其他支出	300	500	500
5. 资产期末残值			490
6. 费用合计（1+2+3+4-5）	1620	548	58
费用现值（i=10%）	1620(P/F, 10%, 1) + 548(P/A, 10%, 9)(P/F, 10%, 1) + 58(P/F, 10%, 11) = 4349		
费用年值（i=10%）	4349(A/P, 10%, 11) = 670		

（2）效果的定义。从最终目的上讲，增加消防能力是为了减少火灾造成的生命与财产的损失，这种损失的减少就是消防的效果。但如果把生命财产损失的减少直接作为本案例方案的效果，则会产生计量上的困难，一方面，财产可有货币价值，但人的生命价值却很难用金钱衡量；另一方面，不同的火灾损失各异，影响损失的因素极多，难以给出适当的估计。有鉴于此，本案例为了便于效果计量，为各方案规定了一个减少火灾损失的间接目标——缩短消防车的回应时间，即从接到报警到赶到火灾现场的时间。回应时间缩短越多，方案的效果值越大。

依据目标追求的具体差异，还可把方案效果区分为两类：一类是同维持现有消防布局与能力不变的现状相比，A、B、C 各方案平均缩短的每次火灾回应时间，一类是回应时间不超过 20 分钟的次数比率，此比率越高，救火的有效性也就越强。

（3）预测回应时间缩短的方法及预测结果。由于影响回应时间的因素很多，而且是随机变动的，所以难以采用普通的方法测算回应时间缩短情况。为此，本案例采用蒙特卡罗模拟技术进行预测。表 9-11 给出了有关预测结果。

表 9-11　　　　　　　　　　各方案回应时间预测结果

方案\指标	每次火灾平均回应时间缩短（分）	回应时间不超过20分钟的次数比率（%）
A 方案	3.2	11
B 方案	7.8	19
C 方案	12.6	26

（4）评价指标与评价结论。本案例中评价指标有三个，分别是：

单位费用（成本）的回应时间缩短，即每次火灾的回应时间缩短/费用年值；

回应时间不超过 20 分钟的次数比率；

单位费用（成本）的回应时间不超过 20 分钟的次数比率，即回应时间不超过 20 分钟的次数比率/费用年值，有关计算结果如表 9-12 所示。

表 9-12　　　　　　　　　　指标计算

方案\指标	单位费用的回应时间缩短（分/万元）(1)	回应时间不超过20分钟的次数率（%）(2)	回应时间不超过20分钟的次数率/费用年值 (3)
A	0.0096	11	0.033
B	0.0108	19	0.026
C	0.0188	26	0.039

根据表 9-12 的计算结果，方案选择可从三个方面考虑：

如果特别重视平均回应时间的缩短和资金的利用效率，则可按指标（1），即回应时间缩短与费用年值比值的最大准则选择。本例应选 C 方案。

如果重视 20 分钟以内的回应率，且重视资金效率，则应按指标（3）最大准则选择。本例应选 C 方案。

综合以上的分析，本案例最终应选择 C 方案。

【思考题】

1. 公共项目的成本与收益有哪些分类？为避免不恰当的识别与计量，应注意哪些事项？

2. 国民经济评价的费用和收益如何识别？

3. 国民经济评价参数应反映哪些因素？影子价格如何确定？

4. 在公共事业项目评价中，最常采用的经济评价指标是效益费用比，而不是净现值、内部收益率，这是为什么？

5. 在公共事业项目评价中，在什么条件下可以采用费用—效益分析法？在什么条件下采用费用—效果分析法？

6. 某水库工程有两个可供选择的方案，其现金流量如下表所示。基准折现率 5%，试用费用—效益分析法进行方案的评价与选择。

方案的现金流量　　　　　　　　　　　　　　　单位：万元

指标　　　　方案	A	B
投资	2800	5000
水灾年损失减少额	140	260
水库灌溉年收入增加额	36	60
水库养殖业与旅游收入	12	31
水库年运行费用	22	40
寿命	50	50

7. 某城市为改善交通秩序，提高车辆通行效率，拟建新交通自动信号控制系统，系统以可靠度为效用计量指标，可靠度用预定期限和条件下系统不发生失误的概率表示。已知该项目的投资与运行费用年限额为 25 万元，效用水平要求不低于 97%，备选方案有 4 个，有关数据如下表所示，基准折现率为 5%，试用费用—效果分析法进行方案的评价与选择。

备选方案有关数据

方案	投资（万元）	年运行费用（万元）	系统可靠性	寿命（年）
A	110	10	0.990	10
B	90	11	0.980	8
C	90	13	0.985	10
D	75	13	0.975	8

第十章

公共项目的社会评价

本章应了解和掌握：
1. 公共项目社会评价的概念、目的与意义。
2. 基本原理、基本原则、层次划分和建设周期不同阶段评价的主要内容。
3. 公共项目社会评价指标设置，包括评价指标的基本内容、系统评价指标。
4. 公共项目社会评价的基本方法。

第一节 公共项目社会评价的目的与意义

在多年的投资项目评价实践中，人们发现项目的直接经济效益是可以利用相关的规范化的评价指标给予描述和说明的。但一个投资项目作为社会经济系统的一个部分，对宏观经济和社会发展产生的影响，是不能完全由项目的微观效益指标说明的。许多国家将大量资金用于工程建设，但仍然摆脱不了失业、经济衰退，有不少发展中国家仍然摆脱不了贫穷落后。其原因不是项目经济效益不好，而是由于这些项目在国家的经济和社会发展系统中，与国家的基本发展目标不一致。特别是公共项目的发展，更是要着眼于为国家整体的经济和社会发展创造基础条件。因此，对公共项目进行社会评价就具有特别重要意义。

一、公共项目社会评价的概念

（一）狭义的社会评价

狭义的公共项目社会评价，是指从国家或社会整体发展目标出发，除考虑项目对经济增长的直接微观作用外，进一步考虑收入分配的有关影响等宏观经济影响的评价方法。

1977年联合国工发组织编制了《工业项目评价手册》，不仅考虑了经济增长目标，也用较简单的方法设置了社会评价指标，如就业效果、分配效果、国家竞争力等。1978年法国发表了《项目经济评价手册——影响方法》，这种评价方法，从三个方面分析项目对宏观经济的影响，一是项目投入品对国民经济相关部门产生的影响；二是项目产出增值的分配，对国内各个部门收入分配的影响；三是由于不同部门收入的变化引起的消费变化进一步引起新的需求的变化。这种方法实质上等于计算有无项目两种情况下国内工资、利润、租金和政府收入等收入分配的变化。上述以经济增长加收入分配分析的社会评价，基本上是在经济学范围对项目产生的社会影响进行评价，仅仅是反映了项目所产生的社会影响的一部分。从上述有关项目社会评价实施情况可见，西方各种社会费用效益分析方法中，将项目的经济评价加收入分配分析称社会评价，即狭义的社会评价。

（二）广义的社会评价

广义的公共项目社会评价，是指从国家或社会整体发展目标出发，除考虑在经济学范围对项目产生的社会影响进行评价，还进一步分析评价项目对实现国家（地方）各项社会发展目标所做的贡献与影响，包括项目与当地社会环境的相互影响。

许多国家和国际组织一直在研究、完善和推行社会评价方法。如美国对于国内项目的社会评价是1969年通过立法推广的，在对外援助项目中开展这种社会影响评价是从1975年开始的。在美国社会影响评价最先用于水资源项目的开发，并在环境影响评价开展后，先后公布了国家环境政策条例和城市及社会影响分析等制度和法规，要求对项目进行社会影响评价。这种社会影响评价，主要集中在分析政策、项目和方案的实施对人民生活，如所在社区的人口、收入分配、生活、健康、安全、教育、文化娱乐和风俗习惯、社区凝聚力等方面有什么影响。除美国水资源部门外，还有美国土地资源管理部门及一些大学与工程管理机构也进行了这方面的研究工作。英国正在研究开发社会分析方面的框架分析指导书。世界银行的社会影响评价不仅用于开发性项目的可行性研究预测评价，还用于部分重要项目的后评价。他们认为从后评价中揭示：社会评价做得好，达到项目与社会各方面相互协调，其经济效益远高于其他项目。加拿大的《效益费用分析指南》中的社会评价，除分配效果外，还包括环境质量与国防能力等方面的影响分析。巴西的社会评价，则指项目的国家宏观经济分析，即根据国家的发展目标、产业政策、地区规划，对项目进行投资机会研究，以确定项目的优先顺序。20世纪80年代以来，世界银行也在开发投资中推行相类似的项目评价的社会分析方法。美国的社会影响评价、英国的社会分析与世界银行开发投资中推行的社会分析,基本上属于同一类,着重项目对当地社会环境影响分析,通常被称为广义的社会评价方法。

由于理论尚不成熟,项目社会评价的概念,国内外尚无统一认识。归纳起来,目前对社会评价的理解主要有四种情况:

1. 包含在国民经济评价中的社会效益分析;
2. 经济评价加收入分配分析;
3. 项目的国家宏观经济分析;
4. 在经济评价基础上引入社会分析或社会影响的评价。

从理论上分析,前三种方式属于经济学范围。对于这三种评价方式之间的主要区别是,社会评价是仅指社会效益分析还是既有社会效益分析还包括经济增长分析(即经济评价)。第4种广义的社会分析或社会影响评价,理论上以社会学为基础。我国现在已在部分项目的国民经济评价中进行的社会效益评价,基本属于第一种。

分析国内外各种社会评价的内涵,考虑社会是由经济、政治、文化、教育、卫生等各个领域组成的,社会发展目标中包括经济、政治、文化、艺术、教育、卫生、安全、国防、环境等各个社会生活领域的内容。公共项目与各个社会生活领域的发展目标都或多或少有关系,社会生产的目的是满足人民不断增长的物质和文化生活需要,生产性建设项目直接为社会的生产目的服务,文化、教育、卫生领域及其管理部门的公共项目为人民的劳动条件和生活条件服务,是间接为社会的生产目的服务。

因此,公共项目的社会评价是指由于项目的建设与实施,对在社会经济、自然资源利用、自然与生态环境、社会环境等方面,实现国家(地方)各项社会发展目标所做的贡献与影响的分析。社会环境包括社会福利、社会保障、社会稳定安全、文化、保健、精神文明建设、组织管理等各方面的影响,也包括项目与当地社会环境的相互影响及互相适应的分析,如项目与当地社会的生产组织结构、社会政治、文化、民族关系、生活质量,风俗习惯等各方面的相互影响如何,社会各方面对项目的执行是否有阻力、有影响,项目是否与当地社会环境相适应等。因此,从理论上说,项目社会评价是分析评价项目与当地社会环境的相互影响的一种方法。项目对社会发展目标的贡献,是指由于项目的实施,对社会的各项发展目标带来的好处。即从全社会考察,项目创造的社会效益,一般是指正效益,包括投资的经济效益、社会效益、环境效益;有形效益与无形效益。项目对社会发展目标的影响,包括自然影响与社会影响。前者包括对自然与生态环境的影响,对自然资源的影响;后者包括对社会人口、劳动形式、劳动组织、社会就业、社会政治、文化艺术的影响。影响也包括直接影响和间接影响,近期影响与远期影响。有的影响是明显的影响,有的可能是潜在的影响。项目建设与实施对社会的各种发展目标,可能产生正的社会效益,也可能产生负的社会效益。影响也可以分正面影响、负面影响,即有利影响与不利影响。

二、公共项目社会评价的意义

我国已经制定了统一的经济评价方法,并已经在实践中广泛采用。公共项目的社会评价是在经济评价基础上,对项目的费用效果进行更为完整全面的描述。在我国,对公共项目开展社会评价的主要意义有:

(一) 保证投资项目与社会发展目标相协调,提高投资的经济效益

任何投资项目都生存在一定的社会环境中,与各社会生活领域有千丝万缕的联系。社会环境对项目建设的费用与效益和企业未来的生存与发展,必将产生或多或少的影响。这种客观现实的存在,不容忽视。因而对投资项目不仅应进行财务与经济评价,还必须从国家和区域的各项社会发展目标来衡量项目的利弊得失,选择社会能够最大限度满足社会发展要求的项目。在公共项目建设中如果忽视项目与社会发展的关系,会对投资经济效益影响很大。开展项目的社会评价,提倡从全面提高投资的综合经济、社会、环境效益着眼,全面评价投资的综合效益。世界银行近几年推行社会分析,在提高项目的经济效益方面取得显著成绩。据报道,过去在世界银行参与的项目中,发现与社会发展目标相协调的项目,其投资经济效益比其他项目高出一倍以上。可见开展项目社会评价,对提高项目的投资经济效益具有重要意义。

(二) 有利于提高公共项目决策的科学水平

工程项目除财务、经济效益外,客观上存在环境效益与社会效益。我国过去由于只开展经济评价,基本上没有进行社会评价,影响到许多以创造社会效益为主的城市基础设施项目、文教、卫生、体育项目,以及农业项目等未能正常进行可行性研究与项目评估。工业项目虽然进行了可行性研究,但由于不注重社会效益评价,有的项目仍对环境污染严重,或影响当地的风景名胜,或在建成后不能正常发挥能力;有的水利项目移民安置解决不好,导致人民生活水平下降。如三门峡水利枢纽工程,1955年规划设计时,只考虑经济指标,忽视社会影响,建成后不能推行,移民问题至今未解决好,对社会影响较大。可见只做经济评价,不做社会评价,对我国社会发展目标的实现极为不利。我国可行性研究规定要对项目进行社会效果评价。通过对公共项目社会评价,可以实现对项目进行全面认识。开展项目社会评价可以克服项目决策中急功近利的单纯财务观点与局部观点,从而增强全局观点、长远利益观点,注重全面实现投资项目对经济与社会发展目标的贡献。保证项目准确决策,提高项目决策的科学水平。

（三）有利于在公共建设上吸引外资，促进国际合作

由于国际社会日益重视环境问题与社会发展问题，世界银行、亚洲开发银行等国际金融组织的贷款项目，已要求不仅要进行项目的经济评价，还要进行项目的社会评价。我国制定了社会评价方法，认真开展社会评价以适应争取国际金融组织贷款的需要。

社会评价中的安全、就业、环保等方面的内容，是我国政府对外资独资、中外合资项目审批的要点。当前投资体制深化改革，正在推行"建设项目业主责任制"，由业主承担投资风险；企业实行自主经营，自负盈亏。今后各级政府评估审批项目，重点也在社会可行性。开展社会评价，势在必行。因此，制定项目社会评价方法，开展项目社会评价，是我国进一步贯彻改革开放政策的需要。

（四）有利于自然资源合理利用与生态环境保护

从全球来说，人类赖以生存的土地、水资源、能源等自然资源是有限的。社会影响评价正是随着后工业化社会的环境、人口爆炸、能源危机等问题日益突出而在发达国家兴起的。相对于人口来说，我国的土地、水资源、能源问题较其他国家更紧缺。开展社会评价，有利于我国的经济建设合理利用有限的自然资源，节约有限资源，保护自然与生态环境，造福子孙后代。

第二节　公共项目社会评价的主要内容

一、公共项目社会评价的基本原理

公共项目的社会效益既有与经济活动有关的社会效益，也有与经济活动无关的社会效益。既有有形的社会效益，也有无形的社会效益。与经济活动有关的社会效益，首先是物质生产与流通领域对社会各部门、各地区，以及国家整体经济创造的社会效益。如项目建成生产的产品对使用部门产生的效益，对地方产生的间接效益，对国家宏观经济产生的效益，对国民经济长远发展产生的效益等。这些社会效益具体如化肥对农业增长的效益，纯碱对造纸增产的效益，水利项目对当地农业增长的效益等；其次包括生产规模的扩大与生产结构的变化引起的非物质生产需求增长产生的社会效益，如由于经济增长与经济发展引起的商业服务、社会公益、社会公共设施的增加等产生的社会效益。

与经济活动无关的社会效益是指社会各领域为创造劳动条件、劳动的组织形式等产生的非生产需求的增长。如建设学校并实施教学可以使劳动者增加知识、技能，即增加了社会效益；卫生保健项目为劳动者恢复体力、提高工作效率、增加平均寿命创造条件，同样是增加社会效益；各级管理机构项目的建设是为生产劳动的组织形式服务，有利于管理的改进，也是提供社会效益；精神文明方面的项目建设是为劳动者的健康、守法、守纪、文明等创造条件，是提供无形的社会效益；环境和生态的改善显然也是为劳动创造适宜的自然条件，自然应属社会效益等。由此类推，与经济活动无直接关系的项目的社会效益，包括广泛的项目对社会环境的影响。

根据国内外项目社会评价理论方法和评价实践的现状，我国项目社会评价方法的内容，可以概括为以下两部分。

（一）评价项目与经济活动直接相关的社会效益

评价公共项目与经济活动直接相关的社会效益，是指分析项目对除经济评价以外的社会发展目标所做的贡献与影响。我国经济与社会发展目标主要是：社会经济增长与发展，合理控制人口，节约自然资源，劳动就业，提高人民生活质量与生活水平（包括加强住宅建设、发展生活服务、加强城市公用设施建设、发展卫生保健事业、提高人民健康水平、增加居民收入与消费等）；公平分配方面主要要求扶持老、少、边、穷、后进地区脱贫致富，避免地区间的收入分配差距过大；此外社会发展目标还有发展科技教育，繁荣文化事业，加强环境保护，增强民族团结，巩固边防，完善社会保障，保障国家与社会安全，提高全民族素质等。

以上社会发展目标中，社会经济增长与发展是中心。这一目标除项目经济评价中已分析过的项目的经济效益指标外，还有项目对国家宏观经济、对部门经济、对地区经济的贡献，节约自然资源、收入分配，以及社会劳动就业等社会效益，属于与经济活动密切相关的社会效益。这类社会效益属于国外所说的狭义的社会评价范围。从国家的宏观经济角度考察项目的社会效益，是我国公共项目社会评价所应达到的基本要求。因为社会主义国家生产建设的目的是满足人民不断增长的物质和文化生活需要，这就要求我们首先从国家的宏观经济与社会发展目标来考察项目的贡献与影响，其次才是考察项目与周围社会环境的相互影响。当然后者与前者是相互联系的。因此，我们认为公共项目社会评价内容应包括这部分社会效益。

（二）评价项目与经济活动无关的社会效益

评价公共项目与经济活动无直接相关的社会效益，是指分析项目对社会系统的影响分析，包括项目与当地社会环境的相互影响分析。这部分内容主要是项目对除经济发展目标以外的社会发展目标的贡献与影响分析。我国过去在项目国民经济评价中也曾对这部分的个别内容做过一些定性分析，如项目对提高人民文化水平的影响，对民族团结的影响，对加强国防的影响等。

项目与社会环境的相互影响分析，美国叫社会影响评价，着重评价项目、方案、政策的后果对人民有什么影响，包括人民生活的家庭、社区（Community，指有一定地域范围的社会政治经济团体。我国社区一般指地方基层社会政治团体，如北京的社区指小区居委会）范围的居民集体与项目相互有什么影响。对人民生活水平、生活质量的影响，包括人民的收支水平、生活方式、居住条件、健康、安全、公平、稳定就业、消费、文化机会、人际关系和生活环境等；对社区的影响，包括社区组织结构、风俗习惯、交通、教育、移民、娱乐休闲、住房、社区凝聚力，以及社区人民的信仰、道德价值观的影响等。其分析集中在人类社会环境的人文方面。

世界银行与英国的社会分析主要是定性分析。世界银行在《开发投资》一书中将其经验概括为四个方面：一是要求分析与项目直接有关的人的社会文化与人口统计方面的特征——它的大小和社会结构，包括种族的、部落的、阶级的构成。分析这些人的社会文化、社会结构的变化，他们对项目有什么影响，项目对他们有什么影响。二是分析项目人生产活动的社会组织与项目有什么相互影响。三是分析项目在文化上的可接受性，即分析项目对当地人民在文化方面是否可接受。包括项目人的价值观、宗教信仰、风俗习惯，以及他们的需要与目标等。其中还要考虑到妇女的作用。四是设法取得项目人的承诺、支持和积极参与，同时建立当地人民以及他们的组织经营和维持该项目的能力。

公共项目社会分析是分析项目对当地社会的影响，研究项目的社会可行性；同时分析项目与社会环境互相适应、相互协调需要采取哪些措施，以保证项目顺利实施。如果经过社会分析，认为不可行，则可在方案中改变项目的各种条件，使之适应社会环境；同时，项目也可采取某些措施，促进社会变革，以适应项目的生存与发展。这种项目社会分析应与项目的技术、财务、经济等分析放在同等重要的位置，并贯穿在项目立项直到实施完成的整个项目周期。

显然，我国过去没有做过这种项目社会分析，但在项目的研究设计与实施中，实际上也做过一些类似的分析。例如，我们在选址中要调查厂址所在地区的社会人文条件、当地人民的风俗习惯等，研究工厂建成后职工需要的住宅、生活用品的供应、职工的卫生保健、文化娱乐设施，以及职工子弟教育设施等是否适应项目的需要。如果当地社会不能解决项目的需要，过去的大中型项目中，一般采取"工厂办社会"的办法包起来。对大型工业基地建设，我们还要对当地的城市基础设施与城市发展进行规划。在工业落后的地区建厂，当地农民的水、电，甚至道路，都由工厂投资解决。工厂用地的征地拆迁、水利项目淹没地区人民的迁移和生活安排，都涉及复杂的社会问题，在项目设计中都要讲究安排。过去有的项目就是因涉及当地的社会问题没有解决好，而影响了项目建设进度，加大了项目的费用，或影响了职工生产积极性。

二、公共项目评价的基本原则

(一) 公共项目的社会效益特点

城市基础设施项目投资所形成的效益除了体现为直接的经济效益外，更主要地体现为社会效益。研究公共项目的社会评价问题，要针对项目形成的社会效益的特点开展工作。公共项目的效益形成特点主要有：

1. 社会效益构成的多样性。一个公共项目如城市基础设施项目，是城市整体系统的一个重要的有机组成部分，对城市的发展和人们的生活产生的影响是多种多样的。一个项目的实施对社会产生的效益的表现形式可能是多重的。

2. 社会效益形成的复杂性。从公共项目运转的系统性看，一个公共项目社会效益的形成，往往是与其他许多相关项目作为整个公共设施系统中的各个子系统共同活动的结果。公共项目社会效益不仅是通过各个项目自身的社会效益直接体现出来，而且各个项目社会效益本身的许多内容是在公共项目间的相互依赖中体现出来，呈现出效益形成的复杂性。

3. 社会效益的长期性。一个社会或地区的整体发展不仅要着眼于物质资料的生产，还要充分体现精神文明建设的需求，如优质的公共关系、整洁文明的市容等；同时还要注意投资环境的建设等。这一切都与公共项目的社会效益的长期性息息相关。

(二) 公共项目社会评价的基本原则

制定我国项目社会评价方法，总的要以我国建设有中国特色的社会主义理论为理论基础，参照社会费用效益分析原理、社会影响评价与社会分析的理论方法，从实际出发，实事求是，在总结我国已有经验的基础上，吸取适合我国国情的国际经验与理论方法，建立适合中国特点的项目社会评价的理论方法。为了使公共项目社会评价指标和计算方法，既建立在科学的基础上，又适合我国的具体情况，公共项目社会评价应遵循以下主要原则：

1. 要符合并反映社会主义基本经济规律的要求，即不断满足人民群众日益增长的物质和文化生活的要求。要能够正确反映各类公共基础设施项目最主要的、最基本的功能，既要兼顾项目对国民经济整体利益的影响，又要体现项目直接服务对象的居民利益。

2. 科学性与适用性相结合。根据公共项目的功能特点，对评价对象进行合理分类，并分类设置评价指标。评价方法的制定力求要有科学依据，要理论联系实际，讲求实用，适用中国国情，要具有较强的方案比选功能。

3. 定量与定性相结合。能定量的社会效益尽量定量，不宜定量或不能定量的，则采用定性分析。定量分析原则上采用参数评价与多目标分析相结合的方法。参数评价用于单项定量指标，不能制定参数的指标根据国家政策或同类项目历史与国内外先进经验等作为评价标准。定量与定性指标均纳入多目标分析综合评价。

4. 通用指标与专用指标相结合。各类项目既有共性，更各具特点。项目评价既要考虑共性内容，又要适于体现不同服务对象的特殊要求。为兼顾项目的共性与特点，并考虑项目社会评价行业差异大的特点，定量与定性指标的设立，均采用通用指标与专用指标相结合的方法。通用指标与分析内容基本上适用于各类项目，力求简明；专用指标与分析内容应结合行业特点，可以适当细一些，但也不宜繁琐。

5. 统一性与灵活性相结合。社会效益与影响涉及面广，十分复杂。在国外，其理论方法也不成熟，因此，制定的通用的评价方法要注意广泛的适用性，并要使其对各行业具有一定的灵活性。例如，通用指标力求统一计算方法，但具体计算范围与算法可由各行业补充；在对综合社会效益汇总时，可以采用不同的方法；各行业项目对通用的定量、定性分析指标，可以结合行业特点有选择地采用，有什么社会效益与影响，就分析评价什么等。这种统一性与灵活性相结合的方法，有利于今后在进一步研究与实践中对社会评价的理论方法不断补充与完善。

三、公共项目社会评价层次划分

由于公共项目特别是城市基础设施项目具有种类多、功能各异、社会效益呈多样性、复杂性等特点，进行公共项目评价时需要满足不同层次的要求，分层次地进行评价。

（一）总体评价

所谓总体评价，是指在区域社会发展总体规划中对各类公共设施项目建设规划和社会效益的总评价。通过总体评价，粗线条地把相当长时期内需要建设的各类公共设施项目一揽子确定下来，为进一步做好系统评价和项目评价奠定基础。

在总体评价的层次上，需要根据在区域规划期内的社会经济发展目标、发展规模与布局等，对各类公共设施的建设规则，包括其中重大项目的构想，做出社会效益评价，务必使区域公共设施的建设能够适应并促进区域整体功能正常发挥，能够在适合国情的水平上满足人民生产与生活需要。在此层次上，评价的重点是各类公共设施建设的总水平、相互间的平衡关系及综合社会效益状况。每一类项目设施的拟建总水平都应该与规划期间区域的发展相适应。同时，各类项目设施之间还要保持平衡关系，彼此适应。

（二）系统评价

所谓系统评价，是指对各类公共项目根据区域总体规划对这类公共设施项目整体社会效益的评价。通过系统评价，把一定时期内被评价系统的拟建项目及其建设顺序基本上确定下来，为具体的项目评价提供依据。

在系统评价的层次上，各类公共设施的主管部门需要根据区域总体规划对本类设施的建设要求，对本系统的长期、中期、近期建设规划，包括其中各个项目，做出综合社会效益评价，务必使该类公共设施能够适应区域的发展，能够与其他公共设施的建设相平衡。在此层次上，评价的重点是每一类公共设施拟建的主要项目选址、规模、建设顺序及综合的社会效益。在系统评价中，还不涉及每个项目的具体设计方案，也还确定不了各个项目具体的动工时间，但是必须对该类公共设施的主要拟建项目的建设规模、选址及建设顺序提出方案，并作为一个整体进行系统评价。因为每一类基础设施都是一个完整的体系，不把其中的主要项目联系在一起作为系统进行评价，单独分析个别项目不能正确说明问题。另外，如果不涉及项目的规模、选址及建设顺序，那么所谓长期、中期、近期的建设规划就是空的，没有实际内容。

（三）项目评价

此处的所谓项目评价，是指在具体项目可行性研究及评估报告中对城市基础设施项目社会效益的评价。通过项目评价，确立具体项目的建设时机，比选建设方案，以便做出项目决策。

有了总体评价和系统评价之后，项目评价要解决的主要问题有三：其一是被评价的具体项目的动工时间；其二是被评价项目的各种设计方案的比较；其三是具体项目的社会效益。至于项目的选址、规模和建设必要性等有关项目决策的重大问题，已在系统评价的层次上解决了，不再是项目评价的主要任务。

上述三个层次的评价前后衔接地构成公共项目社会评价的完整体系。没有总体评价，系统评价便失去了依据，很难进行。如果每个管理系统各行其是，必然导致各类项目间的冲突与矛盾。没有系统评价，就不能科学地制定每一类公共项目的中长期建设规划，具体的项目评价也就缺少直接依据，很难判断哪个项目应当何时建设及建成多大规模。没有项目评价，就无法比选各种建设方案，很难选择最佳设计和最佳建设时机，必然造成很多失误。总之。总体评价、系统评价、项目评价三者都是公共项目社会评价的必要环节，都应当有明确的评价方法和评价指标，共同组成城市基础设施项目的社会评价体系。

公共项目社会评价体系的这种多层性，从根本上说是由区域公共项目建设的渐进性决定的。更确切地说，区域公共项目建设的整体性和渐进性之间的对立统一，决定了其社会评价的多层性。

四、公共项目建设周期不同阶段社会评价的主要内容

对公共项目进行社会评价，应该采用"项目周期"模式，即社会评价人员参与项目的形成、计划和实施的整个过程，对项目周期的每一个环节进行详细的社会分析和设计，及时分析项目周期各个阶段的社会因素和社会问题。公共项目周期可以分为五个阶段：项目识别阶段、项目准备阶段、项目评估阶段、项目实施阶段和项目后评价阶段。

（一）项目识别阶段

项目识别是大致确定一个投资项目的可行性与否。主要内容有：明确项目要达到的目标，初步预测项目对社会发展和人们生活的影响；调查了解项目拟建地区社会经济、文化环境的基本情况，初步确定项目是否与当地社会环境相互适应；确定项目的利益群体；初步了解项目地区人民对项目建设是支持还是反对；分析项目的实施可能引起的社会问题和潜在的社会风险等。在此基础上社会评价人员应对项目是否初步可行提出意见。

（二）项目准备阶段

这一阶段是在初步社会评价的基础上进行详细的社会评价。主要内容有：了解项目地区社会文化特征等因素，评估利益群体对项目实施的重要性；分析项目对当地区域的影响，如果项目对受影响的社区有不利影响时，提出减轻或消除这些不利影响的措施及对受损利益群体的补偿措施方案；分析当地人民参与项目的可能性和程度，并提出促进当地人民参与项目的详细措施和计划；鉴别影响项目实施及其持续性的主要社会风险，提出避免或降低风险的措施建议。在上述各项基础上对项目进行详细的社会评价，提出适当的社会策略。

（三）项目评估阶段

项目评估阶段的社会评价，主要是重新审查项目准备阶段详细的社会评价的可行性、核查项目目标实现的可能性，提出项目准备阶段的社会评价部分是否充分有效，是否需要进一步地详细社会分析和修改，以及是否批准的意见。

（四）项目实施阶段

项目实施阶段是项目从投资建设到项目寿命终了的整个过程。项目的实施是一个

动态的过程,在项目实施过程中,由于项目面临的社会环境和社会条件的多变性,不可避免地产生一些新情况、新问题。因此,项目评价人员应注意收集和整理变化了的情况,及时做出分析评价,判断项目是否按计划进行,是否存在影响项目持续性和有效性的社会变量,以便采取适当的措施解决实施过程中出现的新问题,保证项目的顺利进行。

(五) 项目后评价阶段

后评价阶段是在项目完成后对项目实施后的效果和影响的总结性评价。其主要内容有两项:一是影响评价,主要分析项目实施后对社会经济、社会文化环境的实际影响。分析有无原来未预料到的不利影响,如果有,不仅要总结经验教训,还应研究采取补救措施,消除或减轻不利影响,降低项目的社会风险。二是项目的持续性分析,主要分析项目与当地社会经济环境和社会文化环境的相互适应性,社区群众的参与以及当地社区对项目是否满意并能支持项目的持续性,地方政府对项目的支持程度,研究项目运营中是否还存在其他社会风险影响项目的持续性等。如发现存在不利于项目效果持续发挥的问题,应在分析的基础上提出解决措施,以保证项目效果的持续发挥。

第三节 公共项目社会评价指标设置

社会是以人们共同物质生产为基础而相互联系的人类生活的总体,包括经济、政治、文化、教育、卫生等各个社会生活领域。公共项目社会效益是项目在各个社会生活领域为社会带来的效益,包括与经济活动直接有关的社会效益,也包括与经济活动无直接关系的社会效益。公共项目社会评价是公共项目评价的核心内容。要比较、计算、考核、预测公共项目社会效益的大小或有无,离不开具体的评价指标。公共项目社会效益的特点决定了要正确全面地反映公共项目的社会效益,不能仅仅使用某一个指标,必须用一整套的评价指标体系来反映。

一、公共项目社会评价指标的基本内容

公共项目社会效益的评价,可以通过定量指标来反映。我国项目社会评价方法应以"有无对比"(即建项目与不建项目对比法)为基础,采用定量分析与定性分析相结合,参数评价与多目标综合分析相结合的评价方法。根据制定社会评价方法的原则,考虑到不重复国家经济评价方法规定的指标,项目社会评价一般设置为四项通用

指标，即就业效益、分配效益、节约自然资源与环境质量指数，它适用于多数行业。指标设置采用通用指标与专用指标相结合的方法，通用指标列入国家的评价方法，专用指标由各主管部门按行业制定。对定性分析，在国家统一的评价方法中提出一般通用的分析内容与分析指导纲要，专用的定性分析内容由各行业主管部门确定。公共项目的定量指标一般应结合评价对象的具体情况和所在行业特点来制定。下列指标为各类项目基本通用的指标。

（一）就业效益

我国是个人口众多的大国，就业问题比较突出。存在着全国劳动力资源总量大、农业有大量剩余劳动力、城镇劳动力待业率高和每年还有新增劳动力 2000 万人需要就业的现实压力。社会就业问题对社会稳定、安全影响重大。根据这种情况，国家的劳动就业政策的主要目标是充分就业；其次要求效益与安定兼顾，合理配置劳动力。因此，为促进充分就业的社会发展目标的实现，应设置就业效益指标。

就业效益指标，可按目前一般采用的单位投资就业人数计算。即

$$单位投资就业人数 = \frac{新增就业人数}{项目总投资}$$

总就业人数可分为拟建项目的直接投资所产生的就业人数与该项目直接相关的项目的间接投资所新增的间接就业人数。即

$$直接就业人数 = \frac{本项目新增的就业人数}{本项目直接投资}$$

$$间接就业人数 = \frac{相关项目新增的就业人数}{相关项目投资}$$

式中，本项目新增就业人数一般指项目投入生产经营后正常年份新增的固定就业人数。项目建设期现场施工增加的临时就业人数不计入，可在定性分析中另行分析。如果项目投入生产经营后，主要是解决临时就业，例如林业项目，其临时就业人数可按劳动部规定的有关标准折算为固定就业人数计算，并加以说明。

相关项目新增就业人数，一般是指项目直接相关的配套项目，如铁路专用线、港口及其他公用服务设施等未列入本项目投资的工程增加的就业人数。应注意新增就业人数与投资的计算口径应一致。

需要指出的是，投资项目创造的就业机会，往往与项目采用的技术的经济效益密切相关。劳动密集型企业与资金、技术密集型企业，就业效益相差悬殊；行业不同、产品不同，单位投资创造的就业机会也相差很大，项目的就业效益与经济效益常有矛盾。这使就业效益指标很难建立固定的标准来衡量其优劣。因此，在评价时应根据项目的行业特点、企业属何种类型（劳动密集还是资金、技术密集），结合所在地区劳动就业情况进行具体分析。一般说，从社会就业的角度出发，在待业率高的地区，单

位投资所能提供的就业人数应是越多越好。特别是在经济效益相同的条件下，就业效益大的项目应为优先项目。如果当地劳动力紧张，或拟建项目是高技术产业，就业效益指标的权重就应减小，可以只作为次要的评价指标。

（二）收入分配效益指标

在公共项目社会评价指标设置中，争议较多的是收入分配指标。收入分配是指社会在一定时期内新创造的价值，或体现这部分价值的产品即国民收入。我国地域辽阔，生产力发展水平还比较低，各地区经济发展很不平衡。老、少、边、穷地区经济较之沿海发达地区差距仍然很大。国家制定了扶贫政策，对尚不能解决温饱的部分贫困地区拨专款并采取专门安排温饱工程的办法，成效十分显著。但总的来说尚未解决老、少、边、穷地区与先进地区经济发展差距扩大的问题。通常人们对项目的评价，认为经济评价不能解决社会分配不公的问题。福利经济学的观点认为，国家的发展目标，基本是两个：一是经济增长；二是公平分配。前者叫效率目标，后者叫公平目标。两者合称为国民福利目标。效率目标要求增加国民收入，公平目标要求增加的国民收入在不同收入阶层、不同地区以及投资与消费之间进行合理分配。国家有关加速民族地区经济社会发展政策，要求"大中型建设项目同等条件下优先在民族地区安排"。因此，我国项目社会评价中收入分配效益，应设置贫困地区收入分配效益指标，以促进地区间的收入分配合理，促进贫困地区经济加速发展。

贫困地区收入分配效益指标可计算如下：

1. 贫困地区收益分配系数：

$$D_i = \left(\frac{\overline{G}}{G}\right) m$$

式中：D_i——贫困地区 i（如以省、市、自治区为单位）的收入分配系数；

$\overline{G}$——项目评价时的全国人均国民收入；

G——同时期的当地人均国民收入；

m——国家规定的扶贫参数，反映国家对贫困地区从投资资金分配上的照顾倾向的价值判断，由国家制定。国家确定的 m 值越高，贫困地区收入分配系数越大。确定的 m 值对各贫困地区算出的收入分配系数应大于1。

2. 贫困地区收入分配效益：

$$\text{贫困地区收入分配效益} = \sum_{t=1}^{n}(CI-CO)_t D_i (1+i)^{-t}$$

$\sum_{t=1}^{n}(CI-CO)_t D_i (1+i)^{-t}$ 为国家规定的项目的经济效益（项目的经济净现值）的计算公式，其年净现金流量乘以 D_i 将使项目的经济净现值增值，有利于在贫困地区建设的投资项目优先通过经济评价，得以被国家接受。

贫困地区一般指老、少、边、穷地区。从长远看，可以是国家确定的经济不发达需要予以照顾的地区。

（三）节约自然资源指标

自然资源指直接从自然界获得的物质与能量，一般包括土地资源、水资源、矿产资源、生物资源、海洋资源等。自然资源是人类赖以生存的基本物质条件，也是投资项目最重要的物质来源。我国自然资源虽然丰富，但相对于人口来说，大多数低于世界水平。如人均土地，我国只有世界水平的26%；人均水资源我国仅为世界人均水平的1/4；矿产资源，除钨、稀土外，也均低于世界人均水平。加之由于地区不平衡，开发利用情况差，对自然资源的破坏与浪费现象严重，供需矛盾十分突出。合理开发利用自然资源，保护并节约资源是我国社会发展的近期和长远目标。例如，节约耕地，是我国重要的国土政策。我国1952~1989年每年减少485万亩耕地，其中建设用地约占一半。可见节约建设用耕地是节约耕地的重要一方面。再如因为缺水，我国每年有1.2亿亩的耕地不能很好发挥效益，全国467个城市中有300个缺水，有些城市的工业生产与人民生活已受到严重影响。节约水资源，是全社会的长远而艰巨的任务。

因此，投资项目社会评价应设置节约自然资源指标。根据各类项目的具体情况，分析评价项目对开发利用自然资源是否做到综合合理利用及保护并节约资源的国家有关政策是否得到贯彻。

在具体评价中这项指标可灵活掌握。项目主要涉及何种自然资源，就分析评价何种资源。例如，工业项目一般要分析评价节约能源，节约水资源，节约耕地等。以矿石为原料的项目，还要分析评价对该项矿产资源的合理利用、综合利用、节约使用等问题；水库建设要分析评价节约土地、少占耕地的问题等。能定量的可采用定量计算，不能定量地进行定性分析。

对于节约能源、节约耕地、节约水资源一般可采用以下公式计算：

$$项目的综合能耗 = \frac{项目的年综合能耗}{项目产值}$$

各种能耗应折合成"年吨标准煤"的消耗计算。行业的节能定额应由各主管部门根据国家计划期的节能要求制定。

$$单位投资占用耕地 = \frac{项目占用耕地面积}{项目总投资}$$

$$单位产品生产耗水量 = \frac{项目年生产耗水量}{主要产品生产量}$$

单位产品耗水量由主管部门按行业规定的定额考核。单位投资占用耕地根据同类项目的经验予以评定。

(四) 环境影响指标

自然环境影响是项目社会评价的一个重要方面。环境保护，我国设有专门机构管理，并制定了环保的法律。设置环境影响指标，只是在环保系统工作的基础上将环境治理效益纳入社会评价，评价由于项目实施对环境影响的后果，以使投资建设项目对治理环境污染更加重视，并全面反映项目的社会效益与影响。因此，我们在定量分析中设立环境质量指数指标，评价项目对各项环境污染物治理是否达到国家或地方规定标准的程度。为了便于计算，环境质量指数采用各项环境污染物治理的指数之和的算术平均数。如果该项目对环境的影响很大，而项目各类污染物聚集的程度对环境的影响差别很大，可以对各项污染物聚集的程度给予不同的权重，然后再求平均指数。

对于经过处理达到国家或地方规定标准的污染物对自然环境仍存在影响的问题，在项目定性分析中再予以分析。

环境影响指标计算式为：

$$环境质量指数 = \sum_{i=1}^{n} \frac{Q_i}{Q_{i0}} / n$$

式中：n——该项目排出的污染环境的有害物质的种类，如废水、废气、废渣、噪声、放射物等，有几种则计算几种；

Q_i——第 i 种有害物质排放量；

Q_{i0}——国家或地方规定的第 i 种物质最大允许排放量。

项目对社会发展目标的影响，既包括有形效益，即以货币形态反映的社会价值或实物效益；也包括项目与社会环境的相互影响的无形效益，一般指保健、文化水平提高、劳动条件改善等，如由于项目投产，日积月累带来的对生态环境的影响，对人民健康、人口的素质提高的影响。社会环境与项目活动之间可能存在着相互影响，如项目所在的社会解决不了该企业职工的文化娱乐设施，影响职工生产的积极性，从而影响投资的经济效益。这是社会环境对项目的影响，是社会环境不能适应项目实施的需要的表现，也是项目对实现社会发展的文化目标的不利影响。由于项目建设中研究了社会环境对项目实施的不利影响，采取措施，增建当地文化娱乐设施，不仅满足了企业职工的需要，也繁荣了当地的文化生活，这就形成了项目对社会文化发展目标的有利影响。

公共项目的社会效益与影响比较广泛，许多影响特别是无形效益不能定量表示，只能进行定性分析。我国项目社会评价采用定量分析与定性分析相结合的方法。原则上除列出指标计算的社会效益以外，未列定量指标的社会效益与影响，以及定量指标反映还不够全面的社会效益，应采用定性分析的方法进一步进行分析评价。下面的项目定性分析内容，供评价人员根据项目所涉及的社会效益与影响参考使用。

1. 对社会经济方面的影响。项目对科技进步的影响，项目采用的先进技术对国家、部门、地区科学技术进步有何影响，项目采用的技术对普及科学知识、提高人民的科学水平有无影响等；项目对国民经济发展的影响，如项目对相关部门的经济有何影响、项目对生产力布局、国民经济结构有何影响等；项目对地方经济的影响，如项目对地方经济的影响范围、项目使地方人均国民收入提高程度、项目使当地交通条件改善程度等。

2. 对自然资源利用的影响。项目对自然资源综合利用的贡献程度，项目是否影响在当地土地使用上的变化（如大坝、灌溉规划、机场、铁路、矿山、工厂建设等），项目的取水方案对当地水资源与人民生活有无近期和远期的影响等。

3. 对自然与生态环境影响。项目对自然环境的各种影响是否都采取了处理措施，项目对生态环境有无近期和长远的影响，如是否有破坏森林、植被，造成水土流失，影响野生动植物保护等问题，采取什么措施防止其对生态平衡的影响。

4. 项目对当地社会环境的影响。项目建设与实施是否引起当地人口变化，变化情况如何，以及农业人口转为城镇人口情况；在项目设计中对当地男女劳动力的安排是否适当；项目是否涉及所在社区和有关社区人口的迁移，如何采取适当措施保证被迁者不低于原有生活水平并有所提高；项目对当地人口的近期与长远的文化素质有何影响，项目对当地普及义务教育的作用；项目是否建设了文化娱乐、体育设施，对繁荣当地人民文化生活有何作用；项目对当地的风景、文物古迹、旅游区有无影响；对当地人民卫生保健的影响，是否增加了或扩大了当地的医疗保健设施等。

5. 对社会安全、稳定的影响。项目建设与实施，对当地民族团结有无影响；项目对加强国防、巩固边防有无影响；项目对当地的交通有无影响，是否可能增加交通事故，影响人民生活安全，应采取什么预防措施；项目建设与设施，是否可能增加犯罪率，影响当地的社会秩序、安全、稳定；项目对减少当地的自然灾害方面有无贡献等。

上述定量与定性分析，实际应用时，应根据项目的具体情况与需要，并结合行业的专用指标与定性分析指导意见有选择地应用，不要求所有的项目都全面计算以上指标。

二、公共项目的系统评价指标

公共项目的系统评价指标是介于总体评价和项目评价两者之间所进行的评价。系统评价指标只适宜于同类型项目的项目群体社会效益评价，不适宜用于对单个项目进行社会评价。对于某些领域的公共项目，如果通过单个项目的评价就能表明其社会效益的好坏，或者难以找到进行系统评价的指标，也可以不作系统评价。不同类别的公

共项目,系统评价指标是不同的。以城市基础设施项目为例,不同类别城市基础设施项目的系统评价指标如下:

(一) 城市排水项目系统评价指标

城市排水是指城市生活污水、工业废水、大气降水径流和其他弃水的收集、输送、净化、利用和排放。城市排水设施是保证城市地面水排除、防治城市水污染,促进人民身体健康,保证工业正常生产,并使城市水资源保护得以良性循环的必不可少的基础设施。城市排水设施项目系统评价可用污水排放处理率和污水排放管道普及率指标来反映。一般说来,污水排放处理率越高,污水排放管道普及率越高,说明城市排水设施越完备,由此而形成的社会效益越好。达到一定数量界限的污水排放处理率是城市污水治理的基本要求,也是安排城市排水设施项目建设规划的主要依据之一。

(二) 城市供水项目系统评价指标

城市供水是保障城市经济发展和人们生活水平提高的重要物质条件。符合卫生标准的城市供水是居民食品的基本组成部分,是保障居民健康的重要因素,同时又是工业生产的前提。城市供水的发展能促进城市、经济的发展和人民生活的提高;反之,则会制约城市和经济的发展。城市供水项目系统评价可以分别从城市供水与工业生产的关系、城市供水与居民生活的关系两个方面设置评价指标。但是,从两者的主次关系看,城市供水设施的首要功能是为城市居民提供优质、清洁、卫生的生活用水,其次才考虑工业生产用水的需要。因此,城市供水项目系统评价可以只设置城市居民用自来水普及率评价指标。

(三) 城市燃气设施项目系统评价指标

城市燃气设施的社会效益是包括环境效益、节能效益在内的不以货币度量的效益,同时还包含对不同利益集团人群的心理满足。城市燃气设施项目的社会评价一般都以直接烧煤派生的各种社会现象作为比较的基础,由此来评价城市燃气的社会效益。城市燃气设施项目系统评价可以考虑以燃气用户普及率指标来衡量。燃气用户普及率是指某一城市居民燃气户数量与同一城市居民数量之间的比率。城市燃气户普及率系统评价指标不仅可以用来作为多个城市之间燃气设施投资建设的相互比较指标,而且也可以用一定数量界限的燃气户普及率作为安排燃气设施项目建设规划的依据。建设现代化的城市应以提高燃气用户普及率作为基本要求之一。普及率越高,表明城市的现代化程度和文明程度越高。

(四) 城市供热设施项目系统评价指标

建设城市集中供热设施的目的是以经济、高效、少污染和优质可靠的方式向城市居民和单位、工厂提供生产用热、建筑采暖和生活用热。由于热能是一次能源的转换形式，它像一次能源一样，可以表现为以交换形式而存在的商品。因此，城市集中供热设施投资所获得的直接经济效益是明显的，也易于计算度量。

城市供热设施投资除了取得明显的经济效益外，还表现为大量的社会效益，它是综合整治市容，减少城市污染，保护环境的一项重要措施，城市供热设施项目系统评价指标可以用城市大气环境质量改善率或城市大气有害污染物含量降低值等指标来衡量。

（五）城市公共交通设施项目系统评价指标

城市公共交通是交通运输的重要组成部分，是现代城市重要基础设施之一。城市公共交通直接为城市居民，特别是为职工上下班服务。能否保证职工按时上下班，不仅关系到生产秩序、社会安定，更关系到社会生产能否正常进行，城市经济能否获得正常发展。随着城市规模不断扩大，城市对公共交通的要求也不断提高。因此，城市公共交通发达的程度如何，是城市功能是否完备的主要标准之一。城市公共交通设施项目系统评价，可以用城市公共交通车辆拥有率、城市市区每平方公里中的道路长度和城市市区每平方公里中的公共交通道路面积等三个指标来衡量。

（六）城市园林绿化项目系统评价指标

城市园林绿化系统工程，是以有生命的绿色植物为原料，以城市土地为劳动对象，根据规划预定的目标要求，依靠人工建设起来的有生命的自然空间环境。园林绿化是健全城市生态的重要环节，通过绿色植物的生命活动对环境进行物质循环和能量交换，形成生态环境的良性循环。同其他城市基础设施项目的效益一样，城市园林绿化项目的效益，主要是以间接形式转化为城市的综合性效益。而这种整体综合性效益，并不是某几个单项工程，在某一较短时期内自身直接效益简单相加，而应当从园林绿化设施系统总体对城市提供多少价值，是否最有效地适应国民经济发展，居民生活水平提高以及生态环境良性循环等方面加以衡量。

按照城市园林绿化项目效益的整体性和集合性特征，为了便于同国际上各类城市和国内各城市之间作横向比较，城市园林绿化项目系统评价指标用城市园林绿地总面积和城市人均公共绿化面积两个指标加以衡量。城市园林绿化覆盖率是城市园林绿地总面积与城市土地总面积之间的比值，用百分比表示。城市人均公共绿地面积是城市公共绿地面积与城市市区人口的相除值，表示市区人口每人所拥有的公共绿地面积量。是人民生活达到小康水平的建设目标之一。数值越高，满足需求的水平也越高。一定数量的城市人均公共绿地面积，是城市建设规划的基本要求。

第四节　公共项目社会评价的基本方法

一、层次分析法

层次分析法（AHP）在20世纪70年代中期提出。AHP法是针对现代管理中存在的许多模糊不清的相关关系如何转化为定量分析的问题而提出的体现层次权重决策分析法，它把一个复杂的问题表示为有序的递阶层次结构，通过人们的两两比较、判断和计算，对决策方案的优劣进行排序。这种方法可以统一处理决策中的定性与定量因素，特别适用于无结构问题的建模。AHP法在经济分析，规划与预测，产业部门规划以及企业管理等领域得到了广泛的应用。

（一）递阶层次结构指标体系的建立

建立层次结构模型是 AHP 方法中十分重要的一步。首先把实际问题分解为若干因素，然后按属性的不同把这些因素分成若干组，划分递阶层次结构，一般可分为最高层、中间层和最低层。最高层也称为目标层，这一层中只有一个元素，就是该问题要达到的目标或理想结果。中间层称为准则层，层中的元素为实现决策目标所采取的措施、政策、准则等。准则层不见得只有一层，可以根据问题规模的大小和复杂程度，分为准则层、子准则层。

根据公共项目综合评价的特点及各因素之间的隶属关系，按照系统分析的方法，首先将总目标分解为一系列子目标。由于公共项目评价影响因素较多，在此不可能把所有的因素都罗列出来。

（二）构造两两比较的判断矩阵

对大多数社会经济问题，特别是对于人的判断起着重要作用的问题，直接得到这些元素的权重并不容易，AHP方法使用的 1~9 的比较标度，它们的意义如表 10-1 所示。

表 10-1　　　　　　　　　　1~9 标度的含义

求标度值	含义
1	表示两个因素相比，具有同等重要性
3	表示两个因素相比，前者比后者稍重要

续表

求标度值	含义
5	表示两个因素相比，前者比后者明显重要
7	表示两个因素相比，前者比后者强烈重要
9	表示两个因素相比，前者比后者极端重要
2，4，6，8	表示上述相邻判断的中间值

（三）单一准则下因素排序权重向量的计算及判断矩阵一致性检验

1. 计算方法。目前常见的计算因素排序权重向量的方法主要有：和积法、方根法、特征根法、最小二乘法和对数最小二乘法等几种。采用特征根法计算权重向量 $W = (W_1, W_2, \cdots, W_m)$，步骤为：

①求正互反矩阵 A 的最大特征值 λ_{max}；

②利用 $AW = \lambda_{max} W$，解出 λ_{max} 所对应的特征向量 W；

③将 W 标准化（归一化）后即为同一层次中，相应于上一层某个因素的相对重要性的排序权值。

2. 判断矩阵的一致性检验。计算出的单层排序权值是否合理，需要进行一致性检验。因为在构造判断矩阵时，由于客观事物的复杂性，会使我们的判断带有主观性和片面性。判断矩阵的一致性检验使用公式：

$$CR = \frac{CI}{RI}$$

式中：CR——一致性比例；

RI——平均一致性指标；

CI——一致性指标。

当 $CR < 0.01$ 时，可以认为判断矩阵具有满意的一致性。否则，就必须重新调整判断矩阵中的元素，直至判断矩阵具有满意的一致性为止。

二、模糊综合评价方法

公共工程项目的效益发挥涉及项目设计、施工和使用等诸方面因素。当确定进行某一个项目的建设时，往往有多个设计方案，需要对其评价和选择其中最佳方案。在评价过程中，由于评价因子、评价人员和备选方案较多，影响因素的作用关系复杂，给评价结果的得出带来了困难。根据项目设计方案评价中的多因素和模糊性等特点，基于模糊数学原理建立的模糊综合评价方法是经常被采用的评价工具。

模糊综合评价法是对受多种因素影响的事物做出全面评价的十分有效的多因素决策方法。模糊综合评价的基本方法和步骤如下：

（一）确定因素集

$$U = (u_1, u_2, \cdots, u_m)$$

式中：$u_i(i=1, 2, \cdots, m)$——对此事物有影响的第 i 个因素。

（二）选择评价集

$$V = (v_1, v_2, \cdots, v_n)$$

式中：$v_j(j=1, 2, \cdots, n)$——评价的第 j 个等级。

（三）建立因素权重集

为了反映各因素不同的重要程度，对各个因素赋予相应的权重数 $a_i(i=1, 2, \cdots, m)$，由各权数所组成的集合为

$$A = (a_1, a_2, \cdots, a_m)$$

称为权重集。

（四）确定单因素评价矩阵

首先对因素集 U 中的单因素 $u_i(i=1, 2, \cdots, m)$ 作单因素评判，从因素 u_i 着眼确定该事物对选择等级 $v_j(j=1, 2, \cdots, n)$ 的隶属度 r_i，这样就得出第 i 个因素 u_i 的单因素评判集为：

$$R_i = (r_{i1}, r_{i2}, \cdots, r_{in})$$

它是评价集 V 上的模糊子集，这样 m 个因素的评价集就构造出一个总的评价矩阵 R 为：

$$R = \begin{bmatrix} r_{11} & r_{12} & \cdots & r_{1n} \\ r_{21} & r_{22} & \cdots & r_{2n} \\ \vdots & \vdots & & \vdots \\ r_{m1} & r_{m2} & \cdots & r_{mn} \end{bmatrix}$$

式中：r_{ij}——u_i 对选择等级 v_j 的隶属度。

（五）模糊综合评价

单因素模糊评价，仅反映了一个因素对评价对象的影响，采用模糊综合评价综合考虑所有因素的影响，才能得出正确的评价结果。模糊综合评价可表示为：

$$B = AR$$

$$= (a_1, a_2, \cdots, a_m) \begin{bmatrix} r_{11} & r_{12} & \cdots & r_{1n} \\ r_{21} & r_{22} & \cdots & r_{2n} \\ \vdots & \vdots & & \vdots \\ r_{m1} & r_{m2} & \cdots & r_{mn} \end{bmatrix} = (b_1, b_2, \cdots, b_n)$$

式中：$b_j(j=1, 2, \cdots, n)$ 称为模糊综合评价指标。

（六）用等级参数对评价指标做出综合结论

由综合评价模型所得到的结果均是一个等级模糊子集 $b = (b_1, b_2, \cdots, b_n)$。通常，对 B 按照"最大隶属度原则"选择其最大的 b_j 所对应的等级 v_j 作为评价结果的，这样，没有充分利用等级模糊子集 B 所带来的信息。在实际应用中，往往要给各种等级规定某些参数，借以作为评价标准。为了充分利用等级模糊子集 B 所带来的信息，可把各种等级的评级参数和评价结果 B 进行综合考虑，使得评价结果更加符合实际。设相对于各等级 v_j 规定的参数列向量为：

$$C = (c_1, c_2, \cdots, c_n)^T$$

则得出等级参数评价结果为：

$$BC = (b_1, b_2, \cdots, b_n) \begin{bmatrix} c_1 \\ c_2 \\ \vdots \\ c_n \end{bmatrix} = \sum_{j=1}^{n} b_j v_j$$

即

$$P = \sum_{j=1}^{n} b_j v_j$$

式中，P 可视为以等级模糊子集 B 为权向量，关于等级参数 $c_1, c_2, \cdots, c_n$ 的加权平均值。P 反映了等级模糊子集 B 和等级参数向量 C 所带来的综合信息。

【思考题】

1. 试述公共项目社会评价的基本内容。
2. 试述公共项目社会评价与财务评价的区别。
3. 公共项目的社会效益是如何体现的？
4. 试述建立公共项目社会效益指标的原则。

第十一章

公共项目的风险评估

本章应了解和掌握：
1. 公共项目风险的概念、特征、分类。
2. 公共项目风险识别的方法、敏感性分析、盈亏平衡分析、概率分析。
3. 公共项目风险管理的内容、机制、项目保险。

第一节 公共项目风险概述

一、风险的概念

目前，国内外对风险的定义还没有一个统一的认识。根据系统论观点，任何事物都是由一定相互作用、相互影响的要素组成的有机整体，风险也不例外。某种经济行为或经济活动存在某种风险，或者是某种资产存在某种风险，通常应该包括风险原因、风险主体和风险损失的变动这三部分。如果没有风险发生的原因，风险就不会发生；如果风险不涉及任何人、财产、活动或没有损害则就不称为风险了；如果没有风险损失变动，即损失是固定的，就如同固定资产折旧一样，定期折旧，同样不存在风险。因此，所谓风险，是指影响风险主体的因素在未来的一段时间内发生始料未及的变动，而给风险主体带来的损失。对风险的概念可以理解为，在特定期间内，由于内部因素和外部因素的变动结果，使特定主体可能发生的利益损失。风险的影响在一定程度上取决于风险发生的可能性和风险发生后的损失。故通常可以将风险表示为：

$$R = f(P, C)$$

式中：R——风险；

P——风险事件发生的可能性（即风险事件发生的概率）；

C——风险发生后的损失。

风险是潜在的意外损失，如不采取有效措施加以防范，就很有可能付出惨痛的代价。由于许多公共项目投资巨大、工期长，从其筹划、设计、建造到竣工后投入使用，整个过程都存在着各种各样的风险，无论是工程项目业主（投资商）、承包商、咨询（监理）商，还是建筑设计商、材料设备供应商等，都面临着不可回避的风险。公共项目的风险，有些是项目各方当事人所共有的，而有些则是不同当事人所特有的。例如，对于公共基础设施项目业主（投资商）来说，它既可能面临着承包商履约不力、监理商失职、设计商设计错误以及材料设备供应商所提供的材料设备质量差等人为风险，也面临着通货膨胀、资金筹措困难等经济风险。同时，它还要面临恶劣气候、地震、水灾、火灾等自然风险。对于承包商来说，它可能面临着报价失误等决策风险，工程项目管理不善等履约风险，员工行为不当等责任风险。对于设计、监理商而言他们面临的风险主要是职业责任风险。由于工程建设项目的任何一方出险，都有可能影响工程建设的顺利进行甚至导致工程建设的失败。因此，工程建设项目的各方，都需要重视风险管理。

二、风险的特征

许多公共基础设施建设项目，往往规模宏大、投资巨大、影响深远，所面临的风险种类繁多，各种风险之间的相互关系错综复杂。项目从立项到完成后运行的整个生命周期中，都必须重视风险管理。通常项目风险具有如下特点：

（一）风险存在的客观性和普遍性

作为损失发生的不确定性，风险是超越人们主观意识的客观存在，而在项目的全寿命周期内，风险是无处不在、无时不有的。

（二）某一具体风险发生的偶然性和大量风险发生的必然性

任何具体风险的发生都是诸多风险因素和其他因素共同作用的结果，是一种随机现象。个别风险事故的发生是偶然的，杂乱无章的。但对大量风险事故资料的观察和统计分析，发现其呈现出明显的运动规律，这就使人们有可能用概率统计方法及其他现代风险分析方法去计算风险发生的概率和损失程度，同时也导致风险管理的迅速发展。

（三）风险的可变性

在项目的整个过程中，随着项目的进行，有些风险会得到控制，有些风险会随着发生并得到处理，同时在项目的每一阶段都可能产生新的风险。

（四）风险的多样性和多层次性

公共基础设施建设项目周期长，规模大，涉及范围广，风险因素数量多且种类繁杂，致使其在全寿命周期内面临的风险多种多样，而且大量风险因素之间的内在关系错综复杂、风险因素之间及与外界交叉影响又使风险显示出多层次性，这是重大工程项目风险的主要特征之一。

由于公共项目中的风险具有如前所述的特点，尤其是具有种类的多样性和多层次性，这就决定了应该采用从定性到定量的综合集成方法，对工程项目进行风险管理才能处理好各类风险，从而使损失减小到最低程度，达到预期的目标。

三、风险的分类

（一）自然风险

指地震、洪水、风暴等自然界突发灾难给项目本身带来的危害。

（二）技术风险

技术风险是指项目涉及的技术措施是否能达到预期要求，项目规模、地点和布局的合理性，项目区域土壤、水源、气候条件的适宜性，农业综合生产技术和项目技术的成熟度等。对于建设项目，如科技进步使材料、施工、建筑功能等不断更新进化，跟不上技术更新步伐的投资项目不仅成本高，适用性也差。

（三）经济风险

经济风险是指经济资源是否达到了有效利用，项目能否实现国民经济的预期效益。经济风险涉及社会折现率、影子汇率、影子价格、各种经济评价参数等。

（四）市场风险

市场风险是指项目产品能否在预期价格范围内顺畅销售。市场风险涉及项目产品供需预测、项目产品竞争力、项目产品的竞争市场和价格影响因素、项目投入物的供给能力等。

(五) 财务风险

财务风险是指资金能否顺利筹集和偿还、项目能否实现预期财务效益。财务风险涉及财务赢利能力（投资利润率、投资回收期、FNPV、FIRR等）、财务清偿能力（流动比率、速动比率）、项目资金周转能力（周转率）。

(六) 政治风险

政治风险是指一个国家所处的国际国内环境变动及相应的政策法律调整所带来的风险。战争是概率小后果大的风险因素；经济体制改革和产业政策调整不仅决定了经济运行机制和产业结构，而且影响房地产业内部结构，使不同类型的房地产产品需求比例产生变化；土地使用制度和住房制度改革从根本上确立了房地产市场的运行模式；政府平抑投机的管制规定更直接打击了炒作性投资；金融政策把握着开发融资的命脉，同时还能影响有效购买能力，在社会交换环节影响投资开发。

(七) 社会风险

社会风险指人文社会环境等因素变化给项目建设和营运带来的影响，如自然环境保护政策、传统文化和社会观念等。不符合城市规划和区域发展趋势的项目也不会得到社会和市场的认同。同样，由于项目的外部性导致的一些违背社会公共利益的项目容易引起公众的强烈反对。

(八) 管理风险

管理风险是指项目实施过程中各种不确定因素的变化对能否保证项目的顺利建成和营运并获得预期收益的影响。管理风险涉及组织管理机构设置的合理性、服务体系完善程度、项目管理人员的经验、素质和项目管理机制的效率等。

自然损害风险突发性强，难以避免和控制，但投资者可以从灾前积极预防和灾后损失分摊两方面减少损失。项目可行性研究阶段就要对该地的环境、气候、地质特征详细分析，估算出灾难损失概率。若风险大到自身难以承受的地步，则应通过商业保险降低损失，如可以承受则可以预留灾损基金从内部化解风险。

社会风险具有较大的稳定性，只要遵循着发达国家地区的技术进步路线，按照地域的发展特征和文化心理，充分考虑公众利益，社会风险一般可以避免。

国际国内政治风险发生也有规律可循，但普通投资人很难把握。国内的政策动向渐进性很强，尤其在中国长期和平稳定的大环境下，经济建设是中心，改革开放是必然，产业结构政策中第三产业地位逐渐上升的趋势必会给公共项目投资带来更多的机遇。社会发展政策对公共项目的投资经营影响最强，其次是金融政策风险。

经济风险既受外部环境影响，又有投资系统内部的原因。一般而言，通货膨胀、利率、税率、地价及生产要素市场变动都属于投资系统的外部大环境，它们所导致的是所有投资项目的系统风险。这种风险的发生企业不能控制，只能采用诸如土地储备、分散筹资渠道的措施，在一定程度上减少损失。但未来市场供求变化、消费者偏好变化等不确定因素则是投资主体能够较好认知和把握的，也是微观经济主体进行风险管理的核心。市场调查、分析、预测是一门成体系的科学。像大型公共基础设施项目这样投资金额巨大、投资期长、风险因素繁多的投资决策必须在项目可行性研究阶段进行认真地分析。全面的市场现状调查、客观的需求供给增长预测、严谨的未来供需缺口分析都要建立在科学手段基础之上。筹融资过程应权衡资金的安全性、流动性和收益性，根据自身承担风险的能力，确定融资结构、还款方式和现金流量，把风险控制在局部范围。

第二节　公共项目的风险识别与评价

风险识别主要是识别项目面临何种风险和存在哪些风险因素。风险评价是把在风险识别步骤中得到的数据通过某种特定的方法转变为信息。

一、风险识别的基本方法

风险的识别是风险分析和评价的基础。其内容必须包括对各类工程风险的一切可能潜在源及其潜在影响进行调查分析。不确定性是公共项目风险的根源。许多项目的实施总是处于具有风险的环境之中，诸多的不确定性事件都会对项目的预期目标产生影响和危害，并可能导致生命财产的损失。因而，风险识别过程的首要任务是从自然条件、社会环境、经济环境、技术条件等方面入手，冷静、客观、认真地分析和探寻其各种可能存在的不确定性事件。

原则上，风险识别可以从原因查结果，也可以从结果反过来找原因。从原因查结果，就是先找出本项目会有哪些事件发生，发生后会引起什么样的结果。例如，项目进行过程中，关税税率会不会变化，关税税率提高和降低两种情况引起什么样的后果？从结果找原因，建筑材料涨价将引起项目超支，哪些因素会引起建筑材料涨价呢？项目进度拖延会造成诸多不利后果，造成进度拖延的常见因素有哪些？这些都可以进行工程项目风险识别。

（一）专家调查法

专家调查法是大系统风险辨识的主要方法，它是以专家为索取信息的主要对象，各领域的专家运用专业方面的理论和丰富的实践经验，找出各种潜在的风险并对其后果做出分析与估计。此方法的优点是在缺乏足够统计数据和原始资料的情况下，可以做出定量的估计，缺点是主要表现在易受心理因素的影响。专家调查法主要包括专家个人判断法、智能放大法和德尔菲法等十余种，许多书上均做过详细介绍，在此不再赘述。

（二）故障树分析法

故障树分析法是 1961 年美国贝尔实验室对导弹发射系统进行安全分析时，由瓦特森提出来的，被广泛应用于工业和其他复杂大型系统中。

故障树分析法是利用图解的形式，将大的故障分解成各种小故障，或对各种引起故障的原因进行分析。该方法实际上是利用可靠性工程中的失效树形式对引起风险的各种因素进行分层次的辨识。图的形式像树枝一样，越分越多，故称故障树。

故障树经常用于直接经验较少的风险辨识。该方法的主要优点在于比较全面地分析了所有故障原因，包括人为因素，因而包罗了系统内外所有失效机理；再者它比较形象化，直观性很强，让人一目了然。不足之处是，此方法在应用于大系统时，容易产生遗漏和错误。

（三）幕景分析法

幕景分析是一种能够分析引起风险的关键因素及其影响程度的方法。它可以采用图表或曲线等形式，来描述当影响项目的某种因素出现各种变化时，整个项目情况的变化及其后果，供人们进行比较研究。

幕景分析的结果大致可分为两类：一类是对未来某种状态的描述，一类是对一个发展过程的描述。当各种目标相互冲突排斥时，幕景分析就显得特别有效，它甚至可以被看作是扩展决策者的视野，增强他们分析未来能力的一种思维程序。不过，这种方法也有其局限性，因为所有幕景分析都是围绕着分析者目前的考虑、现实的价值观和信息水平进行的。

（四）筛选—监测—诊断分析法

筛选是依据某种程序将具有潜在危险的影响因素进行分类、选择的风险辨识过程；监测是对应于某种险情及其后果进行监测、记录和分析显示过程；诊断是根据症状或其后果与可能的起因等关系进行评价和诊断，找出可疑的起因并进行仔细检查。筛选、监测和诊断是紧密相连的。由于客观事物的复杂性和可变性，往往要把筛选—监测—诊断过程重复进行，以便比较彻底地预防和解决问题。

二、敏感性分析

(一) 敏感性分析的概念

敏感性分析是我们对项目投资方案经济效益进行分析的常见方法。它是在项目寿命期内的诸多影响项目效益的因素中测定其中一个或几个因素变化时对项目效益的影响程度，从而对投资项目等各种风险的承受能力做出判断。在项目的整个寿命周期内，会有许多不确定性因素对项目的经济效果产生影响。有些因素微小的变化就会引起经济效果评价指标产生较大的变化，这些因素被称为敏感性因素。敏感性分析的重要作用就是从许多不确定因素中找出敏感性因素，判定其给项目带来的风险性，以供项目投资决策时分析研究。同时，它也可缩小预测的误差，而且还可在对多个项目方案对比时，利用敏感性分析的结果来淘汰风险性较大的方案。

(二) 敏感性分析的一般程序

1. 确定具体分析指标。评价一个项目的经济效果指标有很多个，如净现值、净年值、内部收益率、投资回收期等，都可以作为敏感性分析指标。但对于一个具体的项目而言，没有必要对所有的指标都做敏感性分析，敏感性分析指标的选择应针对实际的需要而定。在选择所用指标时，在确定性分析的基础上，选择最能反映该项目经济效益、最能反映该项目经济合理与否的一个或几个最重要的指标作为敏感性分析的对象。一般来说，最常用的敏感性分析的指标是内部收益率和净现值等动态指标，此外还可用投资回收期和借款偿还期等静态指标作为分析对象。

2. 选择需要分析的不确定性因素。影响一个项目的不确定因素很多，但事实上并不需要对所有的不确定因素都进行敏感性分析。只有那些敏感因素才会对经济效果评价指标产生较大影响，对这些因素需要做敏感性分析。确定敏感性因素一般来说可以遵循以下原则：一是那些在成本、收益构成中所占比重较大以及可能会对项目的经济效果评价指标有较大影响的、同时又是在整个项目寿命周期内有可能发生较大变动的因素作为敏感性因素；二是在确定性分析中采用的该因素的数据的准确性较差的因素作为敏感性因素。对于一般的投资项目而言，常用作敏感性分析的因素有投资额、工期、产量及销售量、价格、经营成本等。

3. 确定经济效果评价指标对各种敏感性因素的敏感程度。项目对不确定因素的敏感程度可以表示为：某种因素或多种因素同时变化时导致经济效果评价指标的变化程度。常用的计算方法是，假定除敏感性因素外，其他因素是固定不变的，然后根据敏感性因素的变动，重新计算有关的经济效果评价指标，与原指标值进行对比，得出其变动的程度（变化率），可用公式表示为：

$$\text{变化率}(\beta) = \frac{\text{评价指标变化幅度}}{\text{变量因素变化幅度}} = \frac{\Delta Y_j}{\Delta X_i}$$

式中：β——灵敏度，是衡量变量因素敏感程度的一个指标；

ΔX_i——第 i 个变量因素的变化幅度（变化率）；

ΔY_j——第 j 个指标受变量因素变化影响的差额幅度（变化率）。

这样即可得出该指标对该不确定因素的敏感程度。根据各敏感性因素在可能的变动范围内不同幅度的变动，得出经济效果评价指标相应的变化率，建立起一一对应的数量关系，并用图或表的形式表示出来。

4. 找出项目的最敏感因素。通过分析比较找出项目的最敏感因素，并对项目的风险情况做出判断。根据上一步的计算分析结果，对每种敏感性因素在同一变化幅度下引起的同一经济效果评价指标的不同的变化幅度进行比较，选择其中导致变化幅度最大的因素，就是该项目的最敏感因素，导致变化幅度最小的因素，可视为不敏感因素。然后根据最敏感因素的多少及其对经济效果评价指标的影响程度，判断该项目风险的大小。

三、盈亏平衡分析

项目盈亏平衡分析又称为收支平衡分析、量本利分析、保本分析。它是利用投资项目的产量、成本、利润三者的关系之间的平衡关系进行分析，通过测算项目在产量、产品价格和产品成本等方面的盈亏界限，据此判断在各种不确定因素作用下投资项目对市场条件变化的适应能力，来考察分析投资项目在不亏损的情况下所能承受风险的能力。它是一种在一定的市场、生产能力及经营管理条件下研究项目成本和效益的方法。

盈亏平衡分析是对拟建项目进行不确定性分析的一种方法。但盈亏平衡分析的主要目的不止是为了寻求平衡点，还在于找出盈亏平衡点后，进一步找到增加销售数量、提高赢利的可能性。盈亏平衡分析还能够有助于发现和确定企业增加赢利的潜在能力，以及各个有关因素变动对利润的影响程度。因此，这是一种非常简便、实用的不确定性分析方法。用此方法对高度敏感的产量、售价、成本、利润等因素进行分析，会有助于了解项目可能承担的风险的程度。但也存在一些缺点，如它是建立在生产量等于销售量的基础上的，此外用的一些数据也是某一正常生产年份的数据，而投资项目是一个长期的过程，所以，用盈亏平衡分析法很难得到一个全面的结论。但是，此方法计算简单，可直接对项目的关键因素进行分析，因此，至今仍作为项目风险分析的方法之一而被广泛地应用。

根据项目盈亏平衡点的概念，销售收入等于销售成本，在盈亏平衡图上则表示为产品销售收入函数曲线与销售成本函数曲线的交点，它标志该项目不盈不亏的生产经营水平。从另一个角度讲，反映了项目达到一定生产水平时的收益与支出的平衡关系，故也称之为收支平衡点。

（一）图表法

图表法是将收入函数和成本函数在同一坐标图上描绘出来，构成线性量—本—利分析图，也称盈亏平衡图。图中两条直线的交点就是盈亏平衡点（Break Even Point, BEP）。

图 11-1 中纵坐标表示销售收入与销售成本，横坐标表示产品产销量，销售收入线 R 与销售成本线 C 的交点即为盈亏平衡点 BEP，BEP 所对应的销售量 Q^* 是盈亏平衡产销量或保本量。在 BEP 的右边销售量大于保本量，销售收入大于销售成本，项目赢利；相反，在 BEP 左边，销售量小于保本量，销售成本大于销售收入，项目亏损；只有在 BEP 点上，项目不亏不盈。因此，BEP 点构成了项目赢利和亏损的临界点，这个临界点越低，可望实现赢利的要求（即对最低产品销售量或销售收入的要求）越低，项目赢利机会越大，亏损的风险越小，投资项目的生命力就越强；反之，投资项目所冒的市场风险就越大。但是由于盈亏平衡点是项目收入和成本共同作用的结果，要提高赢利的机会，还得尽量降低产品生产的固定成本和可变成本，为此还应重视投资项目的技术和设备选择以及其他可能影响投资项目成本的因素。

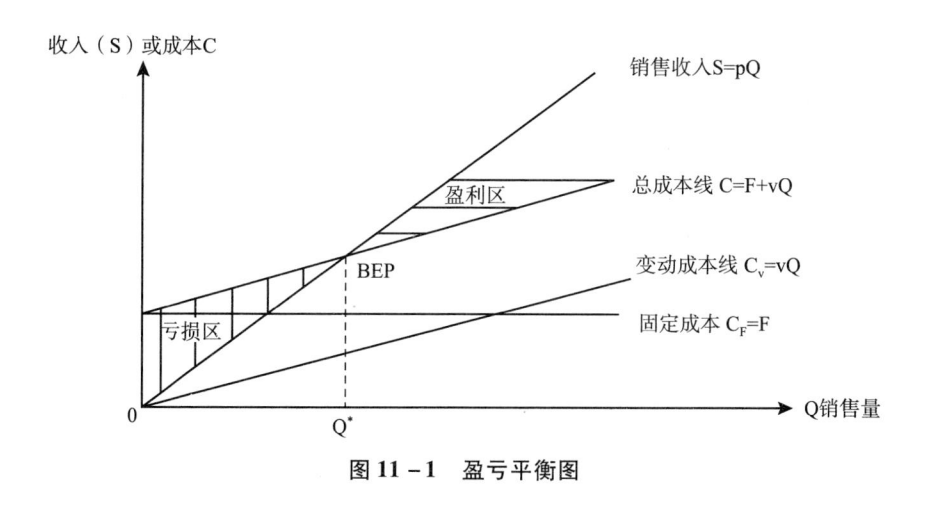

图 11-1 盈亏平衡图

（二）解析法

解析法是指通过求解方程，求得盈亏平衡点。在销售收入和销售成本与销售量呈线性关系的情况下，可以很方便地用解析法求出以产品产销量、生产能力利用率、产品销售单价、单位产品变动成本等表示的盈亏平衡点。根据盈亏平衡原理，在盈亏平衡点上，销售收入 S 与销售成本 C 相等，即有：

$$QP = C_F + C_v = F + vQ$$

由此等式推导可得：

1. 盈亏平衡产量或销售量，即保本量：

$$Q^* = F/(p - v)$$

2. 盈亏平衡销售收入：

$$S^* = pF/(p - v) = F/(1 - v/p)$$

3. 盈亏平衡点生产能力利用率：

$$E^* = \frac{Q^*}{Q_0} \times 100\% = \frac{F}{(p - v)Q_0} \times 100\%$$

式中：Q_0——项目设计生产能力。

4. 盈亏平衡点价格，即保本价格：

$$p^* = v + F/Q_0$$

5. 盈亏平衡点单位产品变动成本：

$$v^* = p - F/Q_0$$

需要说明的是，在"销售收入等于销售成本"这个基本等式中没有包括税金因素，在实际分析中，应按财税制度规定考虑应缴纳的税金因素，则盈亏平衡点时得到：

$$(p - t)Q = F + vQ$$

式中：t——单位产品价格中包含的税金。

相应地，以上各平衡点的计算公式也应改为：

$$Q^* = F/(p - t - v)$$

$$S^* = \frac{F}{p - (t - v)/p}$$

$$E^* = \frac{F}{(p - t - v)Q_0} \times 100\%$$

$$p^* = t + v + F/Q_0$$

$$v^* = p - t - F/Q_0$$

将按上述公式计算的结果同对市场的预测值进行比较，就可判断项目承受市场风险的能力或项目对市场变化的适应能力。例如通过计算求得某项目的保本量是 100 万台，如果经预测该产品的潜在销售量是 150 万台，则说明该项目有获利前景，可以接受；反之，如果预测的结果只有 50 万台，则意味着该项目有可能亏损，风险极大。

在此，在衡量项目风险承受能力时还可以采用安全度指标，即：

$$价格安全度 = \frac{p - p^*}{p} \times 100\% \quad (p\text{ 表示预计售价})$$

$$产量安全度 = \frac{Q_0 - Q^*}{Q_0} \times 100\%$$

上述两个安全度越大,项目的赢利能力越强,项目承受风险的能力也就越强。

从前面的盈亏平衡点的计算公式中还可以看出,固定成本越高,平衡产量越高,平衡点单位变动成本越低。高的保本量和低的保本变动成本意味着项目的经营风险较大,因此,固定成本有扩大项目风险的效应,在实际决策和设备、工艺等的选择时要给予重视。

单因素盈亏平衡分析应用举例:

【例 11-1】某工业项目年设计生产能力为生产某种产品 3 万件,单位产品销售价格为 3000 元,总成本费用为 7800 万元,其中固定成本 3000 万元,总变动成本与产品产量成正比例关系,求以产量、生产能力利用率、销售价格、单位产品变动成本表示的盈亏平衡点。

解:首先计算单位产品变动成本:

$$C_v = \frac{(7800 - 3000) \times 10^4}{3 \times 10^4} = 1600 \;(元/件)$$

盈亏平衡产量:

$$Q^* = \frac{3000 \times 10^4}{3000 - 1600} = 21400 \;(件)$$

盈亏平衡生产能力利用率:

$$E^* = \frac{3000 \times 10^4}{(3000 - 1600) \times 3 \times 10^4} \times 100\% = 71.43\%$$

盈亏平衡销售价格:

$$p^* = 1600 + \frac{3000 \times 10^4}{3 \times 10^4} = 2600 \;(元/件)$$

盈亏平衡单位产品变动成本:

$$C_v^* = 3000 - \frac{3000 \times 10^4}{3 \times 10^4} = 2000 \;(元/件)$$

通过计算盈亏平衡点,结合市场预测,可以对投资方案发生亏损的可能性做出大致判断。在上例中,如果未来的产品销售价格及生产成本与预期相同,项目不发生亏损的条件是年销售量不低于 21400 件,生产能力利用率不低于 71.43%;如果按设计能力进行生产并能全部销售,生产成本与预期值相同,项目不发生亏损的条件是产品价格不低于 2600 元/件;如果销售量、产品价格与预期值相同,项目不发生亏损的条件是单位产品变动成本不高于 2000 元/件。

四、概率分析

概率分析是指用概率来分析、研究不确定因素对项目经济效果影响的一种风险分析方法。具体而言，是指通过分析各种不确定因素在一定范围内随机变动的概率分布及其对项目经济效果的影响，对项目的风险情况做出比较准确的判断，从而为项目决策提供更准确的依据。

概率分析是以概率作为风险决策的尺度，所以，概率准则支配着风险分析。概率有客观和主观两种意义上的概率。由于未来的状态通常是由相互独立的各概率确定的，所以根据各种状态下得到的产出值及其可能出现的概率，运用加权平均方法求平均值，就可以确定期望值和标准差的大小，从而判断不确定因素对项目经济效益的影响大小及其可能性。

概率分析的目的是通过确定影响项目经济效果的关键因素的可能的变动范围及其概率分布，对方案的净现金流量及经济效果评价指标做出某种概率描述，如求解概率期望值和估计各种净现值出现的概率，从而对项目的投资风险情况做出更准确的判断，为项目决策提供依据。概率分析常用的分析方法有期望值法、决策树法等。

严格来说，影响投资项目的因素大多是不确定的，是随机变量，如投资额、项目寿命周期、成本、产品价格、销售量等。对这些变量进行预测，只能是根据其未来可能的取值范围及其概率分布进行估计，而不可能肯定地预知它们的确切数值。现金流量序列受这些不确定因素随机性的影响也是随机变量。上节的敏感性分析对各种不确定因素对项目的经济效果的影响作了定量描述，但这种分析只是研究了各种不确定因素在发生某种程度的变化时，会给项目带来多大的风险，而没有考虑这种变化给项目造成风险的可能性有多大，这有时也会影响分析结论的准确性。比如可能有这样的情况，通过敏感性分析找出某一敏感因素未来发生不利变化的概率很小，因此，实际上所带来的风险并不大，以至于可以忽略不计。而另一不太敏感的因素未来发生不利变动的概率却很大，实际上所带来的风险比那个最敏感因素更大。像这样的问题是敏感性分析所无法解决的，必须借助于概率分析。因此，从一定意义上讲，概率分析是敏感性分析的继承和补充。

概率分析的步骤：

1. 选择一个或几个不确定因素，作为概率分析的对象。可以选择根据敏感性分析确定的最敏感因素作分析对象，也可以选择估计最有可能变化的敏感因素作为分析对象。

2. 在对方案有用的范围内确定未来可能的状态及每种状态可能发生的概率。如不确定因素是每年的净收益，根据历史资料和普遍经验及其相关信息，估计可能会出现四种情况：200万元、1500万元、1200万元、800万元，其相应的概率是0.2、0.4、0.3、0.1。这个过程是概率分析准确与否的关键，因此，各个概率值的估计要尽可能符合实际。

3. 根据对未来状态的估计值及其概率计算期望值 E。期望值是在大量的重复事件中随机变量取值的平均值，换句话说，是随机变量所有可能取值的加权平均值，权重为各种可能取值出现的概率，因此，它包含了风险对潜在结果的影响，是一种含有风险的经济变量的标准度量。方差是反映随机变量取值的离散程度的参数，风险的大小反映在方差 D 上。期望值和方差的计算公式为：

$$E(x) = x_1 p_1 + x_2 p_2 + \cdots + x_n p_n$$

$$D(x) = E(x^2) - [E(x)]^2$$

式中：$E(x)$ ——变量 x 的期望值；

x_i ——随机变量的各种取值；

$p_i = p(x_i)$ ——对应随机变量 x_i 的概率；

$D(x)$ ——变量 x 的方差；

$E(x^2)$ ——随机变量 x 平方后的期望值。

4. 根据各不确定因素的期望值和各种变化的概率分布，求解项目经济效果评价指标的期望值和各种可能数值的概率分布。常见的概率分布类型有均匀分布、二项分布、泊松分布、指数分布和正态分布。通常可以借鉴已经发生过的类似情况的实际数据，并结合对各种具体条件的判断，确定一个随机变量的概率分布。在有些情况下，也可以根据各种典型分布的条件，通过理论分析确定随机变量的概率分布类型。

一般来说，工业投资项目的随机现金流要受许多种已知或未知的不确定因素的影响，可以看作是多个独立的随机变量之和，在许多情况下近似地服从正态分布。

5. 综合考虑期望值和方差，对投资项目进行风险分析。根据上述的计算结果，可以绘出投资风险分析决策树图或投资风险分析表和曲线。根据这些图、表、线对投资项目的风险进行分析。

第三节　公共项目的风险管理

一、风险管理的内容

所谓风险管理，就是人们对潜在的意外损失进行辨识、评估，并根据具体情况采取相应措施进行处理，防患于未然，或是在无法避免时寻求切实可行的补救措施，使意外损失降低到最小的程度。

风险管理是一种有计划、有组织地控制项目活动的经济行为，它通过风险识别、风险估测和风险评价，并在此基础上优化组合多种管理方法、技术和手段对项目活动涉及的风险实行有效地控制和妥善地处理风险事故造成的不利后果，以最少的成本保证安全、可靠地实现项目的总目标。

风险管理的范围和基本程序在各种著作的论述不尽相同，国外通常把风险管理分为五个基本环节：风险识别，风险估测，风险评价，实施风险管理措施，风险管理效果评价。

（一）风险识别

对风险进行识别和分析是风险管理的首要步骤。风险识别是指认识和鉴别损失发生的可能性。由于风险存在的客观性及识别、分析风险的主观性两者之间的差异，使正确识别和分析风险成为风险管理中最困难的步骤。任何风险只要能识别和分析，如何以最好的方法对风险加以管理就一目了然。风险识别和风险分析是一项连续性工作，新技术的运用、新产品的开发、新道德观念的建立都能改变企业内部及外部风险的性质和来源，如果没有连续地进行风险识别及分析，企业就难以发现自己面临的潜在风险，风险管理目标就难以实现。

在风险事件发生之前，人们需要运用各种方法系统地、不间断地识别各种静态和动态风险。风险识别所要回答的问题是：存在于企业内部及外部的错综复杂、多种多样的风险，哪些风险应予考虑？引起风险的主要原因是什么？这些风险所引起的后果及严重程度如何？识别各种风险的方法有哪些？如何增强风险识别的能力？

风险识别可包括感知风险和分析风险。

感知风险就是通过调查、了解来识别企业面临的风险。一般自然风险包括风暴、洪水、干旱、地震、疾病等；人为风险包括玩忽职守、欺诈、违反合同、盗窃、破坏等；经济风险包括经济衰退、技术进步、消费者偏好、联合抵制某种产品等。

分析风险就是通过归类，掌握风险产生的原因和条件，对风险所具有的性质和可能造成损失的大小、严重性进行估计。例如，对商业银行呆滞账款的风险分析，就要通过归类将风险发生的主要原因以及形成的条件找出，并对风险的性质是可保风险还是不可保风险，是总体经营不善还是局部个别问题进行界定，并对由于呆滞账款造成的损失及严重性进行估计。

感知风险和分析风险是风险识别过程的两个方面。只有感知风险存在，才能进行风险分析，而在进行风险分析的同时，又会进一步加深对感知风险的认识，使风险识别具有准确性。

（二）风险估测

风险估测是建立在风险识别的基础上，对风险事故发生的可能性和损失严重程度进行定量分析与计算的方法。它是风险评价、决策和运用各项风险处理技术的基础。风险估测所要回答的问题是：风险事故发生的频数及其会造成多大的损失。

风险估测是在对过去损失资料分析的基础上，运用概率和数理统计的方法，对某一（或某几个）特定风险事故发生的概率（或频数）和风险事故发生后造成损失的严重程度做出定量分析，从而预测出相应的结果。

建立在风险识别基础上的风险估测，其主要内容是要解决两个问题：损失发生概率的估测和损失严重程度的估测。

1. 损失发生概率的估测。这种估测是在对过去损失资料进行分析的基础上，运用概率和数理统计的方法对某一（或某几个）特定和经常发生的风险事故概率（频数）进行定量的计算，从而预测出该类风险事故可能发生的概率。

损失频数是指损失发生的频率，它表示在单位时间内损失发生的次数。损失频率高，表示事故发生频繁；损失频率低，表示事故发生少。

损失频率估测。损失频率估测由三个因素决定，它们是风险单位数、损失形态和风险事故。三个因素的不同组合，使损失概率的数值不同。在实际操作中，常见的组合形式有：（1）风险单位遭受单一风险事故所致单一损失形态的损失概率。（2）一个风险单位同时遭受多种风险事故所致单一损失形态的损失概率等不同情况。

2. 损失严重程度的估测。损失严重程度的内容。损失严重程度包括：损失金额概率分布、损失期望值和损失幅度。损失期望值是指损失均值。损失幅度是衡量损失程度的量。损失严重程度的估测是指对风险事故发生后可能造成损失的严重程度做定量分析，从而预测出一个较准确的，有一定规律可循的结果。

在对损失严重程度的估测中，最重要的是损失幅度的估测。因为风险事故造成的损失，呈一定的规律。重大恶性事故的发生频率低，但损失幅度大，会在相当长时期内给人们造成恐惧心理。那些经常发生的事故其损失频率高，单个事件损失幅度小，但累积损失是不容忽视的。

损失幅度估测的方法。损失幅度的估测方法有两种：一种是估测一个风险单位在每次事件中最大的潜在损失。另一种是估测一年内由单一风险事故造成的损失额或由多种风险事故造成众多的风险单位损失额的总和，即潜在总损失额的估测。

（三）风险评价

风险评价是一种判断风险等级的活动，目的在于规范和指导人们行为，使他们合理地面对各种风险。对风险的评价是从风险本质出发，在质和量的两个方面展开。风险评价，又称安全评价，是指在风险识别和估测的基础上，把风险发生的概率和损失幅度，结合其他因素综合起来考虑，得出系统发生风险的可能性及其程度，并与公认的标准进行比较，确定系统的风险等级，然后根据风险等级决定是否需要采取控制措施，以及控制到什么程度。

风险识别是风险评价的基础，只有在充分揭示企业所面临的各种风险和风险因素的前提下，才可能做出较为精确的评价。当系统在运转过程中，原来的风险因素可能会发生变化，同时又可能出现新的风险因素。因此，风险识别必须对系统进行跟踪，以便及时了解系统在运行过程中的风险和风险因素变化的情况。

风险评价要运用临界指标对风险进行衡量。临界指标是通过对大量损失资料的分析，承认损失事故的发生是在不可完全避免的前提下，从经济、心理等因素出发，确定一个整个社会都能接受的界限，作为衡量系统风险严重程度的标准。运用临界指标对系统进行衡量是风险评价的关键，根据衡量的结果来确定是否要采取控制措施，以及控制措施采取到什么程度。

当估测出系统的损失发生概率和损失严重程度大于安全指标时，则说明系统较危险，应采取一定控制措施，从而消除风险因素或降低其危害程度。若实际估测的结果远远大于安全指标，系统必须采取紧急控制措施，否则损失的发生将难以避免。当估测出系统的损失发生概率和损失严重程度小于安全指标时，虽然风险仍在一定程度上存在，但人们可以接受，从这个意义上讲，可以认为此系统是安全的，无须或暂时不必采取控制措施。

二、提高管理水平，完善风险管理机制

（一）建立正确的风险管理目标

风险管理目标必须与企业的总目标一致，必须与企业的环境和企业的特有属性相一致。企业的总目标包括企业利润、企业的生存与发展、企业的社会义务和权利。风险管理目标可综合概括如下：维持生存、安定局面；降低成本，提高利润；避免经营中断，不断发展壮大，树立信誉，扩大影响；应付特殊变故。要实现风险管理目标，必须确立具体的指导原则，明确企业内部规定的风险管理，职能的分目标和总目标，规定风险管理部门的任务、权利和责任，协调组织内各部门之间的风险处理，建立和改进信息渠道和管理信息系统。

（二）树立风险意识把握投资机会

我国许多提供公共服务的企业，长期以来生存在短缺经济环境中，投资的风险意识非常淡薄。这一状况是无法适应现在全面竞争的市场环境的。在买方市场的环境中，任何投资和生产都存在一定风险，投资、生产与产品价值的市场实现之间有一定的风险，公共事业项目也不例外。因此，公共事业经营企业作为投资主体要有投资的风险意识，学会在新的竞争条件下判断投资的机会，进行投资决策。因为有风险就不去投资，消极等待是没有出路的。也是对新的环境不适应的表现。有竞争就有风险，

要敢于面对风险，积极参与竞争，这样才能给企业闯出一条生路。

（三）注重市场调查，降低决策风险

在短缺经济条件下，科学决策的重要性并不非常突出，但在买方市场条件下，科学决策则是企业参与、取胜市场竞争的基础。要学会进行充分的市场调查，学会对调查结果进行详细科学地论证，在这一基础上，结合本企业的基础和特点，科学确定技改方向和实施路线，从而为投资的成功奠定基础。目前看，有一些企业，不做深入的市场调研，不对市场的容量和社会生产能力进行调查，看到什么市场热销就上什么，但是往往是等自己的产品制造出来了，市场已经发生了很大变化。转产又缺资金，企业不可避免地陷入了亏损、停产的困境。有眼光的投资者，应当着眼的是市场的未来需求，而不是只看眼前。

另外，企业技术改造投资也要根据市场需要确定技改项目，技改后增加的产品必须有市场、销路好，这样才能保证有较高的投资收益率。遵循行业发展的规律，确定技改方案，通过实现规模经济降低生产成本，提高产品的竞争力。制定合理的技术路线，尽最大可能降低技改成本。坚持配套建设，有些技改项目是以消除生产环节中的"瓶颈"为目的的，但是旧的矛盾解决后，新的不平衡可能随之产生，只有上下游装置配套建设，才能做到资源充分利用，实现整体效益最优化。

（四）形成持续自主创新能力规避投资风险

同竞争性企业或竞争性行业一样，提供公共产品的企业也面临着社会技术进步带来的问题。如果公共项目的投资仅仅停留在单纯引进和使用别人的技术，生产已有的产品，那么未来投资风险必然很大。这是由于信息技术使企业能够极其快捷地获取各种信息，因此，企业必须将投资活动与技术吸收、持续创新能力的培养紧密结合起来，从"引进、挖潜、革新"维持简单再生产的方式，逐步向"引进、开发、改造、创新"内涵扩大再生产方式的升级，实现了由单纯引进、消化、吸收国内外先进技术向改造、开发、创新以至出口技术的重大进步。这样才能有效地降低投资风险，提高投资效益。

（五）实现投资主体多元化分散投资风险

在我国的公共事业项目中，普遍存在由于企业规模小，投资资金不足，承担风险的能力也有限等原因，造成由一个企业进行投资成功率较低的现象。所以，应采取多种方式鼓励多个主体共同投资，降低投资风险。可以根据投资项目的具体情况，采用上、中、下游企业合作投资，相关企业共同投资，使投资项目的原料、产品市场有一定的保证。在投资主体的所有制方面，可以积极推进国有、集体、私营和外资企业共

同投资，如一些电信、城市公共设施、交通基础设施的投资。为此，就必须进一步拓宽民营经济的投资领域，消除行业进入限制，除少数必须由国家控制的行业外，尽可能扩大于民营经济的进入领域。投资主体多元化，有利于增大投资规模，分担投资风险，同时提高投资的成功率。

（六）建立企业兼并、破产机制

限制投资风险企业不能保证每一次投资决策都是正确的，一旦投资错误，就要能够"止损"。但是往往企业一次投资失误，出于各种原因不能让"项目"立即下马或破产，反而要想方设法追加投资，维持其运转，并企图使项目起死回生。然而，这样往往是事与愿违，只能带来更大的损失和风险。建立企业兼并、破产机制，就能在出现投资失误时，通过其他优势企业的兼并，使投入的固定资产重新得到利用，或者通过破产将损失控制在最小限度内，降低投资风险。

三、公共工程项目保险

（一）工程风险的作用

对于项目风险管理可以有多种对策，但基本的选择主要有两种，或是风险自留并加以防范和控制，或是将其转移出去。其实，各类工程项目合同签订的过程，同时也是工程项目风险的转移过程。业主将工程发包给承包商，随着责任和义务的转移，同时也将风险转给了承包商；承包商将部分工程项目分包出去，也就将业主转给他的部分工程项目风险再分散转给了分包商。无论是承包商还是分包商，如果不想将风险留给自己，就只有将工程项目风险转移给保险商，即购买所需要的工程项目保险，以求意外事故发生时，所遭受的损失能得到经济补偿。

工程保险是以各类民用、工业和公共事业的建设工程项目作为保障对象，对其建设中遭受自然灾害和意外事故所造成的财产损失和人员伤亡提供经济补偿的一种保险。工程保险起源于20世纪30年代，真正发展和兴旺是第二次世界大战后的复兴计划开始时期。进入80年代，随着西方经济的进一步发展，工程保险市场的发展进入了一个新的历史阶段，其保险的范围、条款等都得到了扩大和补充。在我国，工程保险开始于20世纪80年代，其发展历史较短，无论是业务范围，还是承保深度以及保费收入等与发达国家相比差距甚远。随着我国市场经济的深入和发展，国民经济的持续快速增长，大力发展工程项目保险具有重要意义和作用。

首先，工程保险作为保险的一种，基本职能是经济补偿，即通过向投保人收取保险费的方法来分摊灾害事故损失，以实现经济补偿的目的。任何一项建设工程从一开始都将面临两大风险：其一为意外事故；其二为自然灾害。这些风险一旦发生，都会给工程造成巨大损失。近年来，我国建筑市场管理日趋规范，工程项目业主或承建商也迫切需要把工程期间可能遇到的风险安排转嫁，以保证投资的安全和工程顺利完工。其次，投保工程项目保险后可以享受风险管理服务。风险管理是被保险人与保险人共同重视的一个问题。对于被保险人来说，参加保险只是将风险转嫁，并不愿发生损失，因此，还是需要重视对工程项目开展风险管理工作。对保险人而言，风险管理则更加重要，因为良好的风险管理可以降低事故损失，使保险公司提高效益。因此，保险公司在承保工程项目后，一般都投入大量的人力、物力、财力为被保险人提高优质的风险管理服务。最后，投保工程项目保险可以保障工程项目财务的稳定性。现在许多工程项目依靠银行贷款建设，而商业银行为确保资金的安全性和收益性，在贷前调查时，就必须加强对工程项目的风险审查，如果业主或承包商投保了工程保险，那么工程项目的资金来源就有了一定程度的保证。

工程项目保险作为由火灾保险、意外伤害保险等险种演变而成的一类综合性保险，与其他保险种类比较，有以下特点：

1. 承保风险的复杂性。一项建设工程从开始施工到竣工，所面临的风险是多方面的，不仅工程本身可能受到损失，而且与工程相关的标的也可能遭受损失。与此同时，由于工程项目的技术含量较高，特别是重大市政工程、电力水利工程等专业性极强，可能会涉及多种专业学科或尖端科学技术，这样就使得工程项目保险的承保风险更具复杂性。

2. 被保险人的多方性。工程项目一般涉及多个利益方，如工程所有人、工程承包人、技术顾问以及发放工程贷款的银行等，他们对工程项目保险的标的都具有保险利益，并对该工程项目承担不同程度的风险，因而都可以作为工程项目保险的投保人，也都可以根据保险合同获得保险保障。

3. 保险期限的不确定性。工程项目保险的保险期限不是按年计算，而是根据预定工期天数确定，即自施工之日起到竣工验收交付工程所有人时止。但有的工程项目保险的保险期限还包括工程交付后保证期的时间。保险期限的长短一般由投保人根据需要确定。对一些需分期施工的大型、综合性工程项目，如投保人要求分期投保，经保险人同意可在保险单的明细表中列明，分别规定保险期限。

4. 保险责任的综合性。工程项目保险除了承保各种财产直接损失外，还附加承保第三者责任险，即对该工程项目在保险期内因发生意外事故，造成工地上及附近地区第三者的人身伤亡和财产损失由保险人负责赔偿责任。

5. 承保金额的巨大性。工程项目往往投资巨大，而先进工艺的采用、精密的设计更会增加工程的投入，因此，工程项目保险的保险金额一般都较大，往往是上亿元、几十亿元甚至上百亿元。

（二）开展工程项目保险的措施

1. 要通过立法，为工程保险的发展创造良好的法律环境。政府应借鉴国外成功经验，以法律、法规形式，对某些风险较大或投资金额较大的建设工程项目实行强制保险，以规避风险。此外，要增加对工程保险的宣传力度，使工程项目业主和承包商等更加了解参加保险的作用与好处，认识到工程项目保险在市场经济条件下是保障国家财产和公民合法权益的重要手段。

2. 细分市场，采取不同的措施。据资料表明，在我国的建筑工程保险市场中，外资工程项目投保率达到90%以上，其中大部分项目是在境外投保或通过境内外保险公司合作共保或分保。而中资工程项目投保率未达到30%，其中标的金额越小，投保率越低。针对这一现状，保险公司要采取不同的策略，对投保率高的外资建设项目将重点放在如何吸引他们把目光转向国内投保，而对投保率较低的国内工程项目，关键要解决保险费的来源问题。保险费在工程预算时应列入成本，实际承担则根据利益关系确定，建工险由业主承担，员工意外伤害险和第三者责任险由建设单位和施工单位共同承担。

3. 加强风险评估，确保承保质量。近年来，由于工程项目日趋规模大型化、投资巨额化和技术复杂化，其隐含的风险之大是不言而喻，在这种情况下如果不严格控制承保质量，必将导致保险公司自身的经营不良，严重的将导致发生财务危机。那么如何控制承保质量，依据保险业发达的国家的经验做法，风险评估是最有效的办法。保险公司可通过风险评估来分析投保的工程项目的风险构成，可能发生的事故及导致的损失程度，最终得出一个综合评价，以便制定保险费率及合理安排分保比例，以取得最佳经济效益。

4. 提供风险技术服务，减少事故发生。工程项目业主将工程项目向保险公司投保，这是企业在自身的风险管理上采取的最积极的财务型风险转移和风险分散的措施。但工程项目业主最终不希望自然灾害和意外事故发生，不希望发生损失，这与保险公司的期望目标是相一致的。因此，预防事故发生比弥补损失更为重要，这已成为工程项目业主与保险公司的一个共识。

5. 重视配套险种的开发，提供更广的保险保障。因为工程项目比较复杂，涉及面较广，因此，除大力发展"建工险"和"安工险"主要险种外，还应积极开发新的配套险种，如雇主责任险、设计师职业责任险、产品（这里指建设项目建成后）责任险、履约保证保险等，这样，一方面拓展保险的深度与广度，另一方面也使工程中的各种风险均能得到全方位、多层次保险保障。

随着项目法人负责制的推广深入和国际惯例接轨，越来越多的建设项目法人或施工企业在工程建设项目建设实施中，都会更注意通过工程保险等途径消除或转嫁风险。

【思考题】

1. 某项目的年固定成本为 10894 万元，年收入为 33652 万元，年变动总成本为 11151 万元，年销售税金为 1578 万元，年产量为 52 吨，计算盈亏临界点。

2. 某设计方案年产量为 12 万吨，已知每吨产品的销售价格 675 元，每吨产品缴付的税金为 165 元，单位可变成本为 250 元，年总固定成本是 1500 万元，求盈亏平均平衡点。

3. 某方案的投资额为 90000 元，其设备的使用年限为 3 年，使用期终了无残值，年净现金流量为 40000 元，基准收益率为 10%。经计算其净现值为 9840 元，内部收益率为 15.892%。其净现值大于零，内部收益率大于基准收益率，说明该方案是可行的。请对净现金流变动、固定资产使用年限变动进行敏感性分析。

4. 某项目固定资产投资为 170000 万元，年销售收入为 35000 万元，年经营费用为 3000 万元，项目寿命期为 10 年，基准收益率为 10%。对该项目进行风险分析〔根据市场预测和经验判断，固定资产投资、销售收入和经营费用（三者之间互相独立）等各不确定因素可能发生的变化及其发生的概率值见下表〕。

	20%	0	−20%
固定资产投资	0.6	0.3	0.1
销售收入	0.5	0.4	0.1
经营费用	0.5	0.4	0.1

第十二章

公共项目的后评价

本章应了解和掌握：

1. 公共项目后评价的概念、分类和原则。
2. 公共项目后评价的内容、程序和方法。
3. 公共项目后评价报告。

第一节 公共项目后评价概述

在发达国家，例如美国，早在 20 世纪 30 年代就开始对项目进行后评价，到 70 年代，后评价得到了广泛的应用，许多国家为了加强宏观管理，对财政投资项目进行后评价，以提高国家资金运行效率、增强政府公共支出效果。此外，这些国家在预算中都有一部分资金用于援助第三世界的工程建设，为保证资金使用的合理性和有效性，各国和世界银行、亚洲银行等双边或多边援助组织，一般都设立一个相对独立的机构专门从事海外援助项目的后评价。

2004 年 7 月国务院颁布了《关于投资体制改革的决定》，决定指出：要按照"谁投资、谁决策、谁受益、谁承担风险"的原则，落实企业的投资自主权，不使用政府投资的，一律不再实行审批制，而将区别情况实行核准制和备案制；对那些为了适应和推动国民经济或区域经济的发展，为了满足社会的文化、生活需要以及出于政治、国防等因素的考虑，由政府通过财政投资兴建的固定资产投资项目需要加强管理。该类项目的特点是：多数是提供公共产品、非赢利性的、为社会大众所需的项目，也包括一些虽赢利却难以收回投资或投资回收期较长的基础设施项目。为了提高财政资金的使用效率和最优配置，国家要求对这些项目进行后评价。与投资相配合，国家还拓宽了企业投资项目的融资渠道，允许各类企业以股权融资方式筹集资金，允许各种所有制企业按照有关规定申请使用国外贷款。国家制定相关法规，组织建立中小企业融资和信用担保体系，鼓励银行和各类合格担保机构对项目融资的担保方式进行研究创新。在这种新形势下，为了强化政府、金融机构以及投资者的监督管理，确保投资项目的投资效益以及提高建设项目决策科学化水平的需要，加强投资项目的后评价工作是深化投资体制改革的客观要求。

一、项目的后评价和项目的前评价

项目评价是项目评价者根据项目预定的目标和指标，对项目的效益、效果（经济的、社会的、生态的）和影响进行总结评定的过程。它是提高项目管理水平、推动项目发展的有力工具。按照项目周期的时间顺序可分为项目前评价、项目中期评价（一般仅在必要时进行）和项目后评价。

项目后评价与项目前评价尽管有着共同的提高投资效益的目的和基本相同的评价指标，但存在着很多不同之处，具体见表 12-1。

表 12-1　　　　　　　　　项目的前评价与项目的后评价的比较

项目	项目的前评价	项目的后评价
评价阶段	项目前期的事前评价	项目竣工投产之后的再评价
评价主体	投资主体及其主管部门	投资运行的监管管理机关、单设的后评价机构
评价性质	经济性较强	综合性评价
包含内容	项目本身的可行性	项目本身实施和运行情况的分析
遵循依据	定额标准、国家参数、历史资料	项目前评价的预测情况和实测值
使用方法	使用预测值	对已发生的情况使用实际值，对后评价时点之后的情况采用预测值

前评价主要是为项目的立项决策提供可靠的依据；而后评价主要是为了总结实施的经验教训，以便改善投资决策和管理。在项目立项时的前评价中，即使评价人员保持了客观公正的立场，采用了科学的评价指标和方法，也难免出现评价误差，有时甚至是严重的误差。通过后评价，对已完成的项目进行系统、客观的分析，在于前评价报告结论对比的基础上，确定项目预期的目标是否达到、主要效益指标是否实现，找出成功、失败的原因，总结经验教训，为后评价项目实施运营中出现的问题提供改进意见，为完善未来新项目的决策和提高投资决策管理水平作出贡献。

项目后评估包括项目建设全过程评价、项目效益和影响后评价、项目管理后评估和项目的目标和可持续性评价。

项目建设全过程评价包括项目前期决策、实施准备工作、建设实施、竣工投产和

341

项目运营管理情况的总结和评价。

项目效益后评价是指项目竣工后对项目技术效果、投资经济效果和环境及社会效益的再评价。

技术效果评价内容包括项目的工艺水平、装备水平、技术水平和国产化水平的评价。

投资经济效果和环境及社会效益的再评价是根据项目建成运行后的实际资料和数据，重新评估和计算项目的各项经济指标和社会效益（如净现值 NPV、内部收益率 IRR、投资回收期、对所在地社会环境影响、对自然与生态环境及自然资源的影响等），然后将它们同项目前评价时预测得的有关的数值进行对比，全面评估项目取得的效益，分析其偏差情况及原因，吸取经验教训，为以后相关项目的决策提供借鉴和反馈信息。

项目管理后评价是指当项目竣工以后，对前面（特别是实施阶段）的项目管理工作所进行的评价，其目的是通过对项目实施全过程的实际情况的分析研究，全面总结管理项目的经验，为今后改进项目管理服务。

项目的可持续性评价包括对项目目标和项目本身持续发展可能性的评价。

项目后评价不同于审计。审计主要是检查项目在执行过程中的资金使用情况是否符合法律、法规及有关规定；而后评价则主要是检查项目是否按原计划进行，执行过程中有无大的调整及执行效果如何。虽然后评价有时也涉及资金使用问题，但它仅在资金使用对项目执行情况造成重大影响时才提出来，并非审计项目执行单位的资金违规问题。

二、后评价的分类

根据进行项目后评价的时间来分，后评价有下列三种类型。

（一）项目过程评价

项目过程评价是评价机构在项目开工后到项目竣工验收前任何一个时点所进行的评价。这种评价一般涉及的是评价项目在建设过程中发生的重大变更（如项目产品市场发生变化，投资额和概算调整，重大技术方案改变，建设条件、资源保证条件的改变以及政策变化等）对项目效益的作用和影响，必要时修正原定方案，寻求对策和出路等。项目过程评价的对象一般是重大建设项目以及建设过程中的项目立项条件、贷款条件、原料或产品市场发生重大变化，需要中止或推迟或改变项目目标的基建项目。

（二）项目实施效果评价

项目实施效果评价又称项目绩效检查报告（Project Performance Audit Report，PPAR），是指在项目竣工以后一段时间（一般加工行业的项目在竣工以后 2 年左右，基础设施、社会公益项目在竣工 5 年后或更久）内所进行的评价。这种评价是从项目层次和决策管理层次对项目实施效果加以分析和总结，检查确定投资项目或活动达到理想效果的程度，总结经验教训、反馈信息，为完善已建项目、调整在建项目和指导待建项目服务。

（三）项目影响评价

项目影响评价是在项目后评价报告完成后以它为基础进行的。项目影响评价是通过调查项目的经营状况，分析项目发展趋势及其对经济、环境和社会的影响，总结决策及宏观方面（行业或地区）的经验教训。

后评价是一个向实践学习的过程，同时又是一个对投资活动的监督过程。项目后评价的监督功能与项目的前评价、实施监督结合在一起，构成了对投资活动的监督机制。例如世界银行对投资活动的监督，主要依靠在项目准备阶段的评价（派出评价团）、项目实施阶段的监督和后评价。

在我国，国家审计署和国家发展与改革委员会以及国家经贸委是国务院下属职能部门。审计署负债国家投资的财务审计；国家发展与改革委员会负责拟定并组织实施国民经济和社会发展战略、长期规划、年度计划、产业政策和价格政策；国家经贸委负责调节近期国民经济运行的宏观调控部门，对一批项目投产后企业进行技术诊断并作出评价。进行后评价的对象是凡有国家资源投入的项目、计划和规划。由私人投资和外商独资的项目，则由项目的业主或由贷款银行根据需要组织项目的后评价。

三、后评价项目的选定

后评价项目的选择由于受经费、人力、评价目的等不同条件的约束，目前除了对投资特大、影响广泛的重大项目一定要进行项目的后评价外，还不可能对一切投资项目都进行后评价，因此就面临后评价项目的选择问题。国资委在 2005 年 6 月《有关中央企业固定资产投资项目后评价工作指南》中明确指出下列项目应进行后评价工作：

1. 项目投资额巨大、建设工期长、建设条件较复杂，或跨地区、跨行业；
2. 项目采用新技术、新工艺、新设备，对提升企业核心竞争力有较大影响；

3. 项目在建设实施中，产品市场、原料供应及融资条件发生重大变化；

4. 项目组织管理体系复杂（包括境外投资项目）；

5. 项目对行业或企业发展有重大影响；

6. 项目引发的环境、社会影响较大。

一般来讲，公共项目常具有上述第 1 条、第 3 条和第 6 条的特征。公共项目一定要求及时地进行项目的后评价。

项目的后评价还用于国际机构援助项目，引进外资的大中型项目，由于项目实施而引起运营、管理中出现重大问题的项目以及监督项目的投资方或贷款银行委托进行的项目。

另外，不同地区也会根据需要与可能制定出相应的规定。如北京市政府就明文规定从 2006 年 4 月 22 日起，北京所有采用直接投资、资本金注入方式，且市级政府投资在 5000 万元以上的建设项目，在竣工验收或投入运行一段时间后，对项目运行进行后评价；除政府投资项目外，市级政府投资补助资金在 1000 万元以上的补助、贴息项目，也将实行后评价管理。

四、公共项目后评价工作的原则

进行项目后评价工作的原则包括现实性、公正客观性、可信性、实用性、透明性和反馈性。

（一）现实性

项目的后评价是以实际情况为基础，后评价所依据的数据是实际测得的数据或是根据实际数据推算得到的数据。

（二）公正客观性

由于公共项目的受益者为广大大众，要求后评价必须公正、客观，要避免先入为主或涉及利害关系。在选择评价机构时要考虑隶属关系，组成后评价人员时，要回避承担过项目前期工作的人员。在后评价的全过程（项目的选定、计划的编制、任务的委托、后评价的人员组成、资料的搜集和分析以及后评价报告的编写）中，要坚持公正和实事求是地反映客观事物。

（三）可信性

后评价的可信性取决于评价者的客观性和经验，取决于所引用资料的可靠性以及评价方法的适宜性。后评价宜委托专门的、独立的后评价机构来进行，后评价参与人员的选择要做到符合客观性，并且应当是有经验的专家。后评价报告要有可信性，应该科学地、实事求是地反映项目成功的经验和失败的教训。为了使评价者有责任感，规定要在后评价报告的最后署名。后评价报告还应说明评价时采用的方法、所引用的数据，注明资料来源或出处。报告的结论应当伴有可靠的依据和科学的分析。

（四）实用性

要使后评价用于总结经验教训，后评价报告应当针对性强，文字要简练明确，突出重点。后评价报告应当有针对性，除了提出问题和分析原因外，在后评价报告的最后还应附上改进的措施和建议。

（五）透明性和反馈性

后评价的可信性和实用性要求有及时、有效的信息反馈。这就要求后评价的透明度越大越好。对公共项目的后评价而言，由于项目面向广大群众，因此要求公共项目的后评价有高度的透明度，以利民众对国家资金的运用提出意见和实施有效的监督。后评价的结果应及时向政府部门反馈，使政府在制定未来经济政策、发展规划及战略时借鉴参考。后评价的结果同时还应向立项部门反馈，使投资项目的审批者能及时吸取经验教训，采取补救措施，或调整未来投资方向。此外，还应通过出版物、信息发布系统、成果展示会等不同形式向社会公布后评价的结果，加强公众监督，提高后评价结果的使用效果。

项目后评价的结果需要反馈到决策部门，作为调整投资规划及政策的依据、新项目立项及评价的基础。项目后评价的反馈对建立健全企业投资的监管体系、强化投资项目的监督管理、确保投资项目的投资效益起着关键的作用。

第二节 公共项目后评价的程序和内容

公共项目主要包括基础设施项目、社会公益项目和人力资源开发项目等。通常公共项目不包括完全的生产型项目。因此公共项目的后评价除了具有一般生产型项目的共同要求外，公共项目后评价会更多地关注项目带来的社会效益。

一、公共项目后评价的程序

公共项目后评价的程序一般分提出问题、筹划准备、搜集资料、分析研究、编写后评价报告和后评价结果的反馈等六个阶段。

（一）提出问题

提出要进行后评价的单位可以是国家计划部门、行政主管部门、银行、企业本身和国外投资的单位等。这一步主要是明确后评价的对象、目的和要求。

（二）筹划准备

明确目的和要求后，承担评价的独立的后评价机构就应进行筹划准备，组建项目的后评价领导小组，在项目的业主提出的项目评价报告基础上，经行业主管初步审查提出意见后，组织专业评价人员制定项目后评价计划。

（三）搜集资料

用调查提纲规定的方法对确定的对象，通过专题调查、意见咨询、访问、抽样调查和实地考察调研等方式，进行深入的调查研究，搜集后评价所需的各种资料及数据。

（四）分析研究

围绕后评价的要求内容，采用定量分析和定性分析相结合的方法，整理搜集到的文字资料和数据，计算项目各阶段的效果指标。把项目的实际指标与预测的以及国内外同类项目的指标相比较，分析研究、发现问题、总结并提出建议。

（五）编写后评价报告

汇总分析研究的结果，完成后评价报告编写工作，提交委托单位和被评价单位。

（六）后评价结果的反馈

在报告完成之后以召开座谈会等形式进行发布，同时散发后评价报告。

二、公共项目后评价的内容

一般投资项目后评价的内容包括技术、经济、环境、社会和发展五个方面。公共项目后评价，要针对项目的特点，结合项目投资主体的实际情况，兼顾项目所在地区、社会和国家的利益，以项目目标、过程、效益、持续性评价为主。对有环境影响的公共项目，根据项目的规模，由国家或省级环保部门出具评价意见，提出项目建设前后对环境影响的相关数据的报告。

公共项目后评价内容一般应包括项目全过程的回顾、项目绩效和管理评价、项目目标实现程度和持续能力评价、项目的影响评价。

（一）项目全过程的回顾

1. 目标的回顾。目标评估就是通过项目实际产生的经济、技术效益与项目决策时确定的目标进行对比分析，检查项目是否达到预期目标或达到目标的程度，从而判断项目是否成功。主要内容包括国家批准的行业规划及产业政策，项目建议书和可行性研究报告及项目的咨询评估等材料。

2. 项目准备阶段的回顾。该阶段的主要内容包括工程勘察设计、资金来源和融资方案、融资风险及防范、资金结构的变异、采购招投标（含工程设计和施工、咨询服务、工程监理、设备和物资的采购）、合同的谈判及签订和开工准备等。

3. 项目实施阶段的回顾。该阶段的主要内容包括组织与管理（体制、模式、管理机制和机构、管理的规章制度和管理工作运转程序等）、项目合同的执行与管理、重大设计变更、工程的进度、投资、质量控制、资金支付和管理、工程监理和项目管理等。

4. 配套设施和服务条件的回顾。该阶段的主要内容包括与项目同步建设的厂外运输建设的情况，与生产相关的原材料等基地的建设、生活配套设施和环保设施的建设情况。

5. 项目竣工和运营阶段的回顾。该阶段的主要内容包括工程竣工和验收、技术水平和设计能力达标情况、试生产运行、项目的运营情况（实际生产能力、生产运营情况、技术改进、原材料消耗指标和运营成本等）、财务状况、产品及市场和运营管理等。

（二）项目绩效和管理评价

1. 项目技术评价。项目技术评价的主要内容包括：工艺、技术和装备的先进性、适用性、经济性、安全性，建筑工程质量及安全，特别要关注资源、水和能源的合理利用。

2. 项目财务和经济评价。项目财务和经济评价的主要内容包括：项目总投资和负债状况，应用前后对比法测算项目的财务评价指标、经济评价指标、偿债能力等。在财务和经济评价中要用投资增量效益的分析，以突出项目对企业效益的作用和影响。

3. 项目管理评价。项目管理评价是指对项目实施全过程中各阶段管理者的财务监管和工作水平作出评估。主要内容包括项目管理体制与机制创新、项目管理者是否有较强的责任感和有效地管理项目的各项工作、人才和资源是否使用得当等。

(三) 项目目标实现程度的评价

项目后评价所需要完成的主要任务之一是评定项目立项时原来预定的目的和目标的实现程度。为此，项目后评价要对照原定目标的主要指标，检查项目实际实现的情况和差异，分析实际发生改变的原因，判断目标的实现程度。

项目目标实现程度从以下三个方面进行分析判断。

1. 项目工程（实物）建成，项目的建筑工程、设备安装调试、装置和设施试运行和竣工验收情况。

2. 项目技术和能力、装置设施和设备的运行是否达到设计能力和要求的各项技术指标，产品质量是否达到国家或企业的标准。

3. 项目经济效益评估。衡量项目成功与否的关键是经济效益。经济效益评价包括项目财务评价和国民经济评价。财务评价是在国家现行财税制度和价格体系下，从项目投资者的角度，根据后评价时点以前各年实际发生的投入、产出数据以及根据这些数据重新预测得出的项目计算期内未来各年将要发生的数据，综合考察项目的财务盈利能力状况；包括运营（销售）收入、成本、利税、收益率、利息备付率、偿债备付率等指标的实现程度并与项目的前评估数值相比较，找出产生重大变化的原因，总结经验教训并据以判断项目在财务层次上的成功与失败。国民经济评价是从国家整体角度考察项目的费用和效益，采用影子价格、影子工资、影子汇率和社会折现率等参数对后评价时点以后项目计算期的未来各年度预测的财务费用与财务效益进行调整，计算得出项目对国民经济的净贡献，据此判断项目的经济合理性。

项目目标实现程度评价中所用的数据及报表，包括建设单位提供的项目投资报表、竣工决算表、竣工验收报告和生产单位提供的各年年终会计报表等要求客观、真实和准确。内容应包括项目的盈利能力和偿还能力分析，财务实际成果与预期目标的对比分析，要考虑财务参数变化和物价上涨因素所带来的影响，要提出财务状况的前景与措施分析。

(四) 项目的影响评价

项目的影响评价是对项目建成投产后对国家、项目所在地区的经济、技术、社会和环境所产生的实际影响所进行的评估，据此判断项目决策宗旨是否实现。项目的影响评价内容包括经济影响、环境影响和社会影响。

1. 经济影响评价。经济影响评价主要分析和评价项目对所在地区、所属行业和国家所产生的经济方面的影响。评价的内容主要包括分配、就业、国内资源成本（或换汇成本）等。分析和评估项目对地区、行业、部门和国家的宏观经济影响（如对国民经济结构的影响，对提高宏观经济效益以及对国民经济长远发展的影响），并对项目所用国内资源的价值进行测算，为在宏观上判断项目资源利用的合理程度提供依据；分析项目对地区、行业、部门和国家的经济发展所产生的重要作用和长远影响。同时，要研究项目的分配效果，研究项目效益在各利益主体（中央、地方、企业、外商、公众和其他利益集团）之间的分配比例是否合理。

2. 项目科技进步影响评价。主要分析项目对国家、部门和地区的技术进步的推动作用，以及项目所选技术本身的先进性和适用性。与国内外同类技术装备进行对比，分析评估项目采用的工艺技术或者引进的技术装备是否先进适用，并对项目在本部门、本地区技术进步中的作用和可能取得的潜在效益进行分析评估。

3. 项目的环境影响评价。公共项目环境影响评价主要是对照前评估时批准的"环境影响报告书"，重新审查项目对环境产生的实际影响。审核项目环境管理的决策、规定、规范和参数的实际效果。一般包括项目的污染控制、区域环境质量、自然资源利用和保护、区域生态平衡和环境管理等几个方面。评估的主要内容如下：

（1）项目的污染源控制。三废的排放和噪声等是否达标。

（2）区域的环境质量。分析项目三废排放对当地大气以及水体的影响。

（3）自然资源的保护和利用。自然资源是否合理开发、综合利用和再生，特别是节能、减排和节水及对森林和土地的保护。

（4）区域的生态平衡。项目实施对动植物生态的影响，是否会导致土壤退化、增加洪水和地震危险。

（5）环境管理能力。包括环保法令的执行、环保资金的使用和设施的管理。

4. 项目社会影响评价。项目的社会影响评价包括受益（损）者的范围和反映，对居民生活条件和生活质量的影响，对就业（直接和间接就业）的影响，项目对当地基础设施建设和未来发展的影响等。

（五）项目的持续性评价

持续性评价是对项目是否能持续发挥投资效益、项目是否具备发展潜力等进行分析评估作出判断。它是在项目建成投产后，考察项目业主是否愿意并可以依靠自己的能力持续实现既定的目标。即项目是否可以持续地进行下去。项目是否具有可重复性，是否可在未来以同样的方式建设同类项目。项目的持续能力评估包括政府政策、管理组织和社会群众的参与、项目本身的财务状况、技术水平、污染控制、核心产品竞争力、企业管理体制与激励机制以及外部因素如资源、环境、生态、物流条件、政策环境、市场变化及其趋势等。通过项目的持续性评价提出项目是否具有持续发展的条件。

（六）经验教训和对策建议

公共项目后评价应通过调查得来的实际情况、分析总结经验教训提出对策和建议。项目后评价的经验教训和对策建议应包含项目、企业、行业、宏观四个层面。提出的对策建议应具有借鉴和指导意义，并具有可操作性。

上述六项内容是公共项目后评价的总体框架，也是大型和复杂建设项目的后评价应该包括的内容。项目的后评价可根据后评价委托的要求和评价时点，突出项目特点并根据需要有所区别、侧重和简化选做部分内容。

第三节　公共项目后评价的方法

常用的公共项目后评价的方法有对比法、逻辑框架法和成功度分析法。

一、对比法

对比法可分为前后对比法和有无对比法。

（一）前后对比法

前后对比法（Before and After Comparison）是将项目实施前即项目可行性研究和评价时所预测的投入、产出、效益和费用以及相应的指标与项目竣工投产运行后的实际结果相比较，找出变化的程度并分析原因，揭示计划、决策和实施的质量，是进行项目财务评价、工程技术效益分析和项目过程评价的基础。

（二）有无对比法

项目的有无对比不是前后对比，它不是项目实际效果与预测效果之比，而是项目实际效果与若无此项目实际或可能产生的效果的对比。

有无对比法（With and Without Comparison）是将项目实施后实际发生的投入、产出、效益和费用与若无此项目时可能发生的相应情况比较，以得出项目真实的效益、作用和影响。由于很多大型社会经济项目，实施后的效果不仅只是项目本身的作用，还有来自项目外诸多因素的影响，因此代表的重点是要分清项目作用的影响和项目以外（或非项目）作用的影响。也就是说要度量的效益一定要真正由项目所带来，要剔除那些非项目的作用。遗憾的是后评价人员往往难以对无项目时可能发生的情况精确地进行描述和预测。因此，在项目后评价中只能用一些方法去近似地比拟无项目的情况。做法之一是在该项目的受益地区之外，找一个类似地区作为对照区（Control Area）来进行比较，评价项目的增量效益。例如某农业项目的后评价要对棉花产量进行有无对比分析。由于在该项目实施期间，国家政策和农产品价格的调整，农村经济有较快的发展，棉花亩产量有较大幅度的提高。所以即使在没有安排项目的条件下，项目区的生产也会有较大的发展。在进行有无对比分析时，就必须选定一个"非项目对照区"（在项目启动之前，气候、水文、地貌、管理和生产技术与项目区基本相同的地区），把该对照区作为项目区在无项目条件下发展的假设情况，用来与项目区进行比较。

在运用前后对比法和有无对比法时，要特别注意可比性。由于项目的前评价和后评价的时点不同，为了使前、后评价的数据具有可比性，必须把数据折算到基准时点（可以在前、后评价两者的时间中任选一个），此外，还要注意使计算后评价时的费用、效益等计算口径保持一致。

二、逻辑框架法

逻辑框架结构矩阵简称逻辑框架法（Logical Framework Approach，LFA），是由美国国际开发署（USAID）于1970年提出的一种项目规划、实施、监督和评价的工具，它主要应用于项目的立项决策、可行性研究及评价、项目实施计划及管理以及项目后评价等工作中。该方法利用逻辑框架中的"垂直逻辑"和"水平逻辑"关系对项目进行全面的分析、评价与决策。

逻辑框架法的基本结构是一个4×4的矩阵，其基本模式见表12-2。在垂直方向上，包括目标、目的、产出、项目建设活动（投入）4个目标层次。目标是指高层次的目标，通常是国家、地区、部门或者投资组织制定的宏观计划、规划、政策和方针等；目的是项目实施的原因，项目建成后能直接为目标群体带来的社会、经济、生态、环境等方面的成果和作用；产出是指项目计划完成时间、产出物数量等可计量的直接结果；投入则是指项目的实施过程和内容，包括资源的投入量和投入时间等。

表12-2 项目逻辑模型（LFA）

目标层次	客观验证指标	方法	重要假设及外部条件
客观目标	目标指标	评价及监测手段及方法	实现目标的主要条件
项目目的	目的指标	评价及监测手段及方法	实现目的的主要条件
产出（成果）	产出物及定量指标	评价及监测手段及方法	实现产出的主要条件
投入（活动）	投入物及定量指标	投入成本等	落实投入的主要条件

逻辑框架法的结构在水平方向上自左向右列出垂直方向上的4个目标层次的验证指标、验证方法和重要假设及外部条件（风险因素设定）。验证指标包括数量、质量、时间、人员等主要要素，每项指标都应列出原先预定值、实际完成值以及二者之间的差距值。验证方法指主要资料来源和验证所采用的方法。主要资料通常来自项目

计划或规划时的设计报告、竣工验收报告、统计资料、项目用户的反馈等。验证采取的方法包括调查研究、资料分析等。重要假设及外部条件是指实现的主要条件和影响项目的不确定性因素，即风险或限制条件，包括当地特定自然环境的变化，因政府制订计划、方针、政策等方面带来的风险、项目管理方面存在的问题等。

逻辑框架法的基本原理是：用一张矩形的框图汇总项目实施活动的全部要素，并把宏观目标、具体目标、产出成果和投入四个由高到低的层次目标及其必须同时考虑的动态因素组合起来，分析项目目标和实现目标的条件之间的逻辑关系，评价项目目标的实现程度，找出影响项目目标实现的因素。

（一）目标层次

1. 宏观目标（Goal）。项目的宏观目标即宏观计划、规划、政策和方针等所指向的目标。宏观目标一般超越了项目的范畴，是指国家、地区、部门或投资组织的整体目标。这个层次目标的确定和指标的选择一般由国家或行业部门选定，一般要与国家发展目标相联系，并符合国家产业政策、行业规划的要求。

2. 具体目标（Objectives）。具体目标也叫目的，是指项目的直接效果，是项目立项的重要依据，一般应考虑项目为受益目标群体带来的社会和经济方面的效果和作用。这个层次的目标由项目实施机构和独立的评价机构来确定，项目目的是达到宏观目标的分目标之一，通过项目管理努力保证项目目的的实现。

3. 产出（Outputs）。这里的"产出"是指项目"干了些什么"，即项目的建设内容或投入的产出物。一般要提供可计量的直接结果，指出项目所完成的实际工程量（如产品的生产、港口、铁路、电站、输变电设施、油气井、城市服务设施等），或机构制度、政策法规的改善等。各项产出成果是达到项目目标的必要条件。在分析时应注意，在产出中，项目可能会提供的一些服务和就业机会不是产出而是项目的目的甚至是目标。

4. 投入和活动（Inputs and Activities）。该层次是指项目的实施过程及内容，包括人、财、物等的投入。所计划的投入活动要详细到可以运作的程度，要做到可行性和可信度的结合。为了达到产出成果，必须先进行相应的投入，它与重要假设及外部条件结合构成项目目的的先决条件。

（二）各层次的主要区别和联系

1. 垂直逻辑关系（Vertical Logic）。项目宏观目标的实现往往由多个项目的具体目标构成，而一个具体目标的取得往往需要该项目完成多项具体的投入和产出活动。这样四个层次就自下而上构成了三种相互连接的垂直逻辑关系：

（1）第一级是如果保证一定的资源投入，并加以很好的管理，则有预期的产出；

（2）第二级是如果项目的产出活动能够顺利地进行，并且外部条件确保能落实，则能取得预期的具体目标；

（3）第三级是项目的具体目标的实现会对整个地区乃至整个国家更高层次的宏观目标作出贡献。

这种逻辑关系在 LFA 中称为"垂直逻辑"，即只要有"投入"作保障，就能开展相应"活动"，管理好"活动"必然实现预期"成果"，实现"成果"必然为达到"项目目标"，提供支持达到"项目目标"，必然为实现"总目标"提供支持。这就是各层次的目标内容及其上下层次间的因果关系。

2. 水平逻辑关系（Horizontal Logic）。逻辑框架中除了垂直逻辑关系外还包含水平逻辑关系，主要是项目实施的各种外部条件（重要假设条件）与不同目标层次之间的逻辑关系，包括：

（1）一旦前提条件得到满足，项目活动便可以开始；

（2）一旦项目活动开展，所需的重要假设也得到了保证，便取得相应的产出成果；

（3）一旦这些产出成果实现，同水平的重要假设得到保证，便可以实现项目的目的；

（4）一旦项目的目的得到实现，同水平的重要假设得到保证，项目的目的便可以为项目的宏观目标作出应有的贡献。

（三）各层次目标的验证指标和验证方法

在外部条件和各层次的目标之间，还有对各层次目标的验证指标和验证方法。与垂直逻辑中的每个层次目标对应，水平逻辑的验证指标、验证方法和重要假设条件对各层次的结果加以具体说明，水平逻辑分析的目的是通过主要验证指标和验证方法来衡量一个项目的资源和成果。与垂直逻辑中的每个层次目标对应，水平逻辑对各层次的结果加以具体说明，由验证指标、验证方法和重要的建设条件所构成，从而形成完整的 LFA4×4 逻辑框架矩阵。在项目的水平逻辑关系中，还有一个重要的逻辑关系就是重要假设条件与不同目标层次之间的关系，主要内容是：

1. 验证指标，各层次目标应有客观的、可度量的验证指标（数量、质量、人员和时间等）；

2. 验证方法，包括主要资料来源和验证采用的方法；

3. 重要的假设条件（风险因素假设），主要指影响项目而项目管理者无法控制的外部条件，即各种风险，例如政策、市场、金融、管理体制以及气候等风险。

对于一个理想的项目策划方案，以因果关系为核心，很容易推导出项目实施的必要条件和充分条件。项目不同目标层次间的因果关系可以推导出实现目标所需要的必要条件，这就是项目的内部逻辑关系。而充分条件则是各目标层次的外部条件。把项目的层次目标（必要条件）和项目的外部制约（充分条件）结合起来，就可以得出清晰的项目概念和设计思路。

（四）逻辑框架矩阵的编制

逻辑框架矩阵的建立首先从分析现状开始，在此基础上进行项目设计。需要分析利益集团，明确目标群体和受益人群，分析项目要解决的问题，通过分析确立项目目标和可选方案。

1. 在逻辑框架的分析过程中，应重点解决的问题。

（1）为什么要进行这一项目，如何度量项目的宏观目标？

（2）项目要达到什么目的？怎样达到这些目的？为此必须考虑的外部因素有哪些？实施的主要外部条件是什么？不同层次的目的和宏观目标之间有何联系？

（3）项目成功与否的测量指标是什么？如何得到和检测验证项目指标的数据？

（4）项目实施中要求投入的资源、数量和需要的费用。

（5）项目进度的检查。

2. 逻辑框架的编辑步骤。逻辑框架矩阵表的编制，可以按照以下步骤进行：

（1）确定项目的目的；

（2）确定为实现项目目的所要实现的产出成果；

（3）确定为达到每项产出成果所要投入的活动；

（4）确定项目的宏观目标；

（5）用"如果……那么"的逻辑关系自下而上检验纵向逻辑关系；

（6）确定每一层次目标的实现所需要的重要假设和外部条件；

（7）依次确定项目的目的、产出成果和宏观目标的可验证指标，确定指标的客观验证方法；

（8）确定各项投入活动的预算成本和验证指标及方法；

（9）对整个逻辑框架的设计进行检查和核对。

3. 目标层次的逻辑关系表述。目标层次的逻辑关系表述，目的是要确定各层次的目标关系，分析项目的宏观目标、具体目标和产出成果及其逻辑关系。主要做法如下：

（1）宏观目标构成项目逻辑框架的最上层次，其他项目为此目标作出贡献。要对项目进行目标体系的分解和分析，可借助目标树的方法进行分析、确定项目的宏观目标和目的。

（2）项目目的是达到宏观目标的分目标之一，也是该项目希望达到的目标，是用以评价某一项目最后是否取得成功的判断依据。项目规划就是要保证项目目的的实现。

（3）各项产出成果是为实现项目目的必须达到的结果。

（4）项目必要的投入活动的表述应简洁明了，要避免列举得太多。各项投入活动和产出成果应逐一编号，列出时间顺序。

（5）项目概述要有逻辑性，要表述出投入、产出、目的和宏观目标之间的因果关系。

4. 重要假设（风险因素假设）的表述。逻辑框架矩阵中的"重要假设"是外部条件，即项目之外的影响因素。它是在项目的可控范围以外，较有可能发生的风险，因而对项目的成败有较大影响的条件。

5. 客观验证指标和验证方法的表述。逻辑框架法要求项目的每一个要素都应是可以测定的，包括投入、产出、具体目标、宏观目标、重要假设和外部条件。因此，项目的评价指标及其检验方法在逻辑框架分析中占有重要位置。

（1）客观验证指标。逻辑框架垂直各层次的目标，应有相对应的、客观的、可度量的，同时又是可以被验证的指标。验证指标与层次目标的关系明确，一一对应，且是唯一的、客观的、完整的、定义准确的和不是人为可以变动的。验证指标包括数量、质量、时间及人员等数据和定性的文字描述。当项目很难找到直接的验证指标时，可采用与验证对象的关系明确的间接指标。确定指标时，要尽可能选择简易可行、成本较低的信息搜集途径。

（2）验证方法。验证方法的主要内容是资料信息来源、数据搜集类型和搜集技巧。

（五）项目的投入形式和投入量的确定

确定项目投入形式和投入数量的具体做法如下：

1. 明确投资者和受益者。

2. 根据逻辑框架内所列出的每项投入活动，确定所需要的人、财、物的数量。人员投入以人·月为计算单位。对所投入的设备、物资应登记清楚，注明具体的投入活动，计算投入总量及每个产出成果的投入总量。

3. 在效益风险分析的基础上估计可能附加的投入量以及逻辑框架内反映不出来的隐性投入（如组建办公室等的费用负担）。

总之，应根据实际可能和必要来计算投入量，其结果应能反映出不同层次的利益和责任。最后将研究和估算结果填入逻辑框架表内。

（六）最后的复查

项目的投入形式和投入量确定后，逻辑框架矩阵表至此已全部完成。这时需要进

行通盘检查,应包括如下的内容:

1. 垂直逻辑关系(目标层次)是否完善、准确。
2. 客观验证指标和验证方法是否可靠,所需信息是否可以获得。
3. 前提条件是否真实、符合实际,重要假设是否合理。
4. 效益是否高过成本,项目的风险是否可以接受,成功的把握是否很大。
5. 是否考虑了项目的持续性问题,这种持续性是否反映在成果、活动或重要假设当中。
6. 是否需要进行辅助性研究。

【例 12 - 1】试用 LFA 对某聚酯项目进行后评价。

解:后评价小组以表 12 - 2 为模板建立了某聚酯项目的逻辑框架(如表 12 - 3 所示)。

表 12 - 3　　　　　　　　某聚酯项目的逻辑框架

层次描述	客观验证指标	验证方法	重要外部条件
1. 目标 (1) 实现"八五"对化纤的要求 (2) 增加就业	(1) 化纤原料国内满足率 (2) 聚酯单耗与能耗降低 (3) 增加就业人数	(1) 进出口统计数字 (2) 行业统计数字 (3) 项目增加就业人数	(1) 化纤基地如期建成 (2) 工艺技术变化不大
2. 项目目的 (1) 通过技术引进,建设高产能有经济规模的企业 (2) 提高企业的经济效益 (3) 环境建设与保护	(1) 项目装置建成 (2) 项目开车成功 (3) 项目产能达标 (4) 企业效益指标 (5) 企业"三废"排放指标	(1) 项目竣工验收报告 (2) 装置考核报告 (3) 企业财务报表 (4) 企业效益指标 (5) 企业"三废"排放记录	(1) 项目如期建成 (2) 市场需求如预测 (3) 技术发展如预测 (4) 原料价格如预测 (5) 引进技术被消化
3. 项目的产出 (1) 建成 20 万吨/年装置 (2) 生产 20 万吨/年合格聚酯 (3) 消化引进工艺技术 (4) 保护并改善环境 (5) 培养人才	(1) 产品产量 (2) 产品质量 (3) "三废"排放指标	(1) 生产报表 (2) 产品质量检验报告 (3) 企业"三废"排放记录 (4) 专业人员资格证书	(1) 项目管理严格到位 (2) 工程按期保质完成 (3) 生产管理严格到位 (4) 人员可独立操作
4. 项目的投入 (1) 总投资 8 亿元 (2) 引进先进工艺技术 (3) 生产原料 PTA 和 EC (4) 技术工人与技术人才	(1) 投资总额 (2) 技术人才数量与水平 (3) 材料投入量	(1) 项目竣工验收报告 (2) 技术引进合同 (3) 劳动合同 (4) 人员培训记录 (5) 原材料外购合同	(1) 项目如期得到批准 (2) 资金按期如数得到 (3) 技术引进谈判成功 (4) 人才招聘、转岗成功 (5) 原材料保证供给

(七)组织与实施

一个经过认真计划的项目,首先要反映目标群体(即项目的受益者)的需求。项目的参与者，包括项目的设计者和管理者要通过对项目背景及现状的准确分析，提出一个符合实际情况的逻辑框架矩阵表。这些分析包括以下四个方面的内容：参与者分析、问题分析、目标分析和对策分析。

参与者分析和问题分析属于现状分析，一般在项目计划之前进行，目标分析和对策分析可以作为项目计划的一部分来进行。

1. 参与者分析（Participator Analysis）。确定项目目标时，应考虑项目目标能否被项目的参与人员所认同和接受。项目组织管理人员要了解与项目有关的个人和机构的兴趣和期望，听取他们的意见，吸收他们共同参加讨论，统一思想达成共识，以确定一个可行的项目目标。具体的做法如下：

（1）列出所有受到项目影响的团体、个人和机构，进行分类，分清参与者与非参与者，对参与者在今后项目实施过程中的态度（是潜在的支持力量还是反对力量）进行分析。

（2）参与者的特性描述和分析。描述和分析机构或个人的特性；社会性（成员、社会背景、宗教、风俗习惯）、参与者的人员构成、权利机构关系，对项目的态度以及机构或个人的需要、愿望、兴趣（公开的、隐蔽的）、动机（希望、期望、忧虑），参与者的长处及短处（资源、权利、垄断性等），参与者对实施机构和部门的态度及是否愿意为项目作出贡献等。

（3）通过分析得出评价结论。通过参与者分析弄清谁是真正的受益者，分析项目完成后受益者的状况会有什么改变。同时还要分清谁是项目的受损者，受损程度，用什么方式顾及这些机构或个人及应采取的措施。

要鼓励尽可能多的人采取各种方式参与到项目目标的规划工作中来，为此，可以通过 E-mail、发放调查问卷和进行面对面的访问等方式进行。要尽量广泛地搜集信息，并对信息进行分类处理。

【例 12-2】某地为了支援农业生产，当地政府拟直接发放小额贷款支农。请列出项目的利益相关者的分析矩阵。

解：通过广泛地搜集意见，分析得出项目的利益相关者为农户、个体农产品收购商、农村剩余劳动力、当地金融机构和当地政府，项目的利益相关者的分析矩阵如表 12-4 所示。

表 12-4　　　　　　　　　项目利益相关者分析矩阵表

利益相关者	利益所在	正/负	与项目的关系
农户	产品、产量和收入提高	+	主体、受益人
个体农产品收购商	收购生意改善	+	市场资源、合作者
农村剩余劳动力	就业机会改善	+	主体、受益人

续表

利益相关者	利益所在	正/负	与项目的关系
当地金融机构	贷款人维权意识提高 贷款金额减少	− −	利用受损，可能形成风险
当地政府	项目的成功 农户维权意识提高可能导致对抗	+ −	资源、控制

2. 问题分析（Question Analysis）。为了正确编制出项目的逻辑框架，可采用"头脑风暴"（Brain Storming）技术，让参与会议的人放开思维随心所欲地对目标问题发表看法，集思广益，对问题进行分析，确定其原因和可能的后果。具体的做法是列出所有的问题，找出核心问题，在核心问题下列出问题的直接原因、直接效果，在直接原因和直接效果下列出间接原因和间接效果……这样就构成了以核心问题为中心的"树"和"树枝"，形成"问题树"。问题树的建立可以从下而上逐级推断，找出目标和宏观目标。当然也可以从项目的宏观目标出发从上而下逐级推断形成。

3. 目标分析（Object Analysis）。目标分析的目的是建立目标树。目标分析和问题分析是相互对应、紧密联系的。在项目计划和评价中建立目标树的目的是为了分析问题，找出问题的因果关系，分析各目标的层次关系，并确定项目的主要目标。项目的目标就是要解决问题树中提出的各种问题，因此，可以与问题树一一对应地建立一棵目标树。在目标分析中，首先把目标进行层次分解，确定分目标和项目各个阶段应该实现的产出目标，要针对目标进行项目的多方案对比分析，分析项目的经济、风险和可持续性，成本—效益、环境、社会以及受益者等效益和效果。通过目标分析，理清行业和项目目的、预期产出和采用的措施及所需投入，从而建立起项目的逻辑框架目标树。

4. 对策分析（Decision Analysis）。对策分析是指对目标树分支的选择，用于从多个项目的目标中选择一种具有可操作性的目标。对策分析的目的是找出项目的切合实际的目标和实现目标的各种可能的解决途径，通过综合考虑发展政策上的优先顺序、地区内的具体条件（包括技术、物资、人力）、投入和产出对比、时间上的持久性及其他机构的竞争与合作等因素，对不同方案进行比较，确定最佳项目方案。方案的选择过程也是对项目规模、投入等进行定向发行的过程。进行对策分析时，要注意以下几点：

（1）从现有总预算额度出发。

（2）问题优先顺序、时间安排、相关性和成功的把握。

（3）在对策的分析过程中，应利用项目工作分解（Work Breakdown Structure，WBS）技术，将项目的宏观目标、项目目的、产出成果、需要投入的活动按不同层次加以细化，形成项目不同层次的目标水平，并依次确定所需要的资源、责任分工，提出解决各级问题所采取的对策,以便形成项目实施的整体方案。

(4) 资源需求分析。资源需求分析是项目目标管理的重要基础工作。在确定了项目目标并进行了项目工作分解以后,就需要尽可能准确地确定项目的成本,进行项目的资源需求分析,并将分析结果填入逻辑框架表的"投入"及相应的验证指标等栏目内。项目需求资源分析是根据工作分解中各个水平目标的需求,确定项目所需要的资源类型、数量和成本,从而为项目计划和目标责任分配提供依据。项目管理的各个环节都需要考虑所需要的人力、设施、仪器设备、物资供应等资源需求及其成本预算,与项目的各个目标相协调。

三、成功度分析法

成功度分析法是要对项目实现预期目标的成败程度给出一个量化的结论。成功度是项目成败程度的衡量标准,它通常由专家组凭经验综合后评价各项指标得出。

成功度分析是以项目的目标和效益为核心所进行的全面系统的评价分析。此方法首先要确定成功度的等级(完全成功、成功、部分成功、不成功、失败)及标准,再选择与项目相关的评价指标并确定其对应的重要性权重,通过各项指标重要性和成功度的综合,即可得到整个项目的成功度指标。

(一) 项目成功度的标准

评价项目的成功度首先要制定成功度的标准,即根据哪些指标来判断项目的成功度。最常用的标准是以项目目标的完成程度作为评价成功度的尺度。例如,对于科技成果产业化项目,项目的成功度可分为 4 个等级(见表 12 - 5)。

表 12 - 5　　　　　　　　　　项目成功度分级表

项目	目标	效益
(1) 很成功的项目 (AAA)	全面或超额	效益好,影响大
(2) 成功的项目 (AA)	大部分目标实现	取得预期效益和影响
(3) 部分成功的项目 (A)	实现了部分目标	有一定的效益和影响
(4) 不成功的项目 (B)	基本没有实现	未产生效益和影响

(二) 项目成功度的测定和项目成功度评价表的编制

【例 12 - 3】试列出科技成果产业化项目的后评价的成功度评价表。

解:专家组通过头脑风暴法集思广益,认定评价科技成果产业化项目的项目指标有宏观目标和产业政策、决策及其程序……社会和环境影响、项目可持续性等 16 项,根据科技成果产业化项目的类型和特点，确定表中指标与项目相关的程度，把它们分为"重要"和"不重要"两类（参见表12-6中第二栏），对"重要"和"不重要"的指标分别赋值1和0。对每项"重要"指标的成功度进行评价，分为AAA、AA、A、B四类（赋以分值4、3、2、1），最后综合单项指标的重要性和成功度结论，可得到整个项目的成功度评价结论。

表12-6　　　　　　　　　　　项目成功度评价表

评定项目指标	项目指标相对重要性	评定等级
宏观目标及产业政策	0	0
决策及程序	0	0
布局及规模	1	2
项目目标及市场	1	3
设计及技术装备水平	1	3
资源和建设条件	1	3
资金来源及融资	1	2
项目进度及控制	1	2
项目投资及控制	1	2
项目质量及控制	1	3
项目经营	1	3
机构及管理	1	3
项目财务效益	1	3
项目经济效益及影响	1	4
社会和环境影响	0	4
项目的可持续性	1	4
项目的总评		2.85

项目的成功度为AA级，即该项目是一个成功的项目。

第四节　项目后评价报告

项目后评价报告是结果的汇总，是反馈经验教训、提出今后运营计划的重要文件。后评价报告文字要准确、简练，必须反映真实情况，由于主要供决策者使用，要尽可能不用生疏的专业词汇。

报告内容的结论、建议要和问题分析相对应，要把评价结果与将来规划和政策的制定、修改相联系。

项目后评价阶段的主要目的和任务是在项目正式投产以后按照严格的程序，采取客观的态度和实事求是的分析方法，对项目执行的全过程进行认真回顾与总结，考察并衡量项目的执行情况和执行成果，总结经验教训，为项目以后工作的改进和后继新项目的实施提供参考和服务。

我国要求在进行后评价后提出项目后评价报告，其编写格式如下：

编制单位资质证书

项目后评价实施单位

参加项目后评价人员名单和专家组人员名单

附图：项目地理位置示意图

报告摘要

一、项目概况

（一）项目情况概述

概述项目建设地点、项目业主、项目性质、特点以及项目开工和竣工时间。

（二）项目决策要点

项目建设的理由、决策目标和目的。

（三）项目主要建设内容

项目建设的主要内容，批准生产能力和实际建成生产能力。

（四）项目实施进度

项目周期各个阶段的起止时间、时间进度表、建设工期。

（五）项目总投资

项目立项决策批复投资、初步设计批复概算及调整概算、竣工决算投资和实际完成投资情况。

（六）项目资金来源及到位情况

资金来源计划和实际情况。

（七）项目运行及效益现状

项目运行现状、生产能力实现状况、项目财务经济效益情况等。

二、项目实施过程的总结与评价

（一）项目前期决策总结与评价
项目立项的依据，项目决策过程和程序，项目评价和可行性研究报告批复的主要意见。

（二）项目实施准备工作与评价
项目勘察、设计、开工准备、采购招标、征地拆迁和资金筹措等情况和程序。

（三）项目建设实施总结与评价
项目合同执行与管理情况、工程建设与进度情况、项目设计变更情况、项目投资控制情况、工程质量控制情况、工程监理和竣工验收情况。

（四）项目运营情况与评价
项目运营情况、项目设计能力实现情况、项目运营成本和财务状况、产品结构与市场情况。

三、项目效果和效益评价

（一）项目技术水平评价
项目技术水平（设备、工艺及辅助配套水平，国产化水平，技术经济性）。

（二）项目财务经济效益评价
项目资产及债务状况、项目财务效益情况、项目财务效益指标分析和项目经济效益变化的主要原因。

（三）项目经营管理评价
项目管理机构设置情况、项目领导班子情况、项目管理体制及规章制度情况、项目经营管理策略情况、项目技术人员培训情况。

四、项目环境和社会效益评价

(一) 项目环境效益评价
项目环保达标情况、项目环保设施及制度的建设和执行情况、环境影响和生态保护。

(二) 项目社会效益评价
项目主要利益群体、项目的建设实施对当地（宏观经济、区域经济、行业经济）发展的影响、对当地就业和人民生活水平提高的影响、对当地政府的财政收入和税收的影响。

五、项目目标和可持续性评价

(一) 项目目标评价
项目的工程目标、技术目标、效益目标（财务经济）、影响目标（社会环境和宏观目标）。

(二) 项目可持续性评价
根据项目现状，结合国家的政策、资源条件和市场环境对项目的可持续性进行分析，预测产品的市场竞争力，从项目内部因素和外部条件等方面评价整个项目的持续发展能力。

六、项目后评价结论和主要经验教训

1. 项目成功度评价。
2. 评价结论和存在的问题。
3. 主要经验教训。

七、对策建议

1. 对项目和项目执行机构的建议。

2. 对中央企业的对策建议。
3. 宏观对策建议。

第五节 我国的项目后评价工作

成果的反馈和使用是后评价体系中的一个决定性环节，它保证了这些成果在新建或已有项目中得到采纳和应用。因此，后评价作用的关键在于如何对后评价成果进行管理，并把这些成果通过反馈机制运用到新的项目中去。

我国政府投资项目的后评价工作起步于20世纪80年代，比西方发达国家落后得多。与世界银行后评价成果反馈机制相比，我国后评价成果反馈机制严重不足，主要体现在如下三个方面：

一、缺乏权威的中央评价机构来领导和管理

国外的后评价机构都隶属于该国的立法机构政府部门。如美国的评价机构为直属国会的会计总署，英国成立了后评价协会协同各部门进行后评价，加拿大设有总审计长办公室后评价处，澳大利亚由财政部门负责后评价工作，韩国则由经济计划委员会下设的业绩评价局进行后评价工作等。在我国有关行业部门虽然设立了自己的评价机构，但相互之间缺乏统一的协调，没有一个权威的中央评价机构对全国的后评价工作进行领导和管理，以致后评价成果反馈机制不足，评价成果零散分布于各部门，没有得到充分的应用。

二、反馈形式单一且缺乏时效性

目前国内外评价成果的反馈主要以后评价报告的形式存在，与国外相比，我国后评价反馈形式较为单一，没有形成后评价信息网络，后评价报告分散保存在各个部门，没有得到很好的交流和使用，无法实现信息资源共享。后评价成果的影响力和扩散范围相当有限。

三、后评价成果的学习和应用有限

在我国，项目后评价工作通常强调的是提交后评价报告书，项目后评价工作也随着后评价报告书的归档而结束。除了反馈欠缺外，缺少开展学习和推广。由于没有相

应的项目后评价成果管理机构，难以对后评价过程中总结出来的经验教训进行管理，并以各种形式反馈给决策部门和领导机构作为规划制定、项目审批、投资决策、项目管理的重要参考依据。

【思考题】

　　1. 什么是项目的后评价？什么项目和在什么时候才进行项目的后评价？
　　2. 项目后评价的程序和基本内容是什么？
　　3. 进行后评价的基本方法有哪些？什么是逻辑框架法的目标层次及逻辑关系？
　　4. 用什么方法对项目实现预期目标的成败程度给出一个量化的结论？具体是怎样进行的？

参 考 文 献

[1] 齐中英、朱彬:《公共项目管理与评估》,科学出版社、武汉出版社2004年版。

[2] 虞和锡:《公共项目评估》,天津大学出版社2011年版。

[3] [美] 罗伊斯等著,王军霞、涂晓芳译:《公共项目评估导论》,中国人民大学出版社2007年版。

[4] 程名望、李永奎、马利敏:《公共项目管理与评估》,同济大学出版社2010年版。

[5] 戚安邦:《项目评估学》,科学出版社2017年版。

[6] 唐少清:《项目评估与管理》,北京交通大学出版社2006年版。

[7] 戚安邦:《项目论证与评估》,机械工业出版社2009年版。

[8] 沈悦:《项目评估》,北京师范大学出版社2013年版。

[9] 李晓蓉:《投资项目评估》,南京大学出版社2002年版。

[10] 王国玉:《投资项目评估学》,武汉大学出版社1999年版。

[11] 张明、田贵军、张锁:《投资项目评估工程项目管理》,中国物价出版社2001年版。

[12] 张三力:《项目后评价》,清华大学出版社1998年版。